基础会计学

主　编⊙刘尚林　杨明海
副主编⊙夏　喆　邓　青

FUNDAMENTAL ACCOUNTING

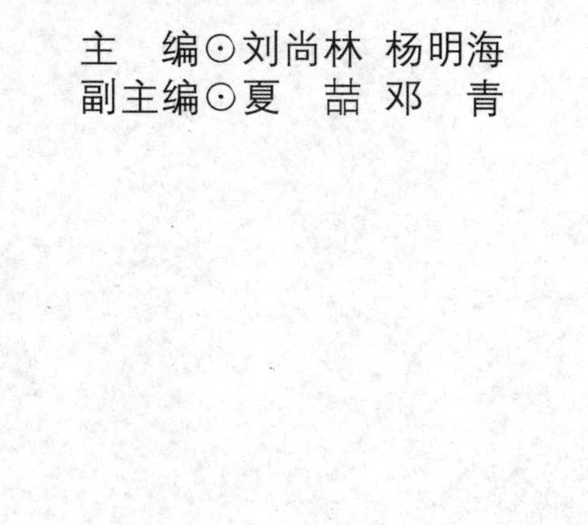

中国市场出版社
China Market Press

图书在版编目（CIP）数据

基础会计学/刘尚林，杨明海主编. —北京：中国市场出版社，2011.8
ISBN 978-7-5092-0793-2

Ⅰ.①基… Ⅱ.①刘…②杨… Ⅲ.①会计学 Ⅳ.①F230

中国版本图书馆 CIP 数据核字（2011）第 161045 号

书　　名：基础会计学
主　　编：刘尚林　杨明海
责任编辑：胡超平
出版发行：中国市场出版社
地　　址：北京市西城区月坛北小街 2 号院 3 号楼（100837）
电　　话：编辑部（010）68037344　读者服务部（010）68022950
发行部（010）68021338　68020340　68053489
68024335　68033577　68033539
经　　销：新华书店
印　　刷：河北省高碑店市鑫宏源印刷包装有限责任公司
规　　格：787×1 092 毫米　1/16　21 印张　480 千字
版　　本：2011 年 8 月第 1 版
印　　次：2011 年 8 月第 1 次印刷
书　　号：ISBN 978-7-5092-0793-2
定　　价：36.80 元

前言

Human Resource Management

本书以 2006 年中华人民共和国财政部颁布的《企业会计准则》和《企业会计准则——应用指南》以及与会计相关的法律法规为指导编写而成的。《基础会计学》是经管类专业特别是会计学专业的一门重要专业基础课。基础会计学习的好坏，对后续专业课程的学习有直接的影响，因此，《基础会计学》教材编写质量显得尤为重要。本书是第三次修订，本次修订主要从以下两方面作了一些修改；第一，教材体系。本教材共 12 章，第 1、2、3 章介绍会计的基本理论；第 4、6、7、8、9、10 章介绍会计核算的基本方法；第 5、11 章以工业企业基本经济业务为例将会计的基本理论与会计核算的基本方法有机结合；第 12 章，会计工作组织，介绍会计相关法律法规。第二，教材内容力求体现会计理论与会计实务的新发展。在会计基本理论方面，注重并吸收了会计理论研究的新成果；在会计实务方面，增加了会计计量方法的内容和基本财务指标的计算与分析，特别是将会计准则颁布后的新变化在教材中进行了体现。本次修订的目的就是希望教材体系更加科学合理，内容更加新颖，以满足会计改革和会计教学改革的需要。本书可以作为高等院校经济类本专科各专业的教材，也可供广大财会人员业务学习参考。

本书由刘尚林教授和杨明海副教授任主编。夏喆、邓青博士任副主编。全书由刘尚林教授设计、修改和总纂。各章编写分工如下：第 1、3 章由夏喆编写，第 2、4 章由杨琬君编写，第 5 章由胡莉铭编写，第 6 章由杨明海编写，第 7 章由罗秀娟编写，第 8 章由林勇军编写，第 9 章由马晶编写，第 10 章由黄约编写，第 11 章由邓青编写，第 12 章由李晓燕编写。

尽管我们反复斟酌并数易其稿，但由于时间仓促和水平所限，错漏之处在所难免，恳请读者和同行批评指正。

编　者

2011 年 5 月

目 录

CONTENTS

CHAPTER

1 第一章 概　论

学习目标

本章主要介绍会计学的基本理论，包括会计的产生与发展、会计的本质、会计目标、会计基本假设和会计信息质量的一般要求等内容。通过本章学习，应了解会计产生和发展的历史、会计与社会环境的关系、会计的作用、会计学科体系等内容，全面理解和掌握会计的内涵、会计的目标、会计核算的前提条件和会计的信息质量要求。

第一节　会计的产生和发展

一、会计的产生

在人类社会中，物质生产是最基本的实践活动。在漫长的演进过程中，人类要生存，社会要发展，就必须依靠生产活动来创造衣食住行所需要的物质生产资料。如果生产的物品在消耗后仍有剩余，便可以扩大生产规模，创造更多的物质生活资料，社会于是便不断地向前发展。因此，人类在从事创造物质生活资料的生产活动过程中，必然要关心自己的生产成果与生产它们所消耗的生产资料之间的比例，力求以最少的劳动耗费来取得最大的劳动成果，提高经济效益。为了达到这一目的，人们除了采用新工具、新技术、新工艺以外，还必须加强经济管理，其中登记生产账目，把生产过程的数量方面作成记录，进行计算、分析和比较，以控制和改进生产过程，是非常有用和必要的。会计就是基于这种经济管理的需要而产生的。

会计的这种职能最初是从属于生产职能的，人们仅在生产过程中抽出一部分时间附带地进行，由生产者凭借大脑的记忆，或是简单的记录，在生产时间之外附带地把收入及支付时间等记载下来。后来，随着生产规模的扩大和生产过程的复杂化，需要记录的事务逐渐增多，会计便从生产职能中分离出来，成为一种独立的、特殊的、由专门人员从事的工作。

二、会计的发展

早期的会计与现代会计相比是极其简单的，只是局限于对财务收支进行实务数量的记录与计算。随着社会生产的日益发展和生产规模的日益社会化，会计也经历了一个由简单到复杂、由低级到高级、由不完善到完善的发展过程。它从早期的对实务数量的简单记录、计算逐步发展成为连续、系统、完整地记录和监督经济活动的过程。在此过程中，会计的技术和方法也逐渐完善和丰富起来。历数几千年的会计发展历程，大致经历了以下几个发展阶段：

（一）会计的产生及形成阶段（15世纪前）

这个阶段会计的主要特点就是：会计从生产职能中分离出来，成为专门的、独立的工作。但此时不论是会计理论或是会计方法等都很不成熟。

早在原始社会，随着社会生产力水平的提高，人们捕获的猎物及生产的谷物等便有了剩余，人们就要筹划着食用或进行交换，这样就需要进行简单的记录和计算。但由于文字没有出现，所以只好“绘图记事”，后来发展到“结绳记事”、“刻石记事”等方法。这些原始的简单记录，就是会计的萌芽。随着生产的进一步发展，科技的进步，劳动消耗和劳动成果的种类不断增多，出现了大量的剩余产品，会计逐渐“从生产职能中分离出来，成为特殊的、专门委托当事人独立的职能”。据马克思的考证，在原始的规模小的印度公社已经有了记账员，登记农业项目，登记和记录与此有关的一切事项，这便是早期的古代会计。

在我国，会计有着悠久的历史。早在公元前1100年到公元前770年之间的西周时期，就已经产生了“会计”这一概念。西周时期是我国奴隶社会的鼎盛时期，设“司会”主管王朝财政经济收支的核算。在这一时期同时出现“会计”二字连用，除了有计算和记录的含义外，还有管理和考核之意。在当时，其他文明古国的情况也大致如此。这一时期单式簿记产生并得到发展。

到了封建社会，由于生产过程的日趋复杂和商品经济的发展，会计的社会地位与方法技术也有了很大发展。秦汉时期出现的“簿书”、南北朝出现的“账簿”、唐宋两代出现的“流水账”和“誊清账”组成的账务体系，均为现代会计账簿的雏形。特别是唐宋时期，农业、手工业和商业都呈现空前的繁荣，会计也得到了较快的发展，其突出成就是发明了“四柱清册”的结账与报账方法。“四柱”是指“旧管”、“新收”、“开除”、“实在”，相当于现代会计的期初结存、本期收入、本期支出和期末结存，其间存在“旧管＋新收＝开除＋实在”的恒等关系。

到了明末清初，随着手工业、商业的进一步发展和资本主义经济关系的萌芽，我国商人进一步设计了“龙门账”，把会计科目划分为“进”（各项收入）、“缴”（各项支出）、“存”（各项资产）、“该”（各项负债及资本），其相互关系为“进－缴＝存－该”，分别编制“进缴表”和“存该表”，双轨计算盈亏，并在办理结算时验证两方差额是否相等，这种检查账目平衡的方法形象地称为“合龙门”。“龙门账”也由此而来。

清末，资本主义经济关系逐步萌芽，又出现了“天地合账”。在这种方法下，一切账项，都要在“来”账和“去”账上分别登记，以反映账项的来龙去脉。账簿采用垂直书写，分上下两格，上格记收，为“天”，下格记付，为“地”，上下两格所记金额必须相等，称之为“天地合”。四柱清册、龙门账、天地合账反映了我国历史上传统中式簿记的特色。

与中国官厅会计不同，欧洲的会计在产生时就是生产过程的一个组成部分。在14世纪，一些城市的商业、高利贷业和金融业发展迅速，便开始采用复式簿记方法记录经济业务。1494年，在意大利北方城市产生的借贷记账法基本定型，并由数学家卢卡·巴其阿勒（Luca Pacioli，或译为卢卡·帕乔利）在《算术·几何·比及比例概要》一书的“计算与记录详论”一章中对复式记账方法进行了详尽的介绍和理论总结，使复式记账在欧洲迅速传播，后又传遍世界各国，复式记账方法在300多年的发展过程中不断完备、丰富，直至现在，大多数国家仍然采用复式记账方法。

虽然中国和欧洲国家会计从不同的起点以不同的方式产生，但总体上看，欧洲的古代会计要比我国的官厅会计落后，但就会计在生产中的经济意义而言，欧洲的会计则要比我国的官厅会计领先。

（二）会计的发展与成熟阶段（15世纪末～20世纪初）

复式记账法的建立，使以平衡表的形式反映资本循环的相对静止状态和显著变动状态成为可能。在长期的生产实践中，复式记账法在反映经济活动收支的基础上，确立了经营成果的核算制度。如1803年的法国商法，1854年的英国公司法和1871年的德国商业法，都规定了企业必须每年编制资产负债表。这就使会计制度逐步得以确立，并不断趋向完善。

18世纪末，欧洲进入工业资本主义时期，为适应工业社会控制生产消耗和正确计算损益的需要，以复式记账为基础，成本会计得到了飞速发展，并于20世纪初，总结出成套的成本计算方法，形成了一定的成本理论。于是，伴随着经济的发展，现代会计核算方法最终在西方形成和确立。

（三）会计职能的扩大化阶段（20世纪初～20世纪70年代）

20世纪初期，随着生产的发展，企业规模的扩大，资本的高度集中，使市场竞争更加激烈，产生了现代科学管理理论，并在经济领域中得到迅速的运用和发展。1919年美国成立了成本会计师协会，推行标准成本；1921年，美国国会公布了《预算和会计法》，在此基础上，一批新的会计学科应运而生，如1922年奎因坦斯出版了《管理会计：财务管理入门》，1924年麦瑟出版了《管理会计》，等等。这使现代管理科学的理论在会计领域得到了广泛的运用。

20世纪30年代后，企业组织形式发生了革命性的变革，股份公司数量的激增，投资者和债权人迫切要求公司公开财务报表，西方各国先后研究制定了会计准则，进一步把会计理论和方法提高到了一个新的水平。

50年代以后，会计领域又吸收了现代数学和管理科学的优秀成果，以财务会计资料为基础，进行CVP分析，销售预测，存货控制，经营决策，编制弹性预算、零基预算、滚动预算等，实行责任会计，使会计工作更有效地服务于现代企业的内部管理。此时管理会计从传统财务会计中分离出来，成为与财务会计并列的一门独立的会计分支学科。

（四）会计技术手段的完备化阶段（20 世纪 70 年代以后）

伴随着市场经济的高度发展，会计的方法也更加完备。自 1946 年电子计算机问世以后，其在会计数据处理中的应用，使会计工作的效能发生了很大变化，它扩大了会计信息的范围，提高了会计信息的精确性和及时性。目前，手工记账逐步已被电算化会计所取代，会计信息的收集、分类、处理、反馈等操作程序都已实现了自动化、电子化。20 世纪中后期以来，IT 技术飞速发展并广泛应用，我们面临的是一个全球化、信息化、网络化和以知识驱动为基本特征的崭新经济时代。为了更好地发挥会计职能的作用，无论是会计实践还是会计理论都将进入一个新的、更快的发展阶段。

总之，从会计产生和发展的历史可以看出，随着生产的日益发展和生产规模的扩大，生产、分配、交换、消费活动的日益复杂，对管理的要求日趋提高，会计由简单的记录和计算财政财务收支，发展到利用货币计量来综合的核算和监督经济过程；会计的方法和技术，从手工操作发展到部分或全部电算化。同时，会计在中国和国外的不同发展实践表明，在不同的社会环境里，会计理论和方法所受的经济、政治、法律、文化及日益发展的科学技术的影响不同，从而表现为不同的特色。会计就是在社会环境诸多因素的影响下产生和发展起来的；另一方面，也应该看到，在会计的发展过程中，利用会计管理经济的作用日益显著，日益为人们所重视。会计将经济信息反馈到有关方面，积极地影响并参与决策，从而反过来影响社会环境，促进社会的发展与进步。

第二节　会计的本质和特点

一、会计的本质

所谓会计的本质，即会计的内涵，是解决会计到底是什么的问题。

“会计”这个词在我国春秋战国时代就已经出现了，据《孟子·万章下》记载：“孔子尝为委吏矣，曰：‘会计当而已矣。’”在这里，孟子告诉人们，孔子曾经做过委吏（古代掌管粮仓的小官），他对管理粮仓的工作有深刻的体会，曾说，只要会计得当（符合实际情况）就行了。孔子这句话主要强调在管理粮仓工作中会计的重要性。那么“会计”一词究竟应如何理解呢？清代著名学者焦循在其所著《孟子正义》一书中作了精练的解释：“零星算之为计，总合算之为会。”由于历史的局限性，这种解释当然不能表达发展至今具有丰富内容的会计的含义，但它毕竟说明了会计的某些基本特征：记录、计算的连续性和与之相应的技术性。要正确理解什么是会计，可以重温一下马克思在《资本论》中有关会计的论述：“过程越是按社会的规模进行，越是失去纯粹个人的性质，作为对过程的控制和观念总结的簿记就越是必要。”马克思这里所说的“过程”，是指生产过程。对“过程的控制和观念总结”，一般理解为对经济活动的监督和核算。马克思所说的“簿记”，就是我们通常所说的会计。可见，马克思把会计概括为：“对过程的控制和观念总结”。

随着社会生产的发展，会计内容的丰富，会计技术的提高，现代会计应如何定义？由于人们对会计在社会经济环境中的地位和作用认识上的差异，中外会计界的许多学者提出了各自的看法，但对会计的定义至今仍未达成共识，大致有以下四种：

（1）管理活动论。所谓会计，是指会计工作，是对能够用货币表现的经济事项，按特定的方法，予以计量、记录、分类、汇总和分析评价。

（2）管理工具论。所谓会计，是指一种技术手段，是反映和监督生产过程的一种方法，是管理经济的一种工具。

（3）艺术论。所谓会计，是指科学、能力和技巧的结合，旨在将具有或至少部分具有财务特征的交易事项，以艺术的方式且用货币表示，予以记录、分类及汇总并解释由此产生的结果。

（4）信息系统论。所谓会计，是一个信息系统，它预定输送给有关组织重要的财务和其他经济信息，以供信息使用者判断和决策使用。

尽管关于会计的含义表述各有侧重，但都有一个共同点，那就是都把会计界定为会计工作。会计工作借助于凭证、账簿、报表等资料，收集输入经济信息，加工整理经济信息，传播输出经济信息，表现为一个信息系统，也是无须争辩的。这些论点为概括现代会计的特征提供了理论依据。为此，我们把会计定义为：会计是以货币为主要计量单位，采用专门的方法，对企业的经济活动进行核算和监督，旨在向企业内部和外部的会计信息使用者提供反映企业财务状况、经营成果和现金流量相关信息的管理活动。

二、会计的特点

会计的特点可以从会计的核算方法中得以体现，具体表现为以下几点：

1. 以货币为主要计量单位

会计是从数量方面来反映经济活动的。经济活动的数量方面可以用实物、货币和劳动三种尺度来度量，但各种不同的衡量尺度无法相加汇总，只有充当一般等价物的货币，才能将经济活动的数量变化转化为统一的价值标准，予以综合，反映企业经营活动全貌。在实际工作中，会计核算有时也需用到实物和劳动度量，如千克、件、小时等，但最后都必须利用货币计量单位作为统一尺度对经济活动进行综合核算和监督。

2. 采用一系列会计专门方法

在长期的会计实践中，为适应生产的发展和经济管理的需要，会计形成了一套系统、科学的专门方法，包括会计核算、会计分析、会计考核、会计预测、会计决策和会计控制等。

3. 会计管理活动具有连续性、系统性、全面性和综合性

会计采用专门的核算方法，连续、系统、全面、综合地核算和监督经济活动过程。其连续性表现在对各项经济活动按其发生的时间顺序不间断地进行核算和监督；系统性表现在对各项经济活动既要相互联系地核算和监督，又要采用科学的方法进行分类，以便对比；全面性表现在对发生所有的经济活动一一进行反映和监督，使管理资料建立在完整客观的基础之上；综合性表现在用货币量度总括反映各项经济活动，提供各种总括的指标。

第三节　会计的职能与目标

一、会计的职能

会计的职能是指会计在经济管理中所具有的功能，即人们在经济管理工作中用会计干什么。马克思在《资本论》中认为会计的基本职能是对再生产“过程的控制和观念的总结”。我国会计界通常把“控制”理解为监督，把“观念的总结”理解为核算。我国《会计法》第三条亦规定：“会计机构、会计人员必须遵守法律、法规，按照本法规定办理会计事务，进行会计核算，实行会计监督。”随着会计的发展，会计的职能也在不断变化。

（一）核算职能

会计的核算职能是指会计能以货币为计量单位，连续、系统和完整地记录、计算和报告各单位的经济活动情况，为经营管理提供会计信息。核算职能是会计最基本的职能，也称反映职能，是会计发挥其他职能的基础。通常所说的记账、算账、报账等会计工作，就是会计核算职能的具体体现。

记账就是把一个企事业单位所发生的全部经济业务，运用一定的记账方法在账簿上记载。算账是在记账的基础上，计算企业在生产经营过程中的资产、负债、所有者权益、成本和经营成果，以及行政事业单位预算资金的收入、支出和结余情况。报账就是在记账、算账的基础上，把企业的财务状况、经营成果或事业单位的资金收支情况，通过编制会计报表的方式向企业内部和外部的有关各方通报。

会计核算职能具有以下特点：

1. 会计主要是利用货币计量，从数量方面反映经济活动

会计从数量方面核算经济活动情况时主要采用货币度量，辅以实物度量和劳动度量。在商品经济条件下，各单位的经济活动情况，如企业的资产数量、劳动耗费、营业收入及其分配、资本金的数额等，都要通过货币计价进行核算。也就是说，会计核算只限于那些能够用货币计量的经济活动。凡不能用货币计量的经济活动均不在会计核算范围之内，如企业之间签订供销合同等。会计有时也使用劳动度量和实物度量，如生产工时、存货数量等，目的是改善货币度量的效果，或者是扩大和丰富会计核算提供的信息。

2. 会计主要核算已经发生或已经完成的经济活动

已经发生或已经完成的经济活动，是已经形成的不可改变的既成事实，具有客观真实性，是可以验证的。会计通过一系列的专门核算方法，将已经发生或完成的经济活动情况记录下来，并对记录下来的数据进行整理、加工，最终报告给会计信息的需求者，这些必须符合会计准则和会计制度的要求，也为事后的监督提供了可能，当然也使会计信息的可靠性得以公认。

至于利用历史的和估算的数据来预测和计划未来的经营决策，虽然已成为现代会计越来越重要的工作，但一般认为对未来经济活动的预测和计划属于管理会计的范畴，它是不同于会计核算这一基本职能的。并且，准确合理的预测一定是建立在过去核算资料的基础

上的，与之关系密切。

3. 会计核算具有连续性、系统性和完整性

会计要反映经济活动的整个过程，应具有连续性、系统性和完整性。连续性是指必须按照经济业务发生的时间先后顺序，不间断地进行记录和计算。系统性是指会计核算必须按照经济管理的要求，采用一定的方法，对会计核算资料进行加工整理、分类汇总，使之系统化，提供分类、汇总和相互联系的系统信息。完整性是指应由会计进行核算的经济业务，都必须毫无遗漏地加以记录和计算，不能任意取舍。只有符合这三个方面的要求，会计核算最终所提供的信息才能全面地反映出单位组织的经济活动情况。

（二）监督职能

会计的监督职能，主要是指会计按照一定的目的和要求，对各单位经济活动全过程的合法性、合理性和有效性进行控制，使之达到预期目标的功能，也称为控制职能。

1. 会计是对经济活动全过程进行监督

会计监督，主要是利用货币计价对各单位的经济活动全过程进行事前、事中和事后的监督。会计事前监督是指会计在参与编制计划和预算时，根据有关的法规、政策、制度，审查经济活动的计划和方案的合理性，并参与经济决策。会计事中监督是指在进行经济活动时，审查各项经济活动是否符合国家有关政策、法规和制度的规定以及有关计划、预算的要求。在经济活动的过程中，监督资金的合理使用，及时调整实际经济活动与计划的偏差，加强资金周转，以求经济活动达到预期的目标。会计事后监督是指对已经完成的经济活动进行检查分析，利用系统的会计信息，进行反馈控制，加强事后的检查、分析与评价，总结经验，发现问题，提出改进措施，使下一期的计划和方案更具合理性。

2. 会计以货币计量监督为主，辅之以实物监督

会计主要使用货币度量，计算资产、负债、所有者权益、收入、费用和利润等价值指标，综合反映经济活动的过程和结果。除了利用货币计量进行监督以外，还辅之以实物监督。例如，对某些具有实物形态的财产物质的收、发、存，要以凭证为依据，在账簿中登记其收、发、存的数量，并定期进行清查盘点，检查账实是否相符，以监督财产物资的安全与完整。

会计的核算和监督职能是相辅相成、密切联系的。会计核算是会计监督的前提，没有会计核算所提供的信息，就不可能进行会计监督；会计核算必须以会计监督为保证，才能为经济管理提供真实可靠的会计信息，否则，如果会计信息不真实，就不能发挥其应有的作用。因此，可以说会计监督是会计核算的继续和发展。

随着经济的发展，会计的职能也在不断地拓展，在核算和监督经济活动的基础上，会计还具有分析经济情况、预测经济前景、参与经济决策等其他职能。

二、会计的目标

会计目标是指会计工作所要达到的预期目的，是会计职能的具体化。会计目标的完整含义包括两个方面：一是会计的终极目标，即优化企业资源配置，实现企业价值最大化；二是会计的直接目标，即为信息使用者提供对其经济决策有用的信息。

会计目标是会计理论研究面临的重大问题。现代财务会计理论体系的构建往往以会

计目标为起点，如美国财务会计准则委员会（FASB）发布的“财务会计概念公告”、国际会计准则委员会（IASB）发布的《编报财务报表的框架》等，由此可见会计目标的重要性。

美国财务会计准则委员会在其 1978 年发布的第 1 号“财务会计概念公告”（SFAC）——《企业编制财务报告的目标》中认为，企业编制财务报告应该提供以下信息：(1) 对投资和信贷决策有用的信息；(2) 对估量现金流量前景有用的信息；(3) 关于企业资源、资源上的权利及其变动情况的信息。包括企业的资产、负债、业主权益[1]信息，收益或企业业绩信息，变现能力、偿债能力和资金转信息，企业管理者责任与业绩信息等。

国际会计准则委员会在 1989 年发布的《编报财务报表的框架》中认为，“财务报表的目标是提供在经济决策中有助于一系列使用者的关于企业财务状况、经营业绩及财务状况变动的信息”，“还反映企业管理层对交付给它的资源的经营成果或受托责任”。

我国财政部在 2006 年 2 月发布的《企业会计准则——基本准则》中所确定的会计目标是：“向财务会计报告使用者提供与企业财务状况、经营成果和现金流量等有关的会计信息，反映企业管理层受托责任履行情况，有助于财务会计报告使用者作出经济决策。”

一般而言，学者们把会计的具体目标分为决策有用观和受托责任观。

（一）决策有用观

决策有用观认为，会计的目标是为了向决策者提供有用的信息，来帮助他们作出合理的决策。人们在参与生产、交换、分配和消费的活动中不可避免地需要作出各种决策。但任何一项决策都需要信息的支持，决策者要在详细了解所面临的各种方案后，才能通过比较分析找到最佳的方案。在现代商品经济社会中，会计为决策者提供会计信息的例子不胜枚举。如通过对被投资者的经营能力和获利能力的分析决定是否投资或撤资；贷款人需要了解贷款对象的偿债能力以便进行贷款，等等。

会计为会计信息使用者提供有用会计信息的主要方式是财务报告。会计信息的使用者可以通过阅读和分析财务报告来达到正确决策的目的。

（二）受托责任观

受托责任观认为，会计的目标是为了向委托人报告受托责任的履行情况。在经济活动中，经常存在着委托人和代理人之间的关系。委托人将某些责任交付给代理人承担，由代理人具体开展经济活动，然后再将经济活动的过程和结果向委托人报告。

现代企业制度强调企业所有权和经营权相分离，企业管理层是受委托人之托经营管理企业及其各项资产，负有受托责任。即企业经营者受托经营和管理各项资产，而作为投资者和债权人有权了解企业管理者保管、使用资产的情况，以便评价企业管理者的责任情况和业绩情况。

可以看出，两种会计目标的观点并不完全相斥。如实反映履约责任的会计信息与决策有用的会计信息是互相交叉的，但是不能完全代替。不同会计目标引导下的会计工作，在某些会计方法的使用上可能会存在差异。

---

[1] 我国称之为“所有者权益”。

第四节 会计核算的基本前提和会计信息质量要求

一、会计核算的基本前提

会计核算的基本前提是指会计核算工作赖以进行的前提条件，亦称会计假设。会计核算的基本前提是人们在长期的会计实践中，逐步认识和总结而形成的。只有规定了这些前提条件，会计核算才能得以正常进行。会计核算基本前提是人们对某些未被确切认识的事物，根据客观的、正常的情况和趋势，所做的合乎情理的推论而形成的一系列不需要证明就可以接受的假定前提。虽然是假定，但会计假设并非无中生有，主观臆测，而是会计界总结长期实践经验后作出的合乎理性的判断。它概括了现代会计的基本先决条件，是会计理论中最基础的组成部分。

会计核算的基本前提包括四个方面：会计主体、持续经营、会计分期和货币计量。

（一）会计主体

会计主体假设也称经济实体假设，是指会计工作为其服务的特定单位或组织。简单地说，为“谁”做账，“谁”就是会计主体。会计核算的对象是企业的生产经营活动，生产经营活动又是由各种经济业务事项所组成，而每项经济业务事项又和其他有关的经济业务事项相关联，同时不同企业之间的经济业务事项也相互关联。因此，会计核算首先要明确核算的范围，也就是要明确会计主体。

《企业会计准则——基本准则》第五条规定，企业应当对其本身发生的交易或者事项进行会计确认、计量和报告。企业会计核算和财务报表的编制应当以企业发生的各项交易或者事项为对象，记录和反映企业本身的各项生产经营活动。这就是会计主体。

会计主体的作用在于界定不同会计主体会计核算的范围，它主要规定了会计工作的空间范围。会计法规要求我们以企业作为会计核算的主体，它要求会计核算区分企业自身的经济活动与其他企业单位的经济活动；把企业与企业的相关利益主体尤其是投资者、关联方企业的经济活动区分开来。会计主体只核算自身发生的各项交易或事项，记录和反映本企业自身的各项生产经营活动。只有这样才能正确反映会计主体的资产、负债和所有者权益情况，准确提供反映企业财务状况和经营成果的会计信息。

所谓交易，是指企业与外部主体之间所发生的价值交换行为，例如。企业向供应商购进材料物资，向经销商出售产品或商品等。所谓事项，主要是指企业主体内部所发生的价值转移行为，如制造业企业生产车间领用材料、产成品完工入库等，也包括一些外部环境因素对企业所产生的直接影响，如洪水、火灾等给企业造成的实际损失等。

会计主体可以按照不同的标准进行分类。从会计主体的目标看，可以分为盈利性会计主体，如各类企业，也可以是政府机构和非盈利性会计主体，如学校、医院和慈善机构等；从会计主体的经济活动规模看，可以是独立核算的单位或组织，也可以是其下属的单位、部门，如企业的生产车间、医院的住院部或门诊部等，也可以是由各个独立核算会计主体组成的集团企业；从会计主体的存续期限看，可以是长期进行经济活动而存在的会计主体，也可以是仅为完成某项工作所组建的组织，如某项建筑工程、某场文艺演出等。

会计主体与法律主体并不是同一概念，不能相互混淆。一般来说，法律主体必然是会计主体，但会计主体并不一定就是法律主体。任何企业，无论以何种形式存在，都是一个会计主体。在企业规模较大的情况下，可将其内部某一机构作为一个会计主体，要求其定期编制会计报表。而在控股经营的情况下，母公司及其子公司都是独立的法律主体，也是会计主体，在编制会计报表时，也可将由其组成的企业集团当作一个会计主体，将其各自的会计报表予以合并，以反映整个企业集团的财务状况和经营成果。因此，会计主体可以是独立的法人，也可以是非法人；可以是一个企业，也可以是企业内部的某一单位；可以是单一的企业，也可以是由几个企业组成的企业集团。

会计主体的外延随着经济发展和技术进步在不断的拓展。如在网络经济时代，出现在互联网上，没有大量有形资产的网上企业、网上银行等虚拟主体。这些虚拟主体的界限有时很难确认，给经济业务的确认、计量和报告带来了新的问题。

（二）持续经营

持续经营假设是假设企业等会计主体的经济活动将无限期地延续下去，在可以预见的将来不会因停业、破产而进行清算。《企业会计准则——基本准则》第六条规定，企业会计确认、计量和报告应当以持续经营为前提。

持续经营为会计工作的正常开展规定了时间范围，旨在解决资产估价、费用分配等重要会计问题。会计核算上所使用的一系列会计处理方法都是建立在持续经营前提的基础上。

除了完成临时任务而建立的会计主体，人们通常期望所建立的会计主体能够长期地存在下去。实际上，会计主体所处的经营环境具有复杂性和多变性。会计主体的经济活动可能会由于各种原因而发生停滞，甚至解散清算。如国家法律要求解散清算，会计主体自身经验期限的到期、破产、被合并，自然灾害和战争的影响等。

在持续经营的前提下，才能运用历史成本原则计量企业的资产，并按照原来的偿还条件偿还所承担的债务。如果是在清算的情况下，则不能运用历史成本原则，资产的价值必须按照实际变现的价值来计算，负债则必须按照资产变现后的实际负担能力来清偿。因此，在持续经营的前提下，企业在会计信息的收集和处理上所使用的会计处理方法才能保持稳定，企业的会计记录和会计报表才能真实可靠。如果没有持续经营的基本前提，一些公认的会计处理方法将缺乏存在的基础，同时也无法采用，企业也就不能按照正常的会计原则和会计处理方法进行会计核算，不能采用通常的方式提供会计信息。所以，企业会计核算应当以企业持续、正常的生产经营活动为前提。

（三）会计分期

《企业会计准则——基本准则》第七条规定，企业应当划分会计期间，分期结算账目和编制财务会计报告。会计期间分为年度和中期。中期是指短于一个完整的会计年度的报告期间。会计分期假设是将企业在时间上持续不断的经营活动人为地划分为若干个均等的会计期间。这样，持续的经济活动就由先后继起的不同时间段落中所发生的经济活动构成。这些不同的时间段落，就是会计期间。

会计年度是基本的会计期间。我国企业的会计期间按年度划分，以日历年度为一个会计年度，即从每年的公历1月1日至12月31日作为一个会计期间。除了基本的会计期间以外，还规定了一些会计中期，即短于完整的会计年度的报告期间，包括半年度、季度和月度。年度和中期的起讫时间也一律以公历的起讫日期为准，如一年分为两个半年度，1月1日至6月30日为一个半年度，7月1日至12月31日为一个半年度。企业会计制度中所称会计期间的期末一般指月末、季末、半年末和年末。

会计期间的划分对会计核算有着重要的影响。一般来说，会计期间越短，会计信息就越及时，与决策就越相关。由于有了会计期间，才产生了本期和非本期的区别；由于有了本期和非本期的区别，才产生了权责发生制和收付实现制，才使不同类型的会计主体有了记账的基准；由于权责发生制的采用，要求对一些收入和费用要按照权责关系在本期和以后的会计期间进行分配，确定其归属的会计期间，为此需要采用预收、预付、应收、应付、预提和摊销等一系列会计概念和一些特殊的会计处理方法。

（四）货币计量

《企业会计准则——基本准则》第八条规定，企业会计应当以货币计量。货币计量是指会计核算必须以货币作为统一计量单位，计量企业的经济活动，并假设货币本身的价值是稳定不变的。

企业会计核算和财务报表编制应当以货币计量为基础，综合反映企业发生的各项交易或者事项的财务结果与影响。对于会计主体经济活动的描述可以采纳数量形式和非数量形式。非数量形式包括对经济活动的文字叙述或图形的描述。数量形式中又有三种计量单位可供选择，即货币计量、实物计量和劳动时间计量。企业的生产经营活动具体表现为商品的购销、各种原材料和劳务的耗费等实物运动。由于各种实物和劳务的耗费没有统一的计量单位，无法比较。为了全面完整反映企业单位的生产经营活动，会计核算客观上需要一种统一的计量单位作为会计核算的计量尺度。在商品经济条件下，货币是衡量商品价值的共同尺度，会计核算必然选择货币为计量单位，以货币形式来反映企业生产经营活动的全过程。

按照规定，我国的会计核算以人民币为记账本位币，企业的生产经营活动一律通过人民币进行核算反映。日常经营业务收支以外币为主的企业，也可以选用某种外币为记账本位币，但编制的财务会计报告应当折算为人民币。

当然，在货币计量假设下，我们还需要注意这样一个问题，在假设货币本身的价值是稳定不变的同时，还强调货币计量假设不排斥非货币量化信息对决策的有用性。

以上会计核算的四个基本假设分别从空间、时间、计量手段和方法上规定了会计核算工作赖以存在的基本前提条件，是企业设计和选择会计方法的重要依据。会计只有在这些基本前提下，才能顺利进行工作，及时取得会计信息资料，充分发挥会计的作用。

二、会计信息的质量要求

（一）会计信息的含义

从事经营活动的各个经济实体（企业）中的大量信息都是经济信息。经济信息的表现形式是多种多样的，如企业中的市场信息、生产信息、财务信息、经营信息、人力资源信息、法规制度信息等等。会计信息是企业经济信息的重要组成部分，以会计的角度，从其所揭示经济活动的本质看，包含企业的财务状况、经营成果和现金流量等内容，它们分别通过资产负债表、利润表和现金流量表等财务报告进行揭示。

资产负债表反映企业在某一特定时点的财务状况，包括资产、负债和所有者权益等的分布情况和结构状况。具体为在某一特定时点（月末、季末、年末）企业有哪些资产（货币资产、债权资产、存货资产、非流动资产），有多少资产；有多少负债，负债的结构（短期借款、应付账款、应付职工薪酬、长期应付款等）；有多少所有者权益，由哪些内容构成（实收资本、资本公积、盈余公积和未分配利润等）。

利润表反映企业在某一会计期间（某月、某年）的经营成果，它主要说明企业在一个会计期间取得了哪些收入（主营业务收入、其他业务收入、投资收益、营业外收入等）和发生了哪些费用（主营业务成本、其他业务成本、营业税金及附加、销售费用、管理费用、财务费用、营业外支出、所得税费用等），这些收入和费用有多少。

现金流量表反映企业在某一会计期间的经营活动、投资活动和筹资活动中产生的现金流入和现金流出及现金净流量的情况。

会计信息主要反映企业经济活动中可以用货币表示的经济业务，即企业的资金（资本）运动。

（二）会计信息的基本特征

会计信息是决策者进行决策的重要依据之一，会计信息最基本的质量特征就是决策有用性，会计信息的质量直接关系到决策者的决策及其后果，会计信息的相关性和可靠性是保证信息使用者做出正确决策的基本前提和条件。

会计信息质量特征是为会计目标服务的，它是联系会计目标与实现目标之间的桥梁，对财务报表所提供的信息起约束的作用，是提供信息符合会计目标的要求。在会计目标被定义为决策有用性的前提下，会计信息质量特征就是使会计信息对决策有用的特征。投资者把资源投入企业，目的在于未来获得更多的收益，包括股利和资本利得等，出于这一目的，投资者需要作出持有还是出售的决策，债权人需要作出是否贷款的决策，等等，这些人作为会计信息使用者都需要有用的会计信息，即有利于他们作出决策的信息，对其预测未来会导致决策差别的信息。所以，相关性是保证会计信息对决策有用的最重要的质量特征。由于所有权与经营权的分离，经营者拥有更充分的信息，投资者和债权人等外部信息使用者可以获得的信息是不充分的，他们为了作出正确的决策需要可靠的信息，虚假和误导的信息比没有信息更有害，会损害他们的利益，因此，可靠性是保证会计信息对决策有用的另一重要质量特征。

（三）会计信息的质量要求

1. 会计信息质量要求含义

会计信息质量要求是指企业所提供的会计信息的质量标准，其表现为会计信息对于信息使用者决策有用的那些性质（或特征），也称“会计信息的质量特征”。

会计信息质量要求的主要功能体现在以下几个方面：

(1) 它是实现会计目标的基础。企业的会计目标有两个：一是终极目标，即提高经济效益；二是直接目标，即为会计信息的使用者提供对决策有用的会计信息。会计信息质量高低对决策起着至关重要的作用，会计信息的质量越高、相关性越高对实现会计目标就越重要。

（2）它是会计确认、计量、记录和报告行为的指南。会计信息的质量要求提出了对企业会计信息质量的具体要求，因此，成为会计确认、计量、记录和报告行为的指南。

（3）它是评价会计信息质量的依据或标准。在现代企业里由于“两权分离”的市场管理机制，作为企业所有者的投资人需要制定一系列的质量标准来约束经营者的管理行为，而作为经营者也需要一套标准来解除承担的财产受托责任，作为一种具有公共属性的特殊产品——会计信息，其特征也就构成社会经济活动评价的一种标准。

2. 会计信息质量要求内容

我国2006年颁布的《企业会计准则——基本准则》中提出了对会计信息质量的要求，包括可靠性、相关性、及时性、可比性、明晰性、重要性、稳健性和实质重于形式。

（1）可靠性。“企业应当以实际发生的交易或者事项为依据进行会计确认、计量和报告，如实反映符合确认和计量要求的各项会计要素及其他相关信息，保证会计信息真实可靠，内容完整。”该原则要求会计核算应当以实际发生的交易或事项，如实反映企业的财务状况、经营成果和现金流量。可靠的会计信息是客观的，存在可靠的凭据记录，可以揭示经济活动的本来面目。可靠的会计信息也是可以验证的，对于同一经济业务，具有专业胜任能力的会计人员会得到相同的会计处理结果。但可靠性并不意味着会计信息必须绝对肯定或者绝对精确，这是由于企业所处的经济环境的不确定性、会计计量属性本身的缺陷以及会计计量方法选择的主观性等因素的影响。使用虚假的会计信息进行决策会导致决策失误，最终会损害投资者和债权人的经济利益，如美国的安然事件、世通事件，我国上市公司银广夏、郑百文丑闻等。

（2）相关性。“企业提供的会计信息应当与财务会计报告使用者的经济决策需要相关，有助于财务会计报告使用者对企业过去、现在或者未来的情况作出评价或者预测。”会计信息是否具有相关性，有两个基本的判断标准：一是会计信息能否帮助会计信息使用者对过去、现在或将来的经济事项进行评价，并影响信息使用者的相关决策行为；二是证实或纠正会计信息使用者过去已经做出的判断或评价，并影响会计信息使用者的相关决策行为。显然，这是与会计目标相一致的原则。

（3）及时性。“企业对于已经发生的交易或者事项，应当及时进行会计确认、计量和报告，不得提前或者延后。”会计核算工作要讲求实效，及时处理各项经济业务事项，以便于会计信息的及时利用。

在市场经济条件下，企业竞争日趋激烈，各方面对会计信息的及时性要求越来越高，因而就要求企业要及时收集、加工和传递会计信息。如果会计核算不及时，就很难准确地反映企业在某一时点上的财务状况和一定时期的经营成果及现金流量。如果企业通过提前或延后确认收入、费用，来人为地调节利润，会造成会计信息失真，这是绝对不允许的。各国对于财务会计报告的提供周期和报告时间都有规定。例如我国要求上市公司定期进行信息披露，应在会计年度第3个月、第9个月结束后的一个月内编制并披露季度报告，应在会计年度上半年结束后的2个月内编制半年度报告，应在会计年度结束后的4个月内编制并报送年度报告。

（4）可比性。“企业提供的会计信息应当具有可比性。同一企业不同时期发生的相同或者相似的交易或者事项，应当采用一致的会计政策，不得随意变更。确需变更的，应当在附注中说明。不同企业发生的相同或者相似的交易或者事项，应当采用规定的会计政策、确保会计信息口径一致、相互可比。”会计可比性原则要求企业的会计信息应在以下两个方面做到相互可比。

第一，同一企业不同时期发生的相同或者相似的交易或者事项，应当采用一致的会计政策，不得随意变更。如有必要变更，应当将变更的内容和理由、变更的累计影响数，以及影响数不能合理确定的理由等，在会计报表附注中予以说明。这个原则也称“一致性原则”或“一贯性原则”。这一原则的目的是使得同一单位的各期会计信息具有可比性，有利于决策，同时防止某些企业或个人利用会计核算方法的变动，人为操纵成本、利润等指标，粉饰企业的财务状况或财务成果。这是一种纵向的历史比较。

第二，不同企业发生的相同或者相似的交易或者事项，应当采用规定的会计政策，确保会计信息口径一致、相互可比。由于各个企业所处的经济环境千差万别，要做到不同企业会计信息的完全可比是不可能的。因此，在利用会计信息分析时，应先确定信息的可比性，然后对不可比的信息通过调整口径，使之可比。这是一种横向的比较。要保证会计核算资料横向可比，就要求各个企业会计核算必须严格按照国家统一的会计制度规定的会计处理方法进行，提供相互可比的会计核算资料。

（5）明晰性。“企业提供的会计信息应当清晰明了，便于财务会计报告使用者理解和使用。”明晰性原则（也称可理解性）是指会计记录和会计报表应当清晰明了，便于理解和运用。也就是会计记录应当准确、清晰，填制会计凭证和登记账簿做到依法、合理，账户对应关系清楚，文字叙述完整，会计报表的数字勾稽关系清楚、数字准确。明晰性原则要求会计核算提供的信息简明易懂，可读性强，满足不同层次报表使用者的信息需要，使其迅速、准确、完整地了解企业财务状况和经营成果。

随着我国经济的不断发展，会计信息的使用者越来越广泛，这在客观上对会计信息的简明和通俗易懂提出了越来越高的要求。会计核算是一个运用会计的专门方法，把企业的经济业务事项逐项抽象、加工、整理成有用的会计信息的过程。如果生成的会计信息不能清晰明了地反映企业的财务状况、经营成果和现金流量，就会影响会计信息的效用。

（6）重要性。“企业提供的会计信息应当反映与企业财务状况、经营成果和现金流量等有关的所有重要交易或者事项。”重要性原则是指会计核算中，应对经济业务的重要程度进行区别而采用不同的核算形式。即对重要的经济业务应分项反映，单独核算；对于相对次要的经济业务，则在不影响会计信息真实性的前提下，适当简化核算，以简单明了的方法处理。采用重要性原则，有助于简化会计处理手续，节约核算费用，提高会计信息质量。重要的会计事项是被错误或漏报后能够导致决策者作出错误判断的会计事项。

会计事项是否重要应该怎样确定呢？通常可以采取定量或定性两种方法。定量方法一般以某个金额或企业的资产总额或利润总额的某个百分比来确定。需要注意的是，重要性是相对的。比如同样的金额对小企业可能是重要的，但对大企业可能就是不重要的项目。定性的方法应该根据会计信息对信息使用者进行决策时的影响程度来确定，进而确定该核算项目的精确程度。对于判断某一会计事项是否重要，除严格按照有关的会计法规的规定之外，更重要的是依赖于会计人员结合本企业具体情况所做出的专业判断。

（7）稳健性。“企业对交易或者事项进行会计确认、计量和报告应当保持应有的谨慎，不应高估资产或者收益、低估负债或者费用。”也就是企业在面对经济环境的不确定性因素，在使用专业判断、计量和披露会计信息时应当持谨慎（或稳健）的态度，必须选择避免高估资产和收益的会计处理。稳健性原则也称谨慎性原则或审慎性原则。

市场经济总是与风险相伴。为增强企业抗风险能力，避免风险一旦发生对企业正常生产经营造成严重影响，应对可能发生的损失和费用作出合理的预计，并提前在损益中予以确认。谨慎性原则的总体要求是：预计可能的费用和损失，不预计可能的收入。如对应收账款计提坏账准备、对固定资产采用加速折旧法等，都是谨慎性原则的体现。如某一经济业务有多种处理方法可供选择时，应采取不导致夸大资产、虚增利润的方法。

谨慎性原则的目的在于避免虚夸资产和收益，抑制由此给企业带来的风险。谨慎性原则并不能与蓄意隐瞒利润、逃避纳税划上等号，因此，稳健性会计方法的运用应当受到相应的限制。

（8）实质重于形式。“企业应当按照交易或者事项的经济实质进行会计确认、计量和报告，不应仅以交易或者事项的法律形式为依据。”也就是企业应当按照交易或事项的经济实质进行会计核算，而不应当仅仅按照它们的法律形式作为会计核算的依据。这一原则目的在于确保会计信息真实、准确地反映企业的财务状况、经营成果和现金流量的情况。

在企业会计核算过程中，可能会碰到一些经济实质与法律形式不一致的经济业务或事项，例如，融资租入的固定资产，在租期未满以前，从法律形式上来讲，所有权并没有转移给承租人，但是从经济实质上讲，与该项租入固定资产相关的收益和风险已经转移给承租人，承租人实际上也能行使对该项固定资产的控制权，因此，承租人应该将其视同自有固定资产进行管理和核算，计提固定资产折旧和修理费用。这就是实质重于形式的原则的体现。

遵循实质重于形式原则，体现了对经济实质的尊重，能够保证会计核算信息与客观事实相符。

三、会计信息的使用者及其对会计信息的需求

会计目标是为会计信息的使用者提供对决策有用的会计信息。谁需要会计信息，他们需要什么样的会计信息，这历来是会计所面临的最基本也是最主要的问题。在我国对会计信息的需求主要来自政府、银行、投资者和企业管理当局，他们对会计信息的需求是有差别的。

（一）政府及有关部门

我国政府既是国民经济宏观调控者，也是企业的投资者，还是国有银行的所有者、会计信息的监管者、国有企业最主要的会计信息使用者（国资委）。政府具有“双重身份”。

在我国，企业会计信息主要的、直接使用者有两个机构：一是代表政府有关职能部门的国资委；二是证券监管部门。其他部门，如国家发展改革委员会、财政部门、税务部门、中国人民银行、银行业监督管理部门和保险业监督管理部门等不是会计信息的主要使用者。国有资本在我国国民经济中占据主导地位，作为国有资本所有者代表的政府有关职能部门——国有资产管理委员会（国资委），需要通过会计信息对国有资产的受托责任履

行情况进行考核，是企业会计信息的主要使用者。其主要会计信息需求是：利用会计信息建立对企业经营者的动态监控预警机制，对企业进行绩效评价和经营业绩考核，确保国有资产的保值增值。证券监管部门由于自身的特点，需要确认和披露非经常性损益。而国资委更加关注国有资产的保值增值。由于国资委有权要求国有企业呈报符合自身要求的报表，并且国资委还可以通过实地调查等方式获得第一手资料，所以国资委的这些要求不应该反映在所有企业的通用报表中。证券监管部门是会计信息的直接使用者，为保证证券主体的优化和证券市场资源配置功能的有效发挥，证券监管部门利用会计信息的目的主要有两个：一是为了保证上市公司的质量，利用会计指标（主要是盈利能力指标），为上市公司设立了较高的“门槛”，其所关注的主要是净资产收益率、每股收益、每股净资产、非经常性损益、关联方交易等；另一方面，对于上市公司持续性信息披露和重大经营性事项的信息披露，证监会要求全面、及时和公允，对会计信息质量需求特征表现为关注会计信息的可靠性、及时性。

（二）债权人

一般来说，债权人主要关注企业偿还债务资金的能力，企业是否有条件和能力支付利息，债权人提供的资金有无重大风险，等等。按偿还期限债权人可以分为短期债权人和长期债权人。短期债权人主要关注企业的短期偿债能力和资产流动性，关注企业有多少资产作为偿付债务的保证，特别是有多少可以立即变现的资产作为偿付债务的保证；长期债权人关心的是企业连续支付利息和到期（若干年后）归还债务的能力，除了观察企业的偿债能力外，还关心企业的获利能力，因此，长期债权人既关心资产负债表，又关心利润表。

现阶段我国商业银行信用管理水平比较低，获取企业的信息不够积极主动，信息反应比较迟钝，贷款风险监控方法也比较单一。基于目前我国银行业的风险管理水平，对会计信息的可靠性提出了较高的要求。此外，随着新的技术和金融工具的不断出现，风险的产生与积聚变化加快，这就需要企业能够及时披露反映业务运作状况的会计信息，为银行经营管理提供及时、准确的决策依据，使各种风险得到及时发现和控制。这对会计信息披露的及时性也提出了更高的要求。

（三）投资者

一般而言，投资者最关心的是权益的风险，投资是否能够增值，能够有多大的投资收益，这些决定了投资者的投资决策。此外，投资者在企业委托代理关系中又是委托者，还需要根据会计信息对经营管理者进行分析评价。也就是说，投资者为了解决信息不对称问题，有两类基本的会计信息需求，即有关公司未来业绩和风险的信息和与经理努力程度高度相关的业绩衡量信息。

（四）企业管理当局

企业管理当局是会计信息的内部使用者。他们需要会计信息了解企业的经营管理情况，以便进行恰当的预测、决策、计划与控制，最终达到改善企业经营管理的目的。

四、会计信息的披露

企业提供会计信息主要是通过财务报告来进行的。会计信息披露是联系投资者和企业及其管理层的重要纽带。投资者根据企业披露的会计信息进行投资决策，企业管理层则通过披露会计信息传递企业的经营业绩、资源配置和财务风险等信息。财务报告包括财务报表和其他财务报告，是会计信息披露的主要手段，它主要揭示企业的财务状况、经营成果和现金流量等内容。具体地说包括以下几个方面：

（1）数量性信息。主要以货币形式反映公司所涉及的各种经济活动的历史信息。

（2）非数量性信息。主要包括上市公司会计信息的重要变化说明、会计政策的使用说明、会计政策变更的原因及其影响等。

（3）期后事项信息。主要包括直接影响以后时期财务报表金额的事项、严重改变资产负债表计价连续性、严重影响资产权益之间关系或严重影响以前年度所呈报的有关本期的预测活动的事项以及对未来收益和计价的影响不明了或不确定的事项等。

（4）公司分部业务的信息。它们是随着公司多元化经营、跨地区经营的业务发展而导致的一种信息聚合。如果仅仅在财务报表中揭示这些数量性的数据，很难准确揭示公司这部分业务的经营以及未来的发展情况。因此，公司必须在对外报表中公布这部分数据，以及数据的口径、揭示的原则、管理的要求等众多重要信息。

（5）其他有关信息。上市公司在发行、上市、交易过程中，除公布上述占主要地位的财务、会计信息之外，还应披露相关的如公司概况、组织状况说明、股东持股情况、经营情况的回顾与展望、公司内部审计制度、重要事项揭示、公司发展规划，以及资金投向、股权结构及其变动、注册会计师的审计报告和意见等信息。

复习思考题

1. 什么是会计？会计具有哪些基本特征？
2. 会计产生与发展过程中各个阶段具有什么重要标志？
3. 会计的职能有哪些？怎样理解各会计职能之间的关系？
4. 会计的目标是什么？如何认识会计目标？
5. 会计核算方法体系包括哪些内容？为什么说会计核算方法是一个完整的科学体系？
6. 会计核算的基本前提有哪些？如何理解？
7. 会计信息质量要求有哪些？如何理解其在实际工作中的运用？
8. 会计信息的使用者有哪些？他们对会计信息的质量有何要求？
9. 会计信息的披露方式有哪些？应该披露哪些会计信息？

练习题

一、填空题

1. 会计的基本职能是（　　）和（　　）。

2. 会计信息质量要求有（　　　）、（　　　）、（　　　）、（　　　）、（　　　）、（　　　）、（　　　）、（　　　　）等八项原则。

3. 会计目标是（　　　　　　　　　　　　）。

4. 会计基本假设有（　　　）、（　　　）、（　　　）、（　　　）。

二、单项选择题

1. 在我国出现“会计”一词是在（　　）。

A. 西周　　B. 西汉

C. 南北朝　　D. 唐朝

2. 以货币为主要计量尺度是会计的一个（　　）。

A. 方法　　B. 特点

C. 手段　　D. 计量标准

3. 会计主体是指会计所服务的（　　）。

A. 特定单位　　B. 投资者

C. 债权人　　D. 管理当局

4. 假设企业的经营活动将无限期地延续下去，在可以预见的将来不会因停业破产而进行清算的前提条件称为（　　）。

A. 会计主体　　B. 会计分期

C. 持续经营　　D. 货币计量

5.（　　）信息质量要求是指会计处理方法前后各期应当一致，不得随意变更。

A. 客观性　　B. 相关性

C. 可比性　　D. 一贯性

6.（　　）信息质量要求是指同类型企业对相同的经济业务采用相同的会计处理程序和方法，以提供口径相同的会计指标。

A. 客观性　　B. 相关性

C. 可比性　　D. 一贯性

7. 会计最基本的职能是（　　）。

A. 会计核算　　B. 会计监督

C. 会计决策　　D. 会计考核

8. 固定资产折旧采用加速折旧法，体现了（　　）的信息质量要求。

A. 谨慎性　　B. 重要性

C. 及时性　　D. 真实性

9. 将融资租赁方式租入的固定资产视为承租企业的资产，体现了（　　）的信息质量要求。

A. 谨慎性　　B. 及时性

C. 实质重于形式　　D. 相关性

三、多项选择题

1. 下列会计核算的基本前提中，规范会计活动时间范围的有（　　）。

A. 会计主体　　B. 持续经营

C. 会计分期　　D. 货币计量

2. 会计信息的使用者通常包括（　　）。

A. 政府有关部门　　B. 投资者

C. 债权人　　D. 管理当局

3. 工业企业的资金运用通常由（　　）三个过程构成。

A. 资金进入企业过程　　B. 供应过程

C. 销售过程　　D. 生产过程

四、判断改错题

1. 会计的终极目标是通过价值管理，为提高企业经济效益服务。（　　）

2. 会计主体可以是法人，也可以是非法人；可以是一个企业，也可以是企业中的内部单位；可以是单一企业，也可以是企业集团。（　　）

3. 可比性原则要求企业会计处理方法前后各期应当一致，不得随意变更。（　　）

4. 处于同一行业的企业对同类经济业务应使用相同的会计处理方法。（　　）

5. 每个企业作为独立的单位与其所有者相分离。（　　）

五、分析说明题

1. 某生产企业的财务人员希望只在生产和销售低迷时编制财务报表，因为财务报表的编制较为容易。

2. 某企业融资租入了一台设备，会计人员认为该台设备不属于企业的资产，就没有将其计入固定资产，只是作了备忘记录。

3. 某书店的经理为自己配置了一台电脑，由书店开出了一张支票付款，将该台电脑记入书店的固定资产账簿。

CHAPTER

2

第二章 会计要素与会计等式

学习目标

本章主要阐述会计对象、会计要素和会计等式的基本理论与基本内容。通过本章学习，要求理解会计对象与会计要素以及各会计要素之间的关系，会计等式的内涵；掌握各会计要素的定义、特征和分类，重点掌握经济业务的发生对会计等式中各个会计要素的影响。

第一节 会计对象

一、会计对象的内涵

企业、行政事业等单位为了进行生产经营或其他业务活动，完成各自承担的任务，必须拥有一定的物质基础，如一定数量的财产物资和货币，它是进行生产经营活动或其他业务活动的前提。当各项财产物资用货币来计量其价值时，就得到了一个会计概念，即资金。资金是社会再生产过程中各项财产物资的货币表现以及货币本身。随着经济活动的进行，资金在形态上不断发生更替，便构成了资金运动。

会计对象是指会计核算和监督的内容，也称为会计客体。从会计的定义看，会计对象是特定对象的经济活动。由于会计核算要以货币为计量单位，所以，只有能够以货币计量的经济活动才能纳入会计核算和监督的范围。能够以货币计量的经济活动通常称为资金运动，因此，会计对象可以高度概括为特定对象的资金运动。

不同会计主体的经济活动范围和类型会有所不同。以企业为例，一般包括筹资活动、投资活动和经营活动。

（一）筹资活动

筹资活动是企业重要的经济活动之一，企业可以获取自有资金或借入资金。自有资金是企业所有者投入资金，一部分来源于所有者的投入，一部分来源于企业利润留存。借入资金是企业向银行或其他金融机构以及以及其他债权人融资而筹集的资金，它是企业自有资金不足的补充。

(二) 投资活动

投资活动是企业使用所筹集资金获取所需的各种经济资源的过程，是企业重要的经济活动之一，企业的投资分为对内投资和对外投资。对内投资是为了维持和扩大企业的经营能力而进行的投资，如建造厂房、购买机器设备等。外部投资是企业资金投放到企业之外的其他经济实体来赚取投资报酬。外部投资可以是以货币、厂房、机器设备等方式进行的直接投资，也可以是通过在证券市场上购买股票证券等方式进行的间接投资。

(三) 经营活动

经营活动是企业利用内部投资进行经营的过程，是企业的重要经济活动之一。企业的经营活动是由各个不同的经营环节构成。工业企业的资金运动通常由三个阶段（资金进入、资金运用和资金退出），三个过程（供应过程、生产过程、销售过程）构成。

二、工业企业会计对象的具体内容

(一) 资金进入

工业企业是从事产品生产和销售的营利性组织。为了开展产品的生产与销售活动，工业企业必须拥有一定数量的资金。企业通过发行股票等方式从国家、其他单位、个人等投资者取得的资金构成企业的自有资金，出资人因向企业投资而成为企业的所有者。所有者不能随意抽回投资，企业可在存续期内长期使用。所有者对企业享有的权益包括：参与企业的经营管理，享有经营管理权；按投资比例享有剩余财产的分配权。企业通过发行债券、借款、应付款项等方式取得的资金称为借入资金，出资人因向企业借出资金而成为企业的债权人。债权人不参与企业的经营管理，对企业享有的权益包括：要求企业定期支付利息、到期偿还本息；企业破产财产的分配权。

所有者及债权人可以用货币资金投资，也可以用原材料、厂房、机器设备、土地使用权、工业产权等实物资产或无形资产进行投资。投入资金表现为企业可以支配的各项资产，这些资产构成了企业开展经营活动的基础。

(二) 资金运用

工业企业的资金主要投放在供应过程、生产过程、销售过程三个环节。此外，企业还可以采用一定的方式将资金投放于其他单位，形成短期投资或长期投资。

1. 供应过程

在供应过程环节，一方面企业通过固定资产投资来兴建房屋、建筑物、购置设备等；另一方面通过使用货币资金购买原材料、燃料等，形成生产所需的各种生产资料，从而使货币资金转化为固定资金或储备资金。

2. 生产过程

在生产过程环节，劳动者借助劳动手段将劳动对象加工成特定的产品，同时消耗原材料形成材料费，消耗固定资产形成折旧费，消耗工人劳动形成人工费等，各种耗费的货币化表现就是产品等有关对象的成本。这样，企业所消耗的固定资产、流动资产价值就转化为未完工产品资金，随着产品生产工序的完成，进一步转化为成品资金。

3. 销售过程

企业投放和耗费资金的目的是为了取得一定的收益。在销售过程环节中，随着产成品的出售，取得销售收入，企业资金从成品资金又回到货币资金状态。销售收入补偿成本以后，形成企业的营业利润。除产品销售利润外，企业还可取得投资收益和其他收入。企业应从利润中提取盈余公积金，用于扩大再生产和职工集体福利设施建设等，其余利润可以向投资者进行分配。

资金运用阶段，随着企业供、产、销活动的依次展开，资金的形态由货币资金开始，依次转化为储备资金、生产资金、成品资金形态，最后又回到货币资金形态，这一资金运动过程通常称为资金循环。资金的这种周而复始的循环过程称为资金周转。只要企业持续经营，其资金总是这样周而复始地循环和周转着。

（三）资金退出

在资金运动的过程中，企业的一部分资金会通过偿还债务和利润分配等方式陆续退出企业。如企业偿还各种债务、上缴各种税费、向所有者分配利润等。

资金在工业企业的循环周转如图 2-1 所示。

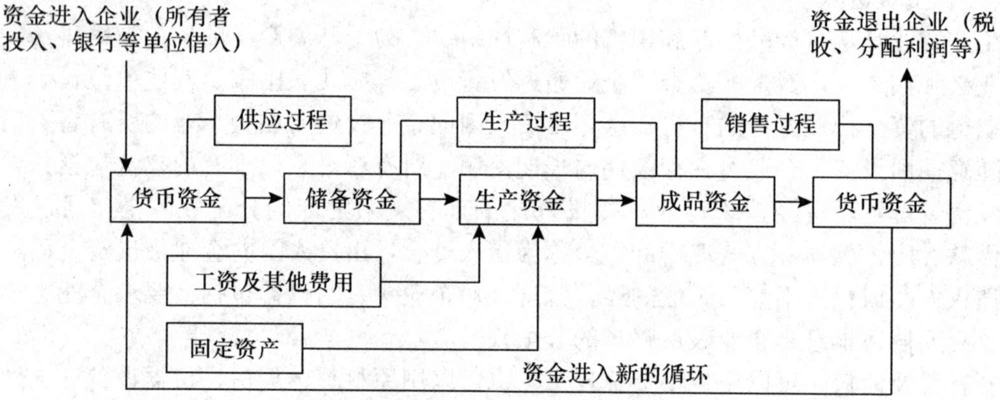

图 2-1　资金在工业企业的循环周转

三、商品流通企业会计对象的具体内容

商品流通企业的经济活动主要是从事商品购进和商品销售业务，与工业企业相比，没有生产过程。商品购进过程，主要是采购商品，此时货币资金转换为商品资金；商品销售过程，主要是销售商品，此时资金又由商品资金转换为货币资金。因此，商品流通企业资金运动的基本形式为："货币资金—商品资金—货币资金"。在商品流通企业整个经营过程中，也要消耗一定的人力、物力和财力，其货币表现为商品流通费。在销售过程中，除了获得销售收入外还会实现最终的财务成果。上述经济活动构成了商品流通企业会计对象的具体内容。

四、行政、事业单位会计对象的具体内容

行政、事业单位与企业相比，一般没有经营业务，所以基本上没有或只有很少一部分业务收入，其资金来源主要是国家财政拨款。行政、事业单位在正常业务活动过程中所耗

费的人力、物力和财力的货币表现，即为行政费用和业务费用，这些费用的开支主要是靠国家财政预算拨款。因此，行政、事业单位的经济活动，一方面按预算从国家财政取得拨入资金；另一方面按预算并以货币资金支付各项费用。其资金运动的基本形式是："资金拨入—资金付出"。由此可见，行政、事业单位会计对象的具体内容为预算资金及其收支。

综上所述，不论是工业企业、商业流通企业，还是行政、事业单位都是社会再生产过程中的基层单位，会计反映和监督的对象都是资金及其运动过程，正因为如此，我们可以将会计对象概括为社会再生产过程中的资金运动。

第二节 会计要素

会计是以货币的形式反映企业的经济活动，会计生成的信息应当是关于经济活动的信息。经济活动千姿百态，千变万化。从会计的角度看，经济活动是由各种各样的经济事项所组成。所谓经济事项是指在经济活动中发生的、需要由会计反映的一切经济业务，比如事件、事项或状况。在实务中，经济事项也是多种多样、纷繁复杂的。如果会计不对这些复杂的经济事项引起变化的项目进行分类，就难以提供有用的会计信息。所以，会计必须对经济事项所引起变化的项目加以适当的归类，并为每一类别设定一个名称，这就是会计要素。

会计要素是对经济事项引起变化的项目所作的归类。按照会计要素所处的变动状态，可以分为静态会计要素（资产、负债、所有者权益）和动态会计要素（收入、费用、利润）两类。

一、静态会计要素

（一）资产

资产是指企业过去的交易或事项形成的，由企业拥有或控制的，预期会给企业带来经济利益的资源。

1. 资产的特点

（1）资产应为企业拥有或控制的资源。

资产作为一项资源，应当由企业拥有或控制，具体是指企业享有某项资源的所有权，或者虽然不享有某项资源的所有权，但该资源能够被企业所控制。

企业享有资产的所有权，通常表明企业能够排他性地从资产中获取经济利益。通常在判断资产是否存在时，所有权是考虑的首要因素。在有些情况下，资产虽然不为企业所拥有，即企业不享有其所有权，但企业控制了这些资产，同样表明企业能够从资产中获取经济利益，符合会计上对资产的定义，如企业以融资租赁方式租入的固定资产。

（2）资产是由企业过去的交易或事项所形成的。

资产应当由企业过去的交易或事项所形成，过去的交易或事项包括购买、生产、建造行为或者其他交易或事项。未来的、尚未发生的预期事项是不能确认为资产的，只有过去的交易或事项才能形成资产。如企业有购买某存货的意愿或计划，但是购买行为尚未发生，就不符合资产的定义，不能因此而确认存货资产。

(3) 资产预期会给企业带来经济利益。

资产预期会给企业带来经济利益是指资产直接或间接导致现金和现金等价物流入企业的潜力。这种潜力可以来自企业日常的生产经营活动，也可以是非日常活动；带来经济利益可以是现金或现金等价物形式，也可以是能转化为现金或现金等价物的形式，或者是可以减少现金或现金等价物流出的形式。

预期能为企业带来经济利益是资产的重要特征。如企业采购的原材料等可以用于生产经营过程，制造商品或提供劳务，对外出售后收回货款，货款即为企业所获得的经济利益。如果某一项目预期不能给企业带来经济利益，那么就不能将其确认为企业的资产。前期已经确认为资产的项目，如果不能再为企业带来经济利益，也不能再确认为企业的资产。

2. 资产分类

资产按照流动性分为流动资产和非流动资产。资产的流动性是指预期资产转化为现金的能力。转化过程所需时间越短，价值损失越少，流动性就越强。如现金无须转化，在币值稳定的情况下，不会产生价值的下降，是流动性最强的资产。企业需要一定时间回收应收款项，回收现金过程中可能产生坏账，导致回收现金额低于原有的账面余额，所以应收款项的流动性低于现金。

(1) 流动资产是指可以在一年或者超过一年的一个营业周期内变现（转化为现金）或者耗用（在生产经营过程中消耗、使用）的资产，主要包括货币资金、交易性金融资产、应收票据、应收账款、预付账款、存货等。

货币资金是指以货币形态存在的资产，包括库存现金、银行存款和其他货币资金。

交易性金融资产是企业持有的以公允价值计量且其变动计入当期损益的，为交易目的持有的债券投资、股票投资、基金投资、权证投资等金融资产。

应收票据是指企业因销售商品、提供劳务等收到的商业汇票，包括商业承兑汇票和银行承兑汇票。

应收账款是指企业因销售商品、提供劳务等经营活动而应向客户收取的（但暂未收到）的款项。

预付账款是指企业按照购货合同的规定预付给供应商的款项。

存货是指企业在日常活动中持有以备出售的产成品或商品，处在生产过程中的在产品，在生产过程或提供劳务的过程中耗用的材料、物料等，包括原材料、在产品、半成品、产成品、商品、周转材料等。由此可见，企业的存货主要包括两类：一类是库存商品，主要用于销售；另一类是材料，主要用于投入生产过程，生产完工产品。

(2) 非流动资产是指除流动资产之外的所有资产，主要包括持有至到期投资、可供出售金融资产、长期股权投资、投资性房地产、固定资产、无形资产等。

持有至到期投资是指到期日固定、回收金额固定或可确定，且企业有明确意图和能力持有至到期的非衍生金融资产。

可供出售金融资产是指企业持有的以公允价值计量的可供出售的股票投资、债券投资等金融资产，是初始确认时即被指定为可供出售的非衍生金融资产以及除下列各类资产以外的金融资产，包括：贷款和应收款项、持有至到期投资、以公允价值计量且其变动计入当期损益的金融资产。

长期股权投资是指持有时间超过一年（不含一年）、不能变现或不准备随时变现的股票和其他投资。企业进行长期股权投资的目的是为了获得较为稳定的投资收益或者对被投资企业实施控制或影响。

投资性房地产是指为赚取现金或资本增值，或两者兼有而持有的房地产，包括已出租的土地使用权、持有准备增值后转让的土地使用权、已出售的建筑物等。

固定资产是指同时具有下列特征的有形资产：一是为生产商品、提供劳务、出租或经营管理而持有；二是使用寿命超过一个会计年度。固定资产包括自用房屋建筑物、自用或经营租出的机器设备、自用或经营租出的汽车等。

无形资产是指企业拥有或控制的没有实物形态的可辨认非货币性资产。包括专利权、非专利技术、商标权、著作权、特许权、土地使用权等。

（二）负债

负债是指过去的交易或者事项形成的、预期会导致经济利益流出企业的现时义务。负债具有以下特征：

1. 负债的特点

（1）负债是企业承担的现时义务。

现时义务是指企业在现行条件下已承担的义务。未来发生的交易或事项形成的义务，不属于现时义务，不应当确认为负债。这里所指的义务可以是法定义务，也可以是推定义务。其中法定义务是指具有约束力的合同或者法律法规规定的义务，通常必须依法执行。如企业购买原材料形成的应付账款，企业按照税法规定应当交纳的税款等，均属于企业承担的法定义务，需要依法予以偿还。推定义务是指根据企业多年来的习惯做法、公开承诺或者公开宣布的政策而导致企业将承担的责任，这些责任也使有关各方形成了企业将履行义务解脱责任的合理预期。如企业多年来执行一项销售政策，对于售出的商品提供一定期限内的售后保修服务，预期将为售出商品提供的保修服务就属于推定义务，应当将其确认为一项负债。

（2）负债预期会导致经济利益流出企业。

不论何种原因产生的负债，企业偿还负债时都会使经济利益流出企业。在履行现时义务清偿负债时，导致经济利益流出企业的形式多种多样。可以是用现金偿还或以实物资产清偿，以提供劳务偿还，举借新债还旧债，将债务转为资本，等等。

（3）负债是由企业过去的交易或者事项形成的。

负债应当由企业过去的交易或事项所形成。只有过去的交易或者事项才形成负债，企业将在未来发生的承诺、签订的合同等交易或者事项，不形成负债。

2. 负债分类

负债按其流动性不同分为流动负债和非流动负债。

（1）流动负债，是指将在一年（含一年）或超过一年的一个营业周期内偿还的债务，主要包括短期借款、交易性金融负债、应付票据、应付账款、预收账款、应付职工薪酬、应付股利、应交税费等。

短期借款是指企业向银行或其他金融机构等借入的期限在一年以内（含一年）的各种

借款。如企业从银行取得，用来补充流动资金不足的临时性借款。

交易性金融负债是指企业承担的以公允价值计量且其变动计入当期损益的以交易为目的所持有的金融负债。

应付票据是指企业因购买材料、商品或接受劳务供应等开出、承兑的商业汇票，包括商业承兑汇票和银行承兑汇票。

应付账款是指企业因购买材料、商品或接受劳务供应等经营活动应支付的款项。这是买卖双方在购销活动中由于取得物资与支付货款在时间上不一致而产生的负债。

预收账款是指按照购货合同的约定，销货单位预先向购货方收取一部分货款而形成的债务。

应付职工薪酬是指企业根据有关用工合同及规定应付给职工的工资、职工福利、社会保险费、住房公积金、工会经费、职工教育经费、非货币性福利、辞退福利等各种薪酬。

应付股利是指根据股东大会或类似机构审议批准的利润分配方案，应支付的现金股利或利润。

应交税费是指企业按照税法的规定应交纳的各项税费，包括增值税、营业税、所得税、资源税、土地增值税、城市维护建设税、房产税、土地使用税、车船税、教育费附加、矿产资源补偿费等。

（2）非流动负债是指除流动负债以外的其他负债，主要包括长期借款、应付债券、专项应付款和长期应付款等。

长期借款是指企业从银行或其他金融机构借入的期限在一年以上（不含一年）的借款。企业借入长期借款，主要是为了长期工程项目。

应付债券是指企业为筹集长期资金而实际对外发行的、约定于某一特定日期还本付息的公司长期债券。

专项应付款是指企业取得政府作为企业所有者投入的具有专项或特定用途的款项。

长期应付款是指除长期借款、应付债券和专项应付款以外的其他各种长期应付款项，包括应付融资租入固定资产的租赁费、以分期付款方式购入固定资产而发生的应付款项等。

（三）所有者权益

所有者权益是指企业资产扣除负债后，由所有者享有的剩余权益。公司的所有者权益又称为股东权益。所有者权益是所有者对企业资产的剩余索取权，它是企业资产中扣除债权人权益后应由所有者享有的部分，既可反映所有者投入资本的保值增值情况，又体现了保护债权人权益的理念。

1. 所有者权益的特点

（1）企业所有者只对净资产部分具有所有权，而不是对全部资产都具有这种权益。

（2）企业所有者有参与企业经营管理的权利。

（3）企业所有者以股利或利润的形式参与企业的利润分配，且分配的多少、分配与否与企业的业绩紧密联系。

（4）企业所有者投入企业的资本，在企业持续经营期间，除依法转让外，不得以任何形式收回。

2. 所有者权益的分类

所有者权益来源于所有者投入的资本、直接计入所有者权益的利得和损失、留存收益等，通常由实收资本（或股本）、资本公积、盈余公积和未分配利润构成。

(1) 所有者投入的资本是指所有者投入企业的资本部分，它包括构成企业注册资本或股本部分的金额，也包括投入资本超过注册资本或者股本部分的金额，即资本溢价或股本溢价，这部分投入资本在我国企业会计准则体系中被计入资本公积，并在资产负债表中的资本公积项目下反映。

(2) 直接计入所有者权益的利得和损失，是指不应计入当期损益、会导致所有者权益发生增减变动的、与所有者投入资本或者向所有者分配利润无关的利得或损失。其中，利得是指企业非日常活动所形成的、会导致所有者权益增加的、与所有者投入资本无关的经济利益的流入，利得包括直接计入所有者权益的利得和直接计入当期利润的利得。损失是指企业非日常活动所发生的、会导致所有者权益减少的、与向所有者分配利润无关的经济利益的流出，损失包括直接计入所有者权益的损失和直接计入当期利润的损失。直接计入所有者权益的利得和损失主要包括可供出售金融资产的公允价值变动额、现金流量套期中套期工具公允价值变动额（有效套期部分）等。

(3) 留存收益是企业历年实现的净利润留存于企业的部分，主要包括累计计提的盈余公积和未分配利润。

盈余公积是指企业按照规定从当年净利润中提取的各种积累资金。公司制企业的盈余公积分为法定盈余公积和任意盈余公积。法定盈余公积是指公司按照《公司法》规定的比例（10%）从当年净利润中提取的盈余公积金，非公司制企业也可以按照超过10%的比例提取。任意盈余是指企业经股东大会或类似机构批准后按照规定的比例从净利润中提取的盈余公积金。

未分配利润是指企业留待以后年度分配的结存利润，是企业结转下年的利润。

以上三要素反映了企业的财务状况。资产是企业拥有或控制的经济资源，负债和所有者权益分别是债权人和所有者对资产的要求权。因此，它们之间的数量关系用公式表示为：

资产＝负债＋所有者权益

二、动态会计要素

（一）收入

收入是指企业在日常活动中形成的、会导致所有者权益增加的、与所有者投入资本无关的经济利益的总流入。收入不包括为第三方或者客户代收的款项。

1. 收入的特点

(1) 收入是企业在日常活动中形成的。

日常活动是指企业为完成其经营目标所从事的经常性活动以及与之相关的活动。如工业企业制造并销售产品、商业企业销售商品、保险公司签发保单、咨询公司的咨询服务、软件企业为客户开发软件等，均属于企业的日常活动。明确界定日常活动是为了将收入和利润相区别，因为企业非日常活动所形成的经济利益的流入不能确认为收入，而应当计入利得。如出售固定资产的收入，因固定资产是为使用而不是为出售而购入的，出售固定资产不是企业的经营目标，也不属于企业的日常活动，因此，出售固定资产所取得的收益并不作为收入核算，而是计入当期损益的利得。

（2）收入会导致企业所有者权益的增加。

与收入相关的经济利益的流入应当会导致所有者权益的增加，不会导致所有者权益增加的经济利益流入不符合收入的定义，不应确认为收入。如企业向银行借入款项，尽管导致了企业经济利益的流入，但该流入并不导致所有者权益的增加，反而使企业承担了一项现时义务。企业对于因借入款项所导致的经济利益的增加，不应当确认为收入，应当确认一项负债。

（3）收入是与所有者投入资本无关的经济利益的总流入。

收入会导致经济利益的流入，从而导致资产的增加。如企业销售商品收到现金或者在未来有权收到现金，表明该交易符合收入的定义。但是，经济利益的流入有时是所有者投入资本的增加所导致的，所有者投入资本的增加不应当确认为收入，应当将其直接确认为所有者权益。

2. 收入的分类

收入按照日常活动的主次地位，分为主营业务收入和其他业务收入。

（1）主营业务收入主要是指与企业经营目标直接相关的日常活动所带来的收入。不同行业主营业务收入所包括的内容各不相同，如工业企业的产品销售收入、商业企业的商品销售收入、运输企业的运费收入等。

（2）其他业务收入是指企业主营业务以外的其他日常活动所产生的收入。如生产企业的运输收入，生产企业的材料销售收入，固定资产、无形资产、包装物等出租的租金收入等。

值得注意的是，收入有广义和狭义之分。我国企业会计准则将收入界定为狭义概念。上面所讲的收入是指狭义的收入，即营业收入。广义的收入还应包括直接计入当期损益的利得，即营业外收入。营业外收入是指企业发生的与其生产经营活动无直接关系的各项收入，包括处置固定资产净收益、处置无形资产净收益和罚款收入等。

（二）费用

费用是指企业在日常活动中发生的、会导致所有者权益减少的、与向所有者分配利润无关的经济利益的总流出。

1. 费用的特点

（1）费用是企业在日常活动中形成的。

费用必须是企业在日常活动中形成的，这些日常活动的界定与收入定义中涉及的日常活动的界定一致。日常活动形成的费用包括主营业务成本、管理费用、销售费用等。将费用界定为日常活动形成的，其目的是为了将其与损失相区分，企业非日常活动形成的经济利益的流出不能确认为费用，而应当计入损失。

（2）费用会导致所有者权益的减少。

与费用相关的经济利益流出会导致所有者权益的减少，不会导致所有者权益减少的经济利益流出不符合费用的定义，不应该确认为费用。

（3）费用是与向所有者分配利润无关的经济利益的总流出。

费用的发生会导致经济利益的流出，从而导致资产的减少或者负债的增加（最终也会导致资产的减少)。其表现形式包括现金或者现金等价物的流出，存货、固定资产和无形资产等的流出或消耗等。鉴于企业向所有者分配利润也会导致经济利益流出，而该经济利益的流出显然属于所有者权益的抵减项目，不应当确认为费用，应当将其排除在费用的定义之外。

一般而言，所有者权益会随着收入的增加而增加；相反，费用的增加会减少所有者权益。但是，企业在生产经营过程中，有两类支出是不应当确认为费用的。一是偿债性支出，如以银行存款归还前期所欠债务，只是一项资产和一项负债等额减少，对所有者权益没有影响，因而不构成费用；二是企业向所有者分配利润，虽然减少了所有者权益，但其属性是对利润的分配，是所有者权益的抵减项，也不构成费用。

2. 费用的分类

费用按其经济用途可分为成本和直接计入当期损益的费用。

(1) 成本是指企业为生产产品、提供劳务而发生的各种耗费，其与某成本计算对象具有关联性，属于被“对象化”的费用，包括为生产产品、提供劳务而发生的直接费用和间接费用。其中直接费用是指为生产产品、提供劳务而直接消耗的材料和人工费用等，包括直接材料费、直接人工费和其他直接支出。间接费用是指为生产产品、提供劳务而发生的、由多个成本计算对象共同负担、需要分配才能计入相关成本计算对象中的各项生产费用。

(2) 直接计入当期损益的费用一般是指企业在日常活动中发生的营业成本、营业税金及附加、期间费用、资产减值损失和所得税费用等。

营业成本包括主营业务成本和其他业务成本。主营业务成本是指企业进行销售商品、提供劳务等主营业务所发生的商品销售成本或劳务提供成本。其他业务成本是指除主营业务以外的其他经营业务所发生的支出，包括销售材料的成本、出租固定资产的折旧额、出租无形资产的摊销额、出租包装物的成本或摊销额等。

营业税金及附加是指企业营业活动应当负担并根据销售收入确定的各种税费，如营业税、消费税、城市维护建设税、资源税和教育费附加等。

期间费用是指本期发生的、不能直接或间接归入某种产品成本的、直接计入当期损益的各项费用，包括销售费用、管理费用和财务费用。销售费用是指企业在销售商品和材料、提供劳务的过程中发生的各项费用。管理费用是指企业为组织和管理生产经营活动而发生的各项费用。财务费用是指企业为了筹集生产经营所需资金等而发生的各项费用。

资产减值损失是指企业计提的坏账准备、存货跌价准备和固定资产减值准备等所形成的损失。

所得税费用是指企业按税法的规定向国家缴纳的所得税。

值得注意的是，费用有广义和狭义之分。我国企业会计准则将费用界定为狭义费用。广义费用还包括直接计入当期损益的损失即营业外支出。营业外支出是指企业发生的与其日常活动无直接关系的各项损失，包括非流动资产处置损失、罚款支出、公益性捐赠支出、非常损失、盘亏损失等。

(三) 利润

利润是指企业在一定会计期间的经营成果。通常情况下，如果企业实现了利润，表明企业所有者权益增加，业绩得到了提升；反之，如果企业发生了亏损，表明企业的所有者权益将减少，业绩下滑了。利润往往是评价企业管理层业绩的一项主要指标，也是投资者等财务报告使用者进行决策时的重要参考。

利润包括收入减去费用后的净额、直接计入当期利润的利得和损失等。其中，收入减去费用后的净额反映的是企业日常活动的经营业绩，直接计入当期利润的利得和损失反映的是企业非日常活动的业绩。直接计入当期利润的利得和损失，是指应当计入当期损益，最终会引起所有者权益发生增减变动的、与所有者投入资本或者向所有者分配利润无关的利得或损失。企业应当严格区分收入和利得、费用和损失之间的区别，以便更加全面地反映其经营业绩。

以上三要素形成了企业的经营成果。它们之间的数量关系可以用公式表示为：

收入－费用＝利润

第三节　会计等式

会计要素中所包含的资产、负债、所有者权益、收入、费用和利润之间存在着相互联系、相互依存的关系。这种关系在数量上可以运用数学等式加以描述，用来揭示会计要素之间增减变化及其结果，并保持相互平衡关系的数学表达式，称为会计平衡公式，也称会计恒等式。

会计等式是从事会计核算的基础和提供会计信息的出发点。因此，它又是复式记账、试算平衡以及编制财务报表的理论依据，是会计核算方法体系的理论基础。

一、会计等式的静态表现形式

任何企业在生产经营过程中都必须拥有一些能够满足其业务活动需要，数量相宜，并能为企业带来经济利益的资源，即资产。资产不是凭空形成的，企业的每项资产都有其特定的来源。资产在生产经营过程中的形态是不断变化的，其表现形式是各项资产有增有减。与此相对应，企业的任何资产都有其形成渠道和取得来源。从所有权角度看，这些资产形成的渠道和取得的来源就是所有者的权益。所有者的权益就是债权人和投资者对一个企业的资产所拥有的要求权和求偿权。资产和权益是同一事物的两个方面，两者相互联系，相互依存，不可分割。有一定数额的资产，就必然有一定数额的权益；反之，有一定数额的权益，就必然有一定数额的资产。从数量上看，任何企业在特定的时点所拥有的资产与其权益的总金额必然相等。资产与权益在内容上对应，在数量上恒等。用公式表示如下：

资产＝权益

这一等式叫会计恒等式或会计基本方程式。任何企业所拥有的资产其来源主要有两条渠道：一是由企业债权人提供的，如应付账款、短期借款、应付债券等，这类权益属于债权人权益；二是企业投资者投入的，是企业资金的主要来源，这类权益属于投资人权益。因此，权益可以分为债权人权益和投资人权益。在会计上，债权人权益称为负债，投资人权益称为所有者权益，它是对企业净资产的所有权。两者虽然同属于权益，但却有着显著的区别。因此，会计恒等式又可表述为：

资产＝负债＋所有者权益

上述会计等式反映了企业在某一时点的财务状况，体现了资金运动中有关会计要素之间的数量平衡关系，同时也反映了资金在运动过程中分布的形态和资金形成渠道两方面之间的相互依存及相互制约的关系。这一会计恒等式贯穿于财务会计的始终。

二、会计等式的动态表现形式

静止的资金是不会给企业带来经济效益的，资金只有在不断地运动中才能实现增值。企业不断地运用各种经济资源生产商品、提供劳务为社会创造财富，使得现金不断流入企业形成企业的收入，同时，企业为了生产商品或者提供劳务也在不断地消耗各种资源使资金流出企业，从而形成费用。一定时期的收入补偿费用以后，形成盈利。生产经营过程中获得的收入、发生的费用、形成的利润之间的关系，可以用如下公式表示：

收入－费用＝利润

上述会计等式表达的基本含义是：第一，收入的取得、费用的发生直接影响企业期间利润的确定；第二，特定会计期间的收入与其相关的费用进行配比，可以进而确定该期间的利润数额；第三，利润是收入与相关费用比较后的差额。

【例 2-1】

某企业销售 A 产品取得收入 2 000 000 元。A 产品的制造成本 1 350 000 元，发生管理费用 50 000 元，为推销 A 产品支付广告费及其他费用 100 000 元。利润计算如下：

收入：	销售 A 产品收入	2 000 000 元
费用：	销售 A 产品成本	1 350 000 元
	管理费用	50 000 元
	销售费用	100 000 元
利润：		500 000 元

三、会计等式的扩展

企业在开始正常生产经营以后，通过各种渠道取得生产经营所需的各种经济资源会在经营过程中被不断地消耗或者转变其实物形态，最终形成可供销售的商品产品。企业将商品产品对外进行销售获得收入，形成利润。这种情况会在企业生产经营过程中周而复始地循环。从中，我们可以看出它对企业初始投入资金的影响：当企业开始生产经营时，会把初始筹集起来的资金用来购买材料、支付工资、支付管理等方面的开支。因为与其他单位开展经营活动会使得资产的结构、债权、债务的结构发生变化，从而使得资产、负债发生增减变化。企业销售产品取得收入，在扣除成本后又会使得企业的所有者权益及其结构发生变化。因此，企业的经济活动，会对会计平衡公式产生综合的影响。会计基本等式可以进一步扩展为：

资产＝负债＋所有者权益＋(收入－费用)

或者：

资产＋费用＝负债＋所有者权益＋收入

利润会计要素隐含在扩展会计恒等式中。

从以上公式可以看出，这一会计等式是对企业经济活动动态过程的完整描述。由于运动是绝对的，而静止是相对的，因此，该会计等式是描写会计要素关系的典型模式。

四、经济业务发生对会计等式的影响

经济业务是指企业在生产经营过程中从事经营管理活动所形成的各种经济活动，而且能够用货币加以表现，也称会计事项。企业的经济活动多种多样且千差万别，但归纳起来可以分为两类：一类是应当办理会计手续，而且能够用货币表示的经济活动，即会计事项，如企业采购材料、销售商品等；另一类是不应当办理会计手续，或者不能用货币表示的经济活动，即非会计事项，如签订购销经济合同等。这里介绍的是第一类经济活动。

企业的经济活动虽然多种多样且千差万别，并且经济业务发生后都会引起会计要素发生增减变化，但无论怎样变化都不会破坏会计等式的平衡关系。下面举例予以说明。

【例 2-2】

东方公司 2011 年 4 月 1 日的财务状况是：

资产	＝	负债	＋	所有者权益
100 000	＝	20 000	＋	80 000

下面以东方公司 2011 年 4 月发生的经济业务为例，分析其对会计等式的影响。

(1) 购入原材料一批，货款为 50 000 元，材料已经收到，款项尚未支付。

该项经济业务的发生，使资产项目（原材料）增加 50 000 元，同时，负债项目（应付账款）增加 50 000 元，等式两边同时增加 50 000 元，资金总额增加 50 000 元，不影响等式的平衡。

	资产	＝	负债	＋	所有者权益
变动前数额	100 000	＝	20 000	＋	80 000
购入原材料	＋50 000		＋50 000		
变动后数额	150 000	＝	70 000	＋	80 000

(2) 收到投资者追加投入资本 200 000 元，款项已经收到，并存入银行。

该项经济业务的发生，使资产项目（银行存款）增加 200 000 元，同时，所有者权益项目（实收资本）增加 200 000 元，等式两边同时增加 200 000 元，资金总额增加200 000 元，不影响会计等式的平衡。

	资产	＝	负债	＋	所有者权益
变动前数额	150 000	＝	70 000	＋	80 000
追加投资	＋200 000				＋200 000
变动后数额	350 000	＝	70 000	＋	280 000

(3) 用银行存款偿还到期的短期借款 10 000 元。

该项经济业务的发生，使资产项目（银行存款）减少 10 000 元，同时，负债项目（短期借款）减少 10 000 元，等式两边同时减少 10 000 元，资金总额减少 10 000 元，不影响会计等式的平衡。

	资产		负债		所有者权益
变动前数额	350 000	＝	70 000	＋	280 000
偿还借款	－10 000		－10 000		
变动后数额	340 000	＝	60 000	＋	280 000

(4) 由于经济形式的变化，经协商，退还投资者张某投资额 100 000 元。

该项经济业务的发生，使资产项目（银行存款）减少 100 000 元，同时，所有者权益项目（实收资本）减少 100 000 元，等式两边同时减少 100 000 元，资金总额减少 100 000 元，不影响会计等式的平衡。

	资产		负债		所有者权益
变动前数额	340 000	＝	60 000	＋	280 000
退还投资	－100 000				－100 000
变动后数额	240 000	＝	60 000	＋	180 000

(5) 收回客户前欠的货款 30 000 元，款项已存入银行。

该项经济业务的发生，使资产项目（银行存款）增加 30 000 元，同时，资产项目（应收账款）减少 30 000 元，资产类内部项目有增有减，增减金额相等，资金总额不变，不影响会计等式的平衡。

	资产		负债		所有者权益
变动前数额	240 000	＝	60 000	＋	180 000
收回货款	＋30 000 30 000				
变动后数额	240 000	＝	60 000	＋	180 000

(6) 从银行取得期限为 6 个月的借款 50 000 元，直接偿还前欠货款。

该项经济业务的发生，使负债项目（短期借款）增加 50 000 元，同时，负债项目（应付账款）减少 50 000 元，负债类内部项目有增有减，增减金额相等，资金总额不变，不影响会计等式的平衡。

	资产		负债		所有者权益
变动前数额	240 000	＝	60 000	＋	180 000
偿还前欠货款			＋50 000 －50 000		
变动后数额	240 000	＝	60 000	＋	180 000

(7) 按法定程序报经批准后，将 20 000 元的资本公积转增资本。

该项经济业务的发生，使所有者权益项目（实收资本）增加 20 000 元，同时，所有者权益项目（资本公积）减少 20 000 元，所有者权益类内部项目有增有减，增减金额相等，资金总额不变，不影响会计等式的平衡。

	资产		负债		所有者权益
变动前数额	240 000	＝	60 000	＋	180 000
资本公积转增资本					－20 000 ＋20 000
变动后数额	240 000	＝	60 000	＋	180 000

(8) 供应商金通公司将企业原欠的购料款10 000元转作对企业的投资。

该项经济业务的发生，使所有者权益项目（实收资本）增加10 000元，同时，负债项目（应付账款）减少10 000元，等式右边有增有减，增减金额相等，资金总额不变，不影响会计等式的平衡。

	资产		负债		所有者权益
变动前数额	240 000	＝	60 000	＋	180 000
欠款转作投资			－10 000		＋10 000
变动后数额	240 000	＝	50 000	＋	190 000

(9) 与大宇公司的联营合同到期，应向其归还投资款40 000元，但款项尚未支付。

该项经济业务的发生，使负债项目（其他应付款）增加40 000元，同时，所有者权益项目（实收资本）减少40 000元，等式右边有增有减，增减金额相等，资金总额不变，不影响会计等式的平衡。

	资产		负债		所有者权益
变动前数额	240 000	＝	50 000	＋	190 000
归还投资			＋40 000		－40 000
变动后数额	240 000	＝	90 000	＋	150 000

(10) 销售甲产品一批，售价10 000元，款项收存银行。

该项经济业务的发生，使收入项目（主营业务收入）增加10 000元，同时，资产项目（银行存款）增加10 000元，等式两边同时增加10 000元，资金总额增加10 000元，不影响会计等式的平衡。

	资产		费用		负债		所有者权益		收入
变动前数额	240 000			＝	90 000	＋	150 000		
销售产品	＋10 000						＋		10 000
变动后数额	250 000			＝	90 000	＋	150 000	＋	10 000

(11) 以银行存款支付销售甲产品运输费用1 000元。该项经济业务的发生，使费用项目（销售费用）增加1 000元，同时，使资产项目（银行存款）减少1 000元，等式左边有增有减，增减金额相等，资金总额不变，不影响会计等式的平衡。

	资产		费用		负债		所有者权益		收入
变动前数额	250 000			＝	90 000	＋	150 000	＋	10 000
支付费用	－1 000	＋	1 000						
变动后数额	249 000	＋	1 000	＝	90 000	＋	150 000	＋	10 000

通过对上述经济业务的分析，可以得出如下结论：

（1）每项经济业务的发生，至少会引起会计要素的两个项目发生变化。

（2）任何经济业务的发生，都会引起会计要素的具体项目发生变化，但不会破坏“资产＝负债＋所有者权益”这一会计等式的平衡关系。

（3）凡涉及等式两边的经济业务，引起会计要素项目的变化必然是同增或同减，因此，资产与权益总额必然是增加或减少；凡涉及等式一边的经济业务，引起会计要素项目的变化，必然是有的项目增加有的项目减少，增减金额相等，资产与权益总额不变。

（4）收入、费用要素的变化仍可以归为资产、负债及所有者权益的变化形式。

（5）经济业务多种多样，但所有经济业务的发生对会计要素项目的影响，归纳起来不外乎四种类型（如图 2-2 所示）。

①资产类项目和权益类项目同增，增加金额相等；

②资产类项目和权益类项目同减，减少金额相等；

③资产类内部项目有增有减，增减金额相等；

④权益类内部项目有增有减，增减金额相等。

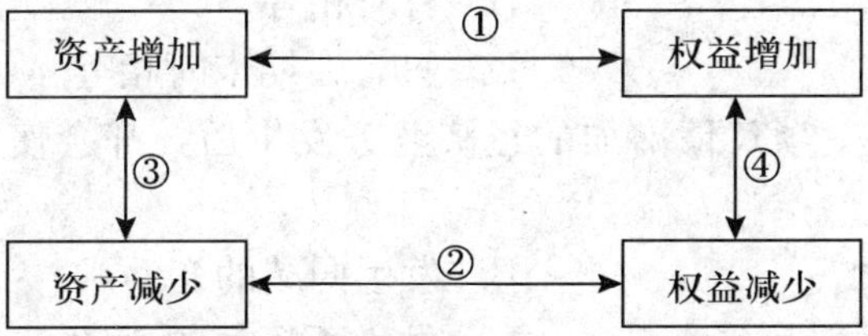

图 2-2　经济业务变化的四种类型

复习思考题

1. 什么是会计对象？企业会计对象的具体内容是什么？

2. 什么是会计要素？会计要素包括哪些内容？

3. 什么是资产？资产按照什么标准分类？每类包括哪些内容？

4. 什么是负债？负债按照什么标准分类？每类包括哪些内容？

5. 简述资产与权益的平衡关系。

6. 经济业务有哪几种类型？每类经济业务变动会引起资产与权益发生怎样的变化？会不会破坏资产与权益的平衡关系？

练习题

一、填空题：

1. 资产的特征表现为：（　　　　　）；（　　　　　）；（　　　　　）。

2. 负债的特征表现为：（　　　　　）；（　　　　　）；（　　　　　）。

3. 所有者权益是企业投资人对（　　）的所有权。

4. 从数额上看，有一定数额的资产，就必定有一定数额的（　　）。

5. 会计恒等式直接反映出资产负债表中（　　）、（　　）、（　　）三要素之间的内在联系和数量关系。

6. 债权人和投资人对企业资产的要求权，在会计上总称为（　　）。

7. 会计要素中的（　　）、（　　）和（　　）三要素是利润表构成要素。

8. 资金运动的静态要素是指（　　）、（　　）、（　　）。

二、单项选择题

1. 企业所拥有的资产从财产权利归属来看，一部分属于投资者，另一部分属于（　　）。

A. 债权人　　B. 企业职工

C. 债务人　　D. 企业法人

2. 一个企业的资产总额与权益总额（　　）。

A. 必然相等　　B. 有时相等

C. 不会相等　　D. 只有在期末时相等

3. 一个企业的资产总额与所有者权益总额（　　）。

A. 必然相等　　B. 有时相等

C. 不会相等　　D. 只有在期末时相等

4. 一项资产增加、一项负债增加的经济业务发生后，都会使资产与权益原来的总额（　　）。

A. 发生同增的变动　　B. 发生同减的变动

C. 不会变动　　D. 发生不等额的变动

5. 企业收入的发生往往会引起（　　）。

A. 资产增加　　B. 资产减少

C. 负债增加　　D. 所有者权益减少

6. 企业费用的发生往往会引起（　　）。

A. 资产增加　　B. 资产减少

C. 负债减少　　D. 所有者权益增加

7. 一项资产增加，不可能引起（　　）。

A. 另一项资产减少　　B. 一项负债增加

C. 一项所有者权益增加　　D. 一项负债减少

三、多项选择题

1. （　　）属于正确的会计等式。

A. 资产＝权益

B. 资产＝负债＋所有者权益

C. 收入－费用＝利润

D. 资产＝负债＋所有者权益＋(收入－费用)

E. 资产＋负债－费用＝所有者权益＋收入

2. 引起会计等式左右两边会计要素变动的经济业务有（　　）。

A. 收到某单位前欠货款 20 000 元存入银行

B. 以银行存款偿还银行借款

C. 收到某单位投资机器一台，价值 800 000 元

D. 以银行存款偿还前欠货款 100 000 元

E. 购买材料 8 000 元，以银行存款支付

3. 只引起会计等式左边会计要素变动的经济业务有（　　）。

A. 购买材料 800 元，货款暂欠

B. 从银行提取现金 500 元

C. 购买机器一台，以银行存款支付 100 000 元价款

D. 接受国家投资 2 000 000 元

E. 收到某外商捐赠货物一批价值 800 000 元

4. 企业的非流动资产包括（　　）。

A. 存货　　B. 固定资产

C. 货币资金　　D. 长期股权投资

E. 无形资产

5. 以下属于流动资产的有（　　）。

A. 存放在银行的存款　　B. 存放在仓库的材料

C. 厂房和机器　　D. 企业的办公楼

E. 企业的办公桌椅

四、判断改错题

1. 资产是指由于过去、现在、将来的事项和交易形成并由企业拥有的经济资源，该资源预期会给企业带来经济利益。（　　）

2. 会计要素就是会计报表构成的基本单位。（　　）

3. “收入－费用＝利润”这一会计等式，是复式记账法的理论基础，也是编制资产负债表的依据。（　　）

4. 企业预期经济业务将发生的债务，应当作为负债处理。（　　）

5. 资金运动就是指资金的循环与周转。（　　）

五、业务核算题

习题一

（一）目的：了解会计要素的构成内容。

（二）资料：祥和工厂的会计要素项目如下：

短期借款、存货、实收资本、银行存款、应交税费、无形资产、预收账款、应付债券、主营业务收入、未分配利润、财务费用、投资收益。

（三）要求：将以上要素项目按资产、负债、所有者权益、收入、费用和利润要素分别列示。

习题二

（一）目的：熟悉资产的内容和种类。

（二）资料：祥和工厂 2010 年 12 月 31 日的资产如下：

1. 厂房一栋，价值 100 000 元；

2. 存入银行的货款 12 560 元；
3. 库存原材料 500 吨，价值 24 800 元；
4. 尚未收回的货款 12 000 元；
5. 购买 3 年期国债 28 000 元；
6. 土地使用权，价值 50 000 元；
7. 生产甲产品专利权，价值 15 000 元；
8. 库存甲产品 1 000 件，价值 32 860 元；
9. 库存零用现金 1 876 元；
10. 尚未兑现的应收票据 3 张，价值 36 480 元；
11. 在产品 200 件，价值 5 784 元；
12. 某公司股票 12 000 元，拟于半年后出售；
13. 机器设备 5 台，价值 150 000 元。

（三）要求：指出上述资产的项目名称。

习题三

（一）目的：熟悉负债和所有者权益的内容和种类。

（二）资料：祥和工厂 2010 年 12 月 31 日的负债和所有者权益构成如下：

1. 欠付原材料供应单位货款 16 800 元；
2. 投资者甲的资本额 200 000 元；
3. 2 年后偿还的银行借款 50 000 元；
4. 应付票据 10 张，金额 32 420 元；
5. 预收购货单位货款 8 000 元；
6. 投资者乙的资本额 100 000 元；
7. 向投资者分配利润 10 670 元；
8. 预提短期银行借款利息 6 000 元；
9. 资本溢价 41 800 元；
10. 应交税费 4 730 元；
11. 盈余公积金 24 000 元；
12. 半年后偿还的银行借款 20 000 元。

（三）要求：指出上述项目哪些归属负债项目，哪些归属所有者权益项目，并对负债项目按流动负债和长期负债分类。

习题四

（一）目的：掌握资金变化类型。

（二）资料：某企业发生经济业务如下：

1. 用银行存款购买材料；
2. 用银行存款支付前欠 A 单位货款；
3. 用盈余公积金弥补职工福利费；
4. 向银行借入长期借款，存入银行账户；
5. 收到所有者投入的设备；

6. 从国外进口设备，款未付；
7. 用银行存款归还长期借款；
8. 企业以固定资产向外单位投资；
9. 用应付票据归还前欠B单位货款；
10. 经批准，代所有者乙以资本金偿还其应付其他单位欠款；
11. 企业所有者甲代企业归还银行借款，并将其转为投入资本；
12. 将盈余公积金转作资本。

（三）要求：分析上列各项经济业务的类型，填入下表。

类型	经济业务序号
1. 一项资产增加，另一项资产减少	
2. 一项负债增加，另一项负债减少	
3. 一项所有者权益增加，另一项所有者权益减少	
4. 一项资产增加，一项负债增加	
5. 一项资产增加，一项所有者权益增加	
6. 一项资产减少，一项负债减少	
7. 一项资产减少，一项所有者权益减少	
8. 一项负债减少，一项所有者权益增加	
9. 一项负债增加，一项所有者权益减少	

习题五

（一）目的：掌握会计基本等式。

（二）资料：

1. 祥和工厂2010年7月初的资产负债及所有者权益情况如下：

资产	金额	负债及所有者权益	金额
库存现金	1 000	短期借款	100 000
银行存款	13 000	应付账款	25 000
应收账款	14 000	应付职工薪酬	5 000
其他应收款	2 000	实收资本	500 000
原材料	60 000	盈余公积	50 000
库存商品	70 000	未分配利润	20 000
固定资产	400 000		
合计	700 000	合计	700 000

2. 7月份该厂发生下列各项经济业务：

（1）从甲公司购入原材料一批，价款20 000元，材料验收入库，货款未付；
（2）生产车间领用材料45 000元投入生产；
（3）向银行借入短期借款50 000元存入银行；
（4）以现金暂付职工××差旅费1 000元；
（5）以银行存款偿还前欠甲公司材料款20 000元；

（6）收到 A 单位投入资本 30 000 元，存入银行；

（7）收到乙公司前欠货款 12 000 元，存入银行；

（8）从银行提取现金 1 000 元备用；

（9）以银行存款购入电脑一台，价值 20 000 元；

（三）要求：将资产、负债和所有者权益各项目的 7 月初金额和月内增减变化的金额填入下表，同时计算出期末余额和合计数。

资产	期初数	本月增加数	本月减少数	月末余额	负债及所有者权益	期初数	本月增加数	本月减少数	月末余额
库存现金					负债：				
银行存款					短期借款				
应收账款					应付账款				
其他应收款					应付职工薪酬				
生产成本					负债合计				
原材料					所有者权益：				
库存商品					实收资本				
固定资产					盈余公积				
					未分配利润				
					所有者权益合计				
总 计					总 计				

CHAPTER

3 第三章 会计处理方法

学习目标

本章主要介绍会计确认、会计计量、会计记录、会计报告及会计循环等内容。通过本章的学习，你将了解会计信息处理的循环过程，掌握会计处理的基本方法，包括会计确认的标准，会计计量属性的内容，会计记录的方法，会计报告的内容、程序。

企业日常发生的经济业务，包含着大量的经济信息。将经济信息按照一定的规则与方法加工成会计信息，提供给有关使用者，是一个十分复杂的过程，会计正是基于此而发展成为一项复杂而有序的管理活动。首先，大量经济业务只有输入会计核算系统才能进行加工，但是不可能直接将经济业务包含的全部经济信息都记录下来，只有按一定的标准或规定确认之后，才允许其进入会计核算系统。其次，已经进入会计核算系统的信息要作为有用的信息输出，输出的信息必须再一次经过确认才能够保证其有效性。再次，经过确认、计量的经济信息还必须在会计特有的载体上进行记录，才能进行一系列的会计处理，最后以会计报告的形式提供给会计信息使用者。会计对经济业务进行确认、计量的结果通过必要的会计载体来反映，即在会计特有的载体上进行专有的记录。会计确认、计量、记录的目的，是为管理活动提供有用的、正确的会计信息。要实现此目的，需要借助会计报告。

会计处理方法，亦称会计核算方法，包括会计确认方法、会计计量方法、会计记录方法和会计报告方法，它是学好会计学必须要研究的问题。其中，会计确认是会计处理的第一步，是会计处理的门槛，主要解决经济业务和事项是否应该、能不能够在会计系统中反映，以及应该在什么项目中反映；会计计量是第二步，主要解决经济业务和事项用什么计量属性来计量，从而决定会计反映的金额；会计记录是第三步，是会计确认和计量的具体体现，即按照国家统一的会计制度的规定，将经济业务和事项具体记录在凭证、账簿等会计资料中；会计报告是最后一步，是指在前面几步的基础上，对凭证、账簿等会计资料进行进一步的汇总、归纳和整理，通过会计报表、会计报表附注、财务状况说明书等方式将财务会计信息提供给信息使用者。接下来本章将分别介绍会计确认、会计计量、会计记录和会计报告等会计处理方法。

第一节 会计确认

会计确认（accounting recognition）是按照规定的标准和方法，辨认和确定经济信息是否进入会计系统并确定如何进行记录的过程，即将某一会计事项作为资产、负债、所有者权益、收入、费用及利润等会计要素正式加以记录和列入报表的过程。如果把会计处理过程看做一个信息转换、加工和传输的过程，会计确认则是信息转换中的关键环节。会计确认主要解决三个问题：一是确定经济业务是否需要确认；二是确定该业务应在何时进行确认；三是确定该业务应确认为哪个会计要素。

一、初始确认和再确认

企业产生的交易或事项都是大量的，在众多的交易或事项中，有些是会计核算和监督的内容，有些则不是，如企业根据各自的生产经营活动签订的购销合同、机器设备的利用情况、职工的构成等，虽然是企业的经济业务，而且对企业的最终经营成果也会产生影响，但它们无法按照会计处理系统的特有方法直接进行加工处理。因此，在会计核算系统正式接收、记录经济业务的有关数据之前，应进行必要的确认，以排除不属于会计核算范围的经济数据。一项经济业务是否属于会计核算范围，受到会计假设、会计目标和会计信息质量的制约，能够经过确认输入会计核算系统的经济信息，利用会计特有的方法进行分类、加工、记录、整理，最后汇总编制成财务报表，为管理者提供有助于经营管理的会计资料。为保证会计信息的使用价值，在会计核算系统正式输出信息之前，应进行必要的确认，归并一些非重要的经济数据，突出重要的数据，为此对经过确认进入会计处理系统的会计数据，需要再进行一次确认，以保证输出的会计信息满足会计信息使用者的需要。因此，从会计处理的技术层面上看，会计确认主要包括围绕账户进行的“初始确认”和围绕财务报表进行的“再确认”。

（一）初始确认

初始确认是指对输入会计核算系统的原始经济信息进行的确认，即指针对某一项目或某项经济活动，确定其是否被记录为资产、负债、收入或费用，以及在什么账户中进行记录。这类原始经济信息的载体是伴随经济业务发生的原始凭证，所以初始确认从审核及填制原始凭证开始，对经济业务所产生的原始数据及其内容，包括经济业务的种类、执行单位、经手人、时间、地点，业务的数量、单价、金额等，进行具体的识别、判断、选择和归类，以便对其进行正式的记录。初始确认要依据会计目标或会计核算的特定规范要求，筛选多余的或不可接受的数据，将筛选后有用的原始数据进行分类，运用复式记账法编制记账凭证，将经济信息转化为会计信息。初始确认实际上是经济信息能否转化为会计信息并进入会计处理系统的筛选过程。初始确认的标准主要是发生的经济业务能否用货币计量，如果发生的经济业务能够用货币计量，则通过了初始确认，可以进入会计处理系统，如果发生的经济业务不能用货币计量，则应排除在会计核算系统之外。

（二）再确认

再确认是指在初始确认的基础上按会计信息使用者的要求对各项数据进行筛选、浓缩，并确定是否最终作为财务报表相关项目的内容。经过初始确认的原始信息，借助于会计核算方法转化为账簿资料。为便于管理者使用，账簿资料还应依管理者的需要，继续进行加工，浓缩、提炼或加以扩充，重新归类、组合，即再确认。再确认是依据管理者的需要，确认账簿资料中哪些项目应列入财务报表，或是在财务报表中应揭示多少财务信息和何种财务信息资料。会计再确认包括对已确认过的经济数据在日后由于变动影响的确认，如企业购入的各种存货，经初始确认后，以实际成本记录在账簿中，若物价发生变动，按照谨慎性原则核算时，应对变动影响进行再确认。再确认实际上是对已经形成的会计信息的再提纯、再加工，以保证其真实性及正确性，满足各会计信息使用者的需要。再确认的标准主要基于会计信息使用者的需要，会计输出的信息应是能够帮助会计信息使用者进行决策的信息。

很明显，初始确认与再确认的任务是不一样的。初始确认决定着经济信息能否转换成会计信息进入会计核算系统，而再确认则是对经过加工的信息的提纯。经过初始确认和再确认，可以保证会计信息的真实性和有用性。

二、会计确认的标准

将一项交易或事项确认为账户记录和财务报表披露的内容，必须符合会计确认的标准。会计确认的标准可以分为两个层次。第一层次为会计确认的基本标准，此类标准强调不同会计要素确认的共性内容，具有普遍适用性；第二层次为各个不同会计要素确认的具体标准，此类标准强调不同会计要素确认的特殊性，具有针对性。

会计确认的基本标准可以归纳为以下四个方面。

（一）可定义性

可定义性（definition）是指被确认的项目应是通过经济业务活动产生的，其交易性质符合会计要素的要求。一般地讲，凡是企业经营活动过程中能够用货币计量的交易或事项都属于会计确认的范围。在具体会计工作中具有会计信息属性的经济信息应该可以具体化为会计要素，即资产、负债、所有者权益、收入、费用和利润等，按照这些要素的定义和特征加以确认，就是可定义性。即首先应确认发生的经济业务能否进入会计核算系统，然后对能够进入会计核算系统的经济业务按照会计要素的定义将其具体确认为某一会计要素。

（二）可计量性

可计量性（measurability）是指被确认的项目应当具有可靠的计价标准并能客观地加以计量。被计量的对象在计量特性方面往往具有多种计量属性，如长度、重量、体积、价值等。而具有会计意义的计量属性，仅指计量客体的价值计量特征，即要求被确认的项目具有历史成本、现行成本、现行市价、可变现净值、现值或公允价值等其中的某项属性。

（三）可靠性

可靠性（reliability）是指所确认的项目的相关信息应如实反映经济活动，并且可验证和不偏不倚。首先是如实、完整地反映应当反映的交易或事项，这些交易或事项必须根据它们的实质和不带偏见的经济事实，而不仅仅根据它们的法律形式进行核算和反映。为此，在会计确认时，要认真审核原始凭证所记载的经济信息是否真实，辨别有关经济数据能否加以查证，输入的经济数据是否有客观可信的证据。但在许多情况下，必须估计成本或价值，如暂估料款。使用合理的估计，不会降低确认的可靠性，若无法做出合理的估计，则不能作为会计要素加以确认。

（四）相关性

相关性（relevance）是指所确认的项目的相关信息能够“导致决策差别”。相关性的概念作为确认的标准，是因为各方面信息使用者的需要不同。针对信息使用者的具体需要，排除不相关的数据，增进信息的有用性，如在财务报表中增加补充资料以满足不同使用者的需要。资料如果不适当地拖延，就可能失去相关性。为保证其相关性，会计人员应及时地提供资料。

在上述确认标准中，可定义性和可计量性是主要的标准。如果会计信息主要反映企业经营管理者的受托责任，会计确认更强调信息的可靠性，如果会计信息主要是为满足会计信息使用者的需要，会计确认更强调会计信息的相关性。因此，进行会计确认时应在可靠性和相关性之间权衡，以保证输出的信息能满足各方面的需要。

三、会计要素的确认

按照上述会计确认的标准，可以对会计要素加以确认。为了讲述方便，我们仅在本节对确认各会计要素的标准做简单介绍。

（一）资产的确认

在具体确认资产时，必须按三个重要的标准来进行衡量：（1）符合资产的定义。资产应是过去的交易或事项形成的、由企业拥有或者控制的、预期会给企业带来经济利益的资源。如果不符合资产的定义，不能将其确认为资产。（2）与该资源有关的经济利益很可能流入企业。如果一项支出已经发生，但在本会计期间及以后的会计期间都不会形成经济利益流入企业，这项支出不能作为资产。（3）该资源的成本能够可靠地加以计量。凡是资产，必须能够可靠地计量其成本或价值，若不能准确地计量，能使用合理的估计，也可以确认为资产。

（二）负债的确认

在具体确认负债时，应该按以下标准来进行判断：（1）符合负债的定义。负债应是企业过去的交易或事项形成的、预期会导致经济利益流出企业的现时义务。如果不符合负债的定义，不能作为负债加以确认。（2）与该义务有关的经济利益很可能流出企业。一项债务的偿还，企业必须付出债权人能够接受的资产或劳务，因而是企业所拥有的经济资源的流出。（3）未来流出的经济利益的金额能够可靠地计量。作为负债，一般都有一个到期偿还的确切金额，即使没有确切的金额，也能合理地估计偿还金额。

（三）所有者权益的确认

所有者权益被定义为：企业资产扣除负债后由所有者享有的剩余权益。它不可能像资产、负债那样可以单独确认，其确认须依赖于资产、负债的确认，资产、负债的确认标准即为所有者权益的确认标准。

（四）收入的确认

收入是企业补偿费用开支、取得盈利的源泉。在收入的具体确认中，应该按以下标准来进行判断：（1）符合收入的定义。收入应是企业在日常活动中形成的，会导致所有者权益增加的、与所有者投入资本无关的经济利益的总流入。如果不符合收入定义，不能确认为收入。（2）收入只有在经济利益很可能流入企业从而导致资产增加或负债减少时才能确认。与收入相关的经济利益流入企业具体表现为资产增加或负债减少。（3）经济利益流入额能够可靠地计量。

（五）费用的确认

在费用的具体确认中，应该按以下标准来进行判断：（1）符合费用的定义。费用是企业在日常活动中形成的、会导致所有者权益减少的、与向所有者分配利润无关的经济利益的总流出。如果不符合费用定义，不能确认为费用。（2）费用只有在经济利益很可能流出企业从而导致资产减少或负债增加时才能确认。与费用相关的经济利益流出企业具体表现为资产减少或负债增加。（3）经济利益流出额能够可靠地进行计量。

企业为生产产品、提供劳务等发生的可归属于产品成本、劳务成本等的费用，应当在确认产品销售收入、劳务收入时，将已销售产品、已提供劳务的成本等计入当期损益。企业发生的支出不产生经济利益的，或者即使能够产生经济利益但不符合或者不再符合资产确认条件的，应当在发生时确认为费用，计入当期损益。企业发生的交易或事项导致其承担了一项负债又不确认为一项资产的，应当在发生时确认为费用，计入当期损益。

（六）利润的确认

利润是企业的各项收入抵减各项耗费后的余额。利润不能像收入、费用那样单独确认，它的确认只能依赖于一定期间的收入和费用的确认，收入、费用的确认标准即为利润的确认标准。

四、会计确认的基础

会计确认基础，是指合理确定一定会计期间的收入与费用，从而确定损益的标准。

企业单位在一定会计期间，为进行生产经营而发生的费用，可能在本期已经付出货币资金，也可能在本期尚未付出货币资金；所发生的收入，可能在本期已经收到货币资金，也可能在本期尚未收到货币资金。同时，本期发生的费用可能与本期收入的取得有关，也可能与本期收入的取得无关。对于诸如此类的经济业务进行处理，要以所采用的会计基础为依据。

目前，无论从会计理论还是实务来看，可选择的会计确认基础一般只有两个，即权责发生制和收付实现制。

（一）收付实现制

收付实现制又称现金收付基础，是以现金收到或付出为标准，来记录收入的实现和费用的发生。按照收付实现制，收入和费用的归属期间将与现金收支行为的发生与否紧密地联系在一起。换言之，现金收支行为在其发生的期间全部记作收入和费用，而不考虑与现金收支行为相连的经济业务实质上是否发生。

收付实现制是以款项的实际收付为标准来处理经济业务，确定本期收入和费用，计算本期盈亏的会计处理基础。在现金收付的基础上，凡在本期实际以现款付出的费用，不论其应否在本期收入中获得补偿，均应作为本期应计费用处理；凡在本期实际收到的现款收入，不论其是否属于本期，均应作为本期应计的收入处理。反之，凡本期还没有收到现款的收入和没有用现款支付的费用，即使归属于本期，也不作为本期的收入和费用处理。例如，大同工厂 2009 年 3 月份收到 2008 年应收销货款 50 000 元，存入银行，尽管该项收入不是 2009 年创造的，但因为该项收入是在 2009 年收到的，所以在现金收付基础上也作为 2009 年 3 月份的收入。

在收付实现制下，会计在处理经济业务时不考虑预收收入、预付费用以及应计收入和应计费用的问题，会计期末也不需要进行账项调整，因为实际收到的款项和付出的款项均已登记入账，所以可根据账簿记录来直接确定本期的收入和费用，并加以对比以确定本期盈亏。这种处理方法的好处在于计算方法比较简单，也符合人们的生活习惯，但按照这种方法计算的盈亏不合理、不准确，所以《企业会计准则》规定企业不予采用，它主要应用于行政事业单位和个体户等。

（二）权责发生制

权责发生制原则亦称应计基础、应计制原则，是指以实质取得收到现金的权利或支付现金的责任的发生为标志来确认本期收入和费用以及债权和债务。即收入按现金收入及未来现金收入——债权的发生来确认；费用按现金支出及未来现金支出——债务的发生进行确认。而不是以现金的收入与支付来确认收入和费用。按照权责发生制原则，凡是本期已经实现的收入和已经发生或应当负担的费用，不论其款项是否已经收付，都应作为当期的收入和费用处理；凡是不属于当期的收入和费用，即使款项已经在当期收付，都不应作为当期的收入和费用。例如，A 企业在本月某日售给 B 单位产品一批，价值 8 000 元，已交货，货款到下月才能收到。由于此项交易是在本月发生并完成，已取得向购货单位的货款求偿权（债权），所以本月虽未实际收到此项货款，但仍应将其作为本月的收入处理。显然，按权责发生制处理有关收入与费用的经济业务，将使各有关会计期间损益的确定都更为合理。所以，我国《企业会计准则——基本准则》第九条规定，企业应当以权责发生制为基础进行会计确认、计量和报告。

第二节　会计计量

一、会计计量与会计确认

会计计量是根据被计量对象的计量属性，选择一定的计量基础和计量单位，确定应记录项目金额的会计处理过程。企业经济业务中大量的原始经济信息要通过初始确认输入会计核算系统，在会计核算系统内运行的会计信息要经过再确认，以保证信息的正确性、有用性。而会计确认离不开计量，只有经过计量，应输入的数据才能被正式记录，输出的数据才能最终列入财务报表。会计确认与会计计量总是不可分割地联系在一起，未经确认，就不能进行计量，没有计量，确认也就失去了意义。会计核算的全过程离不开计量，初始确认的经济数据通过计算、汇总、比较、衡量与分配等复杂的计量，在有关的凭证、账簿中进行归集，并使之系统化、条理化，再确认的经济数据通过传递、输出、汇总等计量，在有关的财务报表中加以确定。

会计计量要解决的是计量单位、计量属性以及二者相结合的计量模式等问题。

二、会计计量单位

会计计量单位是指计量尺度的量度单位。会计计量尺度的选择经历了漫长的发展历程，从最早的某些象征性符号，如结绳记事的“结”，向各种实物量度、劳动量度进化，到了商品经济社会，各种形形色色的实物量度已经无法对企业的经济活动进行全面、综合的反映，即使劳动量度也难以对众多的经济活动进行综合的反映，于是货币作为商品内在价值尺度的必然表现形式，取代了实物量度单位和劳动量度单位，成为会计统一的计量尺度。会计计量虽然是以货币计量为主，但也不排除以实物量度、劳动量度作为辅助量度。

当货币作为会计记账的通用标准后，解决了计量单位的问题。但同时也给会计带来了新的问题，即货币具有名义货币和实际购买力货币两重性，会计计量时应选用哪种货币？一般情况下，会计计量以法定的名义货币作为计量单位。

三、会计计量属性

会计计量属性是指所用量度的经济基础，即按什么标准来记账，如历史成本、现行成本、可变现价值等。

（一）历史成本

历史成本是指按照形成某项会计要素时所付出的实际成本计价。在历史成本计量下，资产按照购置时支付的现金或者现金等价物的金额，或者按照购置资产时所付出对价的公允价值计量。负债按照因承担现时义务而实际收到的款项或者资产的金额，或者承担现时义务的合同金额，或者按照日常活动中为偿还负债预期需要支付的现金或现金等价物的金额计量。历史成本计价具有可靠、简便，符合会计核算真实性原则等优点。但在市场经济条件下，历史成本也存在着一定的缺陷，如在物价变动的情况下，不能真实地反映会计要素的实际价值。

（二）重置成本

重置成本是指按照现在形成某项会计要素可能付出的成本计价。在重置成本计量下，资产按照现在购买相同或者相似资产所需支付的现金或者现金等价物的金额计量。负债按照现在偿付该项债务所需支付的现金或者现金等价物的金额计量。现行成本可以反映现在形成某一会计要素应付出的代价，但这种计价不具有可操作性。

（三）可变现净值

可变现净值是指出售时可能收回的金额（扣除可能发生的费用）。在可变现净值计量下，资产按照其正常对外销售所能收到的现金或现金等价物的金额扣减该资产至完工时估计将要发生的成本、估计的销售费用以及相关税费后的金额计量。可变现净值虽然在操作上有一定的难度，但可以真实反映资产的价值。

（四）现值

现值是指未来现金流量的折现值。在现值计量下，资产按照预计从其持续使用和最终处置中所产生的未来现金流入量的折现金额计量。负债按照预计期限内需要偿还的未来净现金流出量的折现金额计量。现值可以反映资产所带来经济利益的金额与偿还债务相关经济利益流出的金额，但受主观因素的影响较多。

（五）公允价值

公允价值是指在公平交易中，交易双方自愿形成的交易价格。在公允价值计量下，资产和负债按照在公平交易中，熟悉情况的交易双方自愿进行交换或者债务清偿的金额计量。公允价值可以真实地反映资产、负债的价值，但具有不易操作的特点。

计量基础的选择取决于会计信息使用者的需要。由于各种不同的会计信息使用者对会计信息的需求不同，因此，计量基础的选择也就存在差别。企业会计的计量通常以历史成本为基础，而且会计持续经营、会计分期以及货币计量等假设都是以历史成本作为基础的。但历史成本法存在一定的问题，因此，企业有时也与其他计量基础相结合使用，如存货价值的确定以历史成本为基础，如果可变现净值较低，则按照成本与市价孰低原则计量。

四、会计计量单位与会计计量属性的组合

会计计量单位与会计计量属性的组合是实施会计计量的重要条件。对于同一经济信息进行会计确认与计量，如果采用不同的计量单位和计量基础，会产生不同的计量结果。通常将计量单位与计量属性的不同组合，称为计量模式，如历史成本/名义货币、历史成本/不变购买力、重置成本/名义货币、重置成本/不变购买力等计量模式。不同的计量模式表现出不同程度的相关性和可靠性，具体取决于会计报告的要求。

一般情况下，将以一定的价值额表现特定时点上的资产、负债项目的价值及其变动结果，称之为计价。例如，资产的计价实际上就是以货币为尺度，衡量、计算和确定资产的价值，负债的计价是以货币为尺度，衡量、计算和确定负债的偿还价值。以统一的货币计量企业在经营过程中的收入、费用，并将其进行比较，最后确定盈亏的过程，称为收益确定。

五、会计确认与会计计量的其他要求

（一）配比原则

企业在进行会计核算时，收入与其成本、费用应当相互配比，同一会计期间的各项收入与其相关的成本、费用，应当在该会计期间内确认。这个原则要求在一个会计期间内所获得的收入与为了获得此收入所耗费的成本、费用相配合，以求得本期的经营成果。

由于存在着会计分期的前提条件，所以每个企业必须分期反映其经营成果。经营成果是企业收入与成本费用进行配合比较的结果。为了达到配比原则的要求，首先应根据各种收入与成本费用的不同性质，来确定某项收入与其成本费用的因果关系。其次应根据权责发生制来确定某项收入与其成本费用的时间关系。一个会计期间内的各项收入及与其相关的成本费用，应当在同一期间内确认、计量和记录，进行比较。既不能提前，也不许延

后。对于预支款项的成本费用，要递延到有关收入取得时才能确认为费用；对于与本期收入有关的尚未支付的费用，则应在本期内预提，以便正确计算出企业在该会计期间的经营成果，即利润或亏损。

（二）划分收益性支出与资本性支出原则

企业的会计核算应当合理划分收益性支出与资本性支出的界限。凡支出效益仅及于本年度（或一个营业周期）的，应当作为收益性支出；凡支出效益及于几个会计年度（或几个营业周期）的，应当作为资本性支出。

这个原则要求在会计核算时严格区分收益性支出与资本性支出的界限。这对于正确计算企业的本期损益有着重要的意义。收益性支出是为了取得本期收益而发生的支出，应转化为本期费用，由本期收入来补偿并列入利润表。资本性支出则是与几个会计年度收益相关的支出，应先转化为资产的成本，并列示于资产负债表，然后随着资产连续不断地在不同时期的使用，逐渐、分次地转化为不同时期的费用，由不同时期的收入补偿。如果把收益性支出当作资本性支出就会虚减本期费用、虚增本期资产和利润。反之，如果把资本性支出当作收益性支出就会虚增本期费用、虚减本期资产和利润。因此，为了正确计算当期损益，必须贯彻划分收益性支出与资本性支出的原则。

第三节　会计记录

会计确认、计量的结果不仅是通过会计记录反映，而且会计确认和计量都包容在会计记录之中。也就是说，在会计处理过程中并没有单独划分出确认、计量阶段，而是将其融入会计记录的各种具体方法之中。会计记录是对会计对象进行记录的手段。在手工记账程序下，包括下列专门方法：（1）设置账户；（2）复式记账；（3）填制和审核凭证；（4）设置和登记账簿；（5）成本计算；（6）财产清查。下面将分别介绍上述内容。

一、设置账户

设置账户是对会计对象的具体内容，按其不同的特点以及管理的需要，进行分类核算与监督的一种专门方法。会计的对象，包含了再生产过程中能以货币表现的经济活动所有方面，其内容十分繁杂，为了获取有用的会计信息，必须对这些繁杂的经济活动进行分类、归纳，并以会计要素的形式予以分门别类地计量与记录。设置了账户，就可对再生产过程中各会计要素的增减变动情况及其结果，作出分类的记录，进行全面、系统的核算与监督。

二、复式记账

复式记账是记录经济业务的一种专门方法。其特点是对每一项经济业务，都要在两个或两个以上相互联系的有关账户中按相同的金额同时进行记录。采用这一方法，可以全面、真实地反映每项经济业务的内容及其来龙去脉。同时在对应的账户上以相等的金额进行记录，自然形成了双方平衡的关系，通过这种平衡关系，既可保持每项经济业务记录的正确性，又便于发现账簿中的记录差错。

三、填制和审核凭证

填制和审核凭证，是为会计记录提供完整、真实的原始资料，保证账簿记录正确、完整的方法。会计凭证是记录经济业务和明确经济责任的书面证明，是登记账簿的依据。会计凭证分为原始凭证和记账凭证。任何企业单位，对于已经发生的经济业务，都必须由经办人或单位填制原始凭证，并签名盖章。所有原始凭证都要经过会计部门和其他有关部门的审核。只有审核后被认为是正确无误的原始凭证，才能作为填制记账凭证和登记账簿的依据。所以，填制和审核凭证是保证会计资料真实性、正确性的有效手段。

四、设置和登记账簿

会计账簿简称为账簿。它是由具有一定格式而相互联系的账页组成，用于序时、分类地记录各项经济业务的簿籍。登记账簿，是根据填制和审核无误的记账凭证，在账簿上进行全面、连续、系统记录的方法。登记账簿应该以记账凭证为依据，按照规定的会计科目开设账户，并将记账凭证中所反映的经济业务分别记入有关账户。账簿记录对会计凭证中分散记录的经济业务内容进行了进一步的分类、汇总，使之系统化，能够更加适应经济管理的需要。账簿记录的各种数据资料是编制财务报表的重要依据。所以，登记账簿是会计核算的主要方法。

五、成本计算

成本计算实际上是一种会计计量活动，它所要解决的是会计核算对象的货币计价问题，因此广义的成本计算存在于各种经济活动之中，任何一项经济活动只要纳入会计的核算系统，就都有一个货币计价问题，而货币计价也就是确定用何种成本入账的问题。所谓成本计算，就是对应计入一定对象的全部费用进行归集、计算，并确定各该对象的总成本和单位成本的会计方法。通过成本计算可以正确地对会计核算对象进行计价，可以考核经济活动过程中物化劳动和活劳动的耗费程度，为在经营管理中正确计算盈亏提供数据资料。

六、财产清查

财产清查是通过盘点实物、核对账目，查明各项财产物资、货币资金实有数的一种专门方法。通过财产清查，不仅能保证账实相符，还能防止各种物资积压和毁损，避免应收应付款项拖欠等情况的发生，有利于加强物资管理，提高资金利用率，保证会计信息的质量。

从填制会计凭证到登记账簿、编制财务报表，一个会计期间的会计核算工作即告结束，然后按照上述程序进入新的会计期间，如此循环往复，直至企业停业清算。会计记录方法的相互联系、相互配合，构成了一个完整的方法体系。在单位组织的经济业务发生时，首先要根据业务的内容取得或填制会计凭证并加以审核，同时，按照规定的会计科目，在账簿中开设账户，并根据审核无误的记账凭证，运用复式记账法登记账簿，对于生产经营过程中发生的各项费用，以及各种需要确定成本构成的业务，要进行成本计算，对凭证账簿记录要通过财产清查加以核实，保证账簿记录的正确性。

第四节 会计报告

会计作为一种信息控制系统，以货币为主要计量单位，对企业发生的交易或事项系统地加以确认，并分析解释经济活动产生的结果，为会计信息使用者提供必要的信息。因此应在日常账簿记录的数据资料基础上，采用一定的表格形式，概括地、综合地反映各单位在一定时期内经济活动的过程和结果，即编制财务会计报告。财务会计报告是指企业对外提供的反映企业某一特定日期的财务状况和特定会计期间的经营成果、现金流量等会计信息的文件。财务会计报告是对日常核算的总结，是在账簿记录基础上对会计核算资料的进一步加工整理。

会计信息使用者所需要的信息是多种多样的，但归纳起来主要是：(1) 在某一会计期间内，企业的经营成果如何，盈利能力如何，现金流量情况如何；(2) 在某一特定日期，企业的财务状况如何。企业主要是通过资产负债表、利润表和现金流量表来满足会计信息使用者的需要。但是报表有一定的局限性，仅仅依靠报表还不能全面反映企业的财务状况、经营成果和现金流量情况，需要编制报表附注及其他有关资料，以帮助会计信息使用者理解报表。因此财务会计报告包括会计报表及其附注和其他应当在财务会计报告中披露的相关信息资料。会计报表至少应当包括资产负债表、利润表、现金流量表和所有者权益变动表等；报表附注是指对在会计报表中列示的项目所做的进一步说明，以及对未能在这些报表中列示的项目的说明等。

一、资产负债表

资产负债表是指反映企业在某一特定日期的财务状况的财务报表。资产负债表主要是为会计信息使用者提供企业有关财务状况方面的信息。所谓财务状况，是指企业某一特定日期的资产总额及其构成、负债总额及其构成、所有者权益总额及其构成。通过资产负债表可以了解企业的财务状况、偿债能力、筹资能力，分析企业资产、负债、所有者权益构成的合理性，财务状况的优劣，评价企业财务状况的安全性等。

资产负债表直接关系到资产、负债和所有者权益等会计要素的确认和计量。为了能够在每个会计期末及时、真实、完整地提供资产负债表，企业应按会计的一般规律对经济业务进行确认、计量、记录、分类汇总、加工处理、编表。这个过程就是通常所说的会计循环。

二、利润表

利润表是指反映企业在一定会计期间的经营成果的财务报表。利润表主要是为会计信息使用者提供有关企业经营结果方面的信息。所谓经营成果，是指企业某一段时间内的利润（亏损）总额及其形成过程。通过利润表可以了解企业的利润构成情况、盈利能力，分析企业利润形成的合理性，评价经营业绩的优劣等。

利润表直接关系到收入、费用、利润等会计要素的确认和计量。为了能够在每期期末真实、合理地提供利润表，应按照权责发生制的原则确认收入和费用。

三、现金流量表

现金流量表是反映企业在一定会计期间的现金和现金等价物流入和流出的财务报表。现金流量表主要为会计信息使用者提供企业现金和现金等价物净增加额及其构成的信息。通过现金流量可以了解企业销售情况、利润的质量、持续产生现金流量的能力、利润与现金之间的关系等。

现金流量表依据资产负债表、利润表和其他有关资料编制，因此不涉及新的会计要素。

四、所有者权益变动表

所有者权益变动表是反映公司本期（年度或中期）内截至期末所有者权益变动情况的报表。2007 年以前，公司所有者权益变动情况是以资产负债表附表形式予以体现的。新准则颁布后，要求上市公司于 2007 年正式对外呈报所有者权益变动表，所有者权益变动表成为与资产负债表、利润表和现金流量表并列披露的第四张财务报表。

第五节　会计循环

会计作为一个信息系统，是由会计人员通过运用账簿系统对发生的交易或事项进行处理，在此基础上编制财务报告来完成的。在这个系统中，确认、计量、记录是会计人员生产会计信息的过程，财务报告是会计人员生产的产品。习惯上，人们将这种依次发生、周而复始的以记录为主的会计处理过程称为会计循环。依据上述资产负债表和利润表的编制过程归纳出的会计循环的基本步骤如下：

（1）初始确认：以能否用货币计量为标准分析发生的经济业务，将能够以货币计量的经济业务纳入会计核算系统，并确定经济业务的发生对会计要素的具体影响。

（2）入账：通过审核原始凭证分析具体的经济业务，编制会计分录、填制记账凭证或登记日记账，将能够以货币表现的经济业务记录到会计信息的载体上。

（3）过账：根据已编制的记账凭证或日记账登记到分类账簿中，以便分类反映各会计要素。

（4）结账：将各种收入账户和费用账户转到有关账户中，结清收入和费用账户，以便结出本期的经营成果。

（5）编制调整前的试算平衡表：根据账簿中记载的余额、发生额等编制平衡表，以检验账簿记录的正确性。

（6）编制期末调整分录并过账：依据权责发生制原则对分类账户的有关记录进行调整，以便正确计算当期损益：对未入账的经济业务编制调整分录，以使各账户反映最新的情况。

（7）编制调整后的试算平衡表：由于编制了期末调整分录并过账，需要再次编制调整后的平衡表，再次检验账簿记录的正确性。

（8）编制正式的财务报告：根据调整后的试算平衡表编制正式的资产负债表和利润表。

上述基本步骤可以用图 3-1 表示。

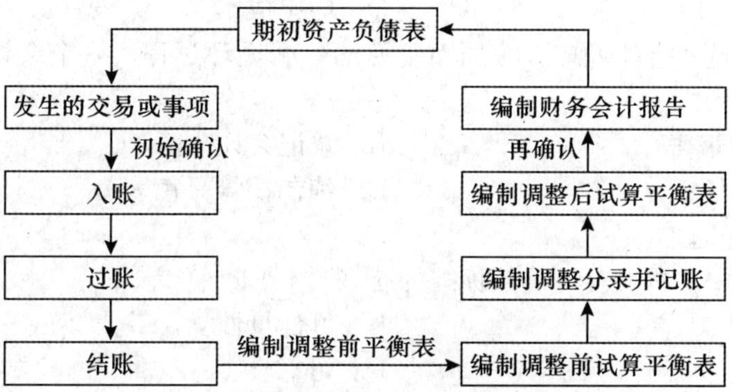

图 3-1　会计循环示意图

复习思考题

1. 什么是会计确认？会计确认的分类有哪些？
2. 什么是会计计量？会计计量属性有哪几种？
3. 会计记录的方法有哪些？怎样理解这些方法之间的关系？
4. 财务报告包括哪些内容？
5. 如何理解会计循环的整体过程？

练习题

一、填空题

1. 会计确认按照信息处理的顺序可以分为（　　）和（　　）。
2. 资产要素确认的三个标准是（　　）、（　　）和（　　）。
3. 会计计量属性包括（　　）、（　　）、（　　）、（　　）和（　　）。
4. （　　）是指在公平交易中，交易双方自愿形成的交易价格。

二、单项选择题

1. 会计初始确认是对输入会计核算系统的原始经济信息进行的确认。其确认的标准是（　　）。

A. 会计信息使用者的需求

B. 发生的交易或事项能否以货币计量

C. 能够以历史成本计量

D. 发生的交易或事项具有相关性

2. 会计确认、计量的结果应通过会计记录加以反映，作为会计确认、计量的载体是（　　）。

A. 会计凭证　　B. 会计账簿

C. 会计报表　　D. 会计科目

3. 选择计量属性是会计核算的基础，一般日常核算应选择的计量属性是（　　）。

A. 公允价值　　B. 可变现净值

C. 现值　　D. 历史成本

4. 会计循环是各会计处理方法周而复始的一个循环过程，一个会计循环的重点往往是（　　）。

A. 编制财务报告　　B. 登记会计账簿

C. 填制会计凭证　　D. 编制试算平衡表

三、多项选择题

1. 下列各项中，构成会计确认标准的有（　　）。

A. 可定义性　　B. 可计量性

C. 谨慎性　　D. 可靠性

2. 下列各项属于会计记录专门方法的有（　　）。

A. 复式记账　　B. 成本计算

C. 财产清查　　D. 编制会计报表

3. 费用确认的条件之一是经济利益流出企业，下列属于经济利益流出企业的有（　　）。

A. 应收账款增加　　B. 应付账款增加

C. 银行存款减少　　D. 现金减少

四、判断改错题

1. 利润的确认只能依赖于一定期间的收入和费用的确认。（　　）

2. 会计计量虽然以货币计量为主，但也不排除以实物量度、劳动量度作为辅助量度。（　　）

3. 会计循环的起点是企业发生经济交易或事项。（　　）

4. 企业签订一笔采购合同，约定材料到后付款，会计人员应立即将合同金额确认为负债。（　　）

5. 财务报告主要由四张会计报表组成，会计报表附注可有可无。（　　）

五、讨论题

讨论会计计量公允价值与其他计量属性的联系以及应用公允价值的条件。以固定资产为例说明其会计计量属性的应用。

CHAPTER

4

第四章 会计科目与账户

学习目标

本章主要阐述设置会计科目与账户的基本原理。通过本章学习，要求了解会计科目与账户的概念和分类标志；理解设置会计科目与账户的意义和原则，会计科目与会计账户之间的关系，各类账户的共性与个性；掌握账户分类及运用规律，重点掌握账户按用途和结构分类，从理论上加深对账户的全面认识。

第一节 会计科目

一、设置会计科目的意义

企业经济活动的复杂性决定了会计核算的具体内容是十分复杂的。经济业务发生后会引起会计要素的增减变化。就企业而言，既有资产、负债及所有者权益运动的静态变化，又有收入、费用及利润的动态变化。一项具体的经济业务发生，只能使会计要素中的个别项目发生变动，而不可能引起会计要素的全部内容变动。为了准确地记录每一项经济业务发生后引起的会计要素中个别项目发生的数量变动，必须对会计要素包括的具体内容进行科学的分类，并赋予每个类别一个特定的名称。这个名称就是会计科目。所以，会计科目就是对会计要素的具体内容进行科学分类的项目。

通过对会计要素的具体内容进行分析、比较并结合经济管理的要求，对会计要素的具体内容进行分类，给每一内容根据其共性取的名称就是会计科目。例如，工业企业的各种厂房、机器设备及建筑物等共性就是劳动资料，我们将其归为一类，根据其特点取名为“固定资产”；为了反映和监督负债和所有者权益的增减变动，设置了“短期借款”、“应付账款”、“长期借款”和“实收资本”、“资本公积”、“盈余公积”等科目。为反映监督收入、费用和利润的增减变动设置了“主营业务收入”、“生产成本”、“本年利润”和“利润分配”等科目。科学设置会计科目是会计方法体系中的重要内容，它对会计核算具有重要的现实意义。

通过设置会计科目，一方面可以对会计要素具体项目进行分类，另一方面更为重要的是它规范了相同类别业务的核算范围、核算内容、核算方法和核算要求。设置会计科目是进行会计核算必需的一个重要环节，也是设置账户、处理账务所必须遵守的规则和依据，是正确组织会计核算的一个重要条件。

显然，如果不对经济业务的内容进行科学分类，并确定其归属，会计核算将无法进行；设置会计科目，为全面、系统、分类地反映和监督各项经济业务的发生情况，以及由此引起的各项资产、负债、所有者权益的增减变动情况，经营收入、经营支出和经营成果的情况创造了条件。

二、设置会计科目的原则

会计科目的设置应考虑各企业的特点和具体情况。任何单位在设置会计科目时都应遵循以下基本原则。

（一）必须结合会计要素的特点，全面反映会计要素的内容

由于企业经济业务错综复杂，每一项经济业务都具有不同的经济内涵。要实现对会计要素项目的分类核算，必须通过设置会计科目来明确地区分每个会计要素所属具体项目的核算差异，以及区分会计要素之间的质的差异。因此，在设置会计科目时就需要用不同的会计科目来反映企业的具体经济活动状况。例如，工业企业的主要经营活动是制造工业产品，因而必须设置反映生产耗费、成本计算和生产成果的会计科目；商业企业的基本经营活动是购进和销售商品，因而必须设置反映商品采购、商品销售以及在购销存环节发生的各项费用的会计科目；而行政事业单位则应设置反映经费收支情况的会计科目。

（二）既要符合企业内部经济管理的要求，又要符合对外报告满足宏观经济管理的要求

设置会计科目可以为企业内部经济管理提供必要的会计信息资料。因此，在设置会计科目时就必须考虑企业经济管理的要求。各个单位的经济管理要求不同，需要设置的会计科目也应有所不同。如国家对银行存款和现金两种货币资金的管理要求不同，为此，应分别设置“库存现金”和“银行存款”科目。单位的性质不同，经营业务的差异，也应加以考虑。如实行经济核算的生产企业就必须设置“本年利润”和“利润分配”科目，而行政事业单位就不需设置“本年利润”和“利润分配”科目。企业除为内部经营管理提供会计信息外，也要满足社会各方面对企业会计信息的需求：满足政府部门加强宏观经济管理的需要；满足企业的投资人、债权人以及潜在的客户对企业财务状况做出正确判断的需要，等等。因此，在设置会计科目时要兼顾企业内外各方对会计信息的需求。

（三）会计科目的设置，既要保持统一性，又要考虑灵活性

所谓统一性，就是对一些主要的会计科目的设置及其核算内容，进行统一的规定，以保证会计核算的指标在一个部门乃至全国范围内综合汇总，分析利用。会计科目的设置，在我国是由国家财政部统一制定的。统一性要求会计科目的名称和核算的内容应尽可能前后保持一致，对一些重要的会计科目的核算内容应在全国范围和行业范围内统一起来。统一口径的会计科目便于会计核算提供的会计信息能在行业内以至全国范围内进行综合汇总，并进行分析利用。企业的会计科目应在保持统一性的前提下，考虑会计科目设置的灵活性。所谓灵活性，是指在保证提供统一核算指标的前提下，各单位可以根据本单位的具

体情况和经济管理的要求，对统一规定的会计科目做必要的增补或合并。如工业企业“原材料”科目的设置，对于大中型企业，为了加强存货管理的需要，可以分别设置“原材料”、“燃料”和“包装物”等科目；对于小型企业，为简化材料核算，可以只设一个“原材料”科目。

（四）会计科目的设置，既要适应社会经济发展的需要，又要保持相对的稳定性

会计科目的设置，是由会计制度加以规定的。会计科目设置的稳定性，主要表现在会计科目的名称、含义，特别是每个科目的核算内容应保持相对稳定，以便在一定范围内综合汇总和在不同时期对比分析，这样使会计核算资料具有可比性。同时，会计科目的发展也要与时俱进，适应社会经济环境的变化和企业新经济业务发展的需要。例如，随着商业信用的发展，为了反映和监督商品交易中的延期付款和延期交货而形成的债权债务关系，核算中应该单独设置“预收账款”和“预付账款”科目，也就是把预收、预付账款的核算从“应收账款”和“应付账款”科目中分离出来。再比如随着技术市场的形成和专利法、商标法的实施，对企业拥有的专有技术、专利权、商标权等无形资产的价值及其变动情况，要专设“无形资产”科目予以反映，等等。

（五）会计科目的设置，应保持会计科目总体上的完整性和会计科目之间的互斥性

完整性是指设置的一套会计科目，应能反映企业所有的经济业务，所有的经济业务都有特定的会计科目来反映，不能有遗漏。互斥性是指每个科目核算的内容互相排斥，不同的会计科目不能有相同的核算内容，否则，会造成会计核算上的不统一。保持会计科目的互斥性是保证会计核算统一性、准确性以及会计信息可比性的重要条件。

三、会计科目的分类

（一）会计科目的分类

1. 按核算的经济内容分类

按会计科目核算的经济内容分类，可将其分为资产类会计科目、负债类会计科目、共同类会计科目、所有者权益类会计科目、成本类会计科目和损益类会计科目。会计科目按照其反映经济内容的分类是一种基本分类方式，是我们了解会计科目性质的直接依据。我国财政部 2006 年制定并颁布的《企业会计准则——应用指南》规定的会计科目共计 156 个，其中常用的会计科目见表 4-1。

2. 按反映经济业务的详细程度分类

按会计科目反映经济业务内容的详细程度，将会计科目分为总分类科目和明细分类科目。

总分类科目（又称总账科目或一级科目）是指总括核算会计要素并提供总括会计信息的科目，如“固定资产”科目；明细分类科目（又称明细科目）是对总分类科目所含内容做的更为详细的分类，它能提供详细、具体的核算指标，如“应付账款”总分类科目下按照具体单位名称分设的明细分类科目，具体反映所欠该单位的货款金额。在我国，总分类科目一般由财政部统一制定，各单位在不影响会计核算工作和会计报表指标汇总的前提下，可以根据自身特点自行增设、删减或合并某些会计科目以满足会计核算的要求。明细分类科目，除了会计准则规定设置的以外，一般由各单位根据实际需要自行设置。需要指出的是，不是所有的总账科目都要设置明细科目，有的总分类科目就不需要设置明细分类科目，如“银行存款”通常不需要设置明细科目，这主要取决于企业核算和管理需要。

有的总账科目由于其所反映的经济内容比较广泛，则在总分类科目下，先设置必要的二级科目，然后在二级科目下再分设明细科目。如为了反映固定资产的使用情况，在“固定资产”科目下设置“生产用固定资产”和“非生产用固定资产”等明细科目。又如对于材料物资的核算可以设置“原材料”总分类科目，如果材料种类繁多，可以下设“金属材料”、“非金属材料”二级科目，然后再按材料名称设置三级科目。

（二）会计科目的编号

为了明确会计科目的性质和所属类别，同时为了正确、迅速地在会计电算化中输入、调用、处理和输出会计科目，我国财政部对会计科目进行了统一编号，目前对总分类会计科目均采用四位数码编号，其中：

（1）四位数码的千位数（即从左到右的第一个数），表示会计科目按照经济内容所属的分类类别，即会计科目大类。千位数的“1”表示资产类，“2”表示负债类，“3”表示共同类，“4”表示所有者权益，“5”表示成本类，（6）表示损益类。

（2）四位数码的百位数（即从左到右的第二个数），表示会计科目在大类下所属的小类代码，凡是小类会计科目核算的内容都具有在业务性质、要素特征上具有基本一致或类似的特征。如编号为“1001”会计科目的第二个“0”，是指“1”大类（资产类）下面所属的货币资金类；又如“1401”会计科目中的“4”表示“1”大类（资产类）项目所属的存货资金类，等等。

（3）四位数码的十位和个位数（即从左到右的第三、四个数），表示会计科目在各小类别中的顺序号。我们从图表 2-2 中资产类会计科目可以看出，编号从“1001”、“1002”就直接跳到“1012”，中间存在很多空号，这主要是为了企业如果发生有货币资金类的业务，但有不能在“1001”、“1002”会计科目中进行核算时，可以增加设置“1003”、“1004”……等会计科目用以核算。保留空号的目的主要是为了以后可以适时增加会计科目。

在实际工作中，很多总分类会计科目都设置有二级科目、三级科目等，此时需要按照一定的规律对各级明细科目进行编号。对明细科目编号是在总分类会计科目编号后面增加编码。如 1012（其他货币资金）会计科目下分别用“01”、“02”、“03”……表示外埠存款、银行本票、银行汇票……“101201”表示“其他货币资金——外埠存款”。会计科目编号构成如图 4-1 所示。

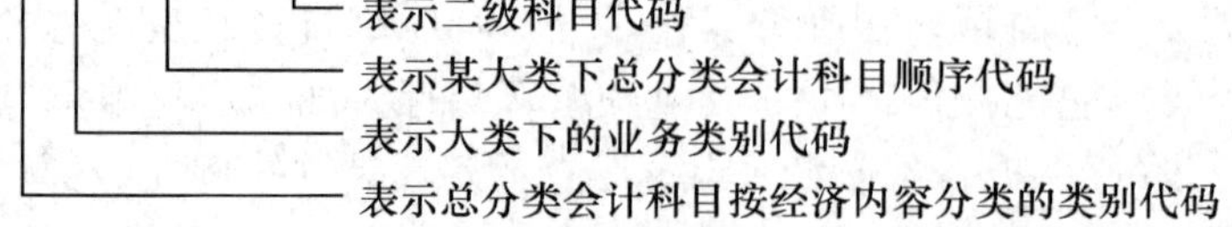

图 4-1　会计科目编号构成

四、会计科目表

根据《企业会计准则——应用指南》，一般工商企业所使用的主要会计科目表如表 4-1 所示。

表 4-1　　会计科目参照表

顺序号	编号	会计科目名称	顺序号	编号	会计科目名称
		一、资产类	48	2202	应付账款
1	1001	库存现金	49	2203	预收账款
2	1002	银行存款	50	2211	应付职工薪酬
3	1012	其他货币资金	51	2221	应交税费
4	1101	交易性金融资产	52	2231	应付利息
5	1121	应收票据	53	2232	应付股利
6	1122	应收账款	54	2241	其他应付款
7	1123	预付账款	55	2314	代理业务负债
8	1131	应收股利	56	2401	递延收益
9	1132	应收利息	57	2501	长期借款
10	1221	其他应收款	58	2502	应付债券
11	1231	坏账准备	59	2701	长期应付款
12	1321	代理业务资产	60	2702	未确认融资费用
13	1401	材料采购	61	2711	专项应付款
14	1402	在途物资	62	2801	预计负债
15	1403	原材料	63	2901	递延所得税负债
16	1404	材料成本差异			三、共同类
17	1405	库存商品	64	3101	衍生工具
18	1406	发出商品	65	3201	套期工具
19	1407	商品进销差价	66	3202	被套期项目
20	1408	委托加工物资			四、所有者权益类
21	1411	周转材料	67	4001	实收资本（股本）
22	1461	融资租赁资产	68	4002	资本公积
23	1471	存货跌价准备	69	4101	盈余公积
24	1501	持有至到期投资	70	4103	本年利润
25	1502	持有至到期投资减值准备	71	4104	利润分配
26	1503	可供出售金融资产	72	4201	库存股
27	1511	长期股权投资			五、成本类
28	1512	长期股权投资减值准备	73	5001	生产成本
29	1521	投资性房地产	74	5101	制造费用
30	1531	长期应收款	75	5201	劳务成本
31	1532	未实现融资收益	76	5301	研发支出
32	1601	固定资产			六、损益类
33	1602	累计折旧	77	6001	主营业务收入
34	1603	固定资产减值准备	78	6051	其他业务收入
35	1604	在建工程	79	6101	公允价值变动损益

续表

顺序号	编号	会计科目名称	顺序号	编号	会计科目名称
36	1605	工程物资	80	6111	投资收益
37	1606	固定资产清理	81	6301	营业外收入
38	1701	无形资产	82	6401	主营业务成本
39	1702	累计摊销	83	6402	其他业务成本
40	1703	无形资产减值准备	84	6403	营业税金及附加
41	1711	商誉	85	6601	销售费用
42	1801	长期待摊费用	86	6602	管理费用
43	1811	递延所得税资产	87	6603	财务费用
44	1901	待处理财产损溢	88	6701	资产减值损失
		二、负债类	89	6711	营业外支出
45	2001	短期借款	90	6801	所得税费用
46	2101	交易性金融负债	91	6901	以前年度损益调整
47	2201	应付票据			

第二节　会计账户

一、会计账户的概念

会计科目是对会计要素具体项目进行分类的项目，在进行会计核算时，不能直接用来记录经济业务的内容。如果要把企业发生的经济业务连续、系统、全面地反映和记录下来，提供各种会计信息，就需要有一个记录的载体，这个载体就是按照会计科目所规范的内容而设置的会计账户。通过账户中记录的各种分类数据可以生成各种有用的财务信息。

账户是对会计要素的具体内容进行科学分类、反映和监督并具有一定格式的工具，它是用来分类、连续、系统地记录和反映各种会计要素增减变化情况及其结果的一种手段。企业的任何一项经济业务发生都会引起会计要素数量上的增减变化，为了分门别类地反映经济业务引起的会计要素的增减变化，以便为日常管理提供核算资料，就必须设置账户。如“原材料”账户是用来核算企业材料的收入、发出和结存的数量和金额。通过这个账户，可以了解企业原材料购入、发出和结存的情况。设置会计账户是对会计要素具体内容进行科学分类、反映和监督的一种会计核算方法。

设置会计科目的基本原则，对于设置会计账户是完全适用的。通过设置账户有利于科学合理地组织会计核算，从而提供管理所需要的会计信息资料；设置账户可以把金额核算与实物核算有机地结合起来，有效地控制财产物资；设置科学的账户体系可以全面、系统、综合地核算和反映企业生产经营的全貌；另外，科学地设置账户还有利于会计检查和会计分析。

二、会计账户的基本结构

（一）会计账户的基本结构

在经济生活中，企业每天都会发生大量的经济业务，即使你开设一家小商店，也会发生许多经济业务。如果需要反映这些经济业务，会计上必须首先解决有关经济数据的分类记录问题。为此，需要根据会计科目设置会计账户，通过会计账户记录各种分类的会计数据，以便在此基础上形成有用的财务会计信息。为了在账户中记录和反映各项经济业务，账户要有一定的结构。企业任何经济业务的发生，都必然会引起会计要素数量的变动，这种最基本的数量变动不外乎是增加和减少。因此，每个账户的结构也相应地分为左右两个部分，一部分登记增加额，一部分登记减少额。

账户是依附于账簿而开设的。每一个具有基本结构的固定格式账户，又产生了账簿中的账页。每一张账页的基本内容通常包括以下内容：

（1）账户的名称，即会计科目；

（2）经济业务发生的日期；

（3）账户的记录依据，即记账凭证的号码；

（4）经济业务发生的内容摘要；

（5）增加金额、减少金额及余额。

账户的基本格式如表 4-2 所示。

表 4-2　　账户的基本格式

银行存款（账户名称）

××年		凭证		摘要	借方	贷方	借或贷	余额
月	日	字	号					
12	1			期初余额			借	10 000
	2	收	1	销货款	2 000		借	12 000
	3	付	1	购办公品		1 500	借	10 500
	20	收	2	销货款	5 000		借	15 500
	28	付	2	付水电费		4 500	借	11 000
	30	付	3	付修理费		2 000	借	9 000
	31			本期发生额	7 000	8 000	借	9 000

为了便于理论分析和教学需要，通常将会计账户的基本结构简化为 T 形账户或者丁字账户，如图 4-2 所示。

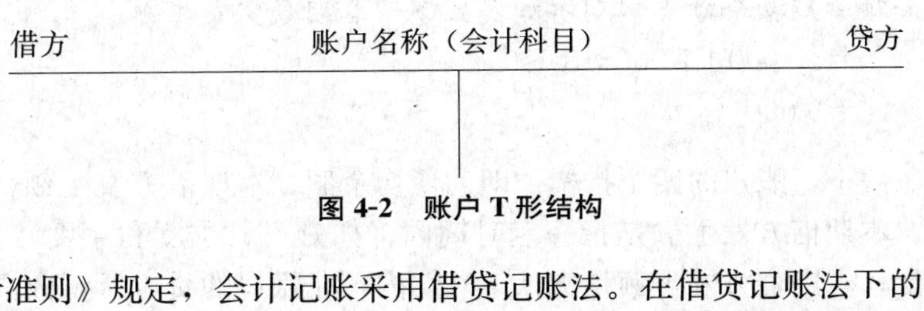

图 4-2　账户 T 形结构

《企业会计准则》规定，会计记账采用借贷记账法。在借贷记账法下的账户，其左方一律称为“借方”，右方一律称为“贷方”。至于哪一方登记增加数，哪一方登记减少数，需要根据经济业务的内容和会计账户的性质而定。各类账户的“借”、“贷”含义，可概括如图 4-3 所示。

借方	账户名称（会计科目）	贷方
资产的增加		资产的减少
负债的减少		负债的增加
所有者权益的减少		所有者权益的增加
费用、成本的增加		费用、成本的减少
收入、利润的减少		收入利润的增加

图 4-3

（二）会计账户的四个指标

在账户的基本结构运用中，重要功能是能够反映某一项目数量变化的过程与结果，其核心为四个指标，即期初余额、本期增加发生额、本期减少发生额和期末余额。本期增加发生额是指一定时期内（如月份、季度和年度），在账户的增加方所记数额的合计；本期减少发生额是指一定时期内，在账户的减少方所记数额的合计；本期增加发生额和本期减少发生额统称为本期发生额；账户的本期增加发生额和本期减少发生额相抵后的余额，称为账户的余额。余额按其出现的时间不同，分为期初余额和期末余额。本期的期初余额就是上期的期末余额。

银行存款账户结构如图 4-4 所示。

借方		银行存款账户	贷方
期初余额 1/12	10 000		
①2/12	2 000	①3/12	1 500
②20/12	5 000	②28/12	4 500
		③30/12	2 000
本期增加发生额	7 000	本期减少发生额	8 000
期末余额	9 000		

图 4-4　“T”形账户示意图

上图中，“银行存款”账户期初余额为 10 000 元，本期增加发生额为 7 000 元，本期减少发生额为 8 000 元，期末余额为 9 000 元。因此，“银行存款”账户的四个指标之间的关系可以用以下公式表示：

期末余额＝期初余额＋本期增加发生额－本期减少发生额
＝10 000＋7 000－8 000
＝9 000（元）

在借贷记账法下，账户的四个指标，即为期初余额、本期借方发生额、本期贷方发生额、期末余额。本期借方发生额是指一定时期内（如月份、季度和年度），在账户的借方所记数额的合计；本期贷方发生额是指一定时期内，在账户的贷方所记数额的合计；期末余额的计算与账户的性质密切相关。资产类账户期末余额计算公式如下：

期末余额＝期初余额＋本期借方发生额－本期贷方发生额

权益类账户期末余额计算公式如下：

期末余额＝期初余额＋本期贷方发生额－本期借方发生额

三、会计账户与会计科目的关系

会计账户与会计科目是两个不同的概念，两者之间既有区别，又有联系。

账户与会计科目的联系表现在：两者都是对会计要素具体内容进行的分类，会计科目是账户的名称，两者分类的口径和反映的经济内容一致。如“原材料”科目与“原材料”账户的核算内容、范围是完全相同的。

账户与会计科目的区别表现在：第一，会计科目只是名称，仅说明反映的经济内容是什么，而账户既有名称（账户的名称就是会计科目），又有结构，具有一定的格式，它既说明账户反映的经济内容是什么，又系统地反映和监督经济业务的增减变化情况；第二，会计科目主要是为了开设账户和填制会计凭证之用，而账户则是系统地提供某一具体会计要素的会计资料，是为了编制会计报表和经济管理之用。

由于会计科目与账户之间的联系与区别，在实际工作中，人们常常把两者等同起来，不加区别。因此，会计科目与账户是互相依存、缺一不可的，它们共同为反映会计要素具体内容服务。

四、会计账户的分类

账户的分类就是按照账户的本质特性，依据一定的原则，对全部账户进行科学的概括和归类。企业的经济业务是复杂的，具有多样性，不同的经济业务包含不同的经济内容。通过账户的分类可以将不同的经济信息进行分类整理，提供经济管理所需要的各种资料；通过账户的分类可以建立一套完整的账户体系，因为单个的账户只能提供某一方面的会计信息，各个账户之间的会计信息具有关联性，而一套完整的账户体系可以提供系统的会计信息。因此，了解每个账户的特性，研究账户使用规律，对于具体地运用各个账户是十分重要的。

账户分类有两个基本标准：一是以账户经济内容为基础进行的分类；二是在经济内容分类的基础上，按账户的用途、结构进行分类。

（一）账户按经济内容分类

账户按经济内容分类就是按会计核算和监督的具体内容进行分类。实质上就是按会计要素分类。

账户的经济内容决定着账户的本质。账户之间最本质的差别在于其反映的经济内容不同，各个会计主体设置和运用账户，主要是根据它所核算和监督的具体内容而决定的。不同性质的会计主体，经济活动的内容不同，在会计核算中就必须设置和运用不同的账户，核算和监督经济业务所引起的会计要素的增减变化。所以，账户按经济内容分类是账户最主要的、最基本的一种分类。研究账户按经济内容的分类，可以确切地了解每一个或每一类账户核算和监督什么内容；可以正确地判断应记入的账户，以及正确地设置和运用账户。将账户按经济内容分类，对于正确区分账户的经济性质，以便建立完善的账户体系，都是非常必要的。

账户按经济内容分类可分为六类。

1. 资产类账户

资产类账户是反映企业资产要素的增减变动及其结存情况的账户。按照资产的流动性和经营管理的需要又分为流动资产账户和非流动资产账户两类。

(1) 流动资产类账户。流动资产类账户反映可以在一年或者超过一年的一个营业周期内变现或者耗用的资产类账户。按照流动资产在生产经营活动过程中存在的不同形态和作用，反映流动资产的账户又可进一步划分以下几类：

反映货币资金的账户，如“库存现金”、“银行存款”、“其他货币资金”等。

反映短期投资的账户，如“交易性金融资产”等。

反映结算债权的账户，如“应收票据”、“应收账款”、“其他应收款”等。

反映存货资产的账户，如“库存商品”、“原材料”等。

(2) 非流动资产类账户。非流动资产类账户是指除流动资产之外的资产类账户，如“可供出售金融资产”、“长期股权投资”、“持有至到期投资”、“固定资产”、“在建工程”、“累计折旧”及“无形资产”等。

2. 负债类账户

负债类账户是反映企业负债要素的增减变动及其结存的账户。按照负债偿还期的长短或流动性分为流动负债和非流动负债账户。

反映流动负债的账户如“应付账款”、“应付票据”、“应付职工薪酬”、“应付股利”、“应交税费”等。

反映非流动负债的账户如“长期借款”、“应付债券”、“长期应付款”等。

3. 所有者权益类账户

所有者权益类账户是反映企业所有者权益要素增减变动及其结存的账户。反映所有者权益的账户一般划分为原始资本类账户和留存收益类账户。

(1) 原始资本类账户。原始资本是指创办企业初始投资人对企业的资本投入，以及投资本身引起的增值。反映原始资本类的账户如“实收资本”（或“股本”)、“资本公积”等。

(2) 留存收益类账户。留存收益类账户是用以反映企业在经营过程中形成盈利而增加的未分配利润或发生亏损而减少的所有者权益账户。反映留存收益类的账户如“盈余公积”、“利润分配——未分配利润”等。

4. 收入类账户

收入类账户是反映企业发生的各种业务活动所取得的收入的账户。反映收入类的账户如“主营业务收入”和“其他业务收入”等。

5. 成本费用类账户

(1) 成本类账户。成本类账户是用来反映和监督企业在经营过程中，针对一定成本计算对象所发生的各种资金耗费的账户。反映成本类的账户如“生产成本”、“制造费用”等。

成本类账户的特点：成本类账户与资产类账户有着密切的联系。资产一经耗用就转化为成本费用；成本类账户的期末如有借方余额属于企业的资产，如“生产成本”账户期末借方余表示未完工的在产品成本，属于存货，是企业流动资产的一部分，从这种意义上来说，“生产成本”账户也是资产类账户。

（2）费用类账户。费用类账户反映企业在某一会计期间进行经营活动所发生资金耗费。

费用类账户主要包括与收入相配比的账户，如“主营业务成本”和“其他业务成本”等；在生产经营过程中发生的直接计入当期损益的期间费用账户，如“销售费用”、“管理费用”、“财务费用”等；为取得营业收入和利润而发生的流转税支出和所得税支出账户，如“营业税金及附加”、“所得税费用”等。

6. 利润类账户

利润类账户是反映企业财务成果及分配的账户。按反映的内容，利润类账户又可分为：反映企业对外投资利润的账户，如“投资收益”等；反映能直接计入当期利润的利得或损失的账户，如“营业外收入”、“营业外支出”等；反映企业财务成果的账户，如“本年利润”等；反映企业财务成果分配情况的账户，如“利润分配”等。

（二）账户按用途和结构分类

账户按经济内容的分类为账户的设置与运用打下基础。但是，账户按经济内容分类，并不能明确在什么情况下使用什么账户，即未能明确账户的用途是什么；同时，账户按经济内容分类，也没有明确如何使用各类账户，如何提供经营管理所需要的各种指标，以及各类账户的基本结构、内容，即未能明确账户的结构。因此，为了正确地运用账户来记录经济业务，掌握账户在提供核算指标方面的规律性，有必要在账户按会计要素分类的基础上，进一步对账户按用途和结构进行分类。

账户的用途是指通过账户的记录能够提供哪些会计核算指标，也是设置和运用账户的目的。

账户的结构是指在账户中怎样记录经济业务，如何取得所需的会计核算资料，也就是账户的借方登记什么，贷方登记什么，期末账户有没有余额，在一般情况下余额在哪一方，描述什么样的经济内容。

账户的用途和结构是否相同，一般取决于账户的性质。

账户按用途和结构可分为盘存类账户、资本类账户、结算类账户、集合分配类账户、跨期摊提类账户、成本计算类账户、财务成果类账户、计价对比类账户、调整类账户。

1. 盘存类账户

盘存类账户是用来核算那些能够盘点其数量，进而确定其金额的财产、物资和货币资产增减变动及其结存的账户。

盘存类账户可以提供与财产物资、货币资产的实存数额相互核对的期末账面结存额；可以通过财产清查或对账的方法，检查账面结存数是否与实存数相符，检查财产物资在经营管理上存在的问题。

盘存类账户的结构，其借方登记各项货币资金和财产物资的增加数，贷方登记各项货币资金和实物资产的减少数，期末余额总是在借方，表示期末各项货币资金和实物资产的结存数额。

盘存类账户的结构如图 4-5 所示。

借方	盘存类账户　　贷方
期初余额：财产物资或货币资金的期初结存数 发生额：财产物资或货币资金的增加数	发生额：财产物资或货币资金的减少数
期末余额：财产物资或货币资金的期末结存数	

图 4-5　盘存类账户

属于盘存类账户的主要有："库存现金"、"银行存款"、"原材料"、"库存商品"、"固定资产"等。

2. 资本类账户

资本类账户，也叫投资权益类、所有者权益账户，是用来核算企业资本金的增减变动及其实有数额的账户。这类账户反映的内容都是投资者的权益，既包括投资者的原始投入，又包括在经营过程中形成的归投资者享有的权益。

这类账户的结构是贷方登记企业投资者投入的资本金以及形成的盈余积累资本的增加数，借方登记其减少数额；期末余额总是在贷方，表示投资者投入的资本金及盈余积累资本的实有数额。

资本类账户的结构如图 4-6 所示。

借方	投资权益账户　　贷方
发生额：本期资本金的减少数	期初余额：原始资本金实有数 发生额：本期资本金的增加数
	期末余额：资本金的期末结存数

图 4-6　资本类账户

属于资本类账户的主要有："实收资本"或"股本"、"资本公积"、"盈余公积"等。

3. 结算类账户

结算类账户是用来反映和监督企业同其他单位或个人之间债权、债务结算情况的账户。结算业务的性质不同，决定了不同结算类账户具有不同的用途和结构。

结算类账户的共同用途是核算应收、应付款项的增减变动情况，促使企业及时催收应收款项和及时偿付应付款项，准确确定企业债权、债务数额。按照账户的具体用途和结构，结算类账户又可分为资产结算类账户、负债结算类账户和资产负债结算类账户等三类。

（1）资产结算类账户，又叫债权结算类账户，是用来反映和监督企业同各债务单位或个人之间的债权结算业务的账户，即核算各种应收或预付款项的账户。这类账户的借方登记各种应收款项或预付款项的增加数额，贷方登记其减少数额，余额一般在借方，表示尚未收回的应收款项或尚未结算的预付款项等债权的实有数额。

资产结算类账户的结构如图 4-7 所示。

借方　　资产结算类账户	贷方
期初余额：尚未结算的应收账款及预付款期初结存数 发生额：本期应收账款及预付账款增加数	发生额：本期应收账款或预付账款的减少数
期末余额：尚未收回的应收款或预付款的期末结存数	

图 4-7　资产结算类账户

属于资产结算类账户的主要有："应收账款"、"应收票据"、"预付账款"、"其他应收款"等。

（2）负债结算类账户，又称债务结算类账户。它与资产结算类账户正相反，是用来核算企业同各个债权单位或个人之间的结算业务的账户，即核算各种应付或预收款项的账户。负债结算类账户的贷方登记本期借入款项、应付款项或预收款项的增加数，借方登记本期借入款项、应付款项或预收款项的减少数。负债结算类账户如果有余额一般在贷方，表示尚未结算的借入款项、应付款项或预收款项的实有数。

负债结算类账户的结构如图 4-8 所示。

借方　　负债结算类账户	贷方
发生额：借入款项、应付账款或预收账款的增加数	期初余额：期初借入款项、应付账款或预收账款的结存数 发生额：借入款项、应付账款或预收账款的减少数
	期末余额：借入款项、应付账款或预收账款的结存数

图 4-8　负债结算类账户

属于负债结算类账户的主要有："应付账款"、"预收账款"、"短期借款"、"长期借款"、"应付职工薪酬"、"应交税费"、"应付股利"、"其他应付款"等。

（3）资产负债结算类账户，又称债权债务结算类账户，顾名思义，这类账户既反映债权结算业务，又反映债务结算账户，是双重性质的结算账户，用来反映企业同其他单位或个人之间的往来结算款项。该类账户的借方既登记债权的增加，又登记债务的减少；贷方既登记债务的增加，又登记债权的减少；余额在借方，表示应收款项大于应付款项的差额；余额在贷方，表示应收款项小于应付款项的差额。

资产负债结算类账户的结构如图 4-9 所示。

借方 资产负债结算类账户 贷方	
期初余额：期初应收款项大于应付款项的差额 发生额：（1）本期应收款项的增加数 （2）本期应付账款的减少数	期初余额：期初应收款项小于应付款项的差额 发生额：（1）本期应收款项的减少数 （2）本期应付账款的增加数
期末余额：应收款项大于应付款项的差额	期末余额：应收款项小于应付款项的差额

图 4-9 资产负债结算类账户

企业在经济活动中，会与某些单位有着经常性的往来业务。这些单位和个人有时是企业的债务人，有时是企业的债权人。也就是说，企业与该单位相互发生债权债务，导致双方债权人债务人地位经常转换，为了集中反映企业与这类单位或个人之间发生的债权与债务往来结算情况，在会计实务中，可以设置一个账户核算同某一单位或个人的往来款项增减变动及其余额，从而简化核算手续。在会计实务中，如果企业不单独设置“预付账款”账户，而用“应付账款”账户同时核算、监督企业应付账款和预付账款的增减变动情况和结果，则此时的“应付账款”账户就是一个债权债务类账户；如果企业不单独设置“预收账款”账户，而用“应收账款”账户同时核算、监督企业应收账款和预收账款的增减变动情况和结果，则此时的“应收账款”账户就是一个债权债务类账户。

4. 集合分配类账户

集合分配类账户是用来归集和分配企业生产经营过程中某个阶段所发生的各种费用，反映和监督有关费用计划执行情况以及费用分配情况的账户。企业在生产经营过程中发生的一些应由各个成本计算对象共同负担的间接费用，不能直接计入某个成本计算对象，而应首先通过集合分配类账户进行归集，然后再按照一定标准进行分配，计入各个成本计算对象。企业可以通过集合分配类账户来核算和监督有关费用计划的执行情况和分配情况，加强间接费用的管理，正确确定产品的生产成本。

集合分配类账户的基本结构是：借方登记各种费用的发生数，贷方登记按照一定标准分配到各个成本计算对象的费用分配数。除季节性生产的企业以外，这类账户借方归集的费用一般在当期的期末都全部分配到各个成本计算对象中去，所以集合分配类账户一般在期末没有余额。

集合分配类账户的结构如图 4-10 所示。

借方 集合分配类账户 贷方	
发生额：汇总归集某项成本或费用的本期发生额	发生额：期末按一定标准分配给受益产品的数额

图 4-10 集合分配类账户

属于集合分配类的账户主要有“制造费用”等。

5. 跨期摊提类账户

跨期摊提类账户是按照权责发生制的要求，核算应由各个会计期间共同摊提的费用，并将这些费用在各个会计期间摊配或预提的账户。设置跨期摊提类账户的目的在于按照权责发生制原则和配比原则，合理地划清费用的受益期限，把应由几个会计期间共同负担的生产费用或期间费用，合理地分配到各个受益期，以便正确地计算各期产品成本和期间费用。跨期摊提类账户有“长期待摊费用”等。“长期待摊费用”账户属于资产类账户，账户在结构上借方登记费用的支出额或发生数额，贷方登记应由各会计期间产品成本或期间费用负担的费用摊配数额，借方余额表示已经支付或发生但尚未摊配的数额。

跨期摊提类账户的结构如图 4-11 所示。

跨期摊提类账户

借方	贷方
期初余额：以前支付但应由以后各期负担的费用数额 发生额：本期支付但应由本期或以后各期负担的费用数额	发生额：按一定标准分配应由本期负担的费用数额
期末余额：在本期和以前各期支付但应计入以后各期的费用数额	

图 4-11　跨期摊提类账户

属于跨期摊提类账户的主要有“长期待摊费用”等。

6. 成本计算类账户

成本计算类账户是用来反映和监督企业生产经营过程中某一阶段所发生的应计入成本的全部费用，并确定各个成本计算对象的实际成本的账户。

成本计算类账户的借方登记应计入成本的全部费用，包括直接计入各个成本计算对象的费用和按一定标准分配计入各个成本计算对象的费用；贷方登记转出的已完成某一过程的成本计算对象的实际成本；成本计算类账户期末余额在借方，表示尚未完成某一过程的成本计算对象的实际成本。成本计算类账户应按成本计算对象分成本项目设置明细分类账户，进行明细分类核算。

成本计算类账户的结构如图 4-12 所示。

成本计算类账户

借方	贷方
期初余额：尚未完成生产经营过程的成本计算对象的实际成本 发生额：汇集生产经营过程发生的全部费用数额	发生额：分配转出已完成生产经营过程的成本计算对象的实际生产成本
期末余额：尚未完成生产经营过程的成本计算对象的实际成本	

图 4-12　成本计算类账户

属于成本计算类账户的主要有“材料采购”、“生产成本”、“在建工程”等。

7. 财务成果类账户

财务成果类账户是用来核算企业在一定时期（月份、季度、年度）内全部生产经营活动的最终财务成果即利润或亏损的账户。财务成果类账户包括财务成果形成类账户和财务成果计算类账户。

（1）财务成果形成类账户。财务成果形成类账户是用来核算企业一定时期内财务成果形成的账户。这类账户的用途是全面反映和监督企业在一定时期内所取得的各种收入、发生的各种费用和支出的增减变动情况以及结转“本年利润”账户的数额。

收入类账户是用来反映和监督企业在一定会计期间内所取得的各种收入的账户，贷方登记本期收入的增加额，借方登记本期收入的减少额和期末转入“本年利润”账户的数额。期末结转后收入类账户没有余额。

收入类账户的结构如图 4-13 所示。

借方　　收入类账户	贷方
发生额：期末转入“本年利润”账户的合计	发生额：本期发生并确认的收入合计

图 4-13　收入类账户

属于收入类账户的主要有“主营业务收入”、“其他业务收入”、“营业外收入”等。

费用类账户是用来反映和监督企业在一定会计期间内所发生的应计入当期损益的各种费用的账户。费用类账户的借方登记本期费用支出的增加数额，贷方登记本期费用支出的减少数额和期末转入本年利润账户借方的费用数额，期末结转后费用账户没有余额。

费用类账户的结构如图 4-14 所示。

借方　　费用类账户	贷方
发生额：本期发生并确认的费用	发生额：期末转入“本年利润”账户的合计

图 4-14　费用类账户

属于费用类账户的主要有“主营业务成本”、“其他业务成本”、“营业税金及附加”、“管理费用”、“财务费用”、“销售费用”、“营业外支出”、“所得税费用”等。

（2）财务成果计算类账户。财务成果计算类账户是用来计算并确定企业在一定时期（月份、季度、年度）内全部生产经营活动最终财务成果的账户。

这类账户的基本结构是：借方登记一定时期内发生的、从费用账户转入的各项费用数额；贷方登记一定时期内发生的，从收入账户转入的各项收入数额。期末借贷双方相抵的计算结果，如果是贷方余额则表示收入大于费用的差额，即企业实现的利润数额；如为借方余额则表示收入小于费用的差额，为企业发生的亏损数额。年末，本年实现的利润或发生的亏损都要结转记入“利润分配”账户，结转后财务成果类账户没有余额。由此可见，这类账户在年度中间，其余额无论是实现的利润，还是发生的亏损都不转账，要一直保留在该账户内，目的是提供本期累计实现的利润或累计发生的亏损额。因而，年度中间，该账户有余额，而且可能在贷方，也可能在借方。年终，要将本年实现的利润或发生的亏损，从“本年利润”账户转入“利润分配”账户，年末结转后，“本年利润”账户没有余额。

财务成果计算类账户的基本结构如图 4-15 所示。

借方　　财务成果计算类账户	贷方
发生额：各费用账户转入数额	发生额：各收入账户转入数额
期末余额：本年发生的亏损额	期末余额：本年实现的利润净额

图 4-15　财务成果计算类账户

属于财务成果计算类的账户主要有“本年利润”。

8. 计价对比类账户

计价对比类账户是用来对某项经济业务按照两种不同的计价标准进行对比，借以确定其业务成果的账户。

该类账户的基本结构是，借方按一种计价标准登记其数额，贷方按另一种计价标准登记其数额，然后将借贷双方的发生额进行对比就可以确定其业务成果。计价对比类账户的基本结构如图 4-16 所示。

借方　　计价对比类账户	贷方
发生额：(1) 某项经济业务按一种计价标准核算的金额 (2) 该账户贷方大于借方的差额	发生额：(1) 某项经济业务按另一种计价标准核算的金额 (2) 该账户贷方小于借方的差额

图 4-16　计价对比类账户

属于计价对比类账户的主要有：“固定资产清理”、“材料采购”、“生产成本”等。

9. 调整类账户

在会计核算中，由于管理上的需要或其他方面的原因，对于某些会计要素，要求用两种数字从不同的方面进行反映，在这种情况下，就需要设置两个账户，一个用来反映其原始数字，另一个用来反映对原始数字进行调整后的数字，将原始数字与调整数字相加或相减，就可以求出调整后的实际数字。

调整类账户是用来调整相关账户的账面金额，以表示相关账户实际余额的账户。调整类账户依赖于被调整账户而存在，两者核算的内容相同，但用途和结构不同：被调整账户反映原始数据，调整账户反映调整数额。这类账户与被调整账户结合起来，才能确定某项资产、负债和所有者权益的实有数额。调整类账户既有资产性质的账户，又有权益性质的账户，还有共同性质的账户。调整类账户根据调整方式不同，又分为抵减类账户、附加类账户和抵减附加类账户三种。

(1) 抵减类账户，也叫备抵类账户。抵减类账户是用来抵减被调整账户的余额，以求得被调整账户的实际余额的账户。抵减类账户的余额与被调整账户的余额必须方向相反。

调整类账户与被调整账户之间的计算公式为

被调整账户余额－调整类账户的余额＝被调整账户的实际数额

按照被调整账户的性质，抵减类账户又可分资产性质的抵减类账户和权益性质的抵减类账户两种。

①资产性质的抵减类账户。资产性质的抵减类账户是用来抵减某一资产类账户（被调整账户）的余额，以求得该资产的实际数额的账户。抵减类账户与被调整账户的关系如图4-17所示。

借方 被调整账户	贷方
余额：某项资产的实存数	

借方 调整类账户	贷方
	余额：该项资产的抵减数

图 4-17 调整类账户与被调整账户的关系（一）

属于资产性质的抵减类账户主要有："坏账准备"账户，是"应收账款"账户的调整账户；"累计折旧"、"固定资产减值准备"账户，是"固定资产"账户的调整账户；"累计摊销"账户，是"无形资产"账户的调整账户；"存货跌价准备"，是存货类账户的调整账户；"长期股权投资减值准备"账户，是"长期股权投资"账户的调整账户。

②权益性质的抵减类账户。权益性质的抵减类账户是用来抵减某一权益类账户（被调整账户）的余额，以求得该权益类账户的实际余额的账户。权益性质的抵减类账户与被调整账户之间的关系如图 4-18 所示。

借方 被调整账户	贷方
	余额：某项权益的实有数

借方 调整类账户	贷方
余额：该项权益的抵减数	

图 4-18 调整类账户与被调整账户的关系（二）

属于权益性质的抵减类账户有："利润分配"账户是"本年利润"账户的调整账户。

（2）附加类账户。附加类账户是用来增加被调整账户的余额，以求得被调整账户实际余额的账户。调整类账户与被调整账户之间的计算公式为：

被调整账户余额＋调整类账户的余额＝被调整账户的实际数额

（3）抵减附加类账户。抵减附加类账户是既用来抵减又用来增加被调整账户的余额，以求得被调整账户的实际余额的账户。抵减附加类账户兼有抵减类账户和附加类账户的双重作用。当其余额与被调整账户的余额在相反的方向时，它所起的是抵减类账户的作用，其调整方式与抵减类账户相同；当其余额与被调整账户余额在相同方向时，它所起的是附加类账户的作用，其调整方式与附加类账户相同。调整类账户与被调整账户之间的计算公式为：

被调整账户余额±调整类账户的余额＝被调整账户的实际数额

实际工作中常用的抵减附加类账户有："材料成本差异"、"商品进销差价"。

此外，账户按所提供的会计核算指标的详细程度可分为总分类账户和明细分类账户，将在第五章述及。

账户按其与会计报表的关系，可分为资产负债表账户和利润表账户。资产、负债、所有者权益类账户和成本类账户的余额，是期末编制资产负债表的依据，被称为资产负债表账户。这类账户的特点是期末通常有余额，反映的是资金运动的静态状况，因此，也称为"实账户"。损益类账户的发生额不能表示企业实际拥有或者控制的经济资源和对这些资源的要求权，但可以反映企业一定时期的损益形成情况。期末要根据这些账户的发生额编制利润表，因此，损益类账户被称为利润表账户。这类账户的特点是期末通常无余额，只有本期发生额，反映的是资金运动的动态状况，因此，又称为"虚账户"。

"实账户"与"虚账户"的实际差别，主要表现在期末是否有余额上。因此，账户按与会计报表的关系分类，也就是按有无期末余额分类，这种分类的目的，在于正确把握期末余额代表的经济内容及期末账户结转的规律性，以便正确组织会计核算。

复习思考题

1. 什么是会计科目？为什么要设置会计科目？
2. 设置会计科目应遵循哪些原则？
3. 会计科目按经济内容分为哪几类？
4. 什么是账户？为什么要设置账户？
5. 简述会计科目与账户的关系。
6. 账户的经济内容是什么？账户按经济内容分为哪几类？
7. 账户的用途是什么？账户的结构是什么？账户按用途和结构分类的意义是什么？
8. 账户按用途和结构分为哪几类？

练习题

一、填空题

1. 账户应以（　　）作为它的名称，并具有一定的（　　）。根据（　　）开设总分类账户，根据（　　）开设明细分类账户。

2. 账户左右两方中，哪一方登记增加，哪一方登记减少，取决于账户的（　　）。

3. 会计科目是对（　　）的具体内容进一步分类的项目名称。

4. 我国会计科目是由（　　）统一规定的，现行企业的会计科目按会计要素分类，分为（　　）、（　　）、（　　）、（　　）和（　　）。

5. 账户是根据（　　）开设的，任何经济业务的发生引起会计要素数量的变化不外乎是（　　）和（　　）两部分，因此，账户的基本结构也相应分为两部分，一部分登记（　　），一部分登记（　　）。

6. 财务成果形成类账户包括（　　）和（　　）账户。

7. 结算类账户按其用途和结构可以分为（　　）账户、（　　）账户和（　　）账户三类。

8. “本年利润”账户的特点是，在年度中间，账户的余额（　　）；年终决算要将本年实现的净利润或发生的亏损从（　　）账户转入（　　）账户，结转后该账户应无余额。

9. 调整类账户按其调整的方式不同，可以分为（　　）、（　　）和（　　）三类。

10. 如果被调整类账户的余额在贷方，则抵减调整类账户的余额一定在（　　）方。

二、单项选择题

1. 会计科目是（　　）。

A. 会计要素的名称　　B. 会计报表的项目名称

C. 账簿的名称　　D. 账户的名称

2. 账户的本期增加发生额是指（　　）。

A. 本期某一增加的数额

B. 本期增加金额合计－本期减少金额合计

C. 本期期初余额＋本期增加合计

D. 本期增加金额合计

3.（　　）不属于损益类的会计科目。

A. 管理费用　　B. 生产成本　　C. 主营业务成本　　D. 其他业务成本

4. 假如某账户期初余额为 5 600 元，期末余额为 5 700 元，本期减少发生额为 800 元，则该账户本期增加发生额为（　　）元。

A. 900　　B. 10 500　　C. 700　　D. 12 100

5. 建立账户体系的基础是（　　）。

A. 账户的用途　　B. 账户的经济内容

C. 账表关系　　D. 账户的结构

6. 盘存类账户属于（　　）。

A. 负债账户　　B. 资产账户　　C. 收入账户　　D. 利润账户

7.（　　）账户具有明显的过渡性质。

A. 集合分配类　　B. 财务成果类　　C. 计价对比类　　D. 结算类

8. 资产结算类账户的贷方，登记（　　）。

A. 应收账款的减少　　B. 应收账款的增加

C. 预收账款的增加　　D. 预收账款的减少

9. 财务成果类账户的余额在贷方表示（　　）。

A. 实现的利润总额　　B. 发生的费用总额

C. 实现的净利润　　D. 发生的亏损总额

10. 下列属于集合分配类账户的是（　　）。

A. “利润分配”账户　　B. “制造费用”账户

C. “管理费用”账户　　D. “材料采购”账户

11. 下列属于计价对比类账户的是（　　）。

A. “材料成本差异”账户
B. “坏账准备”账户
C. “材料采购”账户
D. “主营业务成本”账户

12. 下列不属于调整类账户的是（　　）。
A. “利润分配”账户
B. “坏账准备”账户
C. “累计折旧”账户
D. “应收账款”账户

13. 当调整类账户的余额与被调整账户的余额在相同的方向时，应属于（　　）。
A. 附加类账户
B. 抵减附加类账户
C. 抵减类账户
D. 资产类账户

14. “累计折旧”账户按用途和结构分类属于（　　）。
A. 成本计算类账户
B. 费用类账户
C. 附加类账户
D. 资产抵减类账户

三、多项选择题

1. 账页的基本内容，一般包括下列内容（　　）。
A. 账户的名称
B. 日期和摘要
C. 凭证种类和号数
D. 增加、减少的金额及余额

2. （　　）不是企业所使用的会计科目。
A. 机器设备
B. 库存现金
C. 产品
D. 银行借款
E. 应交税费

3. 企业计算某账户本期期末余额，要依据以下（　　）项目内容才能计算出来。
A. 本期期初余额
B. 本期增减净额
C. 本期增加发生额
D. 本期企业资金总额
E. 本期减少发生额

4. 下列说法正确的有（　　）。
A. 本期的期末余额即为下期的期初余额
B. 如果账户在左方记录增加额，则在右方记录减少额
C. 账户的余额一般与记录增加额在同一方向
D. 会计科目仅仅是对会计要素进行具体分类的项目名称
E. 每一个账户都有一个科学而概括的名称，用以说明账户所记录的经济业务

5. 在会计工作中，账户的格式设计一般包括以下内容（　　）。
A. 账户的名称
B. 日期
C. 摘要
D. 凭证字号
E. 增加和减少的金额及余额

6. （　　）属于国家统一规定的会计科目。
A. 制造费用
B. 利润
C. 银行借款
D. 管理费用
E. 销售费用

7. 账户的结构应该包括（　　）。

A. 账户借方登记的内容　　B. 账户贷方登记的内容

C. 账户期末余额的方向　　D. 账户余额反映的内容

8. 调整类账户按调整方式的不同，可分为（　　）。

A. 附加类账户　　B. 抵减附加类账户

C. 抵减类账户　　D. 资产类账户

9. 下列盘存账户中，通过设置明细账可以提供数量和金额两种指标的有（　　）。

A."银行存款"　　B."原材料"

C."库存商品"　　D."库存现金"

10. 下列账户中，属于资产抵减类账户的有（　　）。

A."累计摊销"账户　　B."坏账准备"账户

C."利润分配"账户　　D."累计折旧"账户

11."材料成本差异"账户是（　　）。

A. 资产类账户　　B. 负债类账户

C. 抵减附加类账户　　D. 损益表账户

12. 在生产过程中，用来归集制造产品的生产费用，计算产品成本的账户有（　　）。

A."制造费用"　　B."库存商品"

C."生产成本"　　D."主营业务成本"

13. 账户按用途和结构划分属于成本计算类的有（　　）。

A."制造费用"　　B."材料采购"

C."生产成本"　　D."主营业务成本"

四、判断改错题

1. 在所有账户中，左方均登记增加额，右方均登记减少额。（　　）

2. 所有经济业务发生，都会引起会计等式两边发生变化。（　　）

3. 一般来说，各类账户的期末余额方向与记录增加额的方向保持一致。（　　）

4. 会计科目与账户都是对会计对象具体内容的科学分类，两者口径一致，性质相同，具有相同的格式和结构。（　　）

5. 费用（成本）类账户结构与资产类账户结构相同，收入类账户结构与权益类账户相同。（　　）

6. 权益类账户发生增加额时登记在该账户的贷方，发生减少额时登记在该账户的借方，其余额一般出现在账户的借方。（　　）

7. 对每一个账户来说，期初余额只可能在账户的一方：借方或贷方。（　　）

8. 企业只能编制一借一贷、一借多贷、多借一贷的会计分录，而不能编制多借多贷的会计分录。（　　）

9. 账户之间最本质的差别在于其用途和结构的不同。（　　）

10."材料采购"账户既可以归入资产类账户，也可以归入成本类账户。（　　）

11."存货跌价准备"账户属于损益类账户。（　　）

12."累计摊销"账户的本期增加发生额及余额在贷方，所以是负债类账户。（　　）

13. 资产负债结算类账户的借方余额，表示尚未收到的债权。（　　）

14. “营业税金及附加”、“所得税费用”账户按用途和结构分类，都属于费用类账户。（　）

15. “本年利润”账户，年度中间的余额可能在借方也可能在贷方，但年终结转后，该账户的余额只在贷方。（　）

16. 抵减附加类账户属于双重性质的结算账户。（　）

17. 调整类账户与被调整类账户的用途和结构是相同的，但反映的经济内容不同。（　）

五、业务核算题

（一）目的：分析会计科目按经济内容分类。

（二）资料：某企业发生下列各项经济业务：

1. 存放在出纳处的现金 500 元。
2. 存放在银行里的资金 144 500 元。
3. 向银行借入 3 个月期限的临时借款 600 000 元。
4. 仓库中存放的材料 380 000 元。
5. 仓库中存放的已完工产品 60 000 元。
6. 正在加工中的在产品 75 000 元。
7. 向银行借入 1 年以上期限的借款 1 450 000 元。
8. 房屋及建筑物 2 400 000 元。
9. 所有者投入的资本 2 000 000 元。
10. 机器设备 750 000 元。
11. 应收外单位的货款 140 000 元。
12. 应付外单位的材料款 120 000 元。
13. 以前年度积累的未分配利润 280 000 元。
14. 对外长期投资 500 000 元。

（三）要求：

1. 判断上述各项经济业务使用的科目名称及所属要素，填入下表。
2. 试算资产总额是否等于负债及所有者权益总额。

序号	会计科目	资产	负债	所有产权益
1				
2				
3				
4				
5				
⋮				
合计				

CHAPTER

5

第五章 复式记账

学习目标

本章主要阐述复式记账的基本理论和基本方法。通过本章学习要求理解单式记账和复式记账的特点，重点掌握复式记账的基本内容，包括记账符号、账户结构、记账规则和试算平衡等。复式记账是会计核算特有的方法，是初级会计学的核心内容之一。掌握复式记账方法是我们学习后面各章的基础。

第一节 复式记账原理

记账方法是指在账户中登记经济业务的方法，它是根据一定的原理和原则，运用货币计量单位，利用文字和数字记录经济业务的一种专门方法。

记账方法主要有单式记账法和复式记账法两种。

一、单式记账法

单式记账法是对发生的经济业务一般只在一个账户中进行记录的记账方法。在单式记账法下除了对于有关"人欠"、"欠人"的现金收付的经济业务需要在两个或两个以上的账户中各自反映外，对于其他经济业务只在一个账户中登记或不予登记。在单式记账法下，通常只设置"库存现金"、"银行存款"、"应收账款"和"应付账款"等四个账户。

如企业用银行存款购买原材料一批，价值 100 000 元。该项经济业务的发生一方面导致银行存款减少 100 000 元，另一方面导致原材料增加 100 000 元。在单式记账法下发生的该项经济业务只记录"银行存款"账户减少 100 000 元，而原材料增加的 100 000 元则不予记录。若要核实原材料的结存数量和金额，只有期末对原材料进行盘点后才能查明。

单式记账法的缺点是：(1) 没有完整的账户体系，不能全面、完整地反映经济业务全貌；(2) 由于采用单式记账只能反映经济业务的一个方面，不能对所有经济业务进行总体试算平衡；(3) 各个会计记录的数据之间不存在相互的勾稽关系，一旦记账发生错误不容易查找。

二、复式记账法

复式记账法是对于任何一项经济业务都以相等的金额，同时在两个或两个以上相互联系的账户中进行全面登记的一种记账方法。按照复式记账法的要求，每一会计要素项目都应分别设置账户，每一会计要素项目的变化结果都应当在所涉及的账户中全面、相互联系地记录下来。

比如，以现金 100 元购买办公用品。该笔经济业务发生，一方面使企业的现金减少了 100 元，另一方面使企业的管理费用增加了 100 元。在复式记账法下发生的该项经济业务既要记录“库存现金”减少 100 元，又要记录“管理费用”增加 100 元，从两个方面反映资金的来龙去脉。

单式记账法和复式记账法记录经济业务方法的比较如表 5-1 所示。

表 5-1　　单式记账法和复式记账法的比较

经济业务举例	单式记账法	复式记账法
(1) 企业以银行存款 1 000 元支付业务招待费。	“银行存款”账户登记减少 1 000元	“银行存款”账户登记减少 1 000 元 “管理费用”账户登记增加 1 000 元
(2) 以银行存款偿还企业购入材料的货款 50 000 元。	“银行存款”账户登记减少 50 000元 “应付账款”账户登记减少 50 000元	“银行存款”账户登记减少 50 000 元 “应付账款”账户登记减少 50 000 元
(3) 生产车间生产产品领用原材料 20 000 元。	会计上不进行处理	“生产成本”账户登记增加 20 000 元 “原材料”账户登记减少 20 000 元

复式记账法的特点主要表现在：(1) 复式记账法设有完整的账户体系。它既设有反映资产、负债和所有者权益的账户，又设有反映其经营过程以及所发生的收入和成本费用的账户。(2) 采用复式记账法对每一项经济业务都必须在两个或两个以上的相对应的账户中以相等的金额进行登记。通过复式记账能够反映经济业务的来龙去脉。(3) 采用复式记账法可以对每一会计期间全部经济业务的会计记录进行试算平衡，便于核对和检查账户记录是否正确。(4) 采用复式记账法有利于加强对经济业务的分析、考核和控制。

复式记账法按技术上的特点不同，又可分为借贷记账法、增减记账法、资金收付记账法和预算资金收付记账法。借贷记账法是世界各国通用的一种记账方法。从 1993 年 7 月 1 日起，我国企业、行政事业单位记账一律采用借贷记账法。

第二节　借贷记账法

一、借贷记账法的含义

借贷记账法是以“借”和“贷”为记账符号，按照“有借必有贷，借贷必相等”的记账规则，对每一笔经济业务，都必须在两个或两个以上相互联系的账户中以相等的金额进行记录的一种复式记账法。

借贷记账法的科学性在于它可以全面、相互联系地反映会计要素的增减变化情况，并根据会计要素中客观存在的恒等关系，检查账户记录的正确性。其理论依据是“资产＋费用＝负债＋所有者权益＋收入”会计方程式所包含的经济内容和数学上的恒等关系。

二、借贷记账法的基本内容

借贷记账法的基本内容，主要包括记账符号、账户设置、记账规则、会计分录和试算平衡方法。

（一）借贷记账法的记账符号

借贷记账法是以“借”、“贷”为记账符号，用来反映会计要素增减变动情况的一种记账方法。用“借”、“贷”来表明经济业务应记入有关账户的方向。

“借”、“贷”两字的原始含义最初是从借贷资本家的角度来解释的，分别表示债权（应收款）和债务（应付款）的增减变动。借贷资本家对收进的存款记在贷主的名下，表示债务，对付出的放款记在借主的名下，表示债权，这时候“借”、“贷”两字表示债权、债务的变化。随着社会经济的发展，经济活动的内容日益复杂，记录的经济业务已不再局限于货币资金的借贷业务，而逐渐扩展到财产物资、经营损益等等。为了求得账户记录的统一，对非货币资金借贷业务，也以“借”、“贷”两字记录其增减变动情况。这样“借”、“贷”两字就逐渐失去原来的含义，而转化为纯粹的记账符号。

因此，现在讲的“借”、“贷”已失去原来的字面含义，只作为记账符号使用，用以标明记账的方向。在借贷记账法下，只是两个抽象的符号，而且在不同性质的账户中“借”、“贷”所反映的经济业务变化结果是不同的。一个账户中究竟是借方记录表示增加还是贷方记录表示增加，这得由账户的性质来决定。

（二）借贷记账法的账户设置及结构

在借贷记账法下，账户按会计要素分设资产、负债、所有者权益、收入、费用和利润等六大类，各类账户的左方统一称为“借方”，右方统一称为“贷方”。借贷记账法账户的结构是指账户的借方登记什么内容，贷方登记什么内容，余额应在哪一方。但哪一方登记增加，哪一方登记减少，则要根据账户所反映的经济内容决定，即不同性质的账户使用方法也不相同。下面就不同性质的账户结构，分别予以说明。

1. 资产类账户

资产类账户的借方记录资产的增加数，贷方记录资产的减少数，余额一般在账户的借方，表明期末资产的结存数。

2. 负债类账户

负债类账户的贷方记录负债的增加数，借方记录负债的减少数，余额一般在账户的贷方，表示期末负债的净额。

3. 所有者权益类账户

所有者权益类账户的贷方记录所有者权益的增加数，借方记录所有者权益的减少数，余额一般在账户的贷方，表示所有者权益的结余额。

4. 收入类账户

收入的增加视同所有者权益的增加，因此，收入类账户的结构与所有者权益类账户的结构相似，但又有区别，收入类账户没有期初余额和期末余额，只有本期发生额。其贷方记录收入的增加数，借方记录收入的减少数或转销数，期末结转后没有余额。

5. 费用类账户

费用的增加视同所有者权益的减少，因此，费用类账户的结构与所有者权益类账户的结构相反，即费用的增加记录在账户的借方，费用的减少或转销记录在账户的贷方，期末一般没有余额。

6. 利润类账户

利润账户属于所有者权益账户，其贷方登记增加利润的各项收入，借方记录减少利润的各项费用和成本，期末余额在借方表示亏损总额，期末余额在贷方表示利润净额。

以上六类账户的结构及其“借”、“贷”的含义、余额的方向如图 5-1、表 5-2 所示。

资产类账户

借方	贷方
期初余额 本期增加数	本期减少数
本期发生额 期末余额	本期发生额

负债类账户

借方	贷方
本期减少数	期初余额 本期增加数
本期发生额	本期发生额 期末余额

所有者权益类账户

借方	贷方
本期减少数	期初余额 本期增加数
本期发生额	本期发生额 期末余额

收入类账户

借方	贷方
本期减少数	本期增加数
本期发生额	本期发生额

费用类账户

借方	贷方
本期增加数	本期减少数
本期发生额	本期发生额

利润类账户

借方	贷方
本期减少数	期初余额 本期增加数
本期发生额	本期发生额 期末余额

图 5-1　六类账户的基本结构

表 5-2　六类账户基本结构的含义

账户性质	账户借方	账户贷方	账户余额
资产类账户	增加	减少	在借方
负债类账户	减少	增加	在贷方
所有者权益类账户	减少	增加	在贷方
收入类账户	减少（转销）	增加	一般无余额
费用类账户	增加	减少（转销）	一般无余额
利润类账户	减少	增加	可能在贷方

（三）借贷记账法的记账规则

借贷记账法的记账规则是“有借必有贷，借贷必相等”。“有借必有贷”是指发生任何一项经济业务，都必须在两个或两个以上的账户中同时进行登记，即在一个（或一个以上）的账户中作借方记录，在另一个（或一个以上）的账户中作贷方记录。“借贷必相等”是指同一项经济业务在有关账户中记录时，记录借方账户的金额必然等于记入贷方账户的金额。借贷记账法的记账规则是根据资金运动的规律加以确定的。

假设 12 月 3 日，企业从银行借入短期借款 20 000 元，存入银行。

该项经济业务的发生，一方面使资产中的“银行存款”增加了 20 000 元，另一方面使负债中的“短期借款”也增加了 20 000 元，企业的资产和负债总额同时增加了 20 000 元。该例中涉及“银行存款”和“短期借款”两个账户，按借贷记账法的记账规则，对该项经济业务应该在账户中作如图 5-2 的记录。

借方	短期借款	贷方
		期初余额100 000
		20 000

借方	银行存款	贷方
期初余额80 000		
20 000		

图 5-2

在运用借贷记账法确定记账方向和进行会计记录时，应考虑三个问题：

（1）经济业务的发生对哪些会计要素产生影响；

（2）确定经济业务涉及哪些会计科目，会计科目的性质；

（3）根据会计科目反映内容的增减，确定应记入的方向及金额。

（四）借贷记账法的会计分录和账户的对应关系

会计分录是运用复式记账法把经济业务所涉及的会计科目、借贷方向及金额按一定的格式所作的记录，也就是经济业务发生后应记入什么账户，是记入借方还是贷方，以及记入多少金额的一种文字记录。

会计实务中，通常采用会计分录将发生的经济业务简明扼要地记录下来。会计分录的书写格式是：先借后贷，借贷错开；上借下贷，借贷平衡。在实际工作中，一般是通过编制记账凭证来完成这项工作的。

以某企业 2010 年 9 月发生的经济业务为例，运用借贷记账法的记账规则说明会计分录的编制方法。

8 月 31 日资产负债表情况如表 5-3 所示。

表 5-3 **资产负债表**

单位名称： 2010 年 8 月 31 日 单位：元

资产	金额	负债及所有者权益	金额
库存现金	5 000	应付账款	30 000
银行存款	75 000	应付职工薪酬	2 000
原材料	64 000	实收资本	240 000
库存商品	150 000	利润分配	52 000
固定资产	30 000		
总计	324 000	总计	324 000

【例 5-1】

9 月 1 日，收到投资者追加投资现金 100 000 元，存入银行。

该项经济业务的发生使资产类的“银行存款”增加，所有者权益的“实收资本”增加。按照资产类账户的结构，“银行存款”的增加记入借方，按照所有者权益类账户的结构，“实收资本”的增加记入贷方。编制会计分录如下：

借：银行存款　　100 000

　贷：实收资本　　100 000

【例 5-2】

9 月 4 日，采购生产用材料一批，价值 50 000 元，货款以银行存款支付。

该项经济业务的发生使资产类的“原材料”增加，资产类的“银行存款”减少。按照资产类账户的结构，“原材料”的增加记入借方，按照资产类账户的结构，“银行存款”的减少记入贷方。编制会计分录如下：

借：原材料　　50 000

　贷：银行存款　　50 000

【例 5-3】

9 月 7 日，以现金 2 000 元支付员工工资。

该项经济业务的发生使资产类的“库存现金”减少，负债类的“应付职工薪酬”减少。按照资产类账户的结构，“库存现金”的减少记入贷方，按照负债类账户的结构，“应付职工薪酬”的减少记入借方。编制会计分录如下：

借：应付职工薪酬　　2 000

　贷：库存现金　　2 000

【例 5-4】

9 月 10 日，采购原材料一批，价值 120 000 元，其中，以银行存款付款 80 000 元，其余 40 000 元货款尚未支付。

该项经济业务的发生使资产类的“原材料”增加，资产类的“银行存款”减少，负债类的“应付账款”增加。按照资产类账户的结构，“原材料”的增加记入借方，按照资产类账户的结构，“银行存款”的减少记入贷方，按照负债类账户的结构，“应付账款”的增加记入贷方。编制会计分录如下：

借：原材料　　120 000

　贷：银行存款　　80 000

　　　应付账款　　40 000

【例 5-5】

9 月 13 日，将销售产品的收入 160 000 元存入银行。

该项经济业务的发生使资产类的“银行存款”增加，收入类的“主营业务收入”增加。按照资产类账户的结构，“银行存款”增加记入借方，按照收入类账户的结构，“主营业务收入”增加记入贷方。编制会计分录如下：

借：银行存款　160 000

　贷：主营业务收入　160 000

【例 5-6】

9 月 16 日，以银行存款归还前欠购材料的货款 30 000 元。

该项经济业务的发生使资产类的“银行存款”减少，负债类的“应付账款”减少。按照资产类账户的结构，“银行存款”的减少记入贷方，按照负债类账户的结构，“应付账款”的减少记入借方。编制会计分录如下：

借：应付账款　30 000

　贷：银行存款　30 000

【例 5-7】

9 月 30 日，结转本月已销产品的生产成本 100 000 元。

该项经济业务的发生使资产类的“库存商品”减少，费用类的“主营业务成本”增加。按照资产类账户的结构，“库存商品”的减少记入贷方，按照费用类账户的结构，“主营业务成本”的增加记入借方。编制会计分录如下：

借：主营业务成本　100 000

　贷：库存商品　100 000

【例 5-8】

9 月 30 日，计算本月应付销售部门职工工资 2 500 元。

该项经济业务的发生使费用类的“销售费用”增加，负债类的“应付职工薪酬”增加。按照费用类账户的结构，“销售费用”的增加记入借方，按照负债类账户的结构，“应付职工薪酬”的增加记入贷方。编制会计分录如下：

借：销售费用　2 500

　贷：应付职工薪酬　2 500

会计分录分为简单会计分录和复合会计分录两种。简单会计分录是指只涉及两个科目的会计分录，即借方和贷方都分别只有一个科目，如例 5-1～例 5-3 以及例 5-5～例 5-8。复合会计分录是指涉及两个以上科目的会计分录，即一“借”多“贷”，或一“贷”多“借”，也就是借方或贷方之中，有一方不是只有一个科目，而是有两个或两个以上的科目，如例 5-4。复合会计分录是同类简单会计分录的组合。编制复合会计分录既能保证账户对应关系清楚，又能简化核算手续，是会计技术合理化的表现。

例 5-4 的复合会计分录可以分解为以下两个简单会计分录：

借：原材料　80 000

　贷：银行存款　80 000

借：原材料　40 000

　贷：应付账款　40 000

在借贷记账法下，要求对每一项经济业务都要在两个或两个以上的相互联系的账户中进行登记。这样，所记账户之间就形成了一定的对应关系，账户之间的这种相互对应的关系，称为账户的对应关系。发生对应关系的账户，称为对应账户。例 5-4 中“银行存款”账户与“原材料”账户是对应账户，“原材料”账户与“应付账款”账户是对应账户。通过账户的对应关系，可以对每笔经济业务的内容及其来龙去脉一目了然。

我国强调会计分录的对应关系必须清楚，但在实际工作中还有一种复杂会计分录，即多借多贷的会计分录。一般情况下，不能将不同性质或不同类型的简单会计分录合并编制多借多贷的会计分录，这种复杂会计分录账户对应关系不清楚，影响了会计核算的清晰性。

下面将例 5-1～例 5-8 的业务分别记入有关账户，进一步说明复式记账法的具体运用和不同性质账户的结构。这一过程，会计实务称为过账。现将根据 9 月份发生的经济业务编制的会计分录过入有关账户。如图 5-3 所示。

库存现金

借方		贷方	
期初余额	5 000		
		(3)	2 000
发生额	0	发生额	2 000
期末余额	3 000		

银行存款

借方		贷方	
期初余额	75 000		
(1)	100 000	(2)	50 000
(5)	160 000	(4)	80 000
		(6)	30 000
发生额	260 000	发生额	160 000
期末余额	175 000		

原材料

借方		贷方	
期初余额	64 000		
(2)	50 000		
(4)	120 000		
发生额	170 000	发生额	0
期末余额	234 000		

固定资产

借方		贷方	
期初余额	30 000		
发生额	0	发生额	0
期末余额	30 000		

库存商品

借方		贷方	
期初余额	150 000		
		(7)	100 000
发生额	0	发生额	100 000
期末余额	50 000		

应付账款

借方		贷方	
		期初余额	30 000
(6)	30 000	(4)	40 000
发生额	30 000	发生额	40 000
		期末余额	40 000

应付职工薪酬

借方		贷方	
(3)	2 000	期初余额	2 000
		(8)	2 500
发生额	2 000	发生额	2 500
		期末余额	2 500

实收资本

借方		贷方	
		期初余额	240 000
		(1)	100 000
发生额	0	发生额	100 000
		期末余额	340 000

利润分配

借方		贷方	
		期初余额	52 000
发生额	0	发生额	0
		期末余额	52 000

借方	主营业务成本		贷方
（7）	100 000		
发生额	100 000	发生额	0
期末余额	100 000		

借方	主营业务收入		贷方
		（5）	160 000
发生额	0	发生额	160 000
		期末余额	160 000

借方	销售费用		贷方
（8）	2 500		
发生额	2 500	发生额	0
期末余额	2 500		

图 5-3

（五）借贷记账法的试算平衡

为了保证一定时期内所发生的经济业务在账户中登记的正确性，需要在一定时期终了时，根据会计等式的基本原理，对账户记录进行试算平衡。

试算平衡是根据各会计要素间的平衡关系来检查各类账户的记录是否正确的一种验证方法。借贷记账法对全部经济业务记录的试算，是一种借贷直接平衡。

借贷直接平衡包括两个方面：一是全部账户的借方发生额合计与全部账户的贷方发生额合计相等，即发生额平衡法；二是全部账户的期末借方余额合计与全部账户的期末贷方余额合计相等，即余额平衡法。因此，可以采用两种方法编制试算平衡表。

1. 编制本期发生额试算平衡表

采用这种方法是根据借贷记账法的“有借必有贷，借贷必相等”的记账规则进行的。因为发生的每笔经济业务在账户中的记录是借方发生额等于贷方发生额，全部经济业务在账户中的记录，也必然是借方发生额合计等于贷方发生额合计。用公式表示如下：

$$\sum \text{全部账户借方本期发生额} = \sum \text{全部账户贷方本期发生额}$$

2. 编制期末余额试算平衡表

采用这种方法是根据会计平衡公式“资产＝负债＋所有者权益”的原理进行的。因为账户的借方余额表示资产性质，账户的贷方余额表示负债或所有者权益性质，因此，全部账户的期末借方余额合计等于全部账户的期末贷方余额合计，实质上就是资产等于负债加所有者权益。用公式表示如下：

$$\sum \text{全部账户的借方余额} = \sum \text{全部账户的贷方余额}$$

根据全部账户的本期发生额和余额编制的试算平衡表如表 5-4 所示。

表 5-4　　　　账户发生额及余额试算平衡表

账户名称	期初余额		本期发生额		期末余额	
	借方	贷方	借方	贷方	借方	贷方
库存现金	5 000			2 000	3 000	
银行存款	75 000		260 000	160 000	175 000	
原材料	64 000		170 000		234 000	
库存商品	150 000			100 000	50 000	
固定资产	30 000				30 000	
应付账款		30 000	30 000	40 000		40 000
应付职工薪酬		2 000	2 000	2 500		2 500
实收资本		240 000		100 000		340 000
利润分配		52 000				52 000
主营业务收入				160 000		160 000
主营业务成本			100 000		100 000	
销售费用			2 500		2 500	
合计	324 000	324 000	564 500	564 500	594 500	594 500

总分类账户发生额及余额试算平衡表中的数字根据登记的每一总账的期初余额、借方发生额、贷方发生额、期末余额抄列。其中，期初余额根据上月末的资产负债表的期末数抄列，本期发生额的借贷方金额根据本期发生的金额汇总填列，汇总时按会计科目的借方和贷方分别汇总，期末余额根据各总分类账的期末余额填列。

应当指出，通过试算平衡表的编制可以检查出账户记录的错误，但并非所有账户记录中的错误都能利用试算平衡的方法予以揭示，如经济业务漏记、会计科目用错、经济业务重复记账等就不能揭示。为了纠正账簿记录中的这些错误，还必须定期或不定期地进行其他会计检查，以保证账簿记录的正确性。

第三节　总分类账户与明细分类账户

一、总分类账户与明细分类账户的关系

（一）总分类账户和明细分类账户的设置

在会计工作中，为了更好地适应企业经济管理和决策的需要，会计核算既要提供综合的、总括的会计信息，又要提供具体而详细的会计信息。因此，按提供信息的详细程度不同，将账户分为总分类账户和明细分类账户。

1. 总分类账户

总分类账户也称一级账户，它是根据会计要素的具体内容按大类分别设置，用货币作为统一的计量单位记录的，它只能提供各种有关的总括信息。如“固定资产”总账账户，

它是根据“会计科目表”中所列的会计科目直接设置的。只能提供固定资产增减变化和变化结果的总括情况，但不能满足经济管理的具体要求。因此，在设置总分类账户的同时，还应根据经济管理的具体要求设置相应的明细分类账户。

2. 明细分类账户

明细分类账户简称明细账户，它是根据总分类账户的核算内容，按照实际需要和更加详细的分类分别设置的，它是总分类账户的补充说明。如在“固定资产”总账账户下，为了详细反映固定资产的实际占用情况，应按各种固定资产的品名和规格等分别设置明细账户。

有些企业为了管理上的需要，往往还在总分类账户和明细分类账户之间设置二级账户。如商品流通企业的“库存商品”账户，企业为了加强对商品的管理，在“库存商品”总账账户下，除了按商品的品名、规格设置明细账外，还要按商品的类别设置类目账（比如“家电类”、“纺织类”等）。

（二）总分类账户与明细分类账户的关系

总分类账户是根据一级会计科目设置的，它提供的是总括信息；明细分类账户是根据明细科目设置的，它提供的是详细信息。总分类账户是所属明细分类账户信息的综合，对所属的明细分类账户起着统驭的作用；而明细分类账户是对有关总分类账户的补充说明，对总分类账户起着辅助作用。两者结合起来既能总括又能详细地反映各类经济业务的增减变化情况。

如“原材料”总账账户和“原材料”明细账户。“原材料”总账账户是以货币来反映企业全部材料的收入、发出和结存的金额。实际工作中，原材料的品种、规格是多种多样的，且各自的计量单位也不同，总账账户只提供了货币金额指标但不能进行实物核算。因此，为了提供更详细的货币及实物核算资料，就必须设置“原材料”明细账户。通过“原材料”明细账户，既能提供各种材料的收入、发出和结存的数量，又能提供各种材料的收入、发出和结存的金额。

二、总分类账户与明细分类账户的平行登记

（一）总分类账户和明细分类账户平行登记的要点

为了使总分类账与其所属的明细分类账之间起到互补的作用，便于账户核对，并保证会计核算资料的正确、完整，必须采用平行登记的方法，在总分类账户和明细分类账户中进行记录。平行登记就是在登记总分类账的时间、方向和金额上应该与明细分类账所登记的时间、方向和金额一致。具体地说有以下三个要点：

1. 总分类账户和明细分类账户登记的时间相同

总分类账户和明细分类账户登记的时间相同是指对发生的每项经济业务登记总分类账户的时间应该与其所属的明细分类账户的登记时间一致。要说明的是这里的“时间”概念是一个期间，不是一个时点。因为明细分类账户一般是根据记账凭证及其所附的原始凭证在平时登记的，而总分类账户的登记由于账务处理的程序不同，可能在平时登记，也可能定期登记，但登记总分类账户和明细分类账户必须在同一会计期间完成。

2. 总分类账户和明细分类账户登记的方向相同

总分类账户和明细分类账户登记的方向相同是指将发生的经济业务记入某一总分类账户和其所属明细分类账户时，必须在相同的方向，即应记借方的都记借方，应记贷方的都记贷方。

3. 总分类账户和明细分类账户登记的金额相同

总分类账户和明细分类账户登记的金额相同是指记入某一总分类账户的金额必须与记入其所属一个或几个明细分类账户的金额合计一致。用公式表示如下：

总分类账户的期初余额＝所属各明细分类账户的期初余额之和

总分类账户的借方发生额＝所属各明细分类账户的借方发生额之和

总分类账户的贷方发生额＝所属各明细分类账户的贷方发生额之和

总分类账户的期末余额＝所属各明细分类账户的期末余额之和

（二）总分类账户和明细分类账户平行登记的方法

现以某企业的“原材料”和“应付账款”两个账户为例，说明总分类账户和明细分类账户的平行登记。

设某企业 2010 年 12 月 1 日“原材料”账户所属明细账户的余额如下：

A 材料 40 000 千克	每千克 1.00 元	40 000 元
B 材料 20 000 千克	每千克 0.60 元	12 000 元
C 材料 254 千克	每千克 2 000 元	508 000 元
合计		560 000 元

设某企业 2010 年 12 月 1 日“应付账款”账户所属明细账户的余额如下：

甲公司	50 000 元
乙公司	28 000 元
丙公司	33 800 元
合计	111 800 元

设某企业 2010 年 12 月份发生以下有关材料采购的业务：

（1）12 月 3 日，以银行存款偿还丙公司应付账款 20 000 元。

（2）12 月 10 日，从甲公司购进 A 材料 28 400 千克，每千克 1.00 元，共计 28 400 元，货款未付。

（3）12 月 20 日，从乙公司购进 B 材料 60 000 千克，每千克 0.60 元，共计 36 000 元，货款未付。

（4）12 月 25 日，从甲公司购进 A 材料 20 000 千克，每千克 1.00 元，共计 20 000 元，货款未付。

（5）12 月 27 日，以银行存款偿还甲公司货款 30 000 元、乙公司货款 24 000 元，合计 54 000 元。

（6）12 月 31 日，结转本月发出的材料。其中生产产品耗用 A 材料 15 200 千克，每千克 1.00 元，共计 15 200 元；B 材料 8 000 千克，每千克 0.60 元，共计 4 800 元；C 材料

20千克，每千克2 000元，共计40 000元。

根据以上资料采用以下步骤进行会计处理：

第一，将“原材料”和“应付账款”的期初余额记入总账及其所属的明细分类账。

第二，根据经济业务编制会计分录：

(1) 12月3日，根据原始凭证编制如下会计分录：

借：应付账款——丙公司　　20 000

　贷：银行存款　　20 000

(2) 12月10日，根据原始凭证编制如下会计分录：

借：原材料——A材料　　28 400

　贷：应付账款——甲公司　　28 400

(3) 12月20日，根据原始凭证编制如下会计分录：

借：原材料——B材料　　36 000

　贷：应付账款——乙公司　　36 000

(4) 12月25日，根据原始凭证编制如下会计分录：

借：原材料——A材料　　20 000

　贷：应付账款——甲公司　　20 000

(5) 12月27日，根据原始凭证编制如下会计分录：

借：应付账款——甲公司　　30 000

　　　　　　——乙公司　　24 000

　贷：银行存款　　54 000

(6) 12月31日，根据原始凭证编制如下会计分录：

借：生产成本　　60 000

　贷：原材料——A材料　　15 200

　　　　　　——B材料　　4 800

　　　　　　——C材料　　40 000

第三，根据各项经济业务的会计分录，采用平行登记的方法分别记入“应付账款”和“原材料”的总分类账户及其所属的明细分类账户。其结果如表5-5～表5-12所示。

表5-5 **总账**

会计科目：应付账款

2010年		凭证		摘要	借方	贷方	借或贷	余额
月	日	字	号					
12	1			承前页			贷	111 800
	3			归还丙公司货款	20 000		贷	91 800
	10			应付甲公司货款		28 400	贷	120 200
	20			应付乙公司货款		36 000	贷	156 200
	25			应付甲公司货款		20 000	贷	176 200
	27			归还甲、乙公司货款	54 000		贷	122 200

表 5-6 **应付账款明细账**

明细科目或户名：甲公司

2010 年		凭证		摘要	借方	贷方	借或贷	余额
月	日	字	号					
12	1			承前页			贷	50 000
	10			应付甲公司货款		28 400	贷	78 400
	25			应付甲公司货款		20 000	贷	98 400
	27			归还甲公司货款	30 000		贷	68 400

表 5-7 **应付账款明细账**

明细科目或户名：乙公司

2010 年		凭证		摘要	借方	贷方	借或贷	余额
月	日	字	号					
12	1			承前页			贷	28 000
	20			应付乙公司货款		36 000	贷	64 000
	27			归还乙公司货款	24 000		贷	40 000

表 5-8 **应付账款明细账**

明细科目或户名：丙公司

2010 年		凭证		摘要	借方	贷方	借或贷	余额
月	日	字	号					
12	1			承前页			贷	33 800
	3			归还丙公司货款	20 000		贷	13 800

表 5-9 **总账**

会计科目：原材料

2010 年		凭证		摘要	借方	贷方	借或贷	余额
月	日	字	号					
12	1			承前页			借	560 000
	10			购进 A 材料	28 400		借	588 400
	20			购进 B 材料	36 000		借	624 400
	25			购进 A 材料	20 000		借	644 400
	31			发出 A、B、C 材料		60 000		584 400

表 5-10 **原材料明细账**

品名：A 材料　　规格：　　计量单位：千克　　单位：元

2010 年		凭证		要	收入			发出			余额		
月	日	字	号		数量	单价	金额	数量	单价	金额	数量	单价	金额
12	1			期初余额							40 000	1.00	40 000
	10			入库	28 400	1.00	28 400				68 400	1.00	68 400
	25			入库	20 000	1.00	20 000				88 400	1.00	88 400
	31			发出				15 200	1.00	15 200	73 200	1.00	73 200

表 5-11 **原材料明细账**

品名：B材料 规格： 计量单位：千克 单位：元

2010年		凭证		要	收入			发出			余额		
月	日	字	号		数量	单价	金额	数量	单价	金额	数量	单价	金额
12	1			期初余额							20 000	0.60	12 000
	20			入库	60 000	0.60	36 000				80 000	0.60	48 000
	30			发出				8 000	0.60	4 800	72 000	0.60	43 200

表 5-12 **原材料明细账**

品名：C材料 规格： 计量单位：千克 单位：元

2010年		凭证		要	收入			发出			余额		
月	日	字	号		数量	单价	金额	数量	单价	金额	数量	单价	金额
12	1			期初余额							254	2 000	508 000
	31			发出				20	2 000	40 000	234	2 000	468 000

复习思考题

1. 什么是单式记账法？什么是复式记账法？它们各自具有哪些特点？
2. 复式记账的特点是什么？
3. 试述借贷记账法账户的基本结构。
4. 借贷记账法的记账规则是怎样的？
5. 什么是账户的对应关系？什么是对应账户？
6. 试述会计分录及其种类。

练习题

一、填空题

1. 复式记账法是指对发生的每一项经济业务，都以（　　）金额，在相互关联的（　　）或（　　）账户进行记录的记账方法。

2. 借贷记账法是以（　　）为记账符号，反映各项（　　）增减变动情况的一种（　　）方法。

3. 在借贷记账法下，账户的结构是：账户的左方为（　　）方，右方为（　　）方。但哪一方登记增加，哪一方登记减少，这取决于账户反映的（　　）。

4. 在借贷记账法下，账户的基本结构是：借方登记（　　）增加，（　　）减少；贷方登记（　　）增加，（　　）减少。期末余额在借方，表示是（　　）账户，如在贷方表示是（　　）账户。

5. 借贷记账法的记账规则是（　　），（　　）。

6. 通过试算平衡表检查账簿记录，如果借贷不平衡，可以肯定记账（　　），但平衡也不能肯定记账（　　）。

二、单项选择题

1. 单式记账法对每项经济业务一般都只在（　　）账户中进行登记。

A. 一个　　B. 两个或两个以上

C. 两个　　D. 有关

2. 复式记账法对每项经济业务都以相等的金额在（　　）账户中进行登记。

A. 一个　　B. 两个或两个以上

C. 两个　　D. 有关

3. 资产类账户的借方登记（　　）。

A. 资产的增加　　B. 资产的减少

C. 费用的转销　　D. 收入的减少

4. 负债类账户的借方登记（　　）。

A. 收入的增加　　B. 负债的增加

C. 费用的增加　　D. 负债的减少

5. 资产类账户的贷方登记（　　）。

A. 收入的减少　　B. 资产的减少

C. 资产的增加　　D. 收入的增加

6. 负债类账户的贷方登记（　　）。

A. 费用的增加　　B. 费用的转销

C. 负债的增加　　D. 负债的减少

7. 资产类账户的期末余额应在（　　）。

A. 账户的借方　　B. 账户的贷方

C. 有时在借方，有时在贷方　　D. 以上答案都对

8. 对于费用类账户，下列说法中正确的是（　　）。

A. 借方登记转销数

B. 如有余额在借方，也属于资产

C. 如有余额在贷方，属于负债

D. 贷方登记费用的增加额

9. 根据（　　）的基本原理，对账户记录进行试算平衡。

A. 会计要素划分的类别　　B. 所发生经济业务的内容

C. 账户结构　　D. 会计等式

三、多项选择题

1. 复式记账法的特点是（　　）。

A. 可以系统、全面反映经济业务内容

B. 可以简化登记账簿的工作

C. 可以清楚地反映经济业务的来龙去脉

D. 便于核对账户的记录

2. 在借贷记账法下，账户的借方登记（　　）。

A. 资产的增加　　B. 成本费用的增加

C. 收入的增加　　D. 所有者权益的增加

3. 在借贷记账法下，账户的借方登记（　　）。

A. 收入的结转　　B. 负债的减少

C. 资产的减少　　D. 所有者权益的减少

4. 在借贷记账法下，账户的贷方登记（　　）。

A. 资产的减少　　B. 收入的减少

C. 成本费用的减少　　D. 所有者权益的减少

5. 期末余额在账户借方的有（　　）。

A. 资产类账户　　B. 负债类账户

C. 所有者权益类账户　　D. 成本类账户

6. 下列错误中，不能通过试算平衡发现的有（　　）。

A. 某些经济业务未登记入账

B. 只登记借方金额，未登记贷方金额

C. 应借应贷的账户中借贷方向记反

D. 借贷双方同时多记了相等的金额

四、判断改错题

1. 复式记账法是指对发生的每一项经济业务，都以相等的金额，在相互关联的两个账户中进行记录的一种记账方法。（　　）

2. 复式记账可以反映经济业务的来龙去脉。（　　）

3. 复式记账由于是以相等的金额在相互关联的两个或两个以上的账户中进行登记，所以能检查账簿记录是否正确。（　　）

4. 不管是一贷多借、一借多贷，还是多借多贷，借贷方的金额肯定是相等的。（　　）

5. 通过试算平衡表检查账户记录是否正确，如果借贷平衡，就说明记账没有错误。（　　）

6. 会计分录只能是一借一贷、一借多贷、一贷多借，而不能是多借多贷。（　　）

五、业务核算题

习题一

（一）目的：练习用借贷记账法编制会计分录和登记账簿。

（二）资料：

1. 某企业 2011 年 5 月 1 日有关账户余额如下：

单位：元

资产		权益	
账户名称	金额	账户名称	金额
库存现金	1 000	短期借款	20 000
银行存款	20 000	应付账款	6 000
应收账款	5 000	其他应付款	4 000

续表

资产		权益	
账户名称	金额	账户名称	金额
其他应收款	2 000	应交税费	2 000
原材料	30 000	实收资本	80 000
生产成本	2 000	资本公积	5 000
库存商品	10 000	盈余公积	3 000
固定资产	50 000		
资产合计	120 000	权益合计	120 000

2. 2011 年 5 月发生如下经济业务：

（1）从银行提取现金 2 000 元，以备零用。

（2）收到投资人投入的资金 50 000 元，存入银行。

（3）以银行存款 2 000 元，缴纳应交所得税。

（4）购买材料一批，价款 5 000 元，材料已经入库，货款未付。

（5）以银行存款偿还前欠材料款 6 000 元。

（6）收到购货单位偿付的前欠货款 5 000 元，存入银行。

（7）从银行取得一年期的借款 20 000 元存入银行。

（8）以银行存款 10 000 元购买设备一台。

（9）将资本公积 4 000 元转增资本。

（10）采购员预借差旅费 1 000 元以现金支付。

（11）销售产品一批，价款 6 000 元，收到款项存入银行。

（12）将多余现金 1 000 元存入银行。

（三）要求：

1. 根据资料 1 开设账户，并登记期初余额；

2. 根据资料 2 采用借贷记账法编制会计分录；

3. 根据所编会计分录登记账户；

4. 结算每个账户的本期发生额和期末余额；

5. 根据全部账户的期初余额、本期发生额和期末余额编制试算平衡表。

习题二

（一）目的：练习通过账户对应关系了解经济业务的内容。

（二）资料：

某企业 2011 年 9 月部分账户登记如下：

库存现金

期初余额	2 000	（5）	1 000
（1）	1 000		

原材料

期初余额	10 000		
（2）	5 000		
（7）	1 000		

银行存款

期初余额	50 000	(1)	1 000
(6)	8 000	(3)	10 000
		(7)	1 000
		(8)	20 000

固定资产

期初余额	30 000		
(3)	10 000		

应收账款

期初余额	8000		
		(6)	8 000

短期借款

(8)	20 000	期初余额	40 000
		(4)	10 000

其他应收款

期初余额	1 000		
(5)	1 000		

应付账款

(4)	10 000	期初余额	5 000
		(2)	5 000

（三）要求：根据账户的对应关系，用文字叙述以上 T 形账户中登记的（1）～（8）项经济业务的内容，并写出对应的会计分录。

CHAPTER

6 第六章 借贷记账法的运用

学习目标

熟练掌握资金进入企业的业务核算所设置的主要账户及主要经济业务的账务处理方法；熟练掌握企业经营过程中供应过程业务的核算、生产过程业务的核算、销售过程业务的核算所设置的主要账户及主要经济业务的账务处理方法；熟练掌握企业经营成果的结算和分配业务核算所设置的主要账户及主要经济业务的账务处理方法；能够熟练完成对企业生产经营活动全过程的主要经济业务核算的账务处理工作。

第一节 资金进入企业

一、资金筹集的主体及内容

（一）资金筹集的主体

资金筹集的主体是企业。无论是初始创业的企业还是需要扩大经营规模的经营中的企业，都需要筹集资金以满足其经营活动的需要。企业是自主经营、自负盈亏的经济组织。企业从事生产经营的目的就是通过资源的合理配置，达到企业价值的最大化。而资金是企业的血液，资金筹集是企业开展生产经营的首要活动。资金筹集业务包括投资者投入资金和企业借入资金。

（二）资金筹集的内容

1. 投资者投入资金

投资者投入资金是指企业接受投资者投入的资本金，即权益融资。权益融资方式既可以是通过发行股票来筹集资金，也可以是通过接受股东直接以相关货币性或非货币性资产进行投资。投资者投入的资金按照投资主体的不同可以分为国家投入资本、法人投入资本、个人投入资本和外商投入资本四类；投资者投入的资金也可按照投入资本的形态分为货币资金投资、有形资产投资（如固定资产、原材料等）和无形资产投资（如专利权、商标权、土地所有权等)。

2. 企业借入资金

企业借入资金是指企业向银行等金融机构的贷款以及其他债权人借入(发行公司债券)的资金。企业借入的资金主要用来补充流动资金不足、满足扩大生产经营规模的需要等,借入的资金按照规定办理相关手续,到期还本付息。借入资金按照借款期限分为短期借款和长期借款。

短期借款是指企业向银行等金融机构以及其他债权人借入的期限在一年以内(含一年)的各种借款;长期借款是指企业向银行等金融机构以及其他债权人借入的期限在一年以上(不含一年)的各种借款。

二、筹资业务设置的主要账户

筹资业务设置的主要账户包括“实收资本”、“资本公积”、“短期借款”、“财务费用”、“长期借款”等。

(一)“实收资本”账户

“实收资本”(或“股本”)账户属于所有者权益类账户,它主要核算投资者因其投资行为而在被投资企业中所占有的注册资本份额。若被投资企业为股份有限公司,其注册资本用“股本”反映。本账户的贷方记录企业实际收到的投资者投入的资本(或股本)金,借方记录企业退回给投资者的资本(或股本)金,即投资者减资,本账户余额在贷方,表示企业现有的注册资本(或股本)实有数额。当企业收到投资者作为资本投入的货币资金、有形资产和无形资产时,借记“银行存款”、“原材料”、“固定资产”、“无形资产”等账户,贷记本账户;按照规定减资时,借记本账户,贷记“银行存款”等账户。本账户按照投资者的类别、单位和个人设置明细账户进行明细核算。

(二)“资本公积”账户

“资本公积”账户属于所有者权益类账户,它主要核算被投资企业收到投资者出资额超过其在注册资本或股本中所占份额的部分以及直接计入所有者权益的利得和损失。本账户的贷方记录企业因资本溢价等而增加的各种资本公积金数,借方记录企业将资本公积转作实收资本的数额,本账户余额在贷方,表示企业现有的资本公积实有数。另外,直接计入所有者权益的利得和损失,也在本账户核算。当企业接受投资者投入的资本等形成资本公积时,借记有关账户,贷记本账户;当资本公积转赠资本时,借记本账户,贷记“实收资本”账户。本账户一般可按“资本溢价”(“股本溢价”)和“其他资本公积”进行明细核算。

(三)“短期借款”账户

“短期借款”账户属于负债类账户,它主要核算企业向银行或其他金融机构借入的期限在一年以下(含一年)的各种借款。本账户贷方记录从银行或其他金融机构取得的短期贷款,借方记录短期贷款的偿还数,本账户余额在贷方,表示期末尚未偿还的短期借款数额。当企业借入各种短期借款时,借记“银行存款”账户,贷记本账户;当企业归还借款时,借记本账户,贷记“银行存款”账户。本账户可按借款种类、贷款人进行明细核算。

（四）“财务费用”账户

“财务费用”账户属于损益类账户，它主要核算企业为筹集资金而发生的筹资费用，包括利息支出（减利息收入）、汇兑损益以及相关手续费、企业发生的现金折扣或收到的现金折扣。本账户借方记录企业发生的各项财务费用，如借款利息、银行手续费等，贷方记录会计期末结转至“本年利润”账户的当期全部财务费用。本账户期末一般没有余额。本账户应当按照费用项目设置明细账户进行相应的明细核算。

（五）“长期借款”账户

“长期借款”账户属于负债类账户，它主要核算企业向银行或其他金融机构借入的期限在一年以上的各种借款。本账户贷方记录从银行或其他金融机构取得的长期贷款，借方记录长期贷款的偿还数，本账户余额在贷方，表示期末尚未偿还的长期借款数额。当企业借入各种长期借款时，借记“银行存款”账户，贷记本账户；当企业归还借款时，借记本账户，贷记“银行存款”账户。本账户应分别设置“本金”、“利息调整”等明细账户进行明细核算。

三、资金进入企业的主要经济业务的会计核算

（一）投资者投入资金的账务处理

投资者投入的货币资金包括库存现金、银行存款、银行汇票等，企业以实际收到的货币资金入账。如果是发行股票按面值入账。投资者投入的实物资产包括机器设备、原材料等，应对实物资产的价值进行评估，按评估确认价值入账。投资者投入的无形资产包括专利权、非专利技术、商标权、土地所有权等，应按双方同意接受的数额确定无形资产的价值，并以一些必要的文件作为处理的依据，如专利权证书等。

【例 6-1】

光华公司发行股票 2 000 万股，发行价 4.2 元，股票发行面值 1 元，根据协议，光华公司向代理发行股票的券商支付 120 000 元的手续费。所筹集的资金已存入银行。

根据审核无误的有关原始凭证，编制会计分录如下：

借：银行存款	83 880 000
贷：股本	20 000 000
资本公积——股本溢价	63 880 000

资本溢价或股本溢价是出资超过其注册资本或股本中所占份额的部分。现行会计准则规定，发行股票的相关手续费、佣金等交易费用，应从溢价收入中扣除。

【例 6-2】

光华公司收到大林公司投入的全新机器设备一台，发票价值 400 000 元，增值税 68 000元；收到投入的 A 材料一批，发票价 200 000 元，增值税34 000元。

根据审核无误的有关原始凭证，编制会计分录如下：

借：固定资产	400 000

原材料 200 000
应交税费——应交增值税（进项税额） 102 000
贷：实收资本——大林公司 702 000

【例6-3】

光华公司接收大华以其拥有的商标权作为投资，双方协议约定价值（公允价值）为30万元，已办妥相关手续。

借：无形资产——商标权 300 000
贷：实收资本——大华公司 300 000

（二）借入资金的账务处理

企业借入资金主要是从银行或其他金融机构等借入的资金，包括短期借款和长期借款。

【例6-4】

根据借款协议，光华公司2010年10月1日获得工商银行提供的流动资金借款500 000元，期限为3个月，贷款利率为9%。贷款利息按季度支付。假设不考虑其他因素，该公司按月计提借款利息，到期还本。

根据审核无误的有关原始凭证，编制会计分录如下：

（1）2010年10月1日，取得短期借款时。

借：银行存款 500 000
贷：短期借款 500 000

（2）2010年10月31日和11月30日，计提借款利息3 750元（500 000×9%÷12）。

借：财务费用 3 750
贷：应付利息 3 750

（3）2010年12月31日，计提本月利息3 750元并支付本季度利息11 250元，同时归还本金500 000元。

借：短期借款 500 000
应付利息 7 500
财务费用 3 750
贷：银行存款 511 250

【例6-5】

企业2010年12月1日从银行借入期限4年、年利率6%，到期一次还本付息的基建借款1 000 000元，存入银行。根据审核无误的有关原始凭证，编制会计分录如下：

借：银行存款 1 000 000
贷：长期借款——本金 1 000 000

关于长期借款利息的会计处理，在基础会计学中不予介绍。

第二节　固定资产

一、固定资产内容、分类及计价

（一）固定资产的含义及特征

固定资产是企业赖以生存的物质基础，是企业产生效益的源泉，关系到企业运营与发展。固定资产是指使用期限较长，单位价值较高，并且在使用过程中保持原有实物形态的资产。作为固定资产必须是同时具有下列特征的有形资产：（1）为生产商品、提供劳务、出租或经营管理而持有的；（2）使用寿命超过一个会计年度。

从固定资产的含义看，固定资产具有以下三个特征：

第一，固定资产为有形资产。

固定资产具有实物特征将它与无形资产区别开来，有些无形资产是为生产商品等而持有，使用寿命也超过一个会计年度，但不具有实物形态，所以不属于固定资产；还有如工业企业所持有的工具、用具、备品备件等资产，施工企业所持有的模板、挡板、架料等资产都具有固定资产的某些特征（使用期超过一年），但由于数量多、单价低，考虑到成本效益原则，在会计实务中通常确认为存货。

第二，固定资产是为生产商品、提供劳务、出租或经营管理而持有的。

这意味着，企业持有的固定资产是企业的劳动工具或手段，而不是直接用于出售的产品。如以经营方式出租的建筑物不属于固定资产，属于企业的投资性房地产。

第三，固定资产的使用寿命超过一个会计年度。

固定资产的使用寿命通常是指使用固定资产的预计期间，如自用房屋建筑物的使用年限，机器设备、运输设备等所能生产产品或提供劳务的数量。固定资产使用寿命超过一个会计年度，意味着固定资产属于长期资产，随着使用和磨损，通过计提折旧的方式其账面价值会逐渐减少。

（二）固定资产的分类

企业的固定资产种类繁多、规格不一，为了加强管理，便于核算，对固定资产应进行分类。固定资产可以按照不同的标准进行分类。现行会计制度对固定资产按经济用途和使用情况分类如下：

（1）生产经营用固定资产。直接服务于企业生产经营过程的各种固定资产，如生产经营用的房屋、建筑物、机器设备、器具、工具等。

（2）非生产经营用固定资产。不直接服务于企业生产经营过程的各种固定资产，如职工宿舍、浴室、食堂等的房屋、设备以及其他固定资产等。

（3）租出固定资产。在经营租赁方式下出租给外单位使用的固定资产。

（4）不需用固定资产。本企业多余或不适用，需要调配处理的固定资产。

（5）未使用固定资产。已完工或已购建的尚未使用的新增固定资产，以及因进行改建、扩建等原因暂停使用的固定资产。

（6）融资租入固定资产。企业以融资租赁方式租入的固定资产。在租赁期间应视同自有固定资产进行管理。

固定资产的其他分类。固定资产按照经济用途分类，可以分为生产经营用固定资产和非生产经营用固定资产；按使用情况分类，可以分为使用中固定资产、未使用固定资产和不需用固定资产；按所有权分类，可以分为自有固定资产和租入固定资产。

（三）固定资产的计价

固定资产的计价基础有两种：一是按实际成本（原始成本或原始价值）计价，二是按净值（折余价值）计价。

1. 按实际成本（原始价值）计价

实际成本是购建固定资产达到预定使用状态前所发生的一切合理、必要的支出。分析各项支出是否应当作为固定资产原始价值的内容时，要着重研究每项支出是否必需、是否合理。在会计实务中，会计准则和会计制度具体规定了企业以不同方式（如购入、建造、投资者投入、融资租入、接受捐赠、改建和扩建等）取得固定资产的原始价值的具体内容。如购入固定资产的原始价值包括买价、支付的运输费、保险费、包装费、安装调试费以及缴纳的税金（不包括支付的增值税）等。

固定资产取得以后，在其持续的使用期内还会发生一些其他的后续支出，如增添、更换、改建和扩建、改良、修理等支出。对于这些支出应当依据“划分资本性支出和收益性支出”会计原则进行分析和处理。资本性支出是指其效益涉及几个会计年度的支出。资本性支出发生后，企业会形成新的长期资产或者提高长期资产的使用效率或获利能力。收益性支出是指效益仅涉及一个会计年度的支出。收益性支出仅与当年度生产经营活动有关，应当从当年度收入中得到补偿。对于资本性支出应当资本化，而对于收益性支出则应费用化。

2. 按净值（折余价值）计价

固定资产净值是指固定资产原始价值减去已提折旧后的净额。固定资产净值可以反映企业实际占用在固定资产上的资金数额和固定资产的新旧程度。这种计价方法主要用于计算盘盈、盘亏、毁损固定资产的溢余或损失等方面。

二、固定资产取得业务的会计核算

固定资产的取得主要是购入、建造、投入和租赁。以下主要介绍购入和建造固定资产的核算。

（一）购入固定资产的核算

购入固定资产又分为不需安装的固定资产和需要安装的固定资产。不需安装的固定资产是指购入后可以直接交付使用的固定资产。这类固定资产购入时按实际支付的买价、包装费、运输费以及缴纳的有关税金作为入账价值。需要安装的固定资产是指购入后需要经过安装才能交付使用的固定资产。这类固定资产的入账价值除包括支付的买价、包装费、运输费以及缴纳的有关税金外，还包括安装调试费。

【例 6-6】

光华公司购入一台不需安装的新设备，专用发票注明的价款为 200 000 元，增值税额 34 000 元，发生运杂费 2 500 元，款项全部以银行存款支付。不考虑其他税费。

根据审核无误的有关原始凭证，编制会计分录如下：

借：固定资产	202 500	
应交税费——应交增值税（进项税额）	34 000	
贷：银行存款		236 500

购入需要安装的固定资产，在未交付使用前所发生的全部成本，应先在“在建工程”账户中进行核算，竣工决算后再由“在建工程”账户转入“固定资产”账户。

【例 6-7】

光华公司购入一台需要安装的新机器设备，专用发票注明的价款 500 000 元，增值税额 85 000 元。发生的包装费 5 000 元，运费 2 000 元，款项全部通过银行存款支付。安装设备时领用原材料一批价值 20 000 元，支付安装工人工资4 000元。

根据审核无误的有关原始凭证，编制会计分录如下：

（1）购入固定资产时。

借：在建工程——××设备安装	507 000	
应交税费——应交增值税（进项税额）	85 000	
贷：银行存款		592 000

（2）领用安装材料、结转安装工人工资。

借：在建工程——××设备安装	24 000	
贷：原材料		20 000
应付职工薪酬		4 000

（3）安装完工交付使用时。［固定资产原始价值＝507 000＋24 000＝53 100（元）］

借：固定资产	531 000	
贷：在建工程——××设备安装		531 000

（二）自行建造固定资产的核算

自行建造固定资产是指企业利用自己的力量自营建造以及出包给他人建造的固定资产。企业采用自营方式建造固定资产所需的工程物资全部由企业购进，其会计处理方式同购入需要安装的固定资产相似。在固定资产未完工前通过“在建工程”账户进行核算，核算的内容包括工程物资的买价、运输费、保险费以及建造过程中发生的其他建造成本。建设期间发生的工程物资盘亏、报废和毁损，减去残值和保险公司、个人赔偿后的净损失计入在建工程成本。工程竣工决算后，再由“在建工程”账户转入“固定资产”账户。

企业采用出包方式建造固定资产时其工程的具体支出在承包单位核算。企业只预付工程款，预付工程款也在“在建工程”账户中核算，这时“在建工程”账户实际上成为企业与承包单位的结算账户，企业按照合同预付承包单位的工程款、备料款、支付剩余工程款时记入“在建工程”账户借方，到达预计可使用状态，完工交付使用时再转入“固定资产”账户。

【例6-8】

光华公司2011年5月1日开始自行建造一座材料仓库。10月1日完工交付使用。5月1日至10月1日之间发生下列工程成本：（1）用银行存款购入工程物资一批价值300 000元，增值税51 000元，工程直接领用；（2）基建人员的工资70 000元。根据审核无误的有关原始凭证，编制会计分录如下：

（1）购入工程物资。

借：在建工程——仓库工程　351 000

　贷：银行存款　351 000

（2）结转基建人员工资。

借：在建工程——仓库工程　70 000

　贷：应付职工薪酬　70 000

（3）工程完工交付使用。

固定资产入账价值＝351 000＋70 000＝421 000（元）

借：固定资产——材料仓库　421 000

　贷：在建工程——仓库工程　421 000

【例6-9】

光华公司将厂房的建设工程出包给中建公司，工期6个月。合同工程总造价200万元，按合同约定开工时预付工程总造价的60%，完工时支付剩余的40%，6个月后工程完工交付使用。根据审核无误的有关原始凭证，编制会计分录如下：

（1）开工时预付工程60%的工程款。

借：在建工程——厂房工程　1 200 000

　贷：银行存款　1 200 000

（2）工程完工结算剩余40%的工程款。

借：在建工程——厂房工程　800 000

　贷：银行存款　800 000

（3）工程完工交付使用。

借：固定资产——厂房　2 000 000

　贷：在建工程——厂房工程　2 000 000

三、固定资产折旧业务的会计核算

（一）固定资产折旧的性质和影响因素

固定资产在长期的使用过程中，虽然保持原有的实物形态，但由于使用磨损和科学技术的进步，其价值会随着固定资产的使用逐渐转移到产品的生产成本或者形成期间费用，这种价值的转移就是折旧。固定资产折旧是指在固定资产的使用过程中由于损耗而逐步转移掉的那部分价值。应计折旧额是指计提折旧的固定资产原始价值减去预计残值后的余额。用公式表示如下：

$$\text{固定资产应计折旧总额}=\text{固定资产原值}-\left(\text{预计残值}-\text{预计清理费用}\right)=\text{固定资产原值}-\text{预计净残值}$$

影响固定资产折旧额的基本因素：

（1）固定资产原值（折旧基数），即固定资产的成本。

（2）固定资产预计净残值，是指固定资产报废时预计残值减去清理费用后的余额。

（3）固定资产的使用寿命，是指企业使用固定资产的预计期间，或者该固定资产所能生产产品或提供劳务的数量。

企业应当在年终对固定资产的使用年限、预计净残值和折旧方法进行复核，对与预期有差异或与有关的经济利益实现方式有重大改变的应当进行调整。

（二）固定资产折旧的范围

确定固定资产的折旧范围需要从两个方面考虑：一是哪些固定资产应当计提折旧，哪些固定资产不计提折旧；二是应当计提折旧的固定资产从什么时候计提折旧，何时终止计提折旧。

《企业会计准则第 4 号——固定资产》规定，除已提足折旧仍继续使用的固定资产和按有关规定已单独计价作为固定资产入账的土地外，企业应对所有的固定资产计提折旧。

固定资产应当按月计提折旧。当月增加的固定资产，当月不提折旧，从下月起计提折旧；当月减少的固定资产，当月仍计提折旧，从下月起不提折旧。

（三）固定资产的折旧方法

固定资产的折旧方法主要有年限平均法、工作量法、双倍余额递减法和年数总和法等。折旧方法一经确定，不得随意变更。如需变更，应当在会计报表附注中加以说明。

1. 年限平均法（直线法）

年限平均法是指将固定资产应提折旧额平均分摊到固定资产预计使用寿命内的一种方法。采用这种方法计算的每期折旧额均相等。该方法操作简便，适合大多数固定资产，因此应用范围最广。计算公式如下：

$$\text{固定资产年折旧额}=\frac{\text{固定资产应提折旧额}}{\text{固定资产预计使用寿命（年）}}$$

$$\text{固定资产年折旧率}=\frac{\text{固定资产年折旧额}}{\text{固定资产原值}}\times100\%$$

$$=\frac{1-\text{预计净残值率}}{\text{预计使用年限}}\times100\%$$

固定资产月折旧率＝年折旧率÷12

固定资产月折旧额＝固定资产原价×月折旧率

【例 6-10】

光华公司一台机器设备，原始价值 40 000 元，预计使用年限 5 年，预计净残值率为 10%。该设备的年折旧率和月折旧额计算如下：

$$\text{该项固定资产年折旧率}=\frac{40\,000-4\,000}{40\,000\times5}=\frac{1-10\%}{5}\times100\%=18\%$$

该项固定资产月折旧率＝18％÷12＝1.5％

该项固定资产月折旧额＝40 000×1.5％＝600（元）

2. 工作量法

工作量法是指以固定资产预计完成的工作总量求得单位工作量折旧额，再以当月实际工作量乘以单位工作量计提折旧额的方法。工作量法一般适用于价值较高的大型精密机床、采矿设备及运输工具等固定资产的折旧。计算公式如下：

$$\text{单位工作量折旧额}=\frac{\text{固定资产原价}\times(1-\text{预计净残值率})}{\text{预计总工作量}}$$

$$\text{某项固定资产月折旧额}=\text{该项固定资产当月工作量}\times\text{单位工作量折旧额}$$

【例 6-11】

光华公司一辆运输汽车原值 40 万元，预计净残值为 5％，预计总行驶里程为 500 000 千米，本月行驶里程为 2 400 千米。该运输汽车本月折旧额计算如下：

$$\text{单位里程折旧额}=\frac{400\,000\times(1-5\%)}{500\,000}=0.76\ (\text{元/千米})$$

当月折旧额＝2 400×0.76＝1 824（元）

3. 年数总和法

年数总和法是指将固定资产的原值减去预计残值后的余额，乘以一个以固定资产的使用寿命的各个数字的相反顺序为分子，以使用寿命的各个数字的合计为分母的逐年递减的折旧率来计算每年折旧额的方法。计算公式如下：

$$\text{年折旧率}=\frac{\text{预计使用年限}-\text{已使用年限}}{\text{预计使用年限}\times\frac{\text{预计使用年限}+1}{2}}$$

某年折旧额＝(固定资产原值－预计净残值)×该年折旧率

【例 6-12】

沿用例 6-11，采用年数总和法计算的各年折旧额如表 6-1 所示。

表 6-1　年数总和法折旧计算表　单位：元

年份	原价－净残值	年折旧率	年折旧额	累计折旧
1	36 000	5/15	36 000×5÷15＝12 000	12 000
2	36 000	4/15	36 000×4÷15＝9 600	21 600
3	36 000	3/15	36 000×3÷15＝7 200	28 800
4	36 000	2/15	36 000×2÷15＝4 800	33 600
5	36 000	1/15	36 000×1÷15＝2 400	36 000

4. 双倍余额递减法

双倍余额递减法是指以直线法下年折旧率的两倍为固定的折旧率，根据每期期初固定资产账面原值计算年折旧额的一种折旧计算方法。在双倍余额递减法下确定折旧率时，一般不计残值。计算公式如下：

$$年折旧率=\frac{2}{预计使用年限}\times 100\%$$

$$某年折旧额=(年初固定资产原值-累计折旧)\times 年折旧率$$

要注意的是，在采用双倍余额递减法时，如果发现某年折旧额小于该年用年限平均法计算的折旧额时，应从该年开始改按年限平均法计算以后各年应计折旧额，使固定资产在使用期满时，其账面净值与残值相等。在我国，一般均在固定资产预计使用期的最后 2 年改用年限平均法。

【例 6-13】

沿用例 6-11，采用双倍余额递减法计算的各年折旧额。计算结果如表6-2所示。

表 6-2 双倍余额递减法折旧计算表 单位：元

年份	原价－累计折旧	年折旧率	年折旧额	累计折旧
1	40 000	40%	40 000×40%＝16 000	16 000
2	34 000	40%	34 000×40%＝13 600	29 600
3	10 400	40%	10 400×40%＝4 160	33 760
4	6 240	改按年限平均法计算折旧	$\frac{40\,000-33\,760-4\,000}{2}=1\,120$	34 880
5	5 120		$\frac{40\,000-33\,760-4\,000}{2}=1\,120$	36 000

（四）固定资产折旧的账务处理

计提固定资产折旧会计上是通过“累计折旧”账户进行核算的。

“累计折旧”账户属于资产类账户，用来核算企业固定资产累计计提的折旧情况。将固定资产累计计提的折旧从固定资产的原始价值中扣除，其结果即为固定资产的净值。“累计折旧”账户是备抵调整“固定资产”的账户。按月计提固定资产折旧时，记入“累计折旧”账户贷方，表示固定资产因损耗而减少的价值；冲减出售、报废等固定资产的已提折旧时，记入“累计折旧”账户借方；“累计折旧”余额在贷方，表示固定资产已提折旧的累计数。该账户只进行总分类核算，一般不设明细账户。

固定资产折旧一般按月计提折旧，并按照固定资产的使用部门和用途计入相关的成本费用。基本生产车间所使用的固定资产计提的折旧记入“制造费用”账户；管理部门使用的固定资产计提的折旧记入“管理费用”账户；销售部门使用的固定资产计提的折旧记入“销售费用”账户；经营租出的固定资产计提的折旧记入“其他业务成本”账户。

【例 6-14】

光华公司计提固定资产折旧情况如表 6-3 所示。

表 6-3 固定资产折旧计算表

使用部门	资产类别	上月折旧额	上月增加固定资产		上月减少固定资产		本月折旧额
			原值	折旧额	原值	折旧额	
生产车间	厂房	1 600					1 600
	机器设备	8 000	100 000	60			8 060
	小计	9 600					9 660
行政部门	房屋建筑物	800					800
	运输工具	2 000			40 000	24	1 976
	小计	2 800					2 776
合计		12 400					12 436

根据固定资产折旧计算表及审核无误的有关原始凭证，编制会计分录如下：

借：制造费用——生产车间（折旧费） 9 660

管理费用——折旧费 2 776

贷：累计折旧 12 436

四、固定资产处置业务的会计核算

固定资产的处置是指以固定资产进行投资、捐赠、抵债、出售、报废或毁损、非货币性资产交换、债务重组等。

企业在生产经营活动中，可以将那些不适用或不需用的固定资产通过转让或出售进行处置。对由于使用不当磨损直至最终报废，或由于技术进步等原因发生提前报废，或由于遭受自然灾害等非常损失毁损的固定资产应及时进行清理。通常将固定资产出售、报废、毁损的核算称为固定资产清理的核算，其核算在“固定资产清理”账户中进行。其中固定资产进行投资、捐赠、抵债、非货币性资产交换、债务重组等也属于固定资产处置，这里不介绍。固定资产的盘盈、盘亏、报废或毁损等将在“财产清查”一章中进行介绍。

第三节 材料采购业务

一、材料采购业务的主要核算内容

企业采购业务是生产经营活动的准备环节，形成企业的储备资金，为后续的产品生产活动作物资准备。从企业资金运动的形式上看，它是资金从货币资金转化为储备资金的过程。在采购业务中会计核算的主要内容包括取得原材料、结算采购货款、支付采购费用和计算并结转采购成本等。

企业购入的生产物资是企业的资产，应按实际取得成本入账。在产品生产企业中，取得的生产物资的成本既包括买价（即发票价），也包括使其处于可用状态前发生的相关支出，如材料等生产物资的运杂费（运输费、装卸费、包装费、仓储费、保险费等）、运输途中的合理损耗、入库前的挑选整理费、购入物资负担的税金（如进口关税），以及其他费用。

需要注意的是采购人员的差旅费、专设采购机构的经费、市内零星运杂费等，一般不计入采购成本，通常作为企业的管理费用处理。

二、材料采购业务设置的主要账户

在材料采购核算过程中需要设置的基本账户有："材料采购"、"原材料"、"应付账款"、"应交税费"、"应付票据"、"预付账款"等。

（一）"材料采购"账户

"材料采购"账户属于资产类账户，用来核算物资采购的实际成本。其借方登记购入材料的采购成本（买价和采购费用），贷方登记已验收入库材料的实际采购成本，即对已验收入库的外购材料，在确定采购成本后，按其成本从"材料采购"账户贷方转入"原材料"账户的借方。本账户余额在借方，表示尚未运达企业或已运达企业但尚未验收入库的在途材料的实际成本。本账户按材料品种设置明细账，进行明细分类核算。

需要说明的是，在实际工作中，如果库存材料按照实际成本进行日常核算，不设"材料采购"账户，购入材料验收入库时，按材料的买价直接借记"原材料"账户，贷记"银行存款"或"应付账款"等账户。只是在期末有在途材料时，需要设置"在途材料"账户进行核算。这里设置"材料采购"账户是为了帮助初学者了解材料采购过程，确立通过"材料采购"账户计算材料采购成本的概念。

（二）"原材料"账户

"原材料"账户属于资产类账户，用来核算和监督企业库存材料的增减变动和结存情况。该账户借方登记已验收入库材料的实际采购成本；贷方登记发出材料的实际成本；期末余额在借方，表示库存材料的实际成本。该账户按材料的保管地点、类别、品种和规格设置明细分类账进行明细分类核算。

（三）"应付账款"账户

"预付账款"账户属于负债类账户，用来核算和监督企业因采购材料等应付供应单位款项的增减变化。该账户贷方登记应付材料供应单位的款项；借方登记已偿还供应单位的款项；余额一般在贷方，表示尚未偿还的应付款项。该账户按供应单位设置明细账进行明细分类核算。

（四）"应付票据"账户

"应付票据"账户属于负债类账户，用来核算和监督与供应单位采用商业汇票（商业承兑汇票和银行承兑汇票）结算债务的情况。该账户贷方登记企业开出并承兑的商业汇票数额；借方登记企业到期偿还的应付票据数额；余额在贷方，表示尚未到期的应付商业汇票金额。企业应设置"应付票据备查簿"，详细登记每一票据的种类、签发日期、票面金额、收款人、付款日期和金额等详细资料。该账户按票据种类、供应单位设置明细账进行明细分类核算。

（五）“预付账款”账户

“预付账款”账户属于资产类账户，用来核算和监督企业因按照购货合同规定预付给供应单位款项而与供应单位发生的债权结算业务的情况。该账户借方登记企业向供应单位预付款项的金额，表明企业债权的增加；贷方登记企业收到供应单位提供的材料后冲销预付款项的金额，表明企业债权的减少；如有借方余额，表示实际预付而尚未结算的款项；如为贷方余额，表示应付大于预付金额，应向供应单位补付的货款。该账户应按供应单位设置明细账进行明细分类核算。

三、材料采购业务的会计核算

以下为光华公司的材料采购业务，公司为增值税一般纳税人，增值税率为17%。

【例6-15】

12月1日，企业从北方公司购入A材料1 000千克，单价30元，取得的增值税专用发票注明的材料价款30 000元，增值税额5 100元，运杂费700元，收到发票等结算凭证，货款通过银行转账支付，原材料验收入库。

根据审核无误的有关原始凭证，编制会计分录如下：

借：材料采购——A材料 30 700
　　应交税费——应交增值税（进项税额） 5 100
　贷：银行存款 35 800

【例6-16】

12月5日，企业从江北公司购入B材料700千克，每千克60元，C材料1 600千克，每千克200元，取得的增值税专用发票注明的材料价款362 000元，增值税额61 540元。材料已运达企业并验收入库。账单发票已到，货款尚未支付。

根据审核无误的有关原始凭证，编制会计分录如下：

借：材料采购——B材料 42 000
　　　　　　——C材料 320 000
　　应交税费——应交增值税（进项税额） 61 540
　贷：应付账款——江北公司 423 540

【例6-17】

12月8日，企业从西江公司购入D材料2 000千克，每千克40元，取得的增值税专用发票注明的材料价款80 000元，增值税额13 600元，企业开出并承兑6个月期商业承兑汇票一张，材料尚未运达企业。另以银行存款支付运杂费1 200元。

根据审核无误的有关原始凭证，编制会计分录如下：

借：材料采购——D材料 81 200
　　应交税费——应交增值税（进项税额） 13 600
　贷：应付票据——西江公司 93 600
　　　银行存款 1 200

6个月后商业汇票到期时，支付货款。根据审核无误的有关原始凭证，编制会计分录如下：

借：应付票据——西江公司　　93 600

　贷：银行存款　　93 600

【例 6-18】

12月9日，以银行存款支付5日从江北公司购入材料的运杂费13 225元，按照B、C材料的重量比例进行分摊。

采购费用计入采购成本有两种情况：一是为采购一种或一类材料而支付的采购费用，发生时直接计入该材料的采购成本，如例6-17；二是为采购两种以上材料而发生的共同采购费用，应该选择适当的标准在该批材料的各个品种之间进行分摊，以确定各种材料的实际采购成本。采购费用的分配标准一般有重量、体积和价值等。

分配时先计算分配率，再根据分配率计算各种材料应负担的采购费用。具体步骤如下：

(1) 计算共同采购费用的分配率。

$$\text{共同采购费用分配率}=\frac{\text{采购费用}}{\sum \text{各种材料的分配标准(重量、体积、价值)}}$$

$$=\frac{13\,225}{700+1\,600}=5.75\ (\text{元/千克})$$

(2) 根据分配标准和分配率计算某种或某类材料应分摊的共同采购费用。

某材料应分配的采购费用＝分配率×该材料的分配标准

B材料应分配的采购费用＝700×5.75＝4 025（元）

C材料应分配的采购费用＝1 600×5.75＝9 200（元）

(3) 根据计算结果，编制会计分录如下：

借：材料采购——B材料　　4 025

　　　　　　——C材料　　9 200

　贷：银行存款　　13 225

【例 6-19】

12月15日，按照购货合同规定，企业向立成公司预付材料购货款30 000元，以银行存款支付。

根据审核无误的有关原始凭证，编制会计分录如下：

借：预付账款——立成公司　　30 000

　贷：银行存款　　30 000

【例 6-20】

12月20日，企业收到立成公司发来的A材料并验收入库。A材料950千克，每千克30元，合计28 500元，增值税额4 845元，运杂费665元，用预付货款冲销30 000元外，其余不足部分用银行存款支付。

根据审核无误的有关原始凭证，编制会计分录如下：

借：材料采购——A 材料　　29 165

　　应交税费——应交增值税（进项税额）　　4 845

　贷：预付账款——立成公司　　30 000

　　　银行存款　　4 010

【例 6-21】

12 月 21 日，开出转账支票支付 12 月 5 日的购货款 423 540 元。

根据审核无误的有关原始凭证，编制会计分录如下：

借：应付账款——江北公司　　423 540

　贷：银行存款　　423 540

购入材料的采购成本，一般由买价和采购费用构成。材料采购成本的计算就是以采购的各种材料为成本计算对象来归集买价和各种采购费用，从而确定各种材料采购总成本和单位采购成本的一种方法。用公式表示如下：

$$\text{某入库材料的采购总成本}=\text{该材料的总买价}+\text{分配计入的采购费用总额}$$

$$\text{某入库材料的单位采购成本}=\frac{\text{该入库材料的采购总成本}}{\text{该入库材料的实际入库数量}}$$

实际工作中采购成本的归集和计算，均是通过设置多栏式的“材料采购明细账”（格式见表 6-5）来进行的，运用“采购成本计算表”（格式见表 6-4）完成相应的成本计算工作。采购成本计算程序如图 6-1 所示。

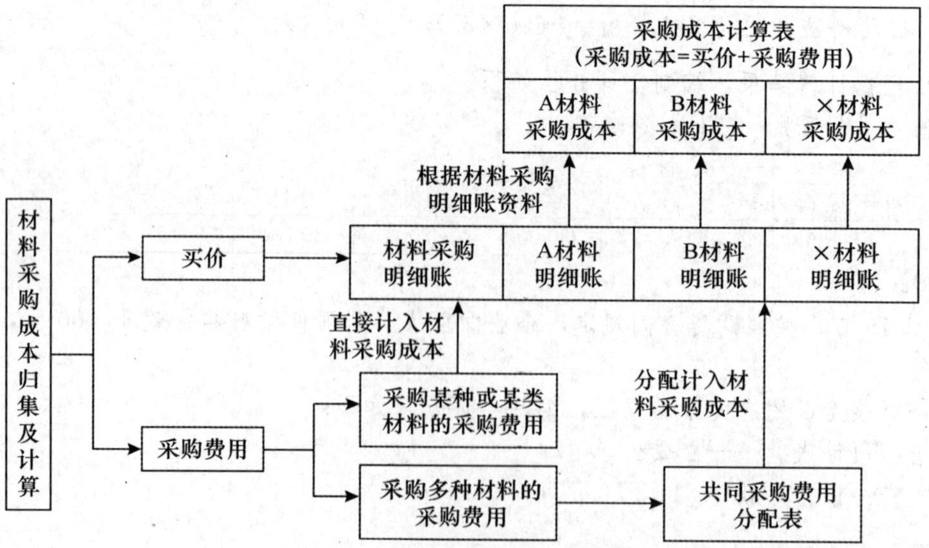

图 6-1　采购成本归集及计算

【例 6-22】

12 月 31 日，计算并结转 A、B、C、D 验收入库材料的实际采购成本。

采购成本计算的一般程序是：

(1) 根据材料采购明细账（表 6-5～表 6-8）的有关资料编制材料采购成本计算表（表 6-4）。

表 6-4　　材料采购成本计算表

20××年 12 月　　单位：元

成本项目	A 材料（1 950 千克）		B 材料（700 千克）		C 材料（1 600 千克）		D 材料（2 000 千克）		合计
	总成本	单位成本	总成本	单位成本	总成本	单位成本	总成本	单位成本	
买价	58 500	30.00	42 000	60.00	320 000	200.00	80 000	40.00	500 500
采购费用	1 365	0.70	4 025	5.75	9 200	5.75	1 200	0.60	15 790
采购成本	59 865	30.70	46 025	65.75	329 200	205.75	81 200	40.60	516 290

(2) 根据材料采购成本计算表和材料入库单，将在途材料转入库存材料。根据审核无误的有关原始凭证，编制会计分录如下：

借：原材料——A 材料　　59 865
　　　　——B 材料　　46 025
　　　　——C 材料　　329 200
　　　　——D 材料　　81 200
　贷：材料采购——A 材料　　59 865
　　　　　——B 材料　　46 025
　　　　　——C 材料　　329 200
　　　　　——D 材料　　81 200

表 6-5　　材料采购明细账

材料名称：A 材料　　计量单位：千克

20××年		凭证		摘要	借方金额			贷方（入库）	结余
月	日	字	号		买价	运杂费	小计		
12	1	记	15	购入	30 000	700	30 700		30 700
	20	记	20	购入	28 500	665	29 165		59 865
	31	记	22	入库				59 865	0

表 6-6　　材料采购明细账

材料名称：B 材料　　计量单位：千克

20××年		凭证		摘要	借方金额			贷方（入库）	结余
月	日	字	号		买价	运杂费	小计		
12	5	记	16	购入	42 000		42 000		42 000
	9	记	18	分配采购费用		4 025	4 025		46 025
	31	记	22	入库				46 025	0

表 6-7　　材料采购明细账

材料名称：C材料　　计量单位：千克

20××年		凭证		摘　要	借方金额			贷方（入库）	结　余
月	日	字	号		买价	运杂费	小计		
12	5	记	16	购入	320 000		320 000		320 000
	9	记	18	分配采购费用		9 200	9 200		329 200
	31	记	22	入库				329 200	0

表 6-8　　材料采购明细账

材料名称：D材料　　计量单位：千克

20××年		凭证		摘　要	借方金额			贷方（入库）	结　余
月	日	字	号		买价	运杂费	小计		
12	8	记	17	购入	80 000	1 200	81 200		81 200
	31	记	22	入库				81 200	0

第四节　产品生产业务

一、产品生产业务核算的主要内容

产品生产阶段是劳动者利用劳动资料对劳动对象进行加工，使其成为产成品的过程。产品的生产过程既是新产品的制造过程，也是物化劳动和活劳动的消耗过程。在产品生产阶段，从企业资金运动的形式上看，主要是材料储备资金转化为生产资金，再从生产资金转化为成品资金的过程。

企业在生产过程中发生的费用包括材料费用、人工费用、折旧费用、生产车间的共同耗费形成的制造费用、公司行政部门发生的各项费用形成的管理费用，还有财务费用和销售费用等。这些费用有的为直接费用，直接计入生产成本；有的为间接费用，通过分配计入生产成本；有的为期间费用，与产品生产没有关系而直接从当期的收入中扣除。

产品生产过程中生产费用的发生、归集和分配，以及完工产品的入库，是产品生产过程业务核算的主要内容。

二、产品生产阶段业务核算设置的主要账户

（一）“生产成本”账户

“生产成本”属于成本类账户，用于归集产品生产过程中发生的一切费用，计算产品的实际生产成本。该账户借方登记应计入产品成本的各项生产费用，包括直接计入产品成本的材料费、人工费和期末分配转入的制造费用；贷方登记结转完工产品实际生产成本；

余额在借方，表示生产过程中尚未完工的在产品的实际生产成本。为了具体计算每种产品的实际成本，需要在“生产成本”账户下，按成本计算对象（产品种类）设置明细账，进行生产成本的明细核算。

（二）“制造费用”账户

“制造费用”账户属于成本类，用于归集和分配企业生产车间为生产产品和提供劳务而发生的各种间接生产费用，包括生产车间管理人员的职工薪酬、机物料消耗、折旧费、办公费、修理费、水电费、发生季节性的停工损失等。该账户借方登记实际发生的各种制造费用；贷方登记分配转入“生产成本”账户借方的制造费用；月末一般无余额。该账户可按不同的车间部门和费用项目设置明细账户，进行明细核算。

（三）“库存商品”账户

“库存商品”账户属于资产类，用于核算企业库存产成品的增加、减少和结存情况。制造企业的库存商品主要指产成品。产成品是指已经完成全部生产过程并已验收入库，可以作为商品对外销售的产品。该账户借方登记已经完成全部生产过程并已验收入库产成品的实际生产成本；贷方登记出库产成品的实际生产成本；余额在借方，表示现有库存产成品的实际成本。该账户按产品的种类、品种和规格设置明细账。

（四）“应付职工薪酬”账户

“应付职工薪酬”账户属于负债类账户，用来核算企业根据有关规定应付给职工的各种薪酬，包括在应付职工薪酬总额内的各种应付职工薪酬，奖金，津贴和补贴，职工福利费，医疗、养老、失业、工伤、生育等社会保险费，住房公积金，工会经费，职工教育经费，非货币性福利等。该账户贷方登记月末分配的职工薪酬；借方登记结转代扣款和实际发放应付职工薪酬；该账户如果有借方余额表示实际发放应付职工薪酬大于月末分配应付职工薪酬费用，即预付职工薪酬；该账户如果有贷方余额表示实际发放应付职工薪酬小于月末分配应付职工薪酬费用，即应付职工薪酬。

“应付职工薪酬”账户一般应无余额。如果企业本月实发应付职工薪酬是按上月考勤记录计算的，实发应付职工薪酬与按本月考勤记录计算的应付职工薪酬的差额，即为该账户的期末余额。如果企业实发应付职工薪酬与应付职工薪酬相差不大，则可以按本月实发应付职工薪酬作为应付职工薪酬进行分配，这样，“应付职工薪酬”账户期末无余额。

为了具体核算和监督应付职工薪酬的实际发放和月末分配情况，“应付职工薪酬”账户应当按照“应付职工薪酬”、“职工福利”、“社会保险费”、“住房公积金”、“工会经费”、“职工教育经费”、“解除职工劳动关系补偿”等应付职工薪酬项目进行明细分类核算。

生产过程中除了需要设置和应用以上账户外，还需要设置其他有关账户，对此将结合有关经济业务予以说明。

三、原材料耗费的会计核算

（一）原材料发出的计价方法

生产企业在生产领用或销售原材料时，应该冲减“原材料”账户，即贷记“原材料”

账户。冲减的金额等于被领用或销售的数量与相应的单位采购成本的乘积。

值得注意的是，被领用或销售的数量可以从领料单或出库单获得，而单位采购成本会随着市场行情变化而发生改变。为了正确计算发出材料的实际成本就必须弄清楚被领用材料是哪批购进的，该批材料的单位采购成本是多少。在实际工作中，企业会发生大量的同种材料的采购业务，不同批次、从不同供应单位采购的原材料单位成本是不同的，因此，大部分情况下不易分清具体的单位采购成本。

为了方便核算原材料的发出成本，会计上规定了不同的原材料发出计价方法，主要有：个别计价法、先进先出法、加权平均法等。下面以原材料明细账为例，简要说明各种方法的运用。

某企业D原材料12月收入、发出和结存情况见表6-9。下面分别采用个别计价法、先进先出法、加权平均法和移动加权平均法计算发出原材料和结存原材料的实际成本。

表 6-9 原材料明细账

材料名称：D材料　　　　计量单位：千克

××年		摘要	收入			发出			结余		
月	日		数量	单价	金额	数量	单价	金额	数量	单价	金额
12	1	结余							1 000	40	40 000
	5	入库	2 000	41.50	83 000				3 000		
	8	领用				800			2 200		
	15	入库	600	43.60	26 160				2 800		
	25	领用				700			2 100		

1. 个别计价法

个别计价法就是逐一辨认各批发出存货和期末存货所属的购进批别，分别按其购入时所确定的单位成本计算各批发出存货和期末存货的成本的方法。个别计价法适用于对不能替代使用的存货、为特定项目专门购入的存货以及提供的劳务。个别计价法确定的存货成本最为准确。

如表6-9，12月8日发出800千克的甲材料，其中600千克为12月1日的存货，200千克为12月5日购入的存货；12月25日发出的700千克甲材料全部为12月5日购入的存货。发出存货成本计算如下：

本期发出存货成本＝600×40＋200×41.5＋700×41.5＝61 350（元）

期末结存存货成本＝400×40＋1 100×41.5＋600×43.6＝87 810（元）

2. 先进先出法

先进先出法是指以先购入的存货应先发出（耗用或销售）这样一种存货实物流转假设为前提，对发出存货进行计价。采用这种方法，先购入的存货在后购入存货成本之前转出，据此确定发出存货和期末存货的成本。仍以表6-9的数据为例。具体计算情况如表6-10所示。

表 6-10 原材料明细账

材料名称：D材料　　　　计量单位：千克

××年		摘要	收入			发出			结余		
月	日		数量	单价	金额	数量	单价	金额	数量	单价	金额
12	1	结余							1 000	40.00	40 000
	5	入库	2 000	41.50	83 000				1 000 2 000	40.00 41.50	40 000 83 000
	8	领用				800	40.00	32 000	200 2 000	40.00 41.50	8 000 83 000
	15	入库	600	43.60	26 160				200 2 000 600	40.00 41.50 43.60	8 000 83 000 26 160
	25	领用				200 500	40.00 41.50	8 000 20 750	1 500 600	41.50 43.60	62 250 26 160

采用先进先出法可以随时计算出每次发出存货的实际成本，在发出存货出现多种不同单位成本时比较麻烦。在物价上涨的情况下，期末存货的成本接近当期的实际成本水平，而发出的存货成本则偏离了当期的实际成本水平。

3. 加权平均法

加权平均法是指在期末将本期收入与期初结存的金额和数量加权计算的计价方法。即以本期收入存货的实际成本与期初结存存货的实际成本之和，除以本期收入存货的数量与期初结存存货的数量之和，求得平均单位成本。其计算公式如下：

$$\text{加权平均单位成本}=\frac{\text{月初结存存货金额}+\text{本月收入存货金额}}{\text{月初结存存货数量}+\text{本月收入存货数量}}$$

$$\text{本月发出存货成本}=\text{本月发出存货数量}\times\text{加权平均单位成本}$$

$$\text{月末存货成本}=\text{月末结存存货数量}\times\text{加权平均单位成本}$$

根据表 6-9 提供的数据，采用加权平均法计算发出存货和库存存货的实际成本。

$$\text{加权平均单位成本}=\frac{1\,000\times40+2\,000\times41.5+600\times43.6}{1\,000+2\,000+600}=41.43\text{（元）}$$

$$\text{本月发出存货成本}=1\,500\times41.43=62\,145\text{（元）}$$

$$\text{月末存货成本}=1\,000\times40+2\,000\times41.5+600\times43.6-1\,500\times41.43=87\,015\text{（元）}$$

将计算结果填入表 6-11。

表 6-11 原材料明细账

材料名称：D材料　　　　计量单位：千克

××年		摘要	收入			发出			结余		
月	日		数量	单价	金额	数量	单价	金额	数量	单价	金额
12	1	结余							1 000	40	40 000
	5	入库	2 000	41.50	83 000				3 000		

续表

××年		摘要	收入			发出			结余		
月	日		数量	单价	金额	数量	单价	金额	数量	单价	金额
	8	领用				800			2 200		
	15	入库	600	43.60	26 160				2 800		
	25	领用				700			2 100		
		合计	2 600		109 160	1 500	41.43	62 145	2 100	41.43	87 015

加权平均法适合于混合在一起的存货。计算方法简单，但转账在月末进行会影响价值核算的及时性。

4. 移动加权平均法

移动加权平均法是指在每次购入存货后，根据库存存货的成本和数量，计算出新的平均单位成本，并据以计算发出存货和结存存货实际成本的计价方法。其计算公式如下：

$$\text{移动平均单位成本}=\frac{\text{上次结存存货金额}+\text{本次收入存货金额}}{\text{上次结存存货数量}+\text{本次收入存货数量}}$$

$$\text{发出（结存）存货的成本}=\text{发出（结存）存货的数量}\times\text{移动平均单位成本}$$

根据表 6-9 提供的数据，采用移动加权平均法计算发出存货和库存存货的实际成本。

$$\text{12 月 5 日购入后平均单位成本}=\frac{1\,000\times 40+2\,000\times 41.5}{1\,000+2\,000}=41.00\text{（元）}$$

$$\text{12 月 15 日购入后平均单位成本}=\frac{2\,200\times 41.00+600\times 43.60}{2\,200+600}=41.56\text{（元）}$$

将计算结果填入表 6-12。

表 6-12 **原材料明细账**

材料名称：D材料　　　　计量单位：千克

××年		摘要	收入			发出			结余		
月	日		数量	单价	金额	数量	单价	金额	数量	单价	金额
12	1	结余							1 000	40	40 000
	5	入库	2 000	41.50	83 000				3 000	41	123 000
	8	领用				800	41	32 800	2 200	41	90 200
	15	入库	600	43.60	26 160				2 800	41.56	116 360
	25	领用				700	41.56	29 092	2 100	41.56	87 268
		合计	2 600		109 160	1 500		61 892	2 100	41.43	87 268

采用移动加权平均法计算发出和结存存货的实际成本的结果，比较符合企业存货的当时情况，而且可以随时核算发出存货和结存存货的实际成本。如果采购存货的次数频繁会增加计算工作量。

（二）原材料耗费业务会计核算

材料的耗费按照材料发生的地点（部门）和用途进行归集，不同的地点（部门）和用途耗用的原材料分别进行处理：生产产品耗用的原材料，计入产品成本；生产车间一般耗费的原材料计入制造费用；行政管理部门和销售部门耗费的原材料计入期间费用，从当期的收入中扣除。

【例 6-23】

光华公司 2010 年 12 月材料仓库发出原材料情况如表 6-13 所示。

表 6-13 材料发出汇总表

2010 年 12 月 单位：元

项目		A 材料		B 材料		C 材料		合计
		数量	金额	数量	金额	数量	金额	
生产产品耗用	甲产品	1 000	30 700	200	13 150	100	20 575	64 425
	乙产品	800	24 560	400	26 300	200	41 150	92 010
生产车间一般耗用		400	12 280	100	6 575	100	20 575	39 430
管理部门耗用		150	4 605	100	6 575	100	20 575	31 755
合计		2 350	72 145	800	52 600	500	102 875	227 620

说明：A、B、C 三种材料的发出单价，请参考本章第三节的表 6-4 中的三种材料的单位采购成本。其中 A 材料为 30.70 元、B 材料为 65.75 元、C 材料为 205.75 元。

根据材料仓库交来的材料发出汇总表，编制会计分录如下：

借：生产成本——甲产品 64 425
　　　　　——乙产品 92 010
　　制造费用 39 430
　　管理费用 31 755
　贷：原材料——A 材料 72 145
　　　　　——B 材料 52 600
　　　　　——C 材料 102 875

四、人工耗费的会计核算

企业应当在职工为其提供服务的会计期间，将应付给职工的货币性职工薪酬确认为负债，除因解除与职工的劳动关系给予的补偿外，应当根据职工提供服务的受益对象，分别情况处理：应由产品生产、提供劳务负担的职工薪酬，计入产品成本或劳务成本；应由在建工程、无形资产负担的职工薪酬，计入建造固定资产或无形资产的成本；企业管理人员的职工薪酬和专设销售机构的经费计入管理费用和销售费用，在发生的当期从收入中扣除。

【例 6-24】

2010 年 12 月，光华公司当月应发工资 10 万元，其中，甲产品生产工人工资 30 000 元，乙产品生产工人工资 20 000 元，车间管理人员工资 10 000 元，公司管理人员工资 18 000元，公司专设销售机构人员工资 22 000 元。按照有关规定，公司分别按照职工工资总额的 10%、12%、2%、10.5%、2%和 1.5%分别提取医疗保险费、养老保险费、失业保险费、住房公积金、工会经费和职工教育经费。

应计入甲产品的职工薪酬

=30 000+30 000×(10%+12%+2%+10.5%+2%+1.5%)=41 400(元)

应计入乙产品的职工薪酬

=20 000+20 000×(10%+12%+2%+10.5%+2%+1.5%)=27 600(元)

应计入制造费用的职工薪酬

=10 000+10 000×(10%+12%+2%+10.5%+2%+1.5%)=13 800(元)

应计入管理费用的职工薪酬

=18 000+18 000×(10%+12%+2%+10.5%+2%+1.5%)=24 840(元)

应计入销售费用的职工薪酬

=22 000+22 000×(10%+12%+2%+10.5%+2%+1.5%)=30 360(元)

根据职工薪酬分配结果的原始凭证，编制会计分录如下：

借：生产成本——甲产品　41 400
　　　　　　——乙产品　27 600
　　制造费用　13 800
　　管理费用　24 840
　　销售费用　30 360
　贷：应付职工薪酬——工资　100 000
　　　　　　　　　——医疗保险费　10 000
　　　　　　　　　——养老保险费　12 000
　　　　　　　　　——失业保险费　2 000
　　　　　　　　　——住房公积金　10 500
　　　　　　　　　——工会经费　2 000
　　　　　　　　　——职工教育经费　1 500

五、其他生产耗费的会计核算

【例 6-25】

月末收到水电公司的账单，共计水电费 18 000 元，尚未支付。其中，用于车间生产和管理的水电费 12 000 元，行政管理部门的水电费 6 000 元。

借：制造费用　12 000
　　管理费用　6 000
　贷：应付账款——水电公司　18 000

六、制造费用的归集和分配的会计核算

（一）制造费用归集和分配的方法

企业为了归集和分配当期发生的间接生产费用，设置了“制造费用”账户。在实际工

作中，先通过“制造费用”账户归集间接生产费用，期末按照一定分配标准分配给各产品。制造费用的分配标准主要有：生产工人工资、生产工人工时、机器工时、直接材料成本和直接总成本（包括直接材料和直接人工等直接生产成本）。企业在选择制造费用的分配标准时应结合实际情况，选择与制造费用发生有直接关系的分配标准，以保证产品成本计算的正确性。如在一个现代化生产程度和机械化程度很高的企业，制造费用的分配标准应该首选机器工时。制造费用分配的计算公式如下：

$$制造费用分配率=\frac{制造费用总额}{\sum 各种产品的分配标准}$$

$$\begin{matrix}某种产品应分配\\的制造费用\end{matrix}=制造费用分配率\times该产品的分配标准$$

（二）制造费用分配结转的会计核算

【例 6-26】

12 月末，将本月“制造费用”74 890 元，按照生产工人工资比例计算分配，结转计入甲、乙产品的生产成本，并将计算结果记入制造费用明细账。

（1）汇总本月制造费用。“制造费用明细账”见表 6-14。

表 6-14 制造费用明细账

车间名称：装配车间

2009 年		凭证		摘 要	借方金额								合 计
月	日	字	号		材料	工资	折旧	水电	社保	工会经费	教育经费	住房公积	
12	31	略	略	材料	39 430								39 430
	31			工资		10 000							10 000
	31			折旧			9 660						9 660
	31			水电费				12 000					12 000
	31			社保费					2 400				2 400
	31			住房公积								1 050	1 050
	31			工会经费						200			200
	31			教育经费							150		150
	31			本月合计									74 890
	31			分配转出	−39 430	−10 000	−9 660	−12 000	−2 400	−200	−150	−1 050	−74 890

（2）根据制造费用明细账，编制制造费用分配表（见表 6-15）。

表 6-15 制造费用分配表

2010 年 12 月

分配对象		生产工人工资	分配率	分配金额
生产成本	甲产品	30 000		44 934
	乙产品	20 000		29 956
合计		50 000	1.497 8	74 890

（3）根据制造费用分配表的计算结果，编制会计分录如下：

借：生产成本——甲产品　　44 934
　　　　　　——乙产品　　29 956
　贷：制造费用　　74 890

根据会计分录登记“制造费用”明细账户。实际工作中，没有设置贷方栏的制造费用明细账通常使用红字登记转出的制造费用金额。这里在制造费用明细账中使用负数表示（见表 6-14）。

七、产品生产成本的归集、分配及结转的会计核算

（一）产品生产成本的构成

产品生产成本（成本项目）一般由以下三个方面构成：

（1）直接材料。直接材料是指企业为生产产品而耗用的原材料、辅助材料、外购半成品、燃料动力以及其他直接材料等。

（2）直接人工（或职工薪酬）。直接人工是指直接从事产品生产的生产工人工资及福利费用。

（3）制造费用。制造费用是指企业各生产单位为组织和管理生产所发生的各项间接费用，包括车间管理人员的工资及福利费、折旧费、修理费、机物料消耗、劳动保护费等等。

其中，直接材料和直接人工为直接生产费用，可以在费用发生时直接计入各种产品的生产成本；制造费用属于间接生产费用，发生后应该先按照车间汇总，然后采用一定的方法在各种产品之间进行分配。

（二）生产成本的计算和结转

产品的生产费用是通过生产成本明细账（格式见表 6-16）进行归集的。在生产成本明细账中按照成本项目设置专栏。成本计算对象按产品的品种设置时，发生的生产费用也要按产品品种分别归集。

如果生产车间只生产一种产品，只需要为该产品开设一个明细账，明细账内按成本项目设立专栏。这时，车间内发生的所有生产费用都是直接生产费用，可以直接计入生产成本，不需要在不同的产品之间进行分配。

如果生产车间同时生产几种产品，在不能分清哪种产品消耗的生产费用时，需要将归集的生产费用在各种产品之间、完工产品和在产品之间进行分配。

生产费用在完工产品与在产品之间分配的方法包括：（1）不计算在产品成本法；（2）按年初固定数计算在产品成本法；（3）在产品按完工产品成本计算法；（4）在产品成本按所耗原材料费用计算法；（5）约当产量法；（6）在产品按定额成本计价法；（7）定额比例法。

【例 6-27】

月末，根据生产部门的生产报表和生产成本明细账的资料，计算并结转产品生产成本。甲、乙产品均为当月投产，即期初在产品余额为零。产品成本计算的基本程序如下：

1. 生产成本的归集

根据当月发生的生产费用登记“生产成本明细账”（见表 6-16、表 6-17）。

表 6-16　　　　生产成本明细账

产品名称：甲产品

2010 年		凭证		摘要	借方（成本项目）			
月	日	字	号		直接材料	直接人工	制造费用	合计
12	1			期初余额	0	0	0	0
	31	略	略	材料	64 425			64 425
	31			工资		30 000		30 000
	31			社保		7 200		7 200
	31			住房公积金		3 150		3 150
	31			工会经费		600		600
	31			职工教育经费		450		450
	31			分配制造费用			44 934	44 934
				生产总成本	64 425	41 400	44 934	150 759
	31			结转完工产品成本	−64 425	−41 400	−44 934	−150 759

表 6-17　　　　生产成本明细账

产品名称：乙产品

2010 年		凭证		摘要	借方（成本项目）			
月	日	字	号		直接材料	直接人工	制造费用	合计
12	1			期初余额	0	0	0	0
	31	略	略	材料	92 010			92 010
	31			工资		20 000		20 000
	31			社保		4 800		4 800
	31			住房公积金		2 100		2 100
	31			工会经费		400		400
	31			职工教育经费		300		300
	31			分配制造费用			29 956	29 956
				生产成本总额	92 010	27 600	29 956	149 566
	31			结转完工产品成本	−45 010	−14 000	−17 956	−76 966
	31			期末在产品成本	47 000	13 600	12 000	72 600

2. 生产成本的计算

根据生产成本明细账资料和本月生产部门的报表资料计算完工产品的生产成本，并编制完工产品成本汇总表。

生产部门本月报表显示：甲产品和乙产品各 2 000 台，均于本月投产。甲产品本月全部完工，乙产品本月完工 1 000 台。其中，未完工的 1 000 台乙产品月末在产品余额为 72 600元（直接材料 47 000 元，直接人工 13 600 元，制造费用 12 000 元）。

3. 编制完工产品成本汇总表

将甲、乙产品成本明细账中完工产品成本数字予以汇总，编制完工产品成本汇总表（见表 6-18）。

表 6-18 完工产品成本汇总表 单位：元

产品名称	成本项目			总成本	单位成本
	直接材料	直接人工	制造费用		
甲产品	64 425	41 400	44 934	150 759	75.38
乙产品	45 010	14 000	17 956	76 966	76.97
合计	109 435	55 400	62 890	227 725	—

说明：单位生产成本＝完工产品成本÷完工产品入库数

4. 生产成本的结转

根据“完工产品成本汇总表”结转完工产品成本。根据审核无误的有关原始凭证，编制会计如下分录：

借：库存商品——甲产品 150 759
　　　　　——乙产品 76 966
　贷：生产成本——甲产品 150 759
　　　　　　——乙产品 76 966

第五节 产品销售业务

销售过程是资金回收的阶段，是企业出售产品收回货款的过程。在产品销售阶段，从企业资金运动的形式上看，主要是成品资金转化为货币资金，完成资金的第一次循环。

产品销售业务核算的主要内容有：确认产品销售收入的实现，与购货单位结算货款，收回货款或取得收取货款的权利；结转已销商品成本；支付销售费用；计算和缴纳销售税金以及确定产品销售的损益。

一、产品销售阶段业务设置的主要账户

产品销售业务设置的基本账户有：“主营业务收入”、“其他业务收入”、“主营业务成本”、“营业税金及附加”、“销售费用”、“应收账款”、“应收票据”以及“预收账款”等。

（一）“主营业务收入”账户

“主营业务收入”属于损益类账户，用于核算企业根据收入准则确认的销售商品、提供劳务等主营业务的收入。企业销售商品或提供劳务实现的销售收入，应按照实际收到或应收的价款，借记“银行存款”、“应收账款”、“应收票据”等账户，按销售收入的金额，贷记“主营业务收入”账户，按专用发票上注明的增值税额，贷记“应交税费——应交增值税（销项税额）”账户；月末结转至“本年利润”账户时，借记“主营业务收入”账户，结转后本账户无余额。其明细账户一般按产品类别设置。

（二）“主营业务成本”账户

“主营业务成本”属于损益类账户，用于核算企业根据收入准则确认销售商品、提供

劳务等主营业务收入时应结转的成本。月末，企业应根据本月销售各种商品、提供的各种劳务等的实际成本，计算应结转的主营业务成本，借记“主营业务成本”账户，贷记“库存商品”等账户。期末，应将“主营业务成本”账户的余额转入“本年利润”账户，结转后，“主营业务成本”账户应无余额。其明细账户一般按产品类别设置。

（三）“营业税金及附加”账户

“营业税金及附加”属于损益类账户，用于核算企业经营活动发生的营业税、消费税、城市维护建设税、资源税和教育费附加等相关税费。房产税、车船税、土地使用税、印花税在“管理费用”等账户核算，不在本账户核算。企业按规定计算确定的与经营活动相关的税费时，借记“营业税金及附加”账户，贷记“应交税费”账户。期末，应将“营业税金及附加”账户余额转入“本年利润”账户，结转后本账户应无余额。

（四）“应收账款”账户

“应收账款”属于资产类账户，用于核算企业因销售产品、提供劳务而向购货单位收取的款项。发生应收账款时，记入“应收账款”账户借方；收回应收账款时，记入“应收账款”账户贷方；余额一般在借方，表示尚未收回的应收账款。其明细账户一般按购货单位名称设置。

（五）“应收票据”账户

“应收票据”属于资产类账户。企业销售产品时购买单位采用商业汇票方式结算货款时，应设置“应收票据”账户。该账户用来反映和监督与购买单位开出的商业汇票的结算情况。企业销售产品收到开具的商业汇票时，记入“应收票据”账户的借方；票据到期收回款项，记入“应收票据”账户的贷方；余额在借方，表示票据尚未到期而未收回的应收票据数额。明细账户一般按购货单位名称设置。

会计实务中，为了及时了解每一项应收票据的结算情况，企业应该设置“应收票据备查账”逐笔登记每一应收票据的详细资料，收到款后再逐笔注销。

（六）“预收账款”账户

“预收账款”属于负债类账户，是用来反映和监督企业预收货款的发生与偿付情况的。企业由于业务的需要根据合同预收购买单位一定数量的货款就意味着企业负债的增加，应贷记“预收账款”账户；企业销售产品或者提供劳务以抵偿预收货款时，就意味着企业负债的减少，应借记“预收账款”账户；期末余额在贷方，表示企业已经预收了货款，但尚未用产品或者劳务偿付该款项。如果“预收账款”出现借方余额，则表示应由购货单位补付的预收账款，属于应收账款性质。“预收账款”账户应按购买单位的名称设置明细账，进行明细分类核算。在会计实务中，如果企业的预收款业务较少，也可以将预收款业务并入“应收账款”账户中进行核算。

二、营业收入的会计核算

【例6-28】

企业向金通公司销售甲产品100件，每件售价100元，增值税专用发票注明的价款为10 000元，增值税额为1 700元，货款收回存入银行。

根据审核无误的有关原始凭证，编制会计分录如下：

借：银行存款　11 700

　贷：主营业务收入　10 000

　　　应交税费——应交增值税（销项税额）　1 700

【例 6-29】

企业向江海公司销售甲产品 500 件，每件售价 100 元；乙产品 800 件，每件售价 110 元，增值税专用发票注明的价款为 138 000 元，增值税额 23 460 元，商品已经发出，货款尚未收回。

根据审核无误的有关原始凭证，编制会计分录如下：

借：应收账款——江海公司　161 460

　贷：主营业务收入　138 000

　　　应交税费——应交增值税（销项税额）　23 460

【例 6-30】

企业收到湖光公司预付的购货款 20 000 元，准备购买甲产品，货款存入银行。

根据审核无误的有关原始凭证，编制会计分录如下：

借：银行存款　20 000

　贷：预收账款——湖光公司　20 000

【例 6-31】

企业采用商业汇票方式向西江公司销售乙产品 500 件，每件售价 110 元，增值税专用发票注明的价款为 55 000 元，增值税额为 9 350 元，收到该公司签发的商业承兑汇票，期限 3 个月。

根据审核无误的有关原始凭证，编制会计分录如下：

借：应收票据——西江公司　64 350

　贷：主营业务收入　55 000

　　　应交税费——应交增值税（销项税额）　9 350

3 个月后，收回货款时，根据审核无误的有关原始凭证，编制会计分录如下：

借：银行存款　64 350

　贷：应收票据——西江公司　64 350

【例 6-32】

按照合同向湖光公司发出甲产品 400 件，每件售价 100 元，增值税专用发票注明的价款为 40 000 元，增值税额为 6 800 元。预收款抵扣货款后的余额全部收回存入银行。

根据审核无误的有关原始凭证，编制会计分录如下：

借：预收账款——湖光公司　20 000

　　银行存款　26 800

　贷：主营业务收入　40 000

　　　　应交税费——应交增值税（销项税额）　　　　6800

【例 6-33】

企业出售多余的 A 材料 800 千克，每千克 40 元，增值税专用发票注明的价款 32 000 元，增值税额为 5 440 元，货款收回存入银行。

根据审核无误的有关原始凭证，编制会计分录如下：

借：银行存款　　37 440
　贷：其他业务收入　　32 000
　　　应交税费——应交增值税（销项税额）　　5 440

三、营业成本的会计核算

为了正确计算产品的销售利润，使之与产品销售收入相配比，必须计算产品销售成本。产品销售成本是指已销产品的生产成本。它是已销产品的销售量乘以单位生产成本计算求得。计算公式如下：

产品销售成本＝销售数量×产品单位生产成本

【例 6-34】

计算并结转本期已销甲、乙产品的生产成本和出售 A 材料的销售成本。其中：甲产品的单位生产成本为 75.38 元，乙产品的单位生产成本为 76.97 元（见例 6-27 的表 6-18），A 材料的单位采购成本为 30.70 元（见例 6-23 的表 6-4）。

（1）结转已销产品的生产成本。根据审核无误的有关原始凭证，编制会计分录如下：

甲产品的销售成本＝(100＋100＋400)×75.38＝45 228（元）

乙产品的销售成本＝(800＋500)×76.97＝100 061（元）

借：主营业务成本——甲产品　　45 228
　　　　　　　　——乙产品　　100 061
　贷：库存商品——甲产品　　45 228
　　　　　　　——乙产品　　100 061

（2）结转 A 材料销售成本。根据审核无误的有关原始凭证，编制会计分录如下：

A 材料的销售成本＝800×30.70＝24 560（元）

借：其他业务成本——A 材料　　24 560
　贷：原材料——A 材料　　24 560

四、营业税金及附加的会计核算

城市维护建设税（简称“城建税”）和教育费附加在“营业税金及附加”账户中核算。

城建税和教育费附加主要对缴纳增值税、消费税、营业税的单位和个人征收，以其实际缴纳的增值税、消费税、营业税税额为计税依据，也就是说只要缴纳了“三税”，就必须缴纳城建税及教育费附加，并分别与增值税、消费税和营业税同时缴纳。城建税和教育费附加的征收比率分别为7%和3%。计算公式如下：

$$\text{应缴纳的城建税或教育费附加}=\left(\text{实际缴纳的增值税额}+\text{实际缴纳的消费税额}+\text{实际缴纳的营业税额}\right)\times\text{征收比率}$$

【例6-35】

计算并结转本月应缴纳的城市维护建设税850元，教育费附加370元。

根据审核无误的有关原始凭证，编制会计分录如下：

借：营业税金及附加　　1 220

　贷：应交税费——应交城市维护建设税　　850

　　　　　　——应交教育费附加　　370

五、期间费用的会计核算

期间费用是指本期发生的、不能直接或间接归入某种产品成本的各项费用，包括管理费用、销售费用和财务费用。财务费用已在“资金筹集业务的会计核算”部分作了介绍。这里只介绍管理费用和销售费用的核算。

（一）期间费用核算需设置的主要账户

1. “管理费用”账户

“管理费用”属于损益类账户，用于核算企业行政管理部门为组织和管理生产经营活动而发生的各种费用，包括管理部门耗用的材料、管理人员工资及福利费、折旧费、工会经费、职工教育经费、业务招待费、印花税等相关税金、公司经费、劳动保险费、待业保险费等。发生各种管理费用时，借记“管理费用”账户；期末将余额结转到“本年利润”账户时，贷记“管理费用”账户；期末一般无余额。其明细账户可按费用项目设置。

2. “销售费用”账户

“销售费用”属于损益类账户，用于核算企业销售产品过程中发生的各种销售费用及专设销售机构的各项费用，包括运输费、装卸费、包装费、保险费、展览费、广告费、租赁费，以及为销售本公司商品而专设的销售机构的职工工资、福利费等经常性费用。商品流通企业在供货过程中发生的运输费、装卸费、包装费、运输途中的合理损耗和入库前的挑选整理费，也作为销售费用核算。发生各种销售费用时，借记“销售费用”账户；月末结转至“本年利润”账户时，贷记“销售费用”账户；结转后余额为零。其明细账户一般按费用项目设置。

（二）期间费用核算举例

【例6-36】

用银行存款支付业务招待费2 300元、办公费用4 700元。

根据审核无误的有关原始凭证，编制会计分录如下：

借：管理费用　　7 000

　贷：银行存款　　7 000

【例 6-37】

用银行存款支付产品广告费 8 000 元，产品展览费 2 000 元。

根据审核无误的有关原始凭证，编制会计分录如下：

借：销售费用　　10 000

　贷：银行存款　　10 000

【例 6-38】

李冰出差回来报销差旅费 2 500 元（原借款 3 000 元），交回现金 500 元。

根据审核无误的有关原始凭证，编制会计分录如下：

借：管理费用　　2 500

　　库存现金　　500

　贷：其他应收款——李冰　　3 000

第六节　利润形成和利润分配

一、利润的组成与计算

利润是企业经营管理的综合性指标，也称财务成果。它是以货币表示的经营成果。企业是盈利还是亏损，经营者是否履行了受托责任，企业的盈利能力如何，企业未来的发展潜力怎样等都需要通过财务成果进行考察。

企业的利润总额一般由经营活动利润、投资活动利润和营业外的收支净额三部分组成。经营活动利润来自企业的生产经营活动；投资活动的利润是企业在对外投资活动中获得的投资报酬以及转让投资所获得的收益；营业外收支净额是企业获得和发生的与企业正常生产经营活动没有直接关系的收益与支出，它们实际上是对企业利润总额的一种调整。营业利润、利润总额和净利润用公式表示如下：

营业利润＝营业收入－营业成本－营业税金及附加－销售费用－管理费用－财务费用－资产减值损失＋公允价值变动损益＋投资收益

利润总额＝营业利润＋营业外收入－营业外支出

净利润＝利润总额－所得税费用

营业收入是指企业经营业务所确认的收入总额。包括主营业务收入和其他业务收入。

营业成本是指企业经营业务所发生的成本。包括主营业务成本和其他业务成本。

资产减值损失是指企业计提的各项资产减值准备所形成的损失。

公允价值变动损益是指企业交易性金融资产等公允价值变动形成的应计入当期损益的

利得或损失。

投资收益是指企业对外投资取得的收益或损失。

营业外收入是指企业发生的与其日常活动没有直接关系的各项利得。营业外收入并不是由企业经营资金耗费所产生的，不需要企业付出代价，实际上是企业的一种纯收入，不可能也不需要与有关费用进行配比。它包括处置非流动资产利得、罚没利得、盘盈利得、确实无法支付转作营业外收入的应付款项等。

营业外支出是指企业发生的与其日常活动没有直接关系的各项支出。包括非流动资产处置损失、公益性捐赠支出、非常损失、盘亏损失等。

二、利润形成的会计核算

（一）利润形成核算需要设置的主要账户

1. “本年利润”账户

“本年利润”属于所有者权益类账户，用于核算企业在本年度内累积实现的利润（或亏损）总额。将各项收入类账户本期发生额合计结转至本账户时，贷记“本年利润”账户；将各项支出类账户本期发生额合计结转至本账户时，借记“本年利润”账户；将贷方的收入与借方的费用相抵后，如收入大于费用，即为贷方余额，表示本年度累计实现的利润净额；如收入小于费用，即为借方余额，表示本年度累计发生的亏损总额。“本年利润”账户是一个过渡性的账户。在年度中间，该账户有余额，不予转账，表示截至本期本年度累积实现的净利润或发生的净亏损。年终，将本账户余额全部转入“利润分配——未分配利润”账户，结转后本账户无余额。

2. “投资收益”账户

“投资收益”属于损益类账户，用于核算企业对外投资取得的收入和发生的亏损。取得各项投资收入时，贷记“投资收益”账户；发生各项投资损失时，借记“投资收益”账户；本账户借贷方的差额应于期末结转至“本年利润”账户，结转后本账户无余额。其明细账户按投资种类设置。

3. “营业外收入”账户

“营业外收入”属于损益类账户，用于核算企业发生的与经营业务无关的各项收入。取得各项收入时，贷记“营业外收入”账户；期末转入“本年利润”账户时，借记“营业外收入”账户；结转后该账户无余额。该账户的明细账可按营业外收入的内容设置。

4. “营业外支出”账户

“营业外支出”属于损益类账户，用于核算企业发生的与经营业务无关的各项支出。发生各项支出时，借记“营业外支出”账户；期末转入“本年利润”账户时，贷记“营业外支出”账户；结转后该账户无余额。该账户明细账可按营业外支出的内容设置。

5. “所得税费用”账户

“所得税费用”属于损益类账户，用于核算企业按规定从当期损益中扣除的所得税。企业应计入本期的所得税费用提取时，借记“所得税费用”账户；期末将所得税费用转入“本年利润”账户时，贷记“所得税费用”账户；结转后该账户无余额。该账户一般不设明细账户。

（二）投资收益和营业外收支的会计核算

【例 6-39】

企业收到投资国债的利息收入 171 000 元，已存入银行。

根据审核无误的有关原始凭证，编制会计分录如下：

借：银行存款　　171 000

　贷：投资收益——国债利息收入　　171 000

【例 6-40】

企业向地震灾区捐赠现金 50 000 元，已开出转账支票支付。

根据审核无误的有关原始凭证，编制会计分录如下：

借：营业外支出　　50 000

　贷：银行存款　　50 000

【例 6-41】

企业没收购货单位逾期未退还的包装物押金 1 000 元，存入银行。

根据审核无误的有关原始凭证，编制会计分录如下：

借：银行存款　　1 000

　贷：营业外收入　　1 000

（三）利润结转的会计核算

企业期末结转利润时，应将各项收入类账户的发生额转入"本年利润"账户的贷方，将各项支出类账户的发生额转入"本年利润"账户的借方，结平所有损益类账户。结转之后，损益类账户没有余额。

【例 6-42】

期末，结转本年利润。2010 年 12 月各项损益类账户发生额如表 6-19 所示。

表 6-19　损益类各账户本期发生额

账户名称	借方发生额	贷方发生额
主营业务成本	145 289	
其他业务成本	24 560	
营业税金及附加	1 220	
销售费用	40 360	
管理费用	68 871	
财务费用	3 750	
营业外支出	50 000	
主营业务收入		243 000
其他业务收入		32 000
投资收益		171 000
营业外收入		1 000

期末，结转本期发生的各项收入。将各收入账户的贷方发生额从各收入账户的借方转入“本年利润”账户贷方，根据审核无误的有关原始凭证，编制会计分录如下：

借：主营业务收入	243 000	
其他业务收入	32 000	
投资收益	171 000	
营业外收入	1 000	
贷：本年利润		447 000

期末，结转本期发生的各项支出。将各项支出账户的借方发生额从各支出账户的贷方转入“本年利润”账户借方，根据审核无误的有关原始凭证，编制会计分录如下：

借：本年利润	334 050	
贷：主营业务成本		145 289
其他业务成本		24 560
营业税金及附加		1 220
销售费用		40 360
管理费用		68 871
财务费用		3 750
营业外支出		50 000

通过以上账项的结转，本期发生的全部收入 447 000 元与全部费用 334 050 元的差额即为本月实现的利润总额 112 950 元。

（四）所得税费用的会计核算

所得税是企业依照国家税法的规定，对企业某一经营年度的所得，按照规定的税率计算缴纳的税款。所得税费用是企业的一项费用支出。企业所得税通常是按年计算，分期预交。按年计算所得税的公式如下：

应纳所得税＝应纳税所得额×适用税率

应纳税所得额＝利润总额＋纳税调整增加额－纳税调整减少额

纳税调整增加额是指税法规定允许扣除项目中，企业已计入当期费用但超过税法规定扣除标准的金额，如超过税法标准的工资支出、业务招待费、滞纳金、罚款、罚金等；纳税调整减少额是指按税法规定允许弥补的亏损和准予免税的项目，如前 5 年内的未弥补亏损和国债利息收入等。

若利润总额没有调整和扣除事项，那么应税所得额即为利润总额。这里假设纳税调整额为零，即应纳税所得额等于利润总额。

【例 6-43】

假设企业 2009 年 1—11 月共实现利润 887 050 元（无税前扣除项目），累积已交所得税 200 000 元，12 月份实现利润 112 950 元（无税前扣除项目，见上例），按规定计算本月应交所得税并转账。所得税税率为 25%。所得税的计算如下：

本月累积应纳所得税额＝(1—11 月份的利润总额＋12 月份实现的利润)×所得税税率
＝(887 050＋112 950)×25％
＝250 000（元）

本月应纳所得税额＝本月累积应纳所得税额－累积已交所得税
＝250 000－200 000＝50 000（元）

借：所得税费用　50 000
　贷：应交税费——应交所得税　50 000

月末，将所得税费用结转到“本年利润”账户。根据审核无误的有关原始凭证，编制会计分录如下：

借：本年利润　50 000
　贷：所得税费用　50 000

本年实现的利润总额为 1 000 000 元（1—11 月份的利润与 12 月份的利润合计），所得税费用为 250 000 元，本年实现的利润净额为 750 000 元（1 000 000－250 000）。

三、利润分配的会计核算

（一）利润分配核算设置的主要账户

1. “利润分配”账户

“利润分配”属于所有者权益类账户，用来核算企业本年度的利润分配（或亏损的弥补）和历年利润分配（或亏损的弥补）的结余情况。企业按规定进行利润分配时，借记“利润分配”账户；用盈余公积补亏和年末将“本年利润”账户余额转入时，贷记“利润分配”账户。该账户余额一般在贷方，表示累计未分配利润；余额若在借方，表示累计未弥补的亏损。其明细账户应按规定设置“提取盈余公积”、“盈余公积补亏”、“应付利润”、“未分配利润”等利润分配项目。年度终了，将“利润分配”账户下的其他明细账户的余额转入“未分配利润”明细账户。

2. “盈余公积”账户

“盈余公积”属于所有者权益类账户，用于核算企业从利润中提取的盈余公积的增减变动和结余情况。企业按规定提取盈余公积时，贷记“盈余公积”账户；按规定用途使用时，借记“盈余公积”账户；该账户余额一般在贷方，表示已提取尚未使用的数额。其明细账分设“法定盈余公积”和“任意盈余公积”项目。

3. “应付利润”或“应付股利”账户

“应付利润”或“应付股利”属于负债类账户，用于核算企业向投资者分配现金股利或利润情况。企业按规定计算出的应付投资者现金股利或利润时，贷记“应付利润”或“应付股利”；实际支付投资者现金股利或利润时，贷记“应付利润”或“应付股利”；该账户余额一般在贷方，表示已提取尚未支付的数额。其明细账户一般按投资者名称设置。

（二）利润分配核算举例

企业实现的净利润应当按照国家的规定进行分配。企业利润分配的主要内容包括：

（1）提取盈余公积金，包括法定盈余公积（提取比例为10%）和任意盈余公积。

（2）分配给投资者，包括分配现金股利和股票股利。企业应根据董事会的决议进行分配。

【例6-44】

承上例，按照规定，企业按税后利润的10%和5%的比例提取法定盈余公积和任意盈余公积；根据董事会决议，以净利润的50%发放现金股利。

根据审核无误的有关原始凭证，编制会计分录如下：

本年度利润净额＝1 000 000－250 000＝750 000（元）

提取法定盈余公积＝750 000×10%＝75 000（元）

提取任意盈余公积＝750 000×5%＝37 500（元）

分配给投资者＝750 000×50%＝375 000（元）

借：利润分配——提取法定盈余公积　　75 000
　　　　　　——提取任意盈余公积　　37 500
　　　　　　——应付利润　　375 000
　贷：盈余公积——提取法定盈余公积　　75 000
　　　　　　——提取任意盈余公积　　37 500
　　　应付利润——××投资者　　375 000

本年实现的净利润为750 000元，本年已分配利润487 500元，本年未分配利润是本年实现的净利润与本年已分配利润的差额262 500元。

年末将本年实现的净利润750 000元转入“利润分配——未分配利润”账户的贷方，将本年已分配的利润487 500元转入“利润分配——未分配利润”账户的借方。“利润分配——未分配利润”账户的期末余额262 500元在贷方，表示本年未分配利润；如果“利润分配——未分配利润”账户的期末余额为借方，则表示未弥补亏损。

第七节　资金退出企业

随着制造企业生产经营过程的进行，一部分资金会随着资金的循环周转运动而退出企业。制造企业资金退出企业的主要方式有：支付投资者利润；归还银行借款；上缴各种税金；支付职工薪酬和职工医药费等。其中，有些经济业务已在前面讲述过，这里仅就未述及的部分业务加以说明。

一、归还银行借款的会计核算

企业向银行借入的各种款项，必须在规定的到期日予以归还并支付利息。按期还本付息是企业获得持续借入资金来源的重要保证。

【例 6-45】

光华公司以银行存款归还短期借款 500 000 元，归还长期借款 1 000 000 元。

会计根据审核无误的有关原始凭证，编制会计分录如下：

借：短期借款　　500 000

　　长期借款　　1 000 000

　贷：银行存款　　1 500 000

二、上缴各种税费的会计核算

企业应上缴税务机关的各种税金，一般在各月末提取，于下月初缴纳，年终汇算清缴。

【例 6-46】

光华公司以银行存款缴纳各种应交税金。其中，增值税 26 640 元，所得税 18 560 元，城市维护建设税 4 620 元，教育费附加税 2 180 元。

根据审核无误的有关原始凭证，编制会计分录如下：

借：应交税费——应交增值税　　26 640

　　　　　　——应交所得税　　18 560

　　　　　　——应交城市维护建设税　　4 620

　　　　　　——应交教育费附加　　2 180

　贷：银行存款　　52 000

三、职工工薪及福利费开支的会计核算

【例 6-47】

光华公司从银行提取现金发放 12 份职工工资 100 000 元。

根据审核无误的有关原始凭证，编制会计分录如下：

借：应付职工薪酬　　100 000

　贷：银行存款　　100 000

复习思考题

1. 筹集资金的主体是谁？包括哪些内容？
2. 实收资本和资本公积核算的基本内容有哪些？
3. 什么是固定资产？固定资产怎样分类？
4. 固定资产计价应考虑哪些主要因素？
5. 什么是固定资产折旧？固定资产折旧的计算方法有哪些？
6. 材料采购业务核算使用的基本账户有哪些？

7. 什么是成本？什么是费用？成本和费用有何关系？

8. 什么是期间费用？包含哪些内容？怎样进行核算？

9. 成本计算的基本程序有哪些？

10. 销售过程的主要经济业务有哪些？核算销售业务需要设置哪些基本账户？

11. 利润总额、所得税和净利润怎样计算？

12. 计算所得税时的利润总额和应纳税所得额有何区别？

练习题

习题一

（一）目的：练习投入资本的会计核算。

（二）资料：

1. 企业收到达美公司交来的投资款100万元，存入银行。

2. 企业收到达美公司投入的新机器1台，价值50万元，该机器已验收完毕交付生产车间使用。

3. 企业收到美丰实业有限公司投入的原材料一批，价款200万元，发票注明的增值税额34万元，材料验收入库。

4. 企业收到大华公司投入的现金60万元，原材料一批价值120万元，机器设备一台价值80万元。投入的资本金占本公司注册资本的10%，本公司注册资本为1 500万元。

（三）要求：根据以上资料，编制会计分录。

习题二

（一）目的：练习短期借款的会计核算。

（二）资料：

1. 7月1日，企业从银行借入90万元，借款期限3个月，利率9%，到期还本付息。（公司按月计提借款利息）。

2. 7月10日，企业转账支付短期借款利息5万元。

3. 9月1日，归还7月1日借入的短期借款90万元，并支付全部利息。

（三）要求：根据以上资料，计算利息并作出相关的会计分录。

习题三

（一）目的：练习购入需要安装的固定资产的核算。

（二）资料：

企业购入需要安装的机器设备一台，增值税专用发票上注明的价款300 000元，增值税额51 000元，运杂费8 000元，保险费1 000元，以上费用均以银行存款支付。设备安装费30 000元，其中材料费20 000元，安装工人工资5 000元，以银行存款支付的其他费用5 000元。

（三）要求：根据以上资料，编制会计分录。

习题四

（一）目的：练习固定资产折旧的计算方法

（二）资料：某台机器设备原始价值 20 万元，预计使用年限 5 年，预计净残值率为 10%。

（三）要求：根据以上资料，分别采用年限平均法、双倍余额递减法和年数总和法计算各年的折旧额，并根据各年的折旧额分析其对企业利润和税收的影响程度。

习题五

（一）目的：练习固定资产折旧的计算方法——工作量法。

（二）资料：

企业一台运输工具原始价值 40 万元，预计行驶里程 60 万公里，预计净残值率为 5%，本月行驶里程 2 400 公里。

（三）要求：根据以上资料，计算单位折旧额和本月的折旧额。

习题六

（一）目的：练习供应过程材料采购的会计核算。

（二）资料：达利公司本月发生以下经济业务：

1. 从兰新公司购入甲材料 200 吨，每吨单价 200 元，增值税专用发票注明的价款为 40 000 元，增值税额 6 800 元，货款尚未支付。

2. 用银行存款支付上述购入甲材料的采购费用 1 200 元。

3. 从东兴公司购入乙材料 500 千克，每千克 20 元，丙材料 400 千克，每千克 10 元，增值税专用发票注明的价款为 14 000 元，增值税额 2 380 元，货款已从银行存款中支付。

4. 购入上述乙材料和丙材料时共支付采购费用 765 元，已从银行存款中支付。

5. 用银行存款支付前欠兰新公司货款 46 800 元。

6. 本月采购的甲、乙、丙三种材料均已验收入库，月末结转入库材料的采购成本。

（三）要求：根据上述经济业务编制会计分录。

习题七

（一）目的：练习存货发出计价的计算方法

（二）资料：

A 商品 3 月份收、发、存情况如表 6-20 所示。假设该商品的销售单价为 3.50 元。

表 6-20　　A 商品的收、发、存情况表

××年		摘要	收入			发出			余额		
月	日		数量	单价	金额	数量	单价	金额	数量	单价	金额
3	1	上期结存							400	2.00	800
	6	购进	600	2.20	1 320				1 000		
	14	发出				600			400		
	21	购进	200	2.40	480				600		
	26	发出				400			200		
	31	购进	400	2.20	880				600		

（三）要求：

根据以上提供的资料，分别采取先进先出法、加权平均法和移动加权平均法计算发出商品的单位销售成本，并比较三种计算方法对利润和税收的影响。

习题八

（一）目的：练习产品生产过程的会计核算。

（二）资料：某企业本月发生如下经济业务：

1. 本月发出原材料 47 460 元，发出材料汇总表如表 6-21 所示。

表 6-21 **材料发出汇总表**

20××年 3 月

用途材料		甲材料		乙材料		丙材料		金 额
		数量	金额	数量	金额	数量	金额	
生产产品	A 产品	100	22 000	150	3 300			25 300
	B 产品	50	11 000	300	6 600			17 600
车间一般耗用						180	1 710	1 710
销售部门领用						300	2 850	2 850
合计		150	33 000	450	9 900	480	4 560	47 460

2. 根据有关工资结算凭证，本月共发生应付职工薪酬 42 000 元，按用途汇总如下：生产工人工资 30 000 元，其中，A 产品 17 600 元，B 产品 12 400 元；车间管理人员工资 5 200元；销售人员工资 6 800 元。

3. 从银行提取现金发放本月工资 42 000 元。

4. 分别按职工工资总额的 10%、12%、2%、1.5%计提医疗保险费、养老保险费、工会经费和职工教育经费。

5. 以银行存款支付生产车间的办公经费 500 元。

6. 月末计提本月固定资产折旧 16 000 元，其中，生产车间固定资产折旧 12 000 元，行政部门固定资产折旧 4 000 元。

7. 本月生产车间租入设备一台，以银行存款支付设备租金 700 元。

8. 分摊应由本月生产车间负担的水电费 1 300 元，水电费未付。

9. 月末，将本月发生的制造费用按照产品的生产工时在 A、B 产品中进行分配。本月 A、B 产品的生产工时分别为 640 小时和 360 小时。

10. 月末，A、B 产品均已生产完工入库，计算并结转完工入库产品的生产成本。A、B 产品的入库数量分别为 500 件和 200 件。

（三）要求：根据上述资料，分配制造费用，计算产品成本，编制会计分录。

习题九

（一）目的：练习产品销售业务的会计核算。

（二）资料：某企业本月发生如下经济业务：

1. 销售 A 产品 1 000 件给美达公司，每件售价 900 元，销售 B 产品 500 件给中新公司，每件售价 150 元，美达公司货款 900 000 元，增值税额 153 000 元，货款已收存入银行；中新公司货款 75 000 元，增值税额 12 750 元，货款尚未收回。

2. 收到达维公司预付购买A产品的货款30 000元，已存入银行。

3. 收到美达公司交来的购买B商品的货款87 750元，存入银行。

4. 按照合同规定向预付货款的达维公司发出A产品25件，每件售价900元，增值税专用发票注明的货款22 500元，增值税额3 825元，冲销原预收的货款30 000元，同时退回多收的货款。

5. 按照规定计算出本月负担的城市维护建设税2 100元，教育费附加900元。

6. 期末结转本月已销产品的生产成本。A产品的单位生产成本为750元，B产品的单位生产成本为1 200元。

（三）要求：根据以上资料，编制会计分录。

习题十

（一）目的：练习财务成果的核算。

（二）资料：某企业本月发生如下经济业务：

1. 用银行存款支付本月行政部门办公费2 000元。

2. 计提本月负担的短期借款利息800元。

3. 用银行存款支付广告费4 000元。

4. 计提本月行政部门固定资产折旧2 000元。

5. 结算本月行政部门管理人员工资4 800元，职工福利费800元。

6. 刘新报销差旅费1 200元（原借1 500元），余额退回现金。

7. 以银行存款向中国红十字会捐款2 000元。

8. 企业取得罚款收入8 000元，经批准转作营业外收入，已存入银行。

9. 计算并结转本月应交所得税30 000元。

10. 期末，结转本月收入400 000元，其中，主营业务收入372 000元，其他业务收入20 000元，营业外收入8 000元。

11. 期末，结转本月发生的各种成本费用共计349 600元，其中，主营业务成本300 000元，营业税金及附加4 000元，销售费用4 000元，管理费用8 800元，财务费用800元，营业外支出2 000元，所得税费用30 000元。

12. 本月共实现净利润50 400元，1—11月份实现净利润449 600元，按照本年实现净利润的10%和5%分别提取法定盈余公积和任意盈余公积；向投资者分配利润250 000元。

（三）要求：根据以上资料，编制会计分录。

CHAPTER

7 第七章 会计凭证

学习目标

本章阐述会计凭证的填制、审核、传递和保管问题。通过本章学习，要求理解会计凭证的作用和种类，熟悉会计凭证的基本内容和填制的要求，掌握记账凭证的编制方法，认识会计凭证在会计工作中的重要地位。

第一节 会计凭证的含义和分类

一、会计凭证的意义

（一）会计凭证的概念

会计凭证是记录经济业务，明确经济责任，据以登记账簿的一种具有法律效力的书面证明文件。

会计凭证是会计核算工作的起点和基础。所有企事业单位，在经济业务发生时，都必须由经办经济业务的有关人员填制和取得会计凭证，说明经济业务的内容和数量，并要在会计凭证上签名、盖章，对凭证的真实性和正确性负完全责任。任何会计凭证都要经过严格审核，确认无误后，才能作为记账的依据。会计凭证是完成会计工作任务、实现会计基本职能所不可缺少的工具。

在会计核算中，处理任何一项经济业务，都必须首先编制和审核凭证，以证明经济业务的发生和完成情况。为了保证会计记录能如实反映企业的经济活动情况，保证账户记录的真实性、准确性，一切账簿记载必须严格以会计凭证为依据。这是会计核算必须遵循的一项基本原则，也是会计核算的一个重要特征。

填制和审核会计凭证是会计核算的一种专门方法。通过会计凭证的填制和审核，不仅可以保证账簿记录真实、可靠，而且可以检查各项经济业务是否合理、合法，这对于完成会计工作任务，发挥会计在企业管理中的作用具有十分重要的意义。

（二）会计凭证的作用

会计凭证具有以下几方面的作用：

（1）认真填制和严格审核会计凭证，可以正确、及时地反映各项经济业务内容及其执行和完成的详细情况，从而保证会计核算的正确性。

一切单位在经济业务活动发生时都必须取得或填制凭证，由执行、完成该项经济业务的有关人员取得或自行填制，载明经济业务的时间、内容、数量、金额等。保证经济业务如实地反映在会计凭证上，从而使会计凭证不仅记录反映经济业务活动的原始信息，而且通过归类整理，为分析检查企业经济活动和财务收支状况提供真实可靠的依据。

（2）认真填制和严格审核会计凭证，可以检查经济活动的真实性和合法性，为实行会计监督提供重要依据。

会计凭证所记载的内容完整地反映了每笔经济业务的情况。对会计凭证的审核，可以监督和检查企业经济活动是否合理、合法，使有关人员和部门自觉遵守和维护财经纪律，增强其经济责任感，及时发现企业经营过程中存在的问题和管理上的漏洞，从而防止违反财经纪律和损害企业财产行为的发生，有利于保护企业财产的安全与完整，维护投资者的利益，促进企业加强管理，提高效益。

（3）认真填制和严格审核会计凭证，可以明确经济责任，有利于加强经济责任制。

企业所发生的经济业务是由有关部门和人员具体负责办理的，并要在凭证上签字或盖章，以示责任。因此，通过会计凭证的填制和审核，就可以划清有关部门和人员在经济活动中的责任界限，促使有关部门健全经济责任制，促使有关人员增强工作责任感。

（4）认真填制和严格审核会计凭证，可以对照检查经济合同，为正确处理经济纠纷提供重要的依据。

实行经济合同制，是社会主义市场经济管理的重要手段之一。由于会计凭证是执行经济合同的原始记录，它不仅可据以具体检查经济合同的执行情况，而且在出现经济纠纷时，它又是具有法律效力的重要证据。

二、会计凭证的种类

会计凭证是会计核算的重要组成部分，是形成会计资料的重要来源。会计凭证按其填制程序和用途，分为原始凭证和记账凭证。

（一）原始凭证

原始凭证是在经济业务事项发生时由经办人员直接取得或填制，用以表明某项经济业务事项已经发生或完成情况，明确有关经济责任的一种原始凭据。它是会计核算的原始依据，来源于实际发生的经济业务事项。

1. *原始凭证按其来源不同，可以分为自制原始凭证和外来原始凭证两类*

自制原始凭证是指经济业务发生时，由本单位经办业务的部门和人员在执行和完成某项经济业务时填制的原始凭证，如材料入库单、领料单、产品入库单等，其格式如表7-1～表7-4所示。

表 7-1 **领料单** 编号

领料单位： 年 月 日

材料编号	材料名称	计量单位	数量	单价	金额										发料仓库
					千	百	十	万	千	百	十	元	角	分	

部门主管 领料 发料 制单

表 7-2 **出库单**

年 月 日 第 号

品名	单位	数量	单价	金额								用途或原因
				十	万	千	百	十	元	角	分	

附件 张

主管 会计 保管员 经手人

表 7-3 **借款单**

工作部门	姓名	借款金额	批准金额
借款金额（大写）万 仟 佰 拾 元 角 分			
借款理由		归还时间	

批准人 审核 借款人单位负责人 经办人

表 7-4 **旅差费报销单**

年 月 日 单位：元

项目	火车费	长途汽车	桥船费	市内交通	行李托运	旅馆费	办公费	住宿费	途中补助	其他费	合计
数量											
金额											
单位			姓名			人民币合计（大写）仟 佰 拾 元 角 分					
出差地点			出差起止日期				出差事由				
原借款		实报		长退或短补			领导人签字			出差人签字	

外来原始凭证是指在经济业务完成时，从其他单位或个人取得的原始凭证。如供货单位开出的发票、税务部门收税款开出的税票、银行办理支付结算退还的收、付款证明等。其格式如表 7-5～表 7-7 所示。

表 7-5

1400080002　　　　**XX 增值税专用发票**　　　　No 00000026

发 票 联　　　　开票日期：20X2 年 12 月 10 日

国税函[2010]253 号 XX 印钞厂

购货单位	名称：L 市雨泽有限公司 纳税人识别号：370000000000088 地址、电话：L 市 XX 区 XX 路 6 号 05XX-6660000 开户行及账号：XX 银行 XX 支行 37000000800660000XXX				密码区	*42-/35>389398/+2-6164/80*2 加密版本：01 -2052102-2544<56221*112++64 1400080002 65256*4561<>5566++52555-*49 8<+74+759-*-*585+644>+9*589- 00000026		
货物或应税劳务名称	规格型号	单位	数量	单价	金额	税率	税额	
甲材料		Kg	20000.00	100.00	2000000.00	17%	340000.00	
合　　计					¥2000000.00		¥340000.00	
价税合计（大写）	ⓧ贰佰叁拾肆万元整				(小写)¥2340000.00			
销货单位	名称：M 市双喜有限公司 纳税人识别号：XXXXXXXXXXXXXXX 地址、电话：M 市开发区工业园 XXXX-XXXXXXX 开户行及账号：中国 XX 银行开发区支行 xx-xxxxxxx				备注			

收款人：出纳　　　复核：会计 1　　　开票人：会计 2　　　销货单位：（章）

第三联 发票联 购货方记账凭证

表 7-6

1400080002　　　　**XX 增值税普通发票**　　　　No 00000898

开票日期：20X2 年 12 月 27 日

国税函[2010]253 号 XX 印钞厂

购货单位	名称：L 市玉玲经贸有限公司 纳税人识别号：370000000066YY 地址、电话：M 市开发区工业园 05YY-XXXYYYY 开户行及账号：中国 YY 银行 YY 支行 39000000899660066XXX				密码区	*4561/3*15>3893+2-6164/80*2 加密版本：01 *1112<56+64-/352102-254422+ 1400080002 1242-+*152*4965256<>5566+555- +644>+*19*59-8<+74+59-*-*585 00000898		
货物或应税劳务名称	规格型号	单位	数量	单价	金额	税率	税额	
B 产品		件	100	1200.00	120000.00	17%	20400.00	
合　　计					¥120000.00		¥20100.00	
价税合计（大写）	ⓧ拾肆万零肆佰元整				(小写)¥140400.00			
销货单位	名称：L 市雨泽有限公司 纳税人识别号：370000000000088 地址、电话：L 市 XX 区 XX 路 6 号 05XX-6660000 开户行及账号：中国 XX 银行 XX 支行 37000000800660000XXX				备注			

收款人：娜娜　　　复核：何花　　　开票人：丹丹　　　销货单位：（章）

第一联 销货方记账凭证

表 7-7　　　　**××银行进账单（收账通知）**

年　月　日

收款人	全　称		付款人	全　称	
	账　号			账　号	
	开户银行			开户银行	
人民币（大写）					千 百 十 万 千 百 十 元 角 分
票据种类		收款人开户行盖章			
票据张数					
单位主管　会计　复核　记账					

此联是收款人开户行交给收款人的收账通知不作为提货依据

2. 原始凭证按其填制的手续不同，可以分为一次原始凭证、累计原始凭证和汇总原始凭证三类

一次原始凭证是指填制手续是一次完成的原始凭证，用来反映一项经济业务或同时反映若干项同类经济业务的内容。例如“领料单”、“出库单”、“增值税普通发票”、“收款收据”等。另外，外来原始凭证一般均属一次原始凭证。

累计原始凭证是指一定时期内，连续记载反映若干项不断重复发生的经济业务，填制手续是在一张凭证中多次进行登记才能完成的原始凭证。它一般为自制原始凭证，可以在凭证上随时计算累计发生额，便于同计划比较，起到控制费用、节约支出的作用。最具有代表性的是“限额领料单”。其格式如表 7-8 所示。

汇总原始凭证，也称原始凭证汇总表，是根据许多同类经济业务，即内容相同的若干张原始凭证，按照一定标准定期加以汇总而综合编制的原始凭证，如发出材料汇总表（见表 7-9）、工资结算汇总表等。汇总原始凭证由于将同类经济业务合并在一张凭证上，既为经营管理提供所需的总量指标，同时也简化了会计核算手续。

表 7-8 **限额领料单**

领料单位： 年 月

产品名称、号令： 发料仓库：

计划产量： 单位消耗定额： 编 号：

<table>
<tr><td rowspan="2">材料编号</td><td rowspan="2">材料名称</td><td rowspan="2">规 格</td><td rowspan="2">计量单位</td><td rowspan="2">单位</td><td rowspan="2">领用限额</td><td colspan="2">全月领用</td></tr>
<tr><td>数量</td><td>金额</td></tr>
<tr><td></td><td></td><td></td><td></td><td></td><td></td><td></td><td></td></tr>
<tr><td>领用日期</td><td>请领数量</td><td colspan="2">实发数量</td><td>领料人签章</td><td>发料人签章</td><td colspan="2">限额结余</td></tr>
<tr><td></td><td></td><td colspan="2"></td><td></td><td></td><td colspan="2"></td></tr>
<tr><td></td><td></td><td colspan="2"></td><td></td><td></td><td colspan="2"></td></tr>
<tr><td>合计</td><td></td><td colspan="2"></td><td></td><td></td><td colspan="2"></td></tr>
</table>

供应部门负责人 生产部门负责人 仓库管理员

表 7-9 **发出材料汇总表**

年 月 日 单位：元

<table>
<tr><td colspan="2">会计科目</td><td>领料部门</td><td>原材料</td><td>燃料</td><td>合计</td></tr>
<tr><td rowspan="6">生产成本</td><td rowspan="3">基本生产</td><td>一车间</td><td></td><td></td><td></td></tr>
<tr><td>二车间</td><td></td><td></td><td></td></tr>
<tr><td>小计</td><td></td><td></td><td></td></tr>
<tr><td rowspan="3">辅助生产</td><td>锅炉车间</td><td></td><td></td><td></td></tr>
<tr><td>供电车间</td><td></td><td></td><td></td></tr>
<tr><td>小计</td><td></td><td></td><td></td></tr>
<tr><td colspan="2" rowspan="3">制造费用</td><td>一车间</td><td></td><td></td><td></td></tr>
<tr><td>二车间</td><td></td><td></td><td></td></tr>
<tr><td>小计</td><td></td><td></td><td></td></tr>
<tr><td colspan="2">合计</td><td></td><td></td><td></td><td></td></tr>
</table>

会计负责人 复核 制表

现将原始凭证的分类进行归纳，如图 7-1 所示。

- 原始凭证
  - 按来源划分
    - 自制原始凭证
    - 外来原始凭证
  - 按填制手续划分
    - 一次原始凭证
    - 累计原始凭证
    - 汇总原始凭证

图 7-1　原始凭证的种类

（二）记账凭证

记账凭证是会计人员根据审核无误的原始凭证或原始凭证汇总表编制的，记载经济业务，确定会计分录，直接作为记账依据的会计凭证。

记账凭证亦称分录凭证或记账凭单，是由会计人员按照登记账簿的要求，确定应借、应贷的会计科目及其金额，将原始凭证中的基本内容转化为会计语言，是介于原始凭证与账簿之间的中间环节，是登记明细分类账和总分类账的依据。记账凭证可以从不同的角度进行分类。

1. 记账凭证按其反映的经济业务内容不同，可以分为收款凭证、付款凭证和转账凭证

收款凭证是用来记录现金和银行存款增加业务的记账凭证。它既是登记现金和银行存款日记账的依据，也是出纳员收款的证明。其格式如表 7-10 所示。收款凭证又分为现金收款凭证和银行收款凭证。

付款凭证是用来记录现金和银行存款减少业务的记账凭证，它既是登记现金和银行存款日记账的依据，也是出纳员付款的证明。其格式如表 7-11 所示。付款凭证又分为现金付款凭证和银行付款凭证。

转账凭证是用来记载不涉及现金和银行存款增加或减少的其他各项经济业务的记账凭证。其格式如表 7-12 所示。

表 7-10　　**收款凭证**　　字第　号

借方科目：________　　年　月　日

摘　要	贷　方		金　额									✓
	总账科目	明细科目	百	十	万	千	百	十	元	角	分	
合　计												

附单据　张

会计主管：　　记账：　　出纳：　　复核：　　制单：

表 7-11　　　　付款凭证　　　　字第　号

贷方科目：__________　　　　年　月　日

摘要	贷方		金额									√
	总账科目	明细科目	百	十	万	千	百	十	元	角	分	
合计												

附单据　张

会计主管：　　记账：　　出纳：　　复核：　　制单：

表 7-12　　　　转账凭证　　　　字第　号

年　月　日

摘要	总账科目	明细科目	借方金额									贷方金额									√
			百	十	万	千	百	十	元	角	分	百	十	万	千	百	十	元	角	分	
合计																					

附单据　张

会计主管：　　记账：　　复核：　　制单：

上述收款凭证、付款凭证和转账凭证，称为专用记账凭证。对于那些生产经营规模较大，收、付款业务较多的单位，可采用专用记账凭证记账，有利于对不同经济业务进行分类管理，便于对会计工作的检查。有些规模小的企业，由于经济业务简单，收、付款业务量少，可以采用一种通用格式的记账凭证，即不分收款、付款及转账业务，而将所有经济业务在同一格式的凭证中进行记录，这种凭证称为通用记账凭证。其格式与转账凭证基本相同。

2. 记账凭证按凭证上填列会计科目的数目不同，分为单式记账凭证和复式记账凭证

单式记账凭证是指同一笔业务的借方、贷方科目要分别编制两张或两张以上的凭证，在一张凭证上只填一个会计科目或账户，只作为登记一个账户的记账凭证。填列借方账户的称为借项记账凭证，其格式如表 7-13 所示；填列贷方账户的称为贷项记账凭证，其格式如表 7-14 所示。

单式记账凭证具有传递方便、分工记账、综合整理的优点，便于会计人员在核算上的

合理分工，能够提高工作效率。但是，单式凭证上只列明了发生的经济业务所涉及的一个账户。不能反映经济业务全貌，不利于事后考查某项业务的全貌及其对应关系。

复式记账凭证是指同一笔经济业务的借方、贷方科目填在一张凭证上，并凭以记入两个或两个以上账户的凭证（如以上介绍的收款凭证、付款凭证和转账凭证）。复式记账凭证具有完整、全面反映每笔经济业务全貌和有利于保持账务平衡的优点。但是，复式记账凭证上列明了每笔经济业务发生所涉及的所有账户，不便于分工记账及分科目汇总，且在记账过程中容易发生错记、漏记现象。

表 7-13 借项记账凭证 字第 号

对应科目：＿＿＿＿＿ 年 月 日

摘　要	总账科目	明细科目	金额									√
			百	十	万	千	百	十	元	角	分	
合　计												

附单据 张

会计主管： 记账： 出纳： 复核： 制单：

表 7-14 贷项记账凭证 字第 号

对应科目：＿＿＿＿＿ 年 月 日

摘　要	总账科目	明细科目	金额									√
			百	十	万	千	百	十	元	角	分	
合　计												

附单据 张

会计主管： 记账： 出纳： 复核： 制单：

3. 记账凭证按包括的业务内容不同，可分为单一记账凭证、汇总记账凭证和科目汇总表

单一记账凭证是指只包括一笔经济业务分录的记账凭证。如前所述的收款凭证、付款凭证、转账凭证以及通用凭证均属于单一记账凭证。

汇总记账凭证是根据许多同类的单一记账凭证定期加以汇总而重新编制的记账凭证。目的是简化登记总分类账的工作量。分类汇总形成汇总收款凭证、汇总付款凭证和汇总转账凭证，其格式分别见表 7-15～表 7-17。

科目汇总表是指根据一定时期内的单一记账凭证按照相同会计科目定期汇总编制的、包含若干项经济业务的记账凭证。其格式见表 7-18。

表 7-15　　汇总收款凭证　　字第　号

借方科目：＿＿＿＿　　年　月　日

贷方科目	金额				记账	
	(1)	(2)	(3)	总计	借方	贷方

附注：(1) 自 1 日至 10 日收款凭证自第＿＿＿号至第＿＿＿号共＿＿＿张；
(2) 自 11 日至 20 日收款凭证自第＿＿＿号至第＿＿＿号共＿＿＿张；
(3) 自 21 日至 31 日收款凭证自第＿＿＿号至第＿＿＿号共＿＿＿张。

表 7-16　　汇总付款凭证　　字第　号

贷方科目：＿＿＿＿　　年　月　日

借方科目	金额				记账	
	(1)	(2)	(3)	总计	借方	贷方

附注：(1) 自 1 日至 10 日付款凭证自第＿＿＿号至第＿＿＿号共＿＿＿张；
(2) 自 11 日至 20 日付款凭证自第＿＿＿号至第＿＿＿号共＿＿＿张；
(3) 自 21 日至 31 日付款凭证自第＿＿＿号至第＿＿＿号共＿＿＿张。

表 7-17　　汇总转账凭证　　字第　号

贷方科目：＿＿＿＿　　年　月　日

借方科目	金额				记账	
	(1)	(2)	(3)	总计	借方	贷方

附注：(1) 自 1 日至 10 日转账凭证自第＿＿＿号至第＿＿＿号共＿＿＿张；
(2) 自 11 日第 20 日转账凭证自第＿＿＿号至第＿＿＿号共＿＿＿张；
(3) 自 21 日第 31 日转账凭证自第＿＿＿号至第＿＿＿号共＿＿＿张。

表 7-18　　　　科目汇总表

年　月　日至　月　日　　　　第　号

会计科目	总账页数	本期发生额																		记账凭证起讫号数
		借　方									贷　方									
		百	十	万	千	百	十	元	角	分	百	十	万	千	百	十	元	角	分	
合　计																				

会计主管：　　　　记　账：　　　　复　核：　　　　制　单：

现将记账凭证的分类进行归纳，如图 7-2 所示。

- 记账凭证
  - 按反映的经济业务内容划分
    - 收款凭证
    - 付款凭证
    - 转账凭证
  - 按凭证上填列会计科目的数目划分
    - 单式记账凭证
    - 复式记账凭证
  - 按包括的业务内容划分
    - 单一记账凭证
    - 汇总记账凭证
    - 科目汇总表

图 7-2　记账凭证的种类

第二节　原始凭证的填制和审核

一、原始凭证的基本内容

企业发生的经济业务是多种多样、千变万化、错综复杂的，记录经济业务的原始凭证所包括的具体内容也各不相同。例如，银行信汇回单，记录了企业预付货款的情况，而为销售开出的发票，记录了企业卖出某种产品的数量、价格等情况，其具体内容是截然不同的。但无论反映何种经济业务的原始凭证，都必须客观、真实地记录和反映经济业务的发生、完成情况，都必须明确有关部门及人员的经济责任。这些共同的要求，决定了所有原始凭证必须具备的基本内容，通常也被称为原始凭证要素，即：

（1）原始凭证的名称；

（2）填制原始凭证日期和原始凭证编号；

（3）接受原始凭证单位名称（俗称抬头）；

（4）经济业务内容（含数量、单价和金额等）；

（5）填制单位签章；

（6）有关人员的签章；

（7）凭证附件。

在实际工作中，各单位可根据自身经营和业务的特殊需要，自行设计和印制满足本单位各方面要求的原始凭证。这类凭证，除应具备上述各项基本内容外，还可以增加一些需要反映的内容。例如，在自制原始凭证上标明该项经济业务有关的生产计划任务、合同和预算项目等，以便更加完整地反映经济业务。对于在某一地区乃至全国范围内经常发生的大量同类业务，可以制定统一格式的原始凭证。如税务局统一印制的税票；人民银行统一印制的各种支付结算凭证；交通运输部门统一印制的客运、货运票据等。这样，既利于加强监督管理，又利于节约各单位的核算费用。

二、原始凭证的填制方法

（一）原始凭证的填制要求

原始凭证是具有法律效力的证明文件，是进行会计核算的依据，必须认真填制。为了保证原始凭证能够正确、完整、清晰、及时地反映各项经济业务的实际情况，原始凭证的填制，必须符合下列要求。

1. 填制及时、真实可靠

当每一项经济业务发生或完成，都要立即填制原始凭证，不得随意拖延，或事后补制，应如实填列经济业务内容，不得随意填写，更不能弄虚作假。从外单位取得的原始凭证，必须盖有填制单位的公章，从个人取得的原始凭证，必须有填制人员的签名或盖章。自制原始凭证必须有经办单位负责人及指定人员的签名或盖章。对外开出的原始凭证，必须加盖本单位公章。购买实物的原始凭证，必须有验收证明。支付款项的原始凭证，必须有收款单位或收款人收取款项的证明。

2. 内容完整、手续完备

原始凭证中应该填写的项目要认真逐项填写，凡填有大写和小写金额的原始凭证，大写与小写金额必须相符。发生销货退回的，除填制退货发票外，还必须有退货验收证明；退款的，必须取得对方的收款收据或者银行的汇款回单，不得以退货发票代替收据。职工出差借款的借据，必须附在记账凭证之后，收回借款时，应当另开收据或者退还借据副本，不得退还原借款借据。经上级有关部门批准的经济业务，应当将批准文件作为原始凭证附件，如果批准文件需要单独归档的，应当在凭证上注明批准机关名称、日期和文件字号。

3. 书写清楚、更正规范

（1）阿拉伯数字应当一个一个地写，不得连笔写。阿拉伯数字金额前面应当书写货币币种符号或者货币名称简写和币种符号，如人民币符号“￥”，美元符号“$”。币种符号与阿拉伯数字之间不得留有空白。凡阿拉伯数字前写有币种符号的，数字后面不再写货币单位。

（2）所有以元为单位（其他货币种类为货币基本单位，下同）的阿拉伯数字，除表示单价等情况外，一律填写到角分；无角分的，角位和分位可写“00”，或符号“—”；有角无分的，分位应当写“0”，不得用符号“—”代替。

（3）汉字大写数字金额如零、壹、贰、叁、肆、伍、陆、柒、捌、玖、拾、佰、仟、万、亿等，一律用正楷字或者行书体书写，不得用0、一、二、三、四、五、六、七、八、

九、十等简化字代替，不得任意自造简化字。大写金额数字到元或角为止的，在“元”或者“角”字之后应写“整”；大写金额数字有分的，分字后面不写“整”。

(4) 大写金额数字前未印有货币名称的，应当加填货币名称，货币名称与金额数字之间不得留有空白。

(5) 阿拉伯数字金额中间有“0”时，汉字大写金额要写“零”字；阿拉伯数字金额中间连续有几个“0”时，汉字大写金额中可以只写一个“零”字；阿拉伯数字元位是“0”，或者数字中间连续有几个“0”、元位也是“0”但角位不是“0”时，汉字大写金额可以只写一个“零”字，也可以不写“零”字。

(6) 凭证不得随意涂改、刮擦、挖补。若填写错误需要更正时，必须划线更正，即将写错的文字或数字，用红线划掉，再将正确的数字或文字写在划线部分的上方，并加盖经手人印章。但提交银行的各种结算凭证的大小写一律不得更改，如果填写错误，应加盖“作废”戳记，重新填写。

（二）原始凭证的填制

原始凭证的填制是由经办人员根据经济业务活动的执行和完成情况，将各项原始凭证要素填写齐全，办妥签章，以明确责任的过程。

各种原始凭证的内容和方式依据经济业务的要求不同而千差万别，因此，原始凭证的填制方法也不尽相同。填制原始凭证主要是填制自制原始凭证，外来原始凭证是外单位提供的，但就对方而言，它仍属于自制原始凭证，其填制方法与自制原始凭证相同。

自制原始凭证的填制，大致分为三种情况：一是根据经济业务的执行和完成情况直接填制。例如，发票就是由销售部门在出售商品时填制的。发票上必须填列货物的名称、规格、数量、单价、金额、购货单位的名称、销货单位的名称、经办人员签章等。二是根据明细分类账户的记录，把某一项经济业务加以归类、整理、重新编制而成。例如，月末计算产品成本时，根据“制造费用”账户本月借方发生额，填制“制造费用分配表”，将本月发生的制造费用，按照一定的分配标准，摊配到有关产品成本中去。三是根据若干张反映同类经济业务的原始凭证定期汇总填制，即汇总原始凭证。例如，月末根据月份内所有领料单编制的发出材料汇总表等。

三、原始凭证的审核

《会计法》第十四条规定，会计机构、会计人员必须按照国家统一的会计制度规定对原始凭证进行审核，对不真实、不合法的原始凭证有权不予接受，并向单位负责人报告；对记载不准确、不完整的原始凭证予以退回，并要求按照国家统一会计制度的规定更正、补充。

原始凭证只有经过审核无误后，才能作为编制记账凭证的依据。为了保证原始凭证的合理性、合法性和真实性，会计人员或指定的审核人员必须认真、严格地审核原始凭证，充分发挥会计的监督作用。原始凭证的审核应包括合规性审核和技术性审核两个方面。

（一）合规性审核

原始凭证的合规性审核，是根据有关政策、法令、制度、合同、预算和计划，审核其记录的经济业务是否合理、合法，是否符合有关规定，对于弄虚作假、违法乱纪、营私舞弊等行为，会计人员不仅应当拒绝受理，情节严重的，还应报请上级主管单位处理，并追究其法律责任。

（二）技术性审核

原始凭证的技术性审核，是根据原始凭证的填制要求，逐项审核原始凭证各要素的填写是否完整、正确、数字计算是否准确，大小写金额是否相符，数字和文字书写是否清晰，有关签名、盖章是否齐全等。

原始凭证记载的各项内容不得涂改，原始凭证有错误的，应当由出具单位重开或更正，更正处应当加盖出具单位印章。原始凭证金额有错误的，应当由出具单位重开，不得在原始凭证上更正。

原始凭证的审核，是一项非常细致而又十分严肃的工作。会计人员必须坚持原则、坚持制度、履行职责，正确发挥会计的监督作用，做好原始凭证的审核工作。

第三节　记账凭证的填制和审核

一、记账凭证的基本内容

原始凭证只反映经济业务的执行和完成情况，而且种类繁多，数量庞大，格式不一，因而不能直接凭以记账。在实际工作中，必须运用会计方法，将其分类整理，编制记账凭证，标明经济业务应记入的账户名称以及应借、应贷的金额，通常称为会计分录，这样才能凭以登记账簿，进行会计核算。由此，记账凭证都应具备一些共同的基本内容：

（1）记账凭证的名称；

（2）填制记账凭证的日期；

（3）记账凭证的编号；

（4）业务的内容摘要；

（5）经济业务所涉及的会计科目及其记账方向；

（6）经济业务的金额；

（7）所附原始凭证张数；

（8）会计主管、记账、复核、出纳、制单等有关人员签章。

二、记账凭证的填制方法

（一）记账凭证的填制要求

为了提高记账凭证的编制质量，发挥记账凭证的作用，记账凭证的填制除应做到“真实可靠、内容完整、填写及时、书写清楚”外，还应注意以下填制要求。

1. 摘要的填写要简明扼要

记账凭证的“摘要”栏是对经济业务的简要说明，必须认真填写，应简要概括经济业务内容的要点，以便审计查阅时，通过摘要就能了解到该项经济业务的性质、特征，判断会计处理的正确性。

2. 会计分录应正确反映经济业务事实

在记账凭证上，必须正确书写规范的会计科目名称，应借、应贷账户的对应关系必须清楚，不论是简单分录还是复合分录，以便于会计账务的审查。

3. 正确记录凭证附件和编制凭证序号

记账凭证必须附有原始凭证并注明所附原始凭证的张数。所附原始凭证张数的计算，一般以原始凭证的自然张数为准。凡与记账凭证有关的经济业务的单据，都应作为凭证附件。如果一张原始凭证涉及几张记账凭证，可以把原始凭证附在一张主要的记账凭证后面，在其他记账凭证上注明该主要记账凭证的编号或者附上该原始凭证的复印件。一张原始凭证所列的支出需要几个单位共同负担的，应当开给其他单位原始凭证分割单。原始凭证分割单除必须具备原始凭证的基本内容外，还应详细说明费用分摊情况，以便于进行结算。

记账凭证应进行连续编号。编号的方法有两种：

第一，将全部记账凭证进行统一编号。每月从第 1 号记账凭证起，顺序编至月末。

第二，按不同种类的记账凭证分类编号。即按收款凭证、付款凭证和转账凭证，分别收字、付字和转字三类编号或采用现收字、现付字、银收字、银付字、转字五类编号。

不论是统一编号还是分类编号，若一笔会计事项需要填制两张或两张以上记账凭证的，可以采用分数编号法。如 15 号会计分录需要填制三张记账凭证，这三张记账凭证的编号分别是：$15\frac{1}{3}$，$15\frac{2}{3}$，$15\frac{3}{3}$。

填制记账凭证应按行次逐项填写，不能跳行，如果金额栏的最后一笔数字与合计数之间有空行，应当划斜线或“S”线注销。所有的记账凭证填制完成后，应进行复核与检查，并按所使用的记账方法进行试算平衡。

（二）记账凭证的填制

记账凭证应当根据经过审核后的原始凭证的有关资料编制。记账凭证可以根据每一张原始凭证单独填制，也可以根据汇总原始凭证填制。

1. 收款凭证的填制

收款凭证是根据有关现金或银行存款收款业务的原始凭证填制的。收款凭证左上角的“借方科目”按收款的性质填写“库存现金”或“银行存款”；日期填写的是编制本凭证的日期；右上角填写编制收款凭证的顺序号；“摘要”栏填写对所记录的经济业务的简要说明；“贷方科目”栏填写与收入现金或银行存款相对应的会计科目，在此栏目中应列明一级科目、二级或明细科目；“金额”栏填写该项经济业务的发生额；“附单据×张”栏填写所附原始凭证张数；“合计”栏填列贷方各科目金额之和；“记账”栏在记账后，划“√”表示已记账。凭证下面分别由会计主管、记账、复核、制单等人员签章，以明确经济责任（格式见表 7-10）。

【例 7-1】

20××年 2 月 5 日，公司销售甲产品一批，售价 20 000 元，增值税税率 17%，款项收到存入银行（注：本月已发生收款业务2笔）。根据此笔经济业务的原始凭证（增值税专用发票和银行进账单）填制的银行收款凭证见表7-19。

表 7-19 **收款凭证** 收字第3号

借方科目：银行存款 20××年2月5日

摘要	贷方		金额									√
	总账科目	明细科目	百	十	万	千	百	十	元	角	分	
销售产品	主营业务收入	甲产品			2	0	0	0	0	0	0	
	应交税费	应交增值税				3	4	0	0	0	0	
合计					2	3	4	0	0	0	0	

附单据2张

会计主管：李× 记账：张× 出纳：沈× 复核：方× 制单：赵×

2. 付款凭证的填制

付款凭证是根据有关现金或银行存款付款业务的原始凭证填制的，其填制方法与收款凭证基本相同，只将凭证左上角的“借方科目”换成“贷方科目”，凭证中间的“贷方科目”换成“借方科目”（格式见表7-11）。

【例7-2】

20××年2月12日，公司购进A材料一批，价值10 000元，增值税税率17%，款项以银行存款支付（注：本月已发生付款业务9笔）。根据此笔经济业务的原始凭证（增值税专用发票和银行付款单）填制的银行付款凭证见表7-20。

表 7-20 **付款凭证** 付字第10号

贷方科目：银行存款 20××年2月12日

摘要	贷方		金额									√
	总账科目	明细科目	百	十	万	千	百	十	元	角	分	
购买材料	材料采购	A材料			1	0	0	0	0	0	0	
	应交税费	应交增值税				1	7	0	0	0	0	
合计					1	1	7	0	0	0	0	

附单据贰张

会计主管：李× 记账：张× 出纳：沈× 复核：方× 制单：赵×

需要强调的是，对于涉及现金和银行存款之间的划转业务，如把现金送存银行或从银行存款中提取现金等业务，为避免重复记账，一般只填付款凭证（均付款在先），不填收款凭证。例如从银行提取现金，只填制银行存款的付款凭证，不填制现金收款凭证。

3. 转账凭证的填制

转账凭证是根据不涉及收款和付款的其他经济业务的原始凭证编制的记账凭证。转账凭证在不设“借方科目”栏和“贷方科目”栏时，可以通过“借方金额”栏和

“贷方金额”栏区别应借、应贷账户，其他栏次的填写与收、付款凭证相同（格式见表 7-21）。

【例 7-3】

20××年 2 月 15 日，生产车间领用钢材一批，价值 10 000 元，用于生产甲产品（注：本月已发生转账业务 22 笔）。根据此笔经济业务的原始凭证（领料单）填制的转账凭证见表 7-21。

表 7-21 **转账凭证** 转字第 23 号

20××年 5 月 15 日

摘 要	总账科目	明细科目	借方金额									贷方金额									√
			百	十	万	千	百	十	元	角	分	百	十	万	千	百	十	元	角	分	
生产领用材料	生产成本	甲产品			1	0	0	0	0	0	0										
	原材料	钢材												1	0	0	0	0	0	0	
合 计					1	0	0	0	0	0	0			1	0	0	0	0	0	0	

附单据壹张

会计主管：李× 记账：张× 出纳：沈 × 复核：方× 制单：赵×

三、记账凭证的审核

记账凭证是登记账簿的依据，为了保证账簿的完整性和准确性，必须对记账凭证进行认真、严格的审核，其审核内容主要有：

（1）对记账凭证所附原始凭证按规定要求进行复核；记账凭证所反映经济业务的内容与所附原始凭证的内容是否一致。

（2）根据记账凭证的填制要求，其应借、应贷会计科目的使用是否正确，对应关系是否清楚明了，借贷金额是否相等。

（3）记账凭证的各要素填写是否完整齐全，有关人员是否已签名或盖章等。

记账凭证经过审核后，如发现有错误，应查明原因，及时更正。只有经过审核无误后的记账凭证，才能据以登记账簿。

第四节 会计凭证的传递和保管

一、会计凭证的传递

会计凭证的传递是指从会计凭证的填制或取得开始，经过填制、稽核、记账、装订到归档保管为止，在单位内部有关部门和人员之间的传递路线、传递时间和处理程序的全过程。会计凭证的传递过程，也就是会计处理业务和会计稽核的过程，是各单位处理业务、记载账簿的关键。通过会计凭证的传递，便于有关部门和人员分工协作，相互协调，加强岗位责任制，实行会计监督。因此，只有科学地组织凭证传递，才能迅速、及时、严密无误地处理业务，进行会计核算，这对于加强企业管理，提高会计核算质量具有十分重要的意义。

会计凭证传递是会计凭证处理的一个重要环节。由于企业生产经营的组织不同，经济业务内容不同，企业管理的要求也不尽相同。因此，应根据具体情况，确定每一种凭证的传递程序和方法，作为业务部门和会计部门处理会计凭证的工作规范。

会计凭证传递，应包括规定合理的传递程序、传递时间和传递过程中的衔接手续。

会计凭证传递环节的确定，是根据各单位的经营规模、行业特点、机构设置和人员分工情况以及管理的需要等，规定各种会计凭证传递应经过的必要环节，既保证有关部门能对经济业务进行审核和处理，又要尽可能减少不必要的环节和手续，使有关部门和人员及时了解情况，掌握资料并按规定手续进行工作。

会计凭证在各环节停留的时间，是根据各有关部门和人员办理各项手续所需要的时间来确定，明确规定在正常情况下各种凭证在各个环节上停留的最高时限。做到不拖延、不积压，确保会计凭证的及时处理与传递。此外，所有会计凭证的传递必须在报告期内完成，不允许跨期，否则，将影响会计核算的准确性和及时性。

会计凭证传递涉及单位内部各个部门和环节，因此，必须加强对会计凭证传递的管理，要制定一套既完备、严密，又简单易行的凭证收发、交接手续和办法，并将传递程序、传递时间和衔接手续绘制成凭证流程图，监督各部门和人员遵守执行，使凭证传递工作有条不紊，迅速而有效地进行。

二、会计凭证的保管

会计凭证的保管，是指会计凭证在登记入账后的整理、装订和归档存查。会计凭证属于重要的经济档案和历史资料，任何单位都要按规定建立立卷归档制度，形成会计档案资料，妥善保管。会计凭证的保管原则是：既要保护凭证的安全完整，又要便于日后查阅，实现科学管理。会计凭证整理保管的要求是：

（一）分类整理，装订成册

各种记账凭证，连同所附原始凭证和原始凭证汇总表，要分类按顺序编号，定期（每天、每旬或每月）装订成册，并加具封面（如图 7-3）、封底（如图 7-4），注明单位名称、凭证种类、所属年月和起讫号码、凭证张数等。为防止任意拆装，应在装订处贴上封签，并由经办人员在封签处加盖骑缝章。对一些非常重要、数量很多而又随时需要查阅的原始凭证，可以单独装订保管，在封面上注明所属记账凭证的种类、日期、编号。同时在记账凭证上注明“附件另存”字样和原始凭证名称、编号，以便备查。各种经济合同、存出保证金收据以及涉外文件等重要原始凭证，应当另编目录，单独登记保管，并在有关的记账凭证和原始凭证上相互注明日期和编号。

会计凭证封面

册数 编号	第　本 共　本

自　　年　月　日至　　年　月　日止

收款凭证号数	自第　　号至第　　号
付款凭证号数	自第　　号至第　　号
转账凭证号数	自第　　号至第　　号
记账凭证号数	自第　　号至第　　号

会计主管：　　　　装订人：　　　　年　月　日装订

图 7-3　会计凭证封面

附 件 记 录

抽件日期			抽出附件详细名称	理　由	抽件人盖章	会计主管盖章	备注

图 7-4　会计凭证封底

（二）专人保管，期满归档

会计凭证装订成册后，应有专人负责分类保管，年终应登记归档。一般情况下，原始凭证不得外借，有关单位或人员要求查阅或复制时，应经本单位领导批准，会计主管同意，并要进行专门登记，经提供人员和收取人员共同签章，才能取出查阅或复制。

（三）按期保管，按规销毁

会计凭证由财务部门保管一年后要移交本单位的档案部门保管。会计凭证的保管期限和销毁手续，必须严格按照《会计档案管理办法》的规定执行。一般会计凭证的保管年限为 15 年，对重要的会计凭证，如涉及外事和重要业务的资料，必须长期保存，未到规定保管期的会计凭证，任何人不得随意销毁。对保管期满需要销毁的会计凭证，必须开列清单，经本单位领导审核，报上级主管部门批准后，才能销毁。《会计法》规定，对隐匿或者故意销毁依法应当保存的会计凭证，或授意、指使、强令会计机构、会计人员及其他人隐匿、故意销毁依法应当保存的会计凭证，应当承担相应的法律责任。

复习思考题

1. 什么是会计凭证？会计凭证有哪些作用？
2. 会计凭证有哪些种类？
3. 什么是单式凭证？什么是复式凭证？各有什么优缺点？
4. 什么是原始凭证？原始凭证的要素有哪些？为什么要对原始凭证进行审核？
5. 什么是记账凭证？它具有哪些要素？
6. 记账凭证填制的要求和审核要点是什么？

7. 合理组织会计凭证的传递有何意义？应注意考虑哪些问题？

8. 会计凭证保管的基本内容包括哪些？

练习题

一、填空题

1. 会计凭证按填制程序和用途的不同，可分为（　　）和（　　）两种。

2. 原始凭证按其来源不同，可分为（　　）和（　　）两种；按填制手续和方法不同，可分为（　　）、（　　）和（　　）三种；按其用途不同，可分为（　　）、（　　）和（　　）三种。

3. 由本单位内部经办业务的部门和人员自行填制的原始凭证称为（　　）。

4. （　　）原始凭证是在经济业务完成时，从其他单位取得的原始凭证。

5. 在一定时期内连续记录若干同类经济业务的自制原始凭证称为（　　）。

6. 根据许多相同的原始凭证或会计核算资料汇总填制的原始凭证，称为（　　）。

7. 记账凭证是会计人员根据审核无误的（　　）或（　　）填制的，用以确定（　　），作为记账依据的会计凭证。

8. 记账凭证按其反映的经济业务不同，可分为（　　）、（　　）和（　　）三种；按其填制方法不同，可分为（　　）和（　　）两种。

9. （　　）是用来记录现金和银行存款收入业务的记账凭证。

10. （　　）是用来记录除现金、银行存款收付业务以外的其他业务的记账凭证。

11. 为了避免记账重复，对于将现金存入银行或从银行提取现金的经济业务，可以只编（　　）。

12. 付款凭证的左上角“贷方科目”应填列（　　）或（　　）科目。

13. 在实际工作中，会计分录是通过填制（　　）来完成的。

14. 会计凭证只有经过有关人员（　　）后才能作为登记（　　）的依据。

15. 在一张记账凭证上仅登记一个会计科目，如涉及两个或两个以上的科目，则分别记入两张或两张以上的记账凭证。这种记账凭证称为（　　）。

16. 在一张记账凭证上至少登记两个相互对应的科目，这样的记账凭证称为（　　）。

17. （　　）是将许多同类性质的记账凭证，逐日或定期进行整理、归类、汇总编制的记账凭证。

18. 对原始凭证的审核，应从（　　）和（　　）方面来进行。

19. 原始凭证填制的基本要求是（　　）、（　　）、（　　）。

20. 会计凭证的传递，是指会计凭证从填制到归档保管为止，在本单位内部各有关部门和人员之间的传递（　　）和传递（　　）；一般会计凭证至少要保管（　　）年。

二、单项选择题

1. 将会计凭证分为原始凭证和记账凭证的标准是（　　）。

A. 按其填制的方法不同　　B. 按其反映的经济内容

C. 按其填制的程序和用途　　D. 按其取得的来源不同

2. 下列会计凭证中，不能作为登账依据的是（　　）。

A. 借款单　　B. 发货票
C. 入库单　　D. 经济合同

3. 仓库使用的限额领料单，应属于（　　）。
A. 外来原始凭证　　B. 累计凭证
C. 一次性凭证　　D. 汇总原始凭证

4. 企业销售产品一批，货款尚未收到，会计人员应编制（　　）。
A. 记账凭证　　B. 收款凭证
C. 转账凭证　　D. 累计凭证

5. 将现金存入银行，按规定应编制（　　）。
A. 现金收款凭证　　B. 现金付款凭证
C. 转账凭证　　D. 银行存款收款凭证

6. 某企业销售产品一批，部分货款收存银行，部分货款对方暂欠，该企业应填制（　　）。
A. 收款凭证和付款凭证　　B. 收款凭证和转账凭证
C. 付款凭证和转账凭证　　D. 两张转账凭证

7. 会计凭证的传递，是指哪项流程在单位内部各有关部门及人员之间的传递程序和传递时间（　　）。
A. 会计凭证从取得到编制成记账凭证时止
B. 从取得原始凭证到登记账簿时止
C. 从填制记账凭证到编制会计报表时止
D. 会计凭证从编制到归档时止

8. 下列各项属于外来原始凭证的是（　　）。
A. 领料汇总表　　B. 入库单
C. 出库单　　D. 银行收账通知单

9. 一笔经济业务需要编制多张记账凭证时，可采用（　　）。
A. 分数编号法　　B. 双重编号法
C. 字号编号法　　D. 单一编号法

10. 科目汇总表属于（　　）。
A. 累计凭证　　B. 记账凭证汇总表
C. 分类汇总凭证　　D. 汇总原始凭证

11. 下列会计凭证中属于原始凭证的是（　　）。
A. 现金收入汇总表　　B. 收款凭证
C. 付款凭证　　D. 单式凭证

12. 将记账凭证分为单式凭证和复式凭证的依据是（　　）。
A. 按凭证包括的会计科目是否单一　　B. 按凭证填制的程序和用途
C. 按凭证取得的来源　　D. 按凭证的使用情况

13. 下列可能是收款凭证贷方科目的是（　　）。
A. 预提费用　　B. 材料采购

C. 待摊费用　　D. 应收账款

14. 从银行提取现金应编制的记账凭证是（　　）。

A. 现金收款凭证　　B. 转账凭证

C. 银行存款付款凭证　　D. 银行存款收款凭证

15. 自制原始凭证分为一次凭证、累计凭证、汇总原始凭证，其编制凭证的依据是（　　）。

A. 取得的来源不同　　B. 填制手续不同

C. 是否经过汇总　　D. 用途不同

三、多项选择题

1. 下列属于一次原始凭证的有（　　）。

A. 收料单　　B. 报销凭单

C. 限额领料单　　D. 购货发票

E. 付款凭证

2. 下列属于原始凭证基本内容的有（　　）。

A. 填制凭证的日期　　B. 填制和接受凭证的单位名称

C. 会计科目　　D. 实物数量及金额

E. 凭证的编号

3. 自制原始凭证按其填制手续不同可分为（　　）。

A. 一次凭证　　B. 累计凭证

C. 汇总原始凭证　　D. 单式凭证

E. 复式凭证

4. 下列属于记账凭证的有（　　）。

A. 收款凭证　　B. 单式凭证

C. 销货发票　　D. 银行结算凭证

E. 科目汇总表

5. 企业购入材料一批，货款已付，材料验收入库，并结转入库材料成本，则应编制的全部会计凭证有（　　）。

A. 领料单　　B. 收料单

C. 一次凭证　　D. 银行存款付款凭证

E. 转账凭证

6. 外来原始凭证有（　　）。

A. 从企业外部取得的　　B. 累计凭证

C. 由会计人员填制　　D. 一次凭证

E. 收料单

7. 下列不属于记账凭证的有（　　）。

A. 科目汇总表　　B. 收料凭证汇总表

C. 现金汇总收款凭证　　D. 现金收入汇总表

E. 限额领料单

8. 填制原始凭证的要求有（　　）。
A. 记录真实　　B. 内容完整
C. 大小写金额符合规范　　D. 各种凭证连续编号
E. 会计科目运用正确
9. 下列属于外来原始凭证的有（　　）。
A. 购货发票　　B. 出差人员车票
C. 银行结算凭证　　D. 领料单
E. 收款凭证
10. 收款凭证和付款凭证是（　　）。
A. 编制报表的直接依据　　B. 调整和结转有关账项的依据
C. 登记库存现金、银行存款日记账的依据
D. 登记总分类账的依据　　E. 出纳人员收、付款项的依据
11. 下列属于非汇总记账凭证的有（　　）。
A. 收款凭证　　B. 转账凭证
C. 通用记账凭证　　D. 科目汇总表
E. 现金汇总收款凭证
12. 各种原始凭证必须具备的基本内容包括（　　）。
A. 原始凭证的名称和填制日期　　B. 填制和接受单位的名称
C. 应借应贷的会计科目名称　　D. 经济业务的内容、数量、单价和金额
E. 凭证所附原始凭证的张数
13. 记账凭证必须具备的基本内容包括（　　）。
A. 填制凭证的日期　　B. 凭证编号和经济业务内容摘要
C. 会计科目和记账金额　　D. 所附原始凭证的张数
E. 接受凭证的单位名称
14. 下列业务中，应编制转账凭证的有（　　）。
A. 生产车间领用材料 10 000 元　　B. 计提固定资产折旧 1 000 元
C. 销售产品 20 000 元，货款未付　　D. 购入材料 25 000 元，货款未付
E. 以银行存款 3 000 元，支付购料的运费
15. 以下所列属于一次凭证的有（　　）。
A. 发料单　　B. 出库单　　C. 限额领料单　　D. 借款单
E. 以上全部正确

四、业务题

习题一

（一）目的：练习自制原始凭证的填制。

（二）资料：某工厂第二车间生产需要 42 毫米普通圆钢，根据生产耗用定额及生产计划确定全月领用限额为 26 000 千克（购进单价为 3.50 元），本月实际领用情况如下：

1. 4 月 1 日，领用 6 000 千克。
2. 4 月 8 日，领用 7 000 千克。

3. 4月15日，领用5 000千克。

4. 4月26日，领用8 000千克。

（三）要求：根据以上资料填制下列原始凭证。

限额领料单

领料单位：　　　　　　　　　　　　　年　　月

产品名称、号令：　　　　　　　　　　　　　　　　　　发料仓库：

计划产量：　　　　　　　　单位消耗定额：　　　　　　编　　号：

<table>
<tr><td rowspan="2">材料编号</td><td rowspan="2">材料名称</td><td rowspan="2">规格</td><td rowspan="2">计量单位</td><td rowspan="2" colspan="2">单位</td><td rowspan="2">领用限额</td><td colspan="2">全月领用</td></tr>
<tr><td>数　量</td><td>金　额</td></tr>
<tr><td></td><td></td><td></td><td></td><td colspan="2"></td><td></td><td></td><td></td></tr>
<tr><td>领用日期</td><td>请领数量</td><td>实发数量</td><td colspan="2">领料人签章</td><td colspan="2">发料人签章</td><td colspan="2">限额结余</td></tr>
<tr><td></td><td></td><td></td><td colspan="2"></td><td colspan="2"></td><td colspan="2"></td></tr>
<tr><td></td><td></td><td></td><td colspan="2"></td><td colspan="2"></td><td colspan="2"></td></tr>
<tr><td></td><td></td><td></td><td colspan="2"></td><td colspan="2"></td><td colspan="2"></td></tr>
<tr><td>合　计</td><td></td><td></td><td colspan="2"></td><td colspan="2"></td><td colspan="2"></td></tr>
</table>

供应部门负责人　　　　　　　　生产部门负责人　　　　　　　　仓库管理员

习题二

（一）目的：练习外来原始凭证的填制。

（二）资料：华昌工厂总务科吴鸣到星火文化用品公司购买办公用品，其中购买桌椅一套，单价350元；文件夹10个，单价3.50元；信纸100本，每本0.50元。

（三）要求：根据以上资料代星火文化用品公司填制下列原始凭证。

1400080002　　　　**XX增值税普通发票**　　　　№ 00000898

开票日期：　　年　月　日

国税函[2010]253号XX印钞厂

<table>
<tr><td>购货单位</td><td colspan="4">名称：
纳税人识别号：
地址、电话：
开户行及账号：</td><td>密码区</td><td colspan="3">*4561/3*15>3893+2-6164/80*2 加密版本：01
*1112<56+64-/352102-254422+ 1400080002
1242-+*152*4965256<>5566+555-
+644>+*19*59-8<+74+59-*-*585 00000898</td></tr>
<tr><td colspan="2">货物或应税劳务名称

合　计</td><td>规格型号</td><td>单位</td><td>数量</td><td>单价</td><td>金额</td><td>税率
17%</td><td>税额</td></tr>
<tr><td colspan="2">价税合计（大写）</td><td colspan="7">（小写）</td></tr>
<tr><td>销货单位</td><td colspan="4">名称：
纳税人识别号：
地址、电话：
开户行及账号：</td><td>备注</td><td colspan="3"></td></tr>
</table>

第一联 销货方记账凭证

收款人：　　　　复核：　　　　开票人：　　　　销货单位：（章）

习题三

（一）目的：练习记账凭证的编制方法。

（二）资料：某工厂发生以下经济业务：

1. 8月1日，从银行提取现金2 000元。

2. 8月2日，从银行取得短期借款250 000元，存入银行。

3. 8月4日，从大兴工厂购入甲材料30 000元，增值税5 100元，共计35 100元，以银行存款支付。

4. 8月5日，以银行存款支付购买甲材料的运费1 000元。

5. 8月5日，收到大兴工厂发票随货联，填制收货单，如数验收入库。

6. 8月8日，收到湖江公司预付货款20 000元，存入银行。

7. 8月10日，生产车间领用原材料，领料单内容如下：

领用单位	甲材料（元）	电器材料（元）
A产品	15 500	
生产车间		500

8. 8月12日，开出发票，售给大明公司A产品68 000元，增值税为11 500元，合计79 500元，款项未收。

9. 8月15日，从银行提取现金28 000元，以备发放工资。

10. 8月16日，发放工资。

11. 8月17日，用现金支付电视台广告费880元，收到电视台开来的收据。

12. 8月18日，用现金购买办公用品800元，其中，车间用300元，管理部门用500元。

13. 8月19日，收到大明公司前欠货款79 560元，存入银行。

14. 8月20日，职工刘洋预借差旅费1 500元，以现金支付。

15. 8月25日，接受宏大公司投入的卡车一辆，计80 000元。

16. 8月31日，摊销由本月负担的保险费600元。

17. 8月31日，编制固定资产折旧计算表，其中车间应计折旧5 500元，管理部门应计折旧1 000元。

18. 8月31日，编制工资单计列应付工资总额为28 000元，其中A产品工人工资为22 000元；车间管理人员工资为2 500元，企业管理人员工资为3 500元。

（三）要求：根据资料编制收款、付款、转账凭证。

CHAPTER

8 第八章 会计账簿

学习目标

本章主要讲述账簿的设置和登记。通过本章学习，要求理解设置账簿对提供会计信息的重要作用；熟悉日记账、总分类账和明细分类账的内容、格式、登记依据和登记方法；掌握登记账簿的各种规则，并学会熟练登记账户和运用账簿。

第一节 会计账簿及其体系构成

一、会计账簿的概念

会计账簿是以会计凭证为依据，在具有专门格式的账页中全面、连续、系统、综合地记录和反映企事业单位经济业务的簿籍。会计账簿是根据会计科目开设的。

每个企事业单位所发生的经济业务都必须取得、填制并审核原始凭证，对经济业务的详细内容加以记录，以反映和监督各项经济业务的完成情况。但会计凭证数量多且分散，每张会计凭证只能各自反映其不同的经济业务，说明个别经济业务的内容，而不能全面、连续、系统、综合地反映企事业单位在一定的时期内某类和全部资金运动变化情况，不能满足经济管理的要求。因此，只有通过账簿的记录，才能把会计凭证所提供的多而且分散的会计资料加以归类整理，分类和综合地反映会计信息，以满足经济管理的要求。

二、会计账簿的作用

设置和登记账簿是会计核算工作的一个重要环节，对加强经济管理有十分重要的意义。

（一）为经济管理提供连续、系统、完整的会计信息

账簿所反映的经济内容是按经济业务发生的时间顺序连续、全面地登记的，它把分散在各个会计凭证中的个别会计信息通过账簿记录进一步系统化。通过账簿序时完整的记录，可以取得对经济业务连续全面的核算资料，而对经济业务的分类核算，既能系统、全面地提供各类经济业务的明细分类会计信息，又能系统、全面地提供有关经济业务的综合会计信息。这些明细和综合的会计信息，是企业加强经营管理和分析经济活动的重要依据。

（二）保护企业财产物资的安全与完整

通过有关财产物资账簿的设置，如固定资产、产成品、现金、银行存款等账簿，记录这些财产物资的增减变化情况，确定企业在一定会计期间所拥有的财产物资数量；通过定期对财产清查盘点，并与账面结存数量相核对，使其达到账实相符，从而保护企业财产的安全与完整。

（三）为编制会计报表和进行会计检查、会计分析提供依据

会计期末，结账、对账后的会计账簿是编制会计报表的直接依据。同时账簿记录的资料，又是进行会计检查和分析的依据。通过编制会计报表可以将账簿记录的系统资料更加概括，借助会计报表提供的资料，使用者可以了解企业经济活动的全貌。

三、会计账簿的种类

（一）会计账簿按其用途的分类

会计账簿按其用途分为序时账簿、分类账簿和备查账簿三类。

1. 序时账簿

序时账簿亦称日记账，它是按照经济业务发生的时间先后顺序，逐日逐笔登记的账簿。按其记录的经济内容不同又分为普通日记账和特种日记账两种。

普通日记账是用来登记全部经济业务发生情况的日记账。它将每天发生的全部经济业务，按照经济业务发生的先后顺序，编制记账凭证，根据记账凭证逐笔登记到普通日记账中。如企业设置的日记总账就是普通日记账。

特种日记账是用来记录某一类经济业务发生情况的日记账。将某一类经济业务，按其发生的先后顺序记入账簿，反映某一特定项目的详细情况。如企业为了对现金和银行存款加强管理，设置库存现金日记账和银行存款日记账，来记录现金和银行存款的收、付业务。

普通日记账是否需要设置，企业可以根据自身的特点和管理的要求而定；而企业从加强货币资金的核算和管理的角度出发都要设置库存现金日记账和银行存款日记账两个特种日记账。

2. 分类账簿

分类账簿是指对全部经济业务按照总分类账户和明细分类账户进行分类登记的账簿。在分类账簿中反映了资产、负债、所有者权益、成本费用和收入利润等增减变化的情况，是企业经营管理的重要资料来源。账簿按照分类的概括程度不同，分类账簿可以分为总分类账簿和明细分类账簿两种。按照总分类账户开设的账簿，叫总分类账簿。它是用来核算经济业务总括内容的。按照明细分类账户开设的账簿，叫明细分类账簿。它是用来核算经济业务明细内容的。某个总分类账簿的金额与其所属的明细分类账簿的余额之和相等。它们的作用各不相同，互为补充。

3．备查账簿

备查账簿是指对一些不能在序时账簿和分类账簿中记载的经济业务事项进行补充登记的账簿。该种账簿可以对一些经济业务的内容提供必要的参考资料。如租入固定资产登记簿、商业汇票登记簿等。

（二）账簿按外表形式分类

各种账簿都具有一定格式，按其外表形式不同可分为订本式账簿、活页式账簿和卡片式账簿。

1．订本式账簿

订本式账簿是把许多印有专门格式的账页按页码先后顺序装订成册的账簿。这种账簿，页数固定，不能增减抽换。既可防止账页散失，又可防止抽换账页的现象。由于账页固定，使用起来不灵活，在同一时间内只能由一人登账，不便于分工记账和提高工作效率；不便于调整各账户的页数，如果某账户预留空白账页过多，会造成浪费。订本式账簿用于重要经济事项的记录，如库存现金日记账、银行存款日记账和总分类账等。

2．活页式账簿

活页式账簿是指由若干零散的、具有专门格式的账页组成的账簿。这种账簿可根据实际需要确定账页，账页可随时增减，同时有利于分工记账，提高工作效率。账簿的空白账页，在使用时须连续编号，并装置在账夹中保管使用，要有有关人员的签章，以防散失。使用完毕，将其装订成册，以便保管。

3．卡片式账簿

卡片式账簿是指印有专门格式的卡片组成的账簿。卡片不固定在一起，数量可根据经济业务增减。如材料卡片、固定资产卡片等。使用完毕，则将卡片穿孔固定保管。

（三）账簿按账页格式分类

账簿按账页格式主要分为三栏式账簿、数量金额式账簿和多栏式账簿。

1．三栏式账簿

三栏式账簿设借方、贷方、余额三栏。这种格式通常适用于只需要反映金额，不需要提供数量变化情况的账户，如“应收账款”、“其他应收款”、“预付账款”、“预收账款”、“其他应付款”、“应付账款”等等。

2．数量金额式账簿

数量金额式账簿设收入、发出、结存三栏，在每个栏目下增设数量和金额专栏。适用于原材料、库存商品等存货的明细分类核算。

3．多栏式账簿

多栏式账簿是将某一总账账户所属的明细账户分别设置专栏登记在一张账页上。适用于生产成本、制造费用、管理费用等账户的明细分类核算。

现将会计账簿的分类做如下归纳，如图 8-1 所示。

- 会计账簿
  - 按用途划分
    - 序时账簿
      - 普通日记账
      - 特种日记账
    - 分类账簿
      - 总分类账
      - 明细分类账
    - 备查账簿
  - 按外表形式划分
    - 订本式账簿
    - 活页式账簿
    - 卡片式账簿
  - 按账页格式划分
    - 三栏式账簿
    - 数量金额式账簿
    - 多栏式账簿

图 8-1　会计账簿的种类

第二节　会计账簿的设置和登记

一、账簿的基本结构

账簿的格式是多种多样的，但账簿的基本内容大致相同。账簿的基本结构包括：

（1）封面。写明记账单位的名称和账簿的名称。

（2）扉页。主要有两个内容：一是账户目录，见表 8-1；二是经管账簿人员一览表，见表 8-2。设置账户目录主要是便于查阅账簿中登记的内容。

表 8-1　　**账户目录**（科目索引）

科目	页数	科目	页数

（3）账页。账页的格式，因反映经济业务的内容的不同而存在差异，但基本内容包括：

1）账户的名称，包括总账科目、明细科目；

2）登账日期栏；

3）凭证种类、号数栏；

4）摘要栏；

5）金额栏；

6）总页次和分户页次。

二、会计账簿的启用和登记规则

（一）账簿的启用

为了保证账簿记录的合法性，明确记账责任，每本账簿启用时，应在账簿扉页填列启用及交接表（活页式账簿和卡片式账簿应在装订成册后填列）。启用会计账簿时，应当在账簿封面上写明单位名称和账簿名称。账簿扉页上的内容包括：启用日期、账簿页数，账簿编号，账簿册数，记账人员和会计主管人员姓名等并加盖私章和公章。记账人员、会计机构负责人和会计主管人员调动工作时，应办理交接手续，在表内注明交接日期、接办人员和监交人员姓名，并由双方签字或盖章。账簿启用及经管人员一览表的格式，如表 8-2 所示。

表 8-2　　　账簿启用及经管人员一览表

<table>
<tr><td colspan="4">单位名称</td><td colspan="6"></td><td colspan="2" rowspan="5">公　章</td></tr>
<tr><td colspan="4">账簿名称</td><td colspan="6"></td></tr>
<tr><td colspan="4">账簿编号</td><td colspan="6"></td></tr>
<tr><td colspan="4">账簿页数</td><td colspan="6">本账簿共　页</td></tr>
<tr><td colspan="4">启用日期</td><td colspan="6">年　月　日</td></tr>
<tr><td rowspan="5">经管人员</td><td colspan="3">负责人</td><td colspan="3">会计主管</td><td colspan="3">复核</td><td colspan="2">记账</td></tr>
<tr><td colspan="2">姓名</td><td>签章</td><td colspan="2">姓 名</td><td>签章</td><td>姓 名</td><td colspan="2">签章</td><td>姓名</td><td>签章</td></tr>
<tr><td colspan="2"></td><td></td><td colspan="2"></td><td></td><td></td><td colspan="2"></td><td></td><td></td></tr>
<tr><td colspan="2"></td><td></td><td colspan="2"></td><td></td><td></td><td colspan="2"></td><td></td><td></td></tr>
<tr><td colspan="2"></td><td></td><td colspan="2"></td><td></td><td></td><td colspan="2"></td><td></td><td></td></tr>
<tr><td rowspan="4">交接记录</td><td colspan="2">经　管</td><td colspan="4">接　管</td><td colspan="4">监　交</td><td rowspan="2">备注</td></tr>
<tr><td>姓名</td><td>性别</td><td>年</td><td>月</td><td>日</td><td>签章</td><td>年</td><td>月</td><td>日</td><td>签章</td></tr>
<tr><td></td><td></td><td></td><td></td><td></td><td></td><td></td><td></td><td></td><td></td><td></td></tr>
<tr><td></td><td></td><td></td><td></td><td></td><td></td><td></td><td></td><td></td><td></td><td></td></tr>
<tr><td colspan="3">印花税票粘贴处</td><td colspan="9"></td></tr>
</table>

启用订本式账簿应从第一页起连续编定页数，中间不得跳页缺页。启用活页式账页，应按账户顺序编号。

（二）账簿登记的规则

登记账簿时，一般应遵循以下原则，以保证账簿提供信息的质量。

（1）必须以经过审核无误的会计凭证为依据登记账簿。为了保证账簿记录的客观正确，必须以审核无误的会计凭证为依据。登记时应当将会计凭证的日期、凭证字号、经济业务摘要和金额逐项记入账簿。

（2）必须使用蓝黑墨水或者碳素墨水的钢笔书写，不许用铅笔或圆珠笔（银行的复写账簿除外）记账。由于各种账簿归档保管年限一般都在 10 年以上，有些关系到重要经济资料的账簿则要长期保管，因此，要求账簿记录保持清晰、耐久，以便长期查核使用，防止涂改。红色墨水通常用于更正错账、冲账、划线，在不设借贷、收付的多栏式账簿中登记减少以及账簿余额前没有印有余额方向时出现负数的情况。

（3）必须按顺序逐页、逐行登记。记账时应按账户页次顺序逐页登记，不得跳行、隔页。如果发生跳行、隔页时，应在空行和空页处用红色墨水划对角线注销，并注明“此行空白”或“此页空白”字样，并由记账人员签章证明。

（4）登记账簿时，每一笔账都要写明日期、凭证号数、摘要和金额。登账后，要在记账凭证上注明所记账簿的页数，或划“√”，表示已经登记入账，避免重记和漏记。

（5）文字和数字书写必须工整、规范。记账要保持清晰、整洁，记账文字和数字都要端正、清楚，不得潦草。文字和数字都应紧靠行格底线书写，只占格距的1/2，留有余地，以便更正错误时书写正确的文字和数字。

（6）凡需结出余额的账户，在结出余额后，应在“借或贷”等栏内写明“借”或“贷”字样。没有余额的账户，应在“借或贷”等栏内写“平”字，并在余额栏内用“0”表示。现金日记账、银行存款日记账必须逐日结出余额。

(7) 每账页记完时，应作转页处理。每账页登记完毕结转下页时，要在该账页的最末一行加计发生额合计数和结出余额，并在该行的“摘要栏”注明“过次页”字样；然后，再把这个发生额合计数和余额结转到下一页的第一行内，并在下一页的“摘要栏”内注明“承前页”字样，以保证账簿记录的连续性。

(8) 账簿记录如果发生错误，应按照规定的方法进行更正，严禁刮擦、挖补、涂改或用药水消除字迹，不准撕毁账页，也不准重新抄写。

三、账簿设置与登记方法

(一) 序时账的设置与登记方法

1. 库存现金日记账

库存现金日记账是指由出纳员根据现金收款凭证和付款凭证逐日逐笔按经济业务发生的先后顺序进行登记的账簿。其格式有三栏式和多栏式。格式不同，其登记的方法也有一定的差异。

(1) 三栏式库存现金日记账。三栏式库存现金日记账如表 8-3 所示。

库存现金日记账各栏目的登记方法如下：

①日期栏：指现金实际收付的日期。

②凭证栏：指入账的收付款凭证的种类，如“现金收（付）款凭证”，简写为“现收（付）”、“银行存款收（付）款凭证”，简写为“银收（付）”。对于从银行提取现金的收入数，根据银行存款付款凭证登记现金日记账。凭证栏还应登记凭证的编号数，以便于查账和核对。

表 8-3 **库存现金日记账**

第 页

年		凭证号数	摘 要	对方科目	收入								支出								结余							
月	日				十	万	千	百	十	元	角	分	十	万	千	百	十	元	角	分	十	万	千	百	十	元	角	分
			过次页																									

③摘要栏：简要说明入账的经济业务的内容。文字要简练，但要能说明问题。

④对方科目栏：指现金收入的来源科目或支出的用途科目，如从银行提取现金，其来源科目（即对应科目）为“银行存款”。其用途在于了解经济业务的来龙去脉。

⑤借方、贷方栏：指现金实际收付的金额。

⑥余额栏：根据公式“当日现金余额＝昨日现金余额＋当日收入现金合计－当日支出现金合计”计算填列。

每日终了，应将余额与出纳员的库存现金核对，即通常说的“日清”。如账存与实存金额不符应查明原因，并记录备案。月终同样要计算现金收、付和结存的合计数，通常称为“月结”。

(2) 多栏式库存现金日记账。多栏式库存现金日记账是指分别按现金收入和支出的对应科目设若干专栏，以详细反映现金收入来源和支出去向的账簿。其具体格式如表 8-4 所示。

表 8-4

库存现金日记账（多栏式）

第　页

年		凭证		摘要	贷方科目														收入现金合计							借方科目																					支出现金合计							余额						
月	日	字	号		银行存款							其他业务收入														银行存款							应付职工薪酬							管理费用																				
					万	千	百	十	元	角	分	万	千	百	十	元	角	分	万	千	百	十	元	角	分	万	千	百	十	元	角	分	万	千	百	十	元	角	分	万	千	百	十	元	角	分	万	千	百	十	元	角	分	万	千	百	十	元	角	分
				过总账页码								第　页							第　页														第　页							第　页							第　页							第　页						

多栏式库存现金日记账是在三栏式日记账基础上发展建立起来的。现金支出按应借科目分设专栏，现金收入按应贷科目设专栏，各有关专栏的合计数就是登记总账的依据。这种账簿由于现金对应科目较多，账页会很大，给登账工作带来一定困难。因此，又可以将多栏式库存现金日记账分为库存现金收入日记账和库存现金支出日记账。其格式如表 8-5、表 8-6 所示。

表 8-5 **库存现金收入日记账**

第　页

年		凭证		摘要	应贷科目														现金收入合计							现金支出合计							结余						
月	日	字	号		万	千	百	十	元	角	分	万	千	百	十	元	角	分	万	千	百	十	元	角	分	万	千	百	十	元	角	分	万	千	百	十	元	角	分

表 8-6 **库存现金支出日记账**

第　页

年		凭证		摘要	应借科目																												现金支出合计						
月	日	字	号		万	千	百	十	元	角	分	万	千	百	十	元	角	分	万	千	百	十	元	角	分	万	千	百	十	元	角	分	万	千	百	十	元	角	分

多栏式库存现金日记账的登记方法，其基本原理与三栏式一样，区别在于现金收入和现金支出分别反映在两本账上。根据现金付款凭证登记库存现金支出日记账，并按日结出每天的现金支出总数填记在支出合计栏内，同时将库存现金支出日记账上的支出合计数转记到库存现金收入日记账上。根据现金收入凭证登记库存现金收入日记账，并按日结出每天现金收入总数，登记在收入合计栏内，同时按公式“当日现金余额＝昨日现金余额＋当日收入现金合计－当日支出现金合计”结出当天现金的结存余额，与现金实存数核对相符。

2．银行存款日记账

银行存款日记账是指由出纳员根据银行存款收付款凭证逐日逐笔按经济业务发生的先后顺序进行登记的账簿。其格式也有三栏式和多栏式。

(1) 三栏式银行存款日记账及其登记方法。三栏式银行存款日记账主要设有“借方”、“贷方”和“余额”三栏。其格式如表 8-7 所示。

表 8-7　　银行存款日记账

第　页

年		凭证		摘　要	结算凭证		收入								支出								结存							
月	日	字	号		种类	编号	十	万	千	百	十	元	角	分	十	万	千	百	十	元	角	分	十	万	千	百	十	元	角	分

银行存款日记账的登记方法与现金日记账的登记方法和要求基本相同。对于现金存入银行的收入数，应根据现金付款凭证进行登记。每日终了和月终要进行“日清月结”工作，并与银行的对账单进行核对，编出银行存款余额调节表。

(2) 多栏式银行存款日记账及其登记方法。多栏式银行存款日记账分别按照银行存款收入和支出的对应科目设若干专栏，以详细反映银行存款的收入来源和支出去向。其格式可参照多栏式现金日记账的格式。

多栏式银行存款日记账的登记方法：逐日逐笔将银行存款收款凭证中“银行存款”科目的对应科目及金额登记在日记账中“贷方科目”相应栏目内，将银行存款付款凭证中“银行存款”科目的对应科目及金额登记在日记账中“借方科目”相应栏目内，登记完毕后，计算出银行存款的收入合计和支出合计，并结出余额。期末，可根据日记账中各栏目会计科目的合计数，登记相应的总分类账。

多栏式银行存款日记账也可以分别设置多栏式银行存款收入日记账和多栏式银行存款支出日记账。其格式可参照多栏式现金收入日记账和现金支出日记账。

(二) 分类账的设置及其登记方法

1．总分类账设置及其登记方法

总分类账是根据一级科目设置，连续地记录和反映资金增减变动情况的账簿。总分类账总括全面地反映企业和事业单位经济活动的情况，它只提供金额指标，是编制会计报表的依据。一切企业、事业单位都要设置总分类账。总分类账通常采用三栏式订本账簿。总分类账账页的格式一般设有借方、贷方和余额三栏，其格式如表 8-8 所示。

表 8-8 **总 账**

科目________ 第×页

年		凭证		摘要	借方									贷方									借或贷	金额								
月	日	字	号		百	十	万	千	百	十	元	角	分	百	十	万	千	百	十	元	角	分		百	十	万	千	百	十	元	角	分
				过次页																												

总分类账的登记方法较多，究竟采用何种方法，要根据单位所采用的会计核算组织程序来确定。不同的会计核算组织程序登记总账的依据是不同的。这些内容将在会计核算组织形式这一章来分别加以介绍。

2. 明细分类账的设置及其登记方法

明细分类账是根据实际需要，分别按照二级科目或明细科目开设的账簿。明细分类账是对总分类账的补充，它能反映经济活动的详细情况，提供较全面的资料，以满足经济管理工作的需要。

明细分类账的账页格式有“三栏式”、“数量金额式”和“多栏式”等，分别反映不同总分类账的详细情况。

（1）三栏式明细分类账的登记方法。三栏式明细分类账设有借方、贷方和余额三个栏目。这种格式通常适用于只需要反映金额，不需要提供数量变化情况的账户，如“应收账款”、“其他应收款”、“预付账款”、“预收账款”、“其他应付款”、“应付账款”等等。三栏式明细分类账簿多为活页式账簿。其格式如表 8-9 所示。

表 8-9 **明细分类账**

总页	分页

总账科目________

子目或户目________

年		凭证		摘要	借方									贷方									借或贷	金额								
月	日	字	号		百	十	万	千	百	十	元	角	分	百	十	万	千	百	十	元	角	分		百	十	万	千	百	十	元	角	分
				过次页																												

三栏式明细分类账的登记方法：根据有关记账凭证及其所附的原始凭证逐笔进行借方和贷方金额登记，然后结出余额。如果余额在借方，在“借或贷”栏填写“借”字；如果余额在贷方，在“借或贷”栏填写“贷”字。

（2）数量金额式明细分类账的登记方法。数量金额式明细分类账格式是在收入、发出、结存栏内设数量、单价和金额小栏。它主要用来反映财产物资的数量和金额。适用于既要核算金额又要核算数量的财产物资，如原材料、库存商品等。其格式如表 8-10 所示。

表 8-10　　原材料明细账

总页	分页

明细科目：__________

品　　名：________　存放地点：________　计量单位：________　编号：________

年		凭证		摘要	收入									发出									结存								
月	日	字	号		数量	单价	金额							数量	单价	金额							数量	单价	金额						
							万	千	百	十	元	角	分			万	千	百	十	元	角	分			万	千	百	十	元	角	分

数量金额式明细分类账的登记方法：根据财产物资的收入、发出的原始凭证或原始凭证汇总表内容登记“收入栏”、“发出栏”。如原材料明细账的收入栏是根据“收料单”登记的，发出栏是根据“发料单”登记的。登记材料收入、材料发出后计算出结余栏的数量、单价和金额。

（3）多栏式明细分类账。多栏式明细分类账是根据经济业务的特点和经营管理的需要，在账页上设置若干专栏，集中反映某明细账户核算资料的账簿。这种账簿一般适用于登记明细项目多、借贷方向单一的经济业务，如“材料采购”、“生产成本”、“制造费用”、“管理费用”、“财务费用”、“销售费用”、“营业外支出”等账户的核算。其格式如表 8-11 和表 8-12 所示。

表 8-11　　生产成本明细账

产品名称：__________　　　　第　页

年		凭证		摘要	直接材料									直接人工									制造费用									合计								
月	日	字	号		百	十	万	千	百	十	元	角	分	百	十	万	千	百	十	元	角	分	百	十	万	千	百	十	元	角	分	百	十	万	千	百	十	元	角	分

表 8-12 **管理费用明细账**

第 页

年		凭证		摘 要	工 资							福利费							物料消耗							……							合 计						
月	日	字	号		万	千	百	十	元	角	分	万	千	百	十	元	角	分	万	千	百	十	元	角	分	万	千	百	十	元	角	分	万	千	百	十	元	角	分

"主营业务收入"和"营业外收入"等账户所属明细分类账户一般采用贷方多栏的明细账。其格式如表 8-13 所示。

表 8-13 **主营业务收入明细账**

第 页

年		凭证		摘 要	贷 方																												合 计						
					甲产品							乙产品							丙产品							……													
月	日	字	号		万	千	百	十	元	角	分	万	千	百	十	元	角	分	万	千	百	十	元	角	分	万	千	百	十	元	角	分	万	千	百	十	元	角	分

"本年利润"、"利润分配"和"应交税费——应交增值税"等账户所属明细账户则需采用借、贷方分别多栏的明细账。其格式如表 8-14 所示。

表 8-14 **本年利润明细账**

第 页

年		凭证		摘 要	借 方														贷 方														金 额						
					主营业务收入							……							主营业务成本							……													
月	日	字	号		万	千	百	十	元	角	分	万	千	百	十	元	角	分	万	千	百	十	元	角	分	万	千	百	十	元	角	分	万	千	百	十	元	角	分

各种明细账的登记方法，应根据本单位业务量的大小和经营管理上的需要，以及所记录的经济业务内容而定，可以根据原始凭证、汇总原始凭证或记账凭证逐笔登记，也可以根据这些凭证逐日或定期汇总登记。

（三）备查账簿的设置与登记方法

备查账簿，属于临时登记用以备查性质，所以也称辅助登记簿，没有规范的统一格式，根据企业实际需要确定其内容、格式与登记方法。

第三节　会计账簿的对账与结账

一、账簿记录的核对

如实反映企业经济活动情况，是会计核算的一个基本原则。为了各种账簿记录的完整和正确，如实地反映和监督经济活动，并为编制会计报表提供真实可靠的数据资料，必须做好对账工作。对账，即核对账目，是把账簿上记载的资料进行内部核对、内外核对、账实核对，以保证账证相符、账账相符和账实相符。

对账具体内容包括：账簿记录与会计凭证互相核对；总分类账记录与有关明细分类账记录、日记账记录互相核对；账簿记录与有关财产物资的实有数互相核对；对债权债务的查询核对。上述账证核对、账账核对、账实核对不仅可以及时纠正差错，为企业在生产经营过程中提供正确、可靠的数据资料，还可及时地揭露营私舞弊和违法乱纪事件，保护企业财产的安全与完整。

（一）账证核对

账证核对是将各种账簿记录与记账凭证及其所附的原始凭证进行核对。这种核对除在日常制证、记账过程中进行以外，每月终了，如果发现账账不符，尚须溯本追源，进行账簿与会计凭证的检查核对，以确保账证相符。

具体核对方法包括：账簿中记录是否为记账凭证中所列示的会计科目；记账凭证中所列示的经济业务内容、记账方向、金额、凭证编号等是否与账簿记录一致等。

（二）账账核对

账账核对是指各种账簿之间的有关数字进行核对。它主要包括：总分类账各账户本月借方发生额合计数与贷方发生额合计数是否相等；总分类账各账户余额与其所属有关明细分类账各账户余额合计数是否相等；现金日记账和银行存款日记账的余额与现金和银行存款总分类账各该账户余额是否相符；会计部门有关财产物资的明细分类余额，与财产物资保管或使用部门的登记簿所记录的余额是否相符。企业应该按月或定期相互核对，保证相符。

通过以上的核对，达到账账相符。具体可以通过编制总分类账户本期发生额及余额试算平衡表（格式见会计核算组织形式一章）检查核对总分类账的借贷余额是否相符；通过编制明细分类账户本期发生额及余额表（格式见会计核算组织形式一章）并与总账进行核对，可以检查总账与所属明细账余额合计是否相符。

（三）账实核对

账实核对是指各种财产物资的账面余额与实存数额相核对。具体内容包括：现金日记账账面余额与现金实际库存数相核对；银行存款日记账账面余额与开户银行账目相核对；各种财产物资明细分类账账面余额与财产物资实存数相核对；各种债权、债务明细分类账账面余额与对方单位相应的债权、债务的账目相核对。在实际会计核算工作中，账实核对一般是通过财产清查进行的。财产清查是会计核算的一种专门方法，其具体方法与内容将在后面章节专门加以介绍。

二、账簿记录错误的更正

（一）查找错账的基本方法

如果记账发生错误会造成总账借贷双方不平衡、总账与所属的明细分类账金额不平衡。因此，应首先复核试算平衡表，检查表中各账户的期初、期末余额，本期借、贷方发生额与账簿中相应账户的期初、期末余额，借、贷方发生额是否相符，表中金额方向与账户中方向是否一致。这样，可以发现试算平衡表中有无记错账户、重记、漏记等情况。其次，复核明细分类账户本期发生额及余额表，检查其编制的正确性。以上复核工作完毕后，如果试算平衡表借、贷仍不平衡，总账金额与所属明细账金额仍不相等，则说明记账本身有差错。对于错账的查找主要有两种方法：个别检查法和全面检查法。

1. 个别检查法

个别检查法就是针对试算平衡表的借、贷方合计数的差额来检查的方法。这种方法适用于检查金额记漏、方向记反、数字记错位和数字记颠倒等造成的账簿记录错误。具体来说，个别检查法又分为差数法、除二法和除九法。

（1）差数法。即按差额数查找错账的方法。在记账时，如果某账户的金额记漏了，则会出现一方合计数大于另一方的合计数，而且借、贷方的合计数的差额必然等于漏记的金额数字。然后可以在账簿查找与此差额数相同的数字，找到错账所在。

（2）除二法。即将差额数除以 2 以查找错账的方法。在记账时，如果某账户的金额记错了方向，如应记入借方的金额记入了贷方，或应记入贷方的金额记入了借方，则必然会出现一方合计数增多，而另一方合计数减少的情况，其差额应是记错方向金额数字的两倍，且差错数必为偶数，那么，以该差额数除以 2，结果即为记错的数字。然后在账簿中查找与之相同的数字，而不必逐笔查找，这样，很容易找出错账所在。例如，某账户贷方总额超过借方总额 12 000 元，用 12 000 除以 2 得出 6 000 元，则在该账户中查找是否有一笔金额为 6 000 元的记录，错将借方金额登记在贷方了。

（3）除九法。即将差数除以 9 来检查错账的方法。记账时，如果出现数字移位情况，如把十位数记成百位数，或把千位数记成百位数，那么，正确数与移位数之差可被 9 除尽，以此为线索，查找记账错误。如移一位，使原数扩大或缩小 9 倍，除以 9；如移两位，便原数扩大或缩小 99 倍，除以 99，依此类推。

1）小数记成大数的移位，如将 100 误记为 1 000，差数为 900，除 9 得 100，则 100 应为正确数。

2）大数记成小数的移位，如将 5 400 误记为 54，差数为 5 346，除以 99 得 54，则 54 为错记数。

在实际查账工作中，如怀疑某数为移位数。首先判断是扩大移位还是缩小移位，若为扩大移位，则将其差数除以 9 或 99 等，那么商数可能为正确数；若为缩小移位，则将其差数除以 9 或 99 等，那么商数可能为错误数。

2. 全面检查法

全面检查法就是对一段时期的账目进行全面核对的检查方法。具体来说，全面检查法又分为：顺查法和逆查法。

(1) 顺查法。即按会计核算程序，从会计凭证到账簿，按先后顺序进行查错。顺查内容包括：检查记账凭证与所附原始凭证内容是否相符，金额是否正确；将记账凭证与有关总账、日记账、明细账逐笔核对，以发现错误所在。

(2) 逆查法。即与会计核算程序相反，从账簿到凭证，逆向查找。逆查的内容包括：检查各账户余额计算是否正确；将总分类账与明细分类账进行核对，检查平行登记是否正确；逐笔核对账簿记录是否与记账凭证相符；逐项核对记账凭证与所附原始凭证是否相符，记账凭证中会计分录是否正确。

(二) 错账的更正方法

会计人员填制会计凭证和登记账簿，必须认真、细致地做好记账工作，一丝不苟地把账记好、算好、算对，防止差错，保证核算质量。在记账过程中，如果账簿记录错误，如账户名称记错、借贷方向记错以及重记、漏记等，不得任意用刮擦、挖补、涂改或用退色药水等方法去更正字迹，必须根据错误的具体情况，采用相应的方法予以更正。更正错账的方法一般有以下三种：

1. 划线更正法

在记账之后、结账之前，如果发现账簿记录有文字或数字上错误，而记账凭证没有错误，应采用划线更正法更正。划线更正法具体做法是：在错误的数字或文字上划一条红线予以注销，然后将正确的文字或数字填写在被注销的文字或数字上方，并由更正人员在更正处盖章，以明确责任。但不得只划线更正其中个别数字，应整个划销。对已划销的数字，应当保持原有字迹仍可辨认，以备查核。例如：把158 932.66元误记为159 832.66元时，应将错误数字用红线居中全部注销，然后在错误数字的上方写上正确的数字，即158 932.66，而不能只删改数字“9”和“8”。如表8-15所示。

表8-15 **总 账**

科目 原材料 第×页

09年		凭证		摘要	借方									贷方									借或贷	金额								
月	日	字	号		百	十	万	千	百	十	元	角	分	百	十	万	千	百	十	元	角	分		百	十	万	千	百	十	元	角	分
12	1			月初余额																			借		2	3	4	1	0	0	0	0
	6														1	5	8	9	3	2	6	6				7	5	1	6	7	3	4
				生产产品领用											~~1~~	~~5~~	~~9~~	~~8~~	~~3~~	~~2~~	~~6~~	~~6~~	借			~~7~~	~~4~~	~~2~~	~~6~~	~~7~~	~~3~~	~~4~~

2. 红字更正法

红字更正法又称红字冲销法，一般适用于下列两种情况：

(1) 记账之后、结账之前，发现记账凭证中应借应贷符号、科目有错误时，采用红字更正法更正。更正时应用红字填写一张与原用科目、借贷方向和金额相同的记账凭证并登记入账，以冲销原来的记录；然后用蓝字重新填制一张正确记账凭证，并登记入账。

【例 8-1】

某企业 2011 年 9 月 5 日从新华公司购进甲材料 1 000 元，贷款尚未支付（第 10 笔转账经济业务）。编制记账凭证时，误作下列会计分录，并已登记入账。

①借：原材料　　1 000

　贷：应收账款　　1 000

当发现错误记账后，先照原会计分录用红字填制一张记账凭证冲销原会计分录：

②借：原材料　　1 000

　贷：应收账款　　1 000

同时再用蓝字填制一张正确的记账凭证，其分录为：

③借：原材料　　1 000

　贷：应付账款　　1 000

注：□表示红字，下同。

以上有关账户更正记录如图 8-2 所示。

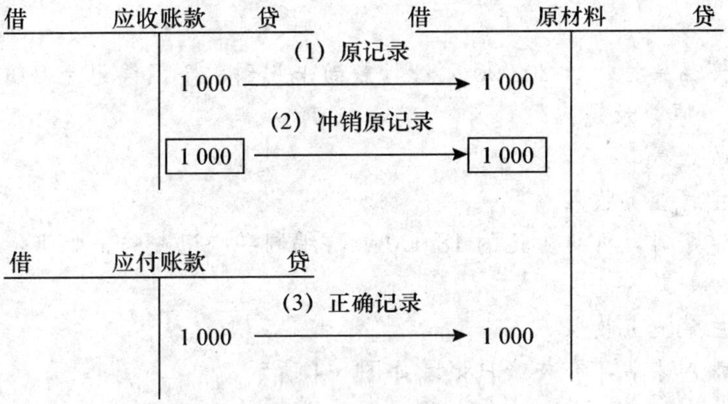

图 8-2　红字更正法

（2）记账之后、结账之前，如发现记账凭证上应借、应贷的会计科目并无错误，但所记金额大于应记金额，则采用红字更正法，将多记的金额（即正确数与错误数之间的差数）用红字填写一张记账凭证借以冲销，并据以登记入账。

【例 8-2】

某企业以银行存款归还购料欠款 1 000 元。误编如下会计分录，并已登记入账。

①借：应付账款　　10 000

　贷：银行存款　　10 000

发现错误后，应将多记的金额用红字作如下会计分录：

②借：应付账款　　9 000

　贷：银行存款　　9 000

以上账户更正记录如图 8-3 所示。

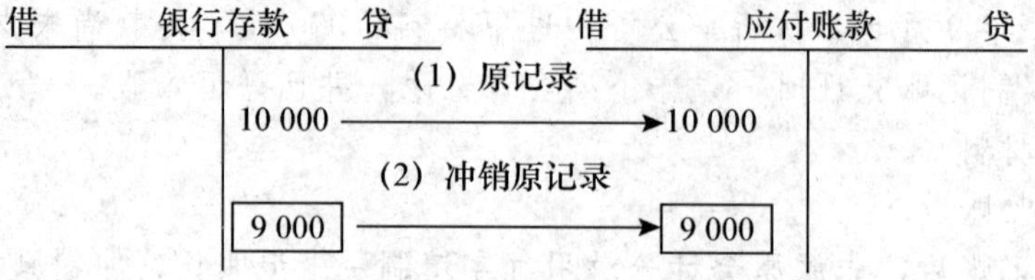

图 8-3　红字更正法

红字更正法不仅能保持账户之间的对应关系，而且还能保持账户中的正确发生额，不至于因改正错账而使数字虚增或虚减。

3. 补充登记法

记账之后、结账之前，如果发现记账凭证上应借、应贷的会计科目并无错误，但所记金额小于应记金额，可采用补充登记法更正，即将少记金额用蓝字再补填一张记账凭证，并将其补记入账。

【例 8-3】

某企业销售产品一批，计 20 000 元，货款尚未收到，金额误记为 2 000 元，即记账凭证少记 18 000 元。原分录是：

(1) 借：应收账款　　2 000

　　贷：主营业务收入　　2 000

当发现上述错账时，可将少记的 18 000 元再编制一张记账凭证如下：

(2) 借：应收账款　　18 000

　　贷：主营业务收入　　18 000

上述会计分录入账后，有关账户记录如图 8-4 所示。

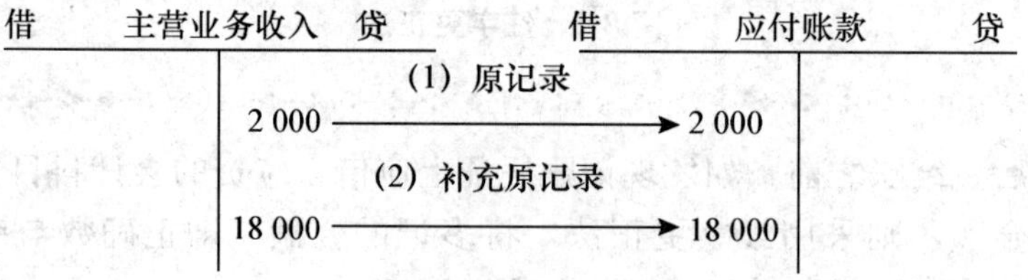

图 8-4　补充登记法

三、账簿记录的结账

结账，指按照规定把一定时期（月份、季度、年度）内所发生的经济业务登记入账，并将各种账簿结算清楚，以便进一步根据账簿记录编制会计报表的工作。另外，企业因撤销、合并而办理账务交接时，也需要办理结账。通过结账可以反映一定时期内经济业务发生所引起资金增减变动情况及其结果，并为编制会计报表提供资料。结账工作主要包括以下内容：

（1）将本期内所发生的经济业务全部记入有关账簿，既不能提前结账，也不能将本期发生的业务延至下期登账。

（2）对于期末需要转账的业务应按照权责发生制原则调整和结转有关账项。本期内所有的转账业务，都应编制记账凭证记入有关账簿，以调整账簿记录。

（3）结账时应计算出各账户的期末余额，本期发生额的结转应视实际情况而定。在本期全部经济业务登记入账的基础上，应当结算现金日记账、银行存款日记账，以及总分类账和各明细分类账各账户的本期发生额和期末余额，并结转下期。

结账工作通常是为了总结一定时期经济活动的变化情况和结果。因此，月、季、年度终了，一般应结出月份、季度和年度发生额，在摘要栏注明“本月合计”或“本季合计”或“本年合计”字样；在月结、季结数字上端和下端均划单红线，以示区别。但结转的数字本身，不得以红字书写；发生额只有一笔的账户，可以不予结账。年终结账时为求各账户借方、贷方平衡起见，应将各账户上年结转的借方（或贷方）金额，按照原来相同的方向，填列在全年发生额合计数下一行的借方（或贷方）栏内；并在摘要栏内注明“上年结转”字样，同时将本年余款按相反方向填列在全年发生额合计下一行（借方余额应填列贷方栏），并在摘要栏内注明“结转下年”字样。然后分别借方和贷方加总填列在一行，并在摘要栏内注明“合计”字样（借方、贷方金额应相符），最后在合计数下端划双红线，表示借方、贷方平衡和年度记录结束。现以“原材料”账户为例加以说明，结果如表 8-16 所示。

表 8-16 **总 账**

科目 原材料 第×页

09年		凭证		摘要	借方									贷方									借或贷	金额								
月	日	字	号		百	十	万	千	百	十	元	角	分	百	十	万	千	百	十	元	角	分		百	十	万	千	百	十	元	角	分
1	1			上月结转																			借			1	2	5	0	0	0	0
	10			入库			1	0	0	0	0	0	0										借			2	2	5	0	0	0	0
				领用													4	0	0	0	0	0	借			1	8	5	0	0	0	0
				领用													8	0	0	0	0	0	借			1	0	5	0	0	0	0
				本月合计			1	0	0	0	0	0	0			1	2	0	0	0	0	0	借			1	0	5	0	0	0	0
2	1			上月结转																			借			1	0	5	0	0	0	0
				⋮																												
12	31			领用													3	0	0	0	0	0	借			1	0	0	0	0	0	0
12	31			本月合计			3	0	0	0	0	0	0			2	5	0	0	0	0	0	借			1	0	0	0	0	0	0
				本季合计			5	0	0	0	0	0	0			4	3	0	0	0	0	0	借			1	0	0	0	0	0	0
				本年合计		1	5	0	0	0	0	0	0		1	5	2	5	0	0	0	0	借			1	0	0	0	0	0	0
				上年结转			1	2	5	0	0	0	0																			
				结转下年												1	0	0	0	0	0	0										
				合 计		1	6	2	5	0	0	0	0		1	6	2	5	0	0	0	0										

四、账簿的更换与保管

为了保持会计账簿资料的连续性、系统性和完整性，在每一会计年度终了，新的会计年度开始时，应按照会计制度的规定进行各类账簿的更换。

具体更换规则为：总分类账、现金日记账和银行存款日记账以及大部分的明细分类账，必须每年更换一次。只有少部分明细分类账，如固定资产明细账——固定资产卡片，不必每年更换，可以继续使用。更换账簿时，一般只需要将各账户的余额直接抄入新账户第一页的第一行，并在摘要栏内注明“上年结转”或“年初余额”字样，不必填制记账凭证。

订本式的账簿，如在年度中间记满需要更换新账时，也与年初更换新账一样，办理同样手续。

会计账簿与会计凭证、会计报表一样，都是企业重要的经济档案和历史资料，必须按照国家规定的会计档案管理办法妥善保管，不得丢失或任意销毁。

活页账簿，年末结账后，应在首页前加放账簿启用及经管人员一览表装订成册，而后加上封面并统一编号，与各种订本式账簿一并归档。

复习思考题

1. 什么是会计账簿？它有何作用？
2. 账簿按用途和外表形式各分为哪几类？
3. 现金日记账和银行存款日记账的格式有哪几种？
4. 总分类账应采用什么格式和外表形式？如何进行登记？
5. 明细分类账的格式有哪几种？各适用于哪些账户？
6. 登记账簿有哪些基本规则？
7. 什么是对账？对账包括哪些具体内容？
8. 什么是结账？如何进行结账？
9. 错账更正方法有哪些？各适用于什么情况？
10. 账簿更换和保管要注意哪些问题？

练习题

一、填空题

1. 会计账簿按其用途不同，可分为（　　）、（　　）和（　　）。
2. 会计账簿按其外表形式不同，可分为（　　）、（　　）和（　　）。
3. 总分类账采用（　　）的外表形式，其账页格式多为（　　）。
4. 明细分类账的格式包括（　　）、（　　）和（　　）三种。
5. 现金日记账，是（　　）根据（　　）、（　　）和（　　）凭证，按经济业务发生的（　　）进行登记的。
6. 现金日记账和银行存款日记账必须（　　）余额。

7. 三栏式明细账设有（　　）、（　　）和（　　）三栏，没有（　　）栏，它适用于只需反映（　　）的经济业务。

8. 多栏式明细账适用于登记（　　）、（　　）的经济业务。

9. 错账更正方法有（　　）、（　　）和（　　）。

10. 记账以后，发现记账凭证应借应贷符号、科目或金额有错误时，可采用（　　）更正法。

11. 对账的内容包括（　　）、（　　）和（　　），各单位的对账工作每年至少进行（　　）次。

二、单项选择题

1. 应收账款明细账一般采用的格式是（　　）。

A. 借、贷、余三栏式　　B. 数量金额式
C. 多栏式　　D. 贷方多栏式

2. 多栏式现金日记账属于（　　）。

A. 总分类账　　B. 明细分类账
C. 序时账　　D. 备查账簿

3. 必须采用订本式的账簿有（　　）。

A. 总分类账　　B. 明细分类账
C. 辅助账　　D. 序时账

4. 对于从银行提取现金的业务登记现金日记账的依据是（　　）。

A. 现金收款凭证　　B. 银行存款收款凭证
C. 现金付款凭证　　D. 银行存款付款凭证

5. 对于将现金存入银行的业务登记银行存款日记账的依据是（　　）。

A. 现金收款凭证　　B. 银行存款收款凭证
C. 现金付款凭证　　D. 银行存款付款凭证

6. 记账员根据记账凭证登记时，误将 600 元记为 6 000 元，更正这种记账错误，应采用（　　）。

A. 红字更正法　　B. 补充登记法
C. 划线更正法　　D. 任意一种更正法

7. 记账后、结账前，发现记账凭证用错科目，引起记账错误，更正这种记账错误，应采用（　　）。

A. 红字更正法　　B. 补充登记法
C. 划线更正法　　D. 挖擦刮补法

8. 现金日记账和银行存款日记账，应由（　　）进行登记。

A. 会计人员　　B. 会计主管人员
C. 出纳人员　　D. 临时指定人员

三、多项选择题

1. 账簿按其用途可分为（　　）。

A. 分类账　　B. 备查账

C. 序时账　　D. 卡片式

2. 账簿按其外表形式可分为（　　）。

A. 订本式　　B. 卡片式

C. 三栏式　　D. 活页式

3. 现金日记账登记的依据有（　　）。

A. 现金收款凭证　　B. 现金付款凭证

C. 部分银行存款收款凭证　　D. 部分银行存款付款凭证

4. 总分类账簿应采用（　　）。

A. 订本式　　B. 活页式

C. 三栏式　　D. 多栏式

5. 各单位必须依法设置会计账簿，会计账簿包括（　　）。

A. 总账　　B. 明细账

C. 日记账　　D. 备查账

6.（　　）应采用数量金额式账页登记明细账。

A. 原材料　　B. 固定资产

C. 库存商品　　D. 材料采购

7. 多栏式明细账，一般用于（　　）。

A. 管理费用　　B. 材料采购

C. 制造费用　　D. 主营业务收入

8. 根据《会计法》的规定，会计人员登记账簿的依据有（　　）。

A. 审核过的记账凭证　　B. 审核过的原始凭证和记账凭证

C. 审核过的原始凭证　　D. 审核过的记账凭证汇总表

9. 下列情况下，允许用红色墨水记账的有（　　）。

A. 结账划线　　B. 登记账簿的冲减数

C. 划线改错　　D. 累计发生额

10. 下列账户中应随时结出余额的有（　　）。

A. 总账　　B. 现金日记账

C. 银行存款日记账　　D. 原材料明细账

11. 明细分类账登记的依据有（　　）。

A. 记账凭证　　B. 原始凭证汇总表

C. 汇总记账凭证　　D. 记账凭证汇总表

12. 对账的内容包括（　　）。

A. 账证核对　　B. 账账核对

C. 账实核对　　D. 账表核对

13. 总分类账登记的依据有（　　）。

A. 记账凭证　　B. 原始凭证

C. 汇总记账凭证　　D. 记账凭证汇总表

14. 银行存款日记账登记的依据有（　　）。

A. 部分现金收款凭证　　B. 部分现金付款凭证

C. 银行存款收款凭证　　D. 银行存款付款凭证

四、业务题

习题一

（一）目的：练习登记库存现金日记账和银行存款日记账。

（二）资料：某工厂××年 6 月 30 日银行存款日记账余额为 300 000 元；库存现金日记账余额为 3 000 元。7 月份发生下列银行存款和现金收、付款业务：

1. 1 日，投资者投入现金 30 000 元，存入银行。（银收 801 号）
2. 2 日，以银行存款 10 000 元，归还短期借款。（银付 801 号）
3. 4 日，以银行存款 15 000 元，归还应付账款。（银付 802 号）
4. 6 日，以现金 1 000 元存入银行。（现付 801 号）
5. 10 日，用现金暂付职工差旅费 600 元。（现付 802 号）
6. 15 日，从银行提取现金 18 000 元，备发工资。（银付 803 号）
7. 16 日，用现金 18 000 元发放职工工资。（现付 803 号）
8. 18 日，收到应收账款 50 000 元，存入银行。（银收 802 号）
9. 20 日，从银行提取现金 1 500 元备用。（银付 804 号）
10. 22 日，以银行存款 20 000 元支付购买材料款。（银付 805 号）
11. 23 日，以银行存款 500 元支付购买材料运费。（银付 806 号）
12. 27 日，以银行存款支付本月电费 1 600 元。（银付 807 号）
13. 28 日，销售产品一批，货款 58 500 元，存入银行。（银收 803 号）
14. 29 日，用现金支付广告费 800 元。（现付 804 号）
15. 30 日，用银行存款上缴税金 3 800 元。（银付 808 号）

（三）要求：登记库存现金日记账和银行存款日记账，并结出余额。

习题二

（一）目的：练习错账更正方法。

（二）资料：某工业企业将账簿记录与记账凭证进行核对时发现下列经济业务内容的账簿记录有误：

1. 开出现金支票 500 元，支付企业管理部门日常零星开支，原编记账凭证的会计分录为：

借：管理费用　　500

　　贷：库存现金　　500

2. 结转本月实际完工产品的生产成本 69 000 元，原编记账凭证的会计分录为：

借：库存商品　　96 000

　　贷：生产成本　　96 000

3. 购入材料一批，货款 35 000 元未付，材料未验收入库，原编记账凭证的会计分录为：

借：材料采购　　35 000

　　贷：银行存款　　35 000

4. 计提本月管理部门固定资产折旧费 3 800 元，原编记账凭证的会计分录为：

借：管理费用 3 800

贷：其他应付款 3 800

5. 结算本月应付职工工资，其中生产工人工资为 15 000 元，管理人员工资为 3 000 元原编记账凭证的会计分录为：

借：生产成本 1 500

管理费用 300

贷：应付职工薪酬 1 800

（三）要求：指出上述经济业务的记账错误，并将上述各项经济业务的错误记录，分别以适当的更正错账方法予以更正。

习题三

（一）目的：练习分类账的登记方法。

（二）资料：

1. 光华工厂总账账户的期初余额资料如下表所示：

单位：元

账户名称	借方余额	账户名称	贷方余额
库存现金	1 290	短期借款	500 000
银行存款	66 000	应付账款	45 000
交易性金融资产	62 000	应付职工薪酬	20 000
应收票据	4 310	应交税费	86 000
应收账款	11 000	其他应付款	3 000
预付账款	24 400	累计折旧	67 200
原材料	280 000	实收资本	500 000
库存商品	149 400	资本公积	60 000
长期股权投资	160 000	盈余公积	42 000
固定资产	756 000	本年利润	85 300
		利润分配	105 900

2. 有关明细账户的资料如下：

（1）“原材料”明细账户的期初资料如下：

材料名称	数量（千克）	单 价（元）	金 额
甲材料	20 000	8.80	176 000
乙材料	20 800	5.00	104 000

（2）“库存商品”明细账户的期初资料如下：

产品名称	数量（件）	单 价（元）	金 额
A产品	20 000	4.95	99 000
B产品	10 000	5.04	50 400

（3）“实收资本”明细账户的期初资料如下：

投资人	贷方金额
国家	400 000
蓝天公司	100 000

3. 光华公司本月发生以下经济业务：

（1）6月2日，收到银行收款通知，蓝天公司投入现金200 000元，存入银行。

（2）6月5日，签发转账支票，缴纳上月的增值税80 000元，所得税6 000元。

（3）6月7日，从银行取得短期借款500 000元，存入银行。

（4）6月8日，收到国家投入的机器一台，经评估作价为250 000元。

（5）6月10日，从大兴工厂购入甲材料6 000千克，单价8.60元，计51 600元，增值税8 772元，共计60 372元；乙材料5 000千克，单价4.80元，计24 000元，增值税为4 080元，共计28 080元。对方代垫运杂费2 200元（按重量比例分配），收到对方发票随单联、代垫运费单据和银行转来的付款通知，予以承付。

（6）6月15日，收到大兴工厂发票随货联，填制收货单，如数验收入库。

（7）6月16日，生产车间及管理部门领用原材料，领料单内容如下：

领用单位	甲材料（千克）	乙材料（千克）
A产品	2 000	500
B产品	800	2 400
生产车间	200	100
管理部门	10	15

（8）6月16日，编制工资单计列应付工资总额为30 000元，其中A产品工人工资为12 000元，B产品工人工资为10 000元，车间管理人员工资为3 000元，企业管理人员工资为5 000元。

（9）6月16日，从银行提取现金30 000元，发放工资。

（10）6月18日，编制应付福利费计算表，按工资总额的14%计提职工福利费。

（11）6月19日，编制固定资产折旧计算表，其中车间应计折旧5 000元，管理部门应计折旧2 000元。

（12）6月19日，用银行存款支付本月行政部门报刊费600元。

（13）6月20日，预提应由本月负担的银行借款利息3 000元。

（14）6月20日，汇集全月制造费用，并按工人工资比例在A、B产品间进行分配。

（15）6月20日，本月生产A产品8 000件、B产品7 000件，已全部完工验收入库。

（16）6月21日，开出发票，售给南方商厦A产品6 000件，单价9.80元，计58 800元，增值税为9 996元，合计68 796元；B产品2 000件，单价12.84元，计25 680元，增值税为4 365.60元，合计30 045.60元，收到南方商厦如数开来的转账支票一张。

（17）6月23日，开出发票售给三明公司A产品2 000件，单价9.78元，计19 560元，增值税款3 325.20元，合计22 885.20元；B产品4 500件，单价12.80元，计57 600

元，增值税款为 9 792 元，合计 67 392 元，收到对方开来并承兑的商业汇票。

(18) 6 月 24 日，开出转账支票，付电视台广告费 4 000 元，收到电视台开来的收据。

(19) 6 月 25 日，购入环球公司普通股票 1 000 股，每股面值 1 元，每股买价 8 元，另按成交金额的 5‰和 3‰支付经纪人佣金和印花税，开出转账支票支付，收到有关的收款收据。

(20) 6 月 18 日，结转本月已销产品生产成本。

(21) 6 月 28 日，按主营业务收入的 1%计提本月应交城市维护建设税。

(22) 6 月 28 日，将以上各收入账户的发生额结转到“本年利润”账户的贷方，将以上各支出账户的发生额结转到“本年利润”账户的借方。

(23) 6 月 28 日，按本年利润总额的 25%计提应交所得税。

(24) 6 月 28 日，按税后利润的 10%计提法定盈余公积。

(25) 6 月 28 日，按税后利润的 40%计提应付给投资人的利润。

(三) 要求：

1. 根据资料 1 开设总分类账户，将期初余额记入。

2. 根据资料 2 开设明细分类账户，将期初余额记入。

3. 根据资料 3 编制记账凭证，按旬编制记账凭证汇总表。

4. 根据资料 3 登记“原材料”、“库存商品”、“实收资本”、“材料采购”、“生产成本”、“制造费用”明细分类账，并结出本期发生额和余额。

5. 编制总分类账户本期发生额及余额试算平衡表。

CHAPTER

9

第九章 财产清查

学习目标

财产清查是会计核算方法之一，是保证企业编制会计报表真实可靠的必不可少的环节。本章论述财产清查的含义和意义，介绍财产清查的作用和分类，详细说明财产清查的方法和会计处理方法。通过本章学习，应了解财产清查的作用和意义；熟悉财产清查的程序；掌握财产清查的制度，掌握货币资金、往来款项及实物资产清查的方法及会计处理。

第一节 财产清查的意义和种类

一、财产清查的概念

财产清查是指通过对实物、现金的实地盘点和对银行存款、往来账款的核对，来确定各财产物资和往来账项的实有数，并查明账存数和实有数是否相符的一种专门方法。它是会计核算方法体系的一个有机组成部分。

会计核算的任务之一，是反映和监督财产物资的保管和使用情况，以保护企业各项财产物资的安全完整，并提高其使用效益。企业财产物资的表现形态有现金、银行存款等各项货币资金形态；原材料、在产品、库存商品、固定资产等实物形态；还有应收账款、其他应收款等结算资金形态。各企业单位应通过账簿记录完整反映各项财产物资的增减变化和结存情况。为了保证账簿记录的真实可靠，企业还应加强会计凭证的日常审核，并定期核对账簿记录，做到账证相符、账实相符。

在实际工作中，由于各种主观和客观原因的存在，各项财产的账存数和实存数往往会产生差异，造成这种差异的原因是多方面的，有正常原因，也有非正常原因；有些是可以避免的，有些是不能完全避免的。

造成账实不符的正常原因有：

（1）财产在保管过程中，由于发生物理和化学变化从而引起财产物资在数量上的自然损耗、自然溢余或质量上的变化。例如，有些财产物资在保管过程中受气候的干湿冷热影响，会发生自然损耗或升溢，如汽油的自然挥发、油漆的干耗等原因造成的数量短缺；有些财产物资在加工时，由于机械操作、切割等工艺技术原因，会造成一些数量短缺。

（2）因于企业和银行对收付款项入账时间不同形成未达账项而引起的银行存款数额不符。

造成账实不符的非正常原因有：

（1）收发差错。企业在收发财产时，由于计量、检验不准，造成品种、数量或质量上的差错。如散装材料的收发由于计量上发生磅差造成短缺或溢余，又如同类材料在收发中规格搞错，应发放甲类A规格材料却发放了甲类B规格材料等。

（2）保管不善。有些财产物资由于保管时间过久或保管条件不善或保管人员失职等引起残损、霉变、短缺、过时、价值降低等。

（3）记账错误。这是指对于有些财产物资，由于手续不全、凭证不全，或登账时漏登账、重复登账或登错账等引起的差错。

（4）贪污盗窃。因不法分子的营私舞弊、贪污盗窃等非法行为而产生的财产损失。

为了正确掌握各项财产的真实情况，保证会计资料的真实正确，为企业会计信息使用者提供有用的信息资料，各企业、行政、事业等单位，必须通过财产清查这一行之有效的会计核算方法，对各项财产物资进行日常或定期的清查，确定财产的实有数，并与账簿记录进行核对，将账面数调整为实际数，做到账实相符。

二、财产清查的作用

财产清查是发挥会计监督职能的一种必要手段。财产清查的重要作用如下：

1. 保证会计核算资料的真实性和客观性

通过财产清查，可以查明各项财产的实存数，将实存数与账面数进行对比，确定盘盈、盘亏，及时调整账簿记录，做到账实相符，从而为编制报表做好准备，为经济管理提供可靠的数据资料。

2. 改善经营管理，促进财产物资的有效利用

通过财产清查，可以查明各种财产的盘盈、盘亏的原因和责任，从而发现企业财产管理中存在的问题，改善经营管理。在财产清查过程中，还能查明各项财产物资的储备和利用情况，分析其占用资金的合理性，如有无储备不足或者积压、呆滞以及不需用的情况，对上述情况应及时处理，以便挖掘各项财产物资的潜力，提高财产物资的使用效能，及时处理不合理的占用和积压，避免损失浪费，加速资金周转，提高经济效益。

3. 保护财产物资的安全完整

财产清查既是会计核算的一种专门方法，也是一种行之有效的会计监督和控制手段。通过财产清查，可以查明财产账实不符的情况和原因。对于管理制度方面存在的问题，应采取建立和健全管理制度的措施；对于管理人员失职而造成的损失，应追究经济责任，并给予必要的纪律处分；对于贪污、盗窃行为，应给予必要的法律制裁，从而保证财产物资的安全完整。

4. 保证财经纪律和结算制度的贯彻执行

通过财产清查，可以查明应交国家的款项是否及时足额上缴，与各往来单位和个人的往来账款是否及时进行了结算。如有违反财经纪律和结算制度的情况，必须采取坚决的措施纠正，促进经办人员自觉遵守结算纪律和国家财政、信贷政策的有关规定，以维护结算纪律和商业信用。对债权债务长期拖欠的问题，要查明原因，采取措施，特别是对长期未能收回的应收账款，要加紧催收，尽量避免坏账损失的发生。

三、财产清查的种类

财产清查按照不同的标志，可以分为不同的种类。

（一）按财产清查的对象和范围分类

按财产清查的对象和范围可划分为全部清查和局部清查。

1. 全部清查

全部清查是指对一个单位所有财产、各项债权和债务进行的全面盘点和核对。其清查范围广，清查彻底，工作量大，耗时较长，一般只在年终决算前进行，以保证年报资料的真实可靠。此外，单位撤销、合并或改变隶属关系时，也要进行全面清查，以明确经济责任。

2. 局部清查

局部清查是对企业的部分财产、债权和债务所进行的清查。其清查范围小，针对性强，耗时短，工作量小。局部清查一般在平时进行，根据实际情况决定清查的对象和清查的时间。对于流动性强、易于短缺和损耗的财产物资，应经常进行局部清查，以保证财产物资的安全完整和账实相符。

（二）按财产清查的时间分类

按照财产清查时间可划分为定期清查和不定期清查。

1. 定期清查

定期清查是按规定的时间对财产进行的清查，如规定年末、季末和月末结账时进行的财产清查。定期清查对象的范围，可以是全部清查，也可以是局部清查。

2. 不定期清查

不定期清查又称临时清查，是指事先没有规定清查的时间，而是根据实际情况的要求而临时进行的清查。不定期清查同定期清查一样，可以是全部清查，也可以是局部清查。不定期清查主要是在以下几种情况下进行的：（1）更换财产物资的经管人员；（2）财产物资由于非常灾害发生意外损失；（3）上级机关、审计机关、财政和银行等部门对企业进行会计检查；（4）进行临时性的清产核资工作；（5）单位兼并、重组、清算、迁移和改变隶属关系。

（三）按财产清查的内容分类

按财产清查的内容可划分为实物资产清查、货币资产清查和结算资金清查。

1. 实物资产清查

实物资产清查是指对企业各种具有实物形态的资产，如固定资产、原材料、库存商品等进行的清查。

2. 货币资金清查

货币资金清查是对企业的货币资产，如库存现金、银行存款等进行的清查。

3. 结算资金清查

结算资金清查是指对企业的债权债务，如应收账款、其他应收款、应付账款、其他应付款等进行的查询核对。

（四）按财产清查的执行单位分类

按财产清查的执行单位划分，可以分为内部清查和外部清查。

1. 内部清查

内部清查是由企业内部职工组织清查工作小组来担任财产清查工作。大多数的财产清查都是内部清查。

2. 外部清查

外部清查则是由上级主管部门、审计机关、司法机关、注册会计师等根据国家的有关规定或情况的需要，对企业实体所进行的财产清查。

第二节　财产清查的制度和方法

财产清查是一项涉及面广、工量大的工作，为了保证财产清查工作的质量，提高工作效率，达到财产清查的目的，必须建立财产清查制度并确定财产清查方法。

一、财产物资的盘存制度

财产清查的重要环节是盘点财产物资的实存数量，为使盘点工作顺利进行，应建立财产物资的盘存制度。财产物资的盘存制度有永续盘存制和实地盘存制两种。

（一）永续盘存制

永续盘存制又称账面盘存制，是指通过设置各种财产物资品种明细账，平时对各项财产物资的收入和发出逐笔或逐日连续登记，并随时结出账面结存数的核算方法。采用这种盘存制度时，实物资产的明细账应按每一种品名规格设置，在明细账中，既要登记收、发、结存数量，还要同时登记金额。采用这种盘存制度，尽管能在账簿中及时反映各种实物资产增加、减少和结存的数量，但是由于各种原因，很可能产生账实不符的情况，因此，对各种实物资产应定期或不定期进行实地盘点，以便及时查明账实是否相符或账实不符的原因。

永续盘存制的优点是：（1）核算手续严密，有利于加强财产物资的管理。由于对财产物资的增减变动和结存都通过账簿从数量和金额两方面进行控制，在账面上反映的同时，进行实地盘点后能准确知道财产物资是盘盈或盘亏，从而使财产物资的管理更加严密。（2）使财产物资的管理更加有效。由于财产物资明细账上随时结出其结存数量，可以将明细账上的结存数随时与预定的最高和最低库存限额进行比较，以便取得库存积压或不足的资料，及时组织库存财产物资的购销或处理，加速资金周转。永续盘存制的缺点是核算工作量大。但是，由于永续盘存制具有严格控制、保护财产安全的显著优点，在实际工作中得到了广泛运用。我国现行会计制度规定，除价值低廉或在管理上不便于实行永续盘存制的财产物资外，企业、行政单位都采用永续盘存制确定账面财产物资结存数。

（二）实地盘存制

实地盘存制是指企业平时对实物资产只登记增加数，不登记减少数，期末结账时，通过实地盘存，确定财产物资的实存数，再倒挤推算出实物资产的减少数，并据以登记入账的方法。期末倒推本期减少数的公式为：

本期减少数＝期初结存数＋本期增加数－期末盘点结存数

实地盘存制的优点在于简化了会计核算工作。在实地盘点制度下，由于平时对实物资产减少不作明细记录，也不计算财产物资结存数，使实物资产明细核算工作量大大减少。实地盘点制的缺点是不利于实物资产的管理。表现在：（1）这种办法的所谓账存数实际上也就是实存数，因而它们之间无法控制和相互核对；（2）实地盘存制不能随时反映库存财产物资的收入、发出、结存动态；（3）由于以存计耗或以存计销，倒算耗用成本或销售成本，这就把非耗用或非销售的存货损耗，如差错事故和短缺等，全部算入耗用或销售成本之中，从而削弱了对存货的控制作用，也影响了成本计算的正确性；（4）只能定期结转耗用成本或销售成本，而不能随时结转，影响了成本计算的及时性，也不便于成本控制。由于实地盘存制存在上述缺点，因此，这种方法一般只适用于一些价值低、品种杂、交易频繁的财产物资和一些损耗大、数量不稳定的鲜活商品。即使采用实地盘存制，也应采取相应的管理措施。

二、财产清查前的准备工作

财产清查是一项复杂细致的工作，特别是年终的全部清查，由于范围广，工作量大，时间紧，在财产清查前必须做好充分的准备工作。准备工作主要包括以下几个方面。

（一）组织上的准备

财产清查应在企业主管领导的领导下，成立由有关职能部门的主管人员、技术人员、会计人员，实物保管人员和职工代表参加的财产清查小组，具体负责财产清查的组织和实施工作。该小组的主要任务是：根据财产物资管理制度和有关部门的要求，研究制定财产清查的计划，在计划中确定清查的对象和范围，安排清查工作的进度，配备清查工作的人员以及提出清查工作的具体要求等；做好财产清查的具体组织工作，在清查过程中要进行检查督促，对发现的问题要及时研究解决，保证清查工作的顺利进行；清查工作结束后，写出财产清查工作的书面工作报告，将清查结果和处理意见上报审批。

（二）业务上的准备

业务上的准备是进行财产清查的必要前提条件。为了使财产清查工作能够迅速而顺利进行，各业务部门特别是会计部门和会计人员应主动配合，做好准备工作。各部门应做的准备工作包括以下内容：

（1）会计部门应在财产清查之前把截至清查日止的所有经济业务根据凭证登记入账，结出各账簿的余额，进行试算平衡，并认真核对总账和所属明细账的余额，做到账证相符、账账相符，保证账簿记录的正确性，为财产清查提供可靠依据。

（2）财产物资保管部门应在财产清查之前把截至清查日止的有关收发业务全部入账，

并计算出结存数量；同时将其保管的各项财产物资整理清楚，按其类别排列整齐，分别挂上标签，详细标明其编号、名称、规格和数量，以便查对。

（3）业务部门和其他有关部门应在清查地点，准备好各种必要的度量衡器具，并对它们进行严格的检查校正，以保证计量的准确性。同时，还应事先准备好各种记录表单，以作清查盘点之用。

三、财产清查的方法

（一）实物资产的清查

不同品种的实物资产。由于其形态、体积、重量和码放方式的不同而采取不同的清查方法，一般有实地盘点和技术推算法盘点两种方法。

实地盘点是指对各项实物资产通过逐一点数或用计量仪器来确定其实存数量的方法。适用于可以逐一点数或用度量衡器具准确计量的财产物资及包装完好的大件材料、库存商品等。这种方法适用范围广，要求严格，清查质量高，但工作量大。

技术推算法是指利用技术方法对实物资产的实存数量进行推算的方法。这种方法适用于那些量大成堆、难于逐一清点数量的实物资产，对大量成堆的燃料用煤、矿石、生铁等都可以采用技术推算的方法来确定实物数量。

实物清查一般按下列步骤进行：

首先，按照清查工作计划，在规定的日期由指定的清查小组人员对实物资产进行实地盘点或技术推算。盘点时要注意逐一盘点，先查明各种实物资产的名称、规格，再盘点其数量，对有些物资，在清查数量的同时，还要注意实物的完好性并通过一定的技术方法来检查其质量有无变化，如发现不成套、变质、损坏等，应在备注中说明，此外，为了明确经济责任，实物保管人员必须在场。盘点结束后，清查人员要将盘点所确定的实物资产数量登记入盘存单（一般格式见表 9-1），并由盘点人员和实物保管人员签章，以明确经济责任，并作为财产清查的原始记录。

实物清查时，对于本企业委托外单位加工、保管的材料，以及在途材料等，可以采用询证等方法与有关单位进行核对，查明账实是否相符。另外，还要注意不要把本企业代管其他企业的财产物资也混到本企业财产的盘存单上去，而应单独列示，这些财产物资已于经济业务发生时记录在备查账簿上。

表 9-1 **盘存单**

编制单位： 盘点时间：

财产类别： 存放地点： 第 页

序号	名称	规格	计量单位	盘点数量	单价	金额	备注

盘点人： 实物保管人：

其次，填制实存账存对比表。清查人员应将盘存单与账簿记录逐项核对，发现实物资产盘盈、盘亏，应逐笔记入实存账存对比表（其一般格式见表 9-2）。“实存账存对比表”是财产清查的重要报表，既是分析发生差异原因和明确经济责任的依据，又是调整账簿记录的原始凭证。

表 9-2　　**实存账存对比表**

年　月　日

编制单位：　　　　　　　　　　　　　　　　　　　　　　　　　第　页

编号	类别及名称	规格或型号	计量单位	单价	实存		账存		对比结果				备注
									盘盈		盘亏		
					数量	金额	数量	金额	数量	金额	数量	金额	

单位主管：　　　　　　　　　　主管会计：　　　　　　　　　　制表：

最后，对盘盈、盘亏的实物资产，应查明原因，经主管人员复核，并签署意见，报经有关部门审批。

（二）货币资金的清查

货币资金清查包括清查库存现金、银行存款和其他货币资金等款项。清查货币资金时要求收、付、存都符合制度规定和财经纪律。下面以库存现金和银行存款为例来说明货币资金的清查办法。

1. 库存现金的清查

库存现金的清查是通过实地盘点的方法，确定库存现金的实存数，再与现金日记账的账面余额核对，以查明盈亏情况。在进行现金清查时，为了明确经济责任，出纳员必须在场。在清查过程中，要特别注意是否有白条抵库，也就是不能用不具有法律效力的借条、收据等抵充库存现金的现象，并将清查的实存数当场填入“库存现金盘存单”（一般格式见表 9-3）。现金清查完毕，还要及时填制现金盘点报告表（一般格式见表 9-4）。

表 9-3　　**库存现金盘存单**

单位：　　　　　　　　　　年　月　日

票面	壹佰元	伍拾元	贰拾元	拾元	伍元	贰元	壹元	伍角	贰角	壹角	伍分	贰分	壹分
把（百张）													
卡（廿张）													
合　计													

会计主管：　　　　　　　　　　出纳：

表 9-4　　**现金盘点报告表**

单位：　　　　　　　　　　年　　月　　日

实存金额	账存金额	实存与账存对比		备注
		盘盈	盘亏	

盘点人签章：　　　　　　　　　　出纳人签章：

2. 银行存款的清查

银行存款的清查是采用与开户银行核对账目的方法进行的，即将本单位的银行存款日记账与开户银行转来的对账单逐笔核对。但即使双方记账都没有错误，银行存款日记账的余额和银行对账单的余额也往往不一致。这种不一致是由于存在未达账项造成的。所谓未达账项是指由于企业与银行取得凭证的时间不同，导致记账时间不一致，发生的一方已取得结算凭证并登记入账，而另一方由于尚未取得结算凭证尚未入账的款项。未达账项有以下四种：

（1）企业已收、银行未收款。例如企业销售产品收到支票，送存银行后即可根据银行盖章退回的“进账单”回单联登记银行存款的增加，而银行则要等款项收妥后再记增加，如果此时对账，则形成企业已收、银行未收款。

（2）企业已付、银行未付款。例如企业开出一张支票支付购料款，企业可根据支票存根、发货票及收料单等凭证，记银行存款的减少；而此时银行由于尚未接到支付款项的凭证尚未记减少，如果此时对账，则形成企业已付、银行未付款。

（3）银行已收、企业未收款。例如外地某单位给企业汇来款项，银行收到汇款单后，马上登记存款增加；企业由于尚未收到汇款凭证尚未记银行存款增加，如果此时对账，则形成银行已收、企业未收款。

（4）银行已付、企业未付款。例如银行接受企业委托代付款项，银行已取得要求支付款项的凭证已记银行存款的减少，企业尚未接到凭证尚未记银行存款的减少，如果此时对账，则形成银行已付、企业未付款。

上述任何一项未达账项的存在，都会使银行存款日记账余额与银行转来的银行对账单余额不符。因此，在与银行对账时，首先应查明有无未达账项，如果有未达账项，可编制银行存款余额调节表，对未达账项调整后，再确定企业与银行双方记账是否一致，双方的账面余额是否相符。

银行存款清查步骤如下：

首先，将银行存款日记账与银行对账单中的业务逐日逐笔核对，同一笔业务双方都有记录的，在金额旁边用铅笔划上“√”符号。

其次，编制银行存款余额调节表（格式如表 9-7 所示）。将在银行存款日记账中未划“√”符号的未达账项及对账单中未划“√”符号的未达账项都填入银行存款余额调节表中，并计算出调整后企业账面余额和调整后银行对账单余额，两者相等，说明银行存款日记账准确无误。

最后，将填制完毕的银行存款余额调节表经主管会计签章后，呈报开户银行，至此清查完毕。

在银行存款清查中，银行存款余额调节表的编制是一项重要的工作。在编制银行存款余额调节表时，根据各项未达账项的形成原因，调整后的企业银行存款日记账账面余额和调整后的银行对账单余额应相等，其计算公式如下：

$$\text{调整后企业银行存款日记账账面余额} = \text{银行存款日记账期末余额} + \text{银行已收、企业未收款} - \text{银行已付、企业未付款}$$

$$\text{调整后银行对账单余额} = \text{银行对账单期末余额} + \text{企业已收、银行未收款} - \text{企业已付、银行未付款}$$

下面举例说明“银行存款余额调节表”的编制方法。

【例 9-1】

永康商场 2011 年 2 月 28 日的“银行存款日记账”和“银行对账单”的情况如表 9-5 和表 9-6 所示。

表 9-5　　银行存款日记账

账户：工商银行

账号：2745

2011 年		凭证		摘　要	结算凭证		借　方	贷　方	余　额
月	日	字	号		种类	号数			
				承前页					36 240
2	21			提现	现支	245		240	36 000
	23			送存销货款	进账	385	6 000	42 000	
	24			销货款收回	信汇	423	2 000	44 000	
	26			付进货款	转支	511	31 500	12 500	
	28			收销货款	转支	003	6 750	19 250	

表 9-6　　中国工商银行对账单

账户：永康商场

账号：2745

2011 年		凭证		摘　要	结算凭证		借　方	贷　方	余　额
月	日	字	号		种类	号数			
				承前页					36 240
2	21			提现	现支	245	240		36 000
	23			送存销货款	进账	385		6 000	42 000
	24			销货款收回	信汇	423		2 000	44 000
	27			付水电费	委收	092	1 200		42 800
	28			收销货款	委收	672		5 000	47 800

经逐笔勾对后，查明有如下未达账项：

（1）2 月 26 日，支付进货款 31 500 元，企业已付账，银行未付账；

（2）2 月 27 日，付水电费 1 200 元，银行已付账，企业未付账；

（3）2 月 28 日，收回销货款 6 750 元，企业已收账，银行未收账；

（4）2 月 28 日，收回销货款 5 000 元，银行已收账，企业未收账。

编制未达账项的银行存款余额调节表如表 9-7 所示。

表 9-7　　银行存款余额调节表

户名：永康商场　　2011 年 2 月 28 日

银行存款日记账余额	19 250	银行对账单余额	47 800
加：银行已收企业未收款	5 000	加：企业已收银行未收款	6 750
减：银行已付企业未付款	1 200	减：企业已付银行未付款	31 500
调节后余额	23 050	调节后余额	23 050

值得注意的是，银行存款余额调节表中调整后的余额只表明企业银行存款的实有数，不能以此为依据调整企业银行存款日记账的余额，对于未达账项，企业只有在接到银行收、付款结算的原始凭证时，才能据以登记入账。也就是说，银行存款余额调节表只能作为双方对账的依据，不能作为记账的依据。

（三）往来账项的清查

往来账项是指企业因商品购销和其他原因而形成的各种债权、债务，包括应收账款、应收票据、其他应收款、应付账款、应付票据和其他应付款等。对往来账项的清查也是采用核对账目的方法。对账簿中记载的每笔往来款项，按明细账表明的往来对象逐户填制一式两联的往来账项对账单，寄送对方进行核对，对账单一联留在对方，另一联由对方核对后将情况注明并盖章后退回。如果核对不符，应查明原因。

清查完毕，应根据各个单位退回的对账单将清查结果填入往来款项清查报告单（格式如表 9-8 所示）中。如果发现未达账项，其处理方法与银行存款相同。

表 9-8　　往来款项清查报告单

清查日期：　　　　制表日期：

总分类账户名称：　　　　总分类账户结余余额：

明细账户名称	账面结存余额	清查结果		核对不符的原因和金额					备注
		核对相符金额	核对不符金额	有争执的账项	未达账项			合计	

第三节　财产清查结果的处理

一、财产清查结果的业务处理程序

财产清查的结果必须报请有权批准机关，如股东大会、董事会或经理（厂长）会议等类似机构审批处理。对于不同性质的问题，要采用不同的处理办法。具体应做好以下几项工作：

（1）认真查明账实不符的性质和原因，并确定处理办法。对于通过财产清查所发现的实存数与账存数之间的差异，应核准数字，调查和分析发生差异的原因，明确经济责任，提出处理意见。一般来说，个人造成的损失，应由个人赔偿；因企业经营管理不善造成的损失，或因自然灾害发生的意外损失等，应记入“待处理财产损溢”账户。处理方案要按照规定的程序呈报审批。

（2）积极处理多余物资和清理长期拖欠的债权、债务。对于企业不需用的或多余的物资，除在企业内部设法利用、改制、代用外，还应积极推销，或联系同行业调剂。对于长期拖欠不清的债权、债务，要指定专人负责查明原因，主动与对方单位研究解决。

（3）建立健全财产管理制度。对于财产清查中暴露出来的问题，要通过建立健全必要的规章制度，明确财产管理的责任，从根本上将财产物资可能发生的损失减少到最低限度。

（4）根据清查的结果，调整账簿记录，保证账实相符。

二、财产清查结果的账务处理

为了保证账实相符，提供真实、正确的会计资料，对财产清查结果中各种财产物资出现的差异，会计上必须按规定进行账务处理。

（一）账户设置

为了反映和监督各单位在财产清查过程中查明的各种财产物资的盘盈、盘亏、毁损及其处理情况，需设置“待处理财产损溢”账户。该账户属资产类账户。发生的待处理财产盘亏和毁损数及批准转销的待处理财产盘盈数记借方；发生的待处理财产盘盈数及批准转销的待处理财产盘亏和毁损数记贷方；借方余额表示尚未批准处理的盘亏和毁损数大于盘盈数的差额；贷方余额表示尚未批准处理的盘盈数大于盘亏和毁损数的差额。该账户可按盘盈、盘亏的资产种类和项目进行明细核算。企业的财产损溢，应查明原因，在期末结账前处理完毕，处理后该账户应无余额。“待处理财产损溢”账户的结构如图 9-1 所示。

待处理财产损溢

发生的待处理财产盘亏和毁损数及批准转销的待处理财产盘盈数	发生的待处理财产盘盈数及批准转销的待处理财产盘亏和毁损数

图 9-1

（二）账务处理

1. 实物资产清查结果的处理

（1）实物资产盘盈的账务处理。在各项实物资产的保管过程中，由于管理制度不健全、计量不准等原因发生实存数大于账存数的情况为盘盈。

现举例说明实物资产盘盈的账务处理。

【例 9-2】

某企业进行财产清查时发现账外机器设备一台，其重置完全价值为 7 000 元。

企业如有盘盈固定资产的，应作为前期差错记入“以前年度损益调整”账户，而不通过“待处理财产损溢”账户核算。因此，编制如下会计分录：

借：固定资产　　7 000

　贷：以前年度损益调整　　7 000

【例 9-3】

企业在财产清查时盘盈甲材料 200 千克，价值 400 元。

批准之前，调整账面结存数，根据有关原始凭证，编制如下会计分录：

借：原材料　400

　贷：待处理财产损溢——待处理流动资产损溢　400

经查实盘盈的原材料是由于收发计量上的错误而造成的，经批准作为冲减管理费用处理。根据批准处理意见和有关原始凭证，编制如下会计分录：

借：待处理财产损溢——待处理流动资产损溢　400

　贷：管理费用　400

(2) 实物资产盘亏的账务处理。在财产清查过程中发现，各项实物资产由于管理不善、非常损失等原因造成的实存数小于账存数的情况为盘亏。

现举例说明实物资产盘亏的账务处理。

【例 9-4】

某企业在财产清查中，发现乙材料盘亏 400 千克，价值 800 元。

在批准处理之前，调整账面结存数，根据有关原始凭证，编制如下会计分录：

借：待处理财产损溢——待处理流动资产损溢　800

　贷：原材料　800

对盘亏的固定资产经批准作营业外支出处理，对盘亏、毁损的材料等物资，应视造成盘亏、毁损的不同原因进行不同的处理：对于自然损耗造成的定额内合理损耗，经批准作管理费用处理。对于超定额短缺及毁损，能确定过失人的，经批准责成过失人赔偿；扣除过失人或保险公司赔款及残料价值后的损失，经批准后作管理费用处理；对于意外灾害造成的毁损，在扣除保险公司赔款和残料价值后的损失，经批准后作营业外支出处理。

上述盘亏的乙材料，经查明有 200 元属定额内合理损耗，作管理费用处理；有 100 元因保管员过失造成，责令其赔偿；有毁损的 500 元属意外灾害造成，获得保险公司赔款 300 元，其余损失额作营业外支出处理。批准后，根据有关原始凭证，编制如下会计分录：

借：管理费用　200

　　其他应收款——保管员　100

　　　　　　——保险公司　300

　　营业外支出　200

　贷：待处理财产损溢——待处理流动资产损溢　800

【例 9-5】

某企业进行财产清查时发现盘亏机器设备一台，其账面原值为 12 000 元，已提折旧 2 000元。在批准处理之前，调整账面结存数，根据有关原始凭证，编制如下会计分录：

借：待处理财产损溢——待处理固定资产损溢　10 000

　　累计折旧　2 000

　贷：固定资产　12 000

盘亏固定资产经批准作为营业外支出处理，根据批准意见和有关原始凭证，编制如下会计分录：

借：营业外支出　10 000

　贷：待处理财产损溢——待处理固定资产损溢　10 000

2. 库存现金清查结果的处理

企业平时如果发现现金长款或短款，除了设法查明原因外，还应及时进行账务处理，其核算也是通过“待处理财产损溢——待处理流动资产损溢”账户核算，按短款或长款的金额进行登记，待查明原因报经领导批准后再转账。如果是因单据丢失或记账产生了差错，应补办手续入账或更正错误；如果是出纳员工作失职造成的，则应追究其经济责任。

发现现金长款时，在批准处理之前，调整账面结存数，根据有关原始凭证，编制如下会计分录：

借：库存现金

　贷：待处理财产损溢——待处理流动资产损溢

溢余的现金如查不出原因，经批准作为营业外收入处理，根据批准处理意见和有关原始凭证，编制如下会计分录：

借：待处理财产损溢——待处理流动资产损溢

　贷：营业外收入

发现现金短款时，在批准处理之前，调整账面结存数，根据有关原始凭证，编制如下会计分录：

借：待处理财产损溢——待处理流动资产损溢

　贷：库存现金

短缺的现金如属于出纳人员的责任，应由出纳人员赔偿，根据批准处理意见和有关原始凭证，编制如卜会计分录：

借：其他应收款——出纳员

　贷：待处理财产损溢——待处理流动资产损溢

3. 往来款项清查结果的处理

在财产清查过程中，如果发现长期不清的往来款项，应及时处理。由于对方单位撤销等原因造成确实收不回的应收款项，应确认为坏账损失，经批准予以转销。坏账损失的转销在批准前不作账务处理。也就是不用通过“待处理财产损溢”账户进行核算，按规定的程序批准后，计入管理费用（采用备抵法核算的企业计入坏账准备），根据有关原始凭证，编制如下会计分录：

借：管理费用（或坏账准备）

　贷：应收账款（或其他应收款）

对于长期无法支付的应付账款，经查证落实，对方单位已不复存在，可以按照规定程序经批准后，直接转作资本公积，根据有关原始凭证，编制如下会计分录：

借：应付账款

　贷：资本公积

复习思考题

1. 什么是财产清查？有何重要意义？
2. 造成企业账实不符的原因有哪些？
3. 财产清查的种类有哪些？
4. 财产清查前应做哪些准备工作？
5. 财产清查的制度有哪两种？各有何优缺点？
6. 实物资产的清查方法有哪几种？清查步骤是怎样的？
7. 现金资产采用的清查方法是什么？如何清查？
8. 什么是未达账项？有哪些表现形式？
9. 往来账项应如何清查？
10. 财产清查结果的处理步骤是怎样的？
11. 简述“待处理财产损溢”账户的性质、用途、账户结构和明细账户的设置方法。

练习题

一、填空题

1. 财产清查按对象和范围，可分为（　　）和（　　）。按清查的时间，可分为（　　）和（　　）。

2. 财产清查的制度有（　　）和（　　）。

3. 实物资产清查应填制的原始凭证有（　　）和（　　）。

4. 银行存款的清查是通过编制（　　）进行的。

5. 企业对盘盈和盘亏的流动资产，先通过（　　）账户进行归集，待查明原因后，再转入相应的账户。

6. 实地盘点法适用于（　　）资产的盘点；技术推算法适用于（　　）资产的盘点。

二、单项选择题

1. 财产清查的根本目的是（　　）。

A. 核对各账项之间是否相符　　B. 核对账实是否相符

C. 核对账证是否相符　　D. 核对账表是否相符

2. 现金盘点应采用的方法是（　　）。

A. 实地盘点法　　B. 技术推算法

C. 核对账目法　　D. 询证法

3. 在实际工作中被广泛采用的财产清查制度是（　　）。

A. 永续盘存制　　B. 实地盘存制

C. 盘存计耗制　　D. 盘存计销制

4. 在企业和银行双方记账无误的情况下，银行存款日记账和银行对账单余额不符的原因是（　　）。

A. 应收账款　　B. 应收和应付账款

C. 待摊和预提费用　　D. 未达账项

5. 对于大件商品的盘点，一般采用（　　）方法。

A. 验重量　　B. 量长度

C. 量体积　　D. 点件数

6. 对于大量成堆难以逐一盘点的实物资产，一般采用（　　）方法进行盘点。

A. 实地盘点法　　B. 抽样检查法

C. 询证核对法　　D. 技术推算法

7. 对于盘点发现的财产物资盘盈，应记入“待处理财产损溢”账户的（　　）。

A. 借方　　B. 贷方

C. 借方或贷方　　D. 不予反映

三、多项选择题

1. 下列事项中，可能引起账实不符的有（　　）。

A. 未达账项　　B. 收发计量不准确

C. 经管人员责任事故　　D. 自然灾害

2. 下列清查中，属于实物资产清查的有（　　）。

A. 库存现金　　B. 原材料

C. 库存商品　　D. 固定资产

3. 下列表单中，属于原始凭证的有（　　）。

A. 经济合同　　B. 盘点报告单

C. 银行存款余额调节表　　D. 发票

4. 实地盘存制平时在账簿中（　　）。

A. 登记财产物资的增加数

B. 登记财产物资的减少数

C. 不登记财产物资的减少数

D. 随时登记财产物资的结存数

5. 下列财产的清查应采用实地盘点的有（　　）。

A. 现金　　B. 各项实物资产

C. 应收账款　　D. 银行存款

6.“待处理财产损溢”账户的借方登记（　　）。

A. 发生财产的盘盈数　　B. 发生财产的盘亏数

C. 处理财产的盘盈数　　D. 处理财产的盘亏数

四、判断改错题

1. 全面清查一般为定期清查，临时清查一般为局部清查。（　　）

2. 现金和银行存款的清查都有采用实地盘点法。（　　）

3. 现金盘点报告单和银行存款余额调节表均可作为企业调整账簿记录的原始凭证。（　　）

4. 采用永续盘存制，能在账簿记录中及时反映各种财产物资的结存数额，便于财产物资的管理。（　　）

5. 对于盘亏和毁损的原材料，在查明原因前，应借记“待处理财产损溢”账户，贷记“原材料”账户。 （　）

6. 如果企业和银行发生记账错误，也可以通过编制银行存款调节表予以调节。 （　）

7. 企业盘亏的固定资产，经报批后一般转入“其他业务成本”账户。 （　）

五、业务核算题

习题一

（一）目的：练习银行存款余额调节表的编制方法。

（二）资料：光华工厂某年4月30日银行存款日记账余额为49 150元，银行对账单同日余额为91 670元，双方账面记录均无错误，经核对存在下列未达账项：

1. 4月30日委托银行收款收回58 300元，银行已经收账，企业尚未收账。

2. 4月30日，市房产公司特约托收房租1 280元，银行已经付账，企业尚未付账。

3. 4月30日企业收到其他单位交来的转账支票18 500元已经收账，银行尚未收款。

4. 4月30日企业开出支票付货款4 000元，企业已经付账，银行尚未付账。

（三）要求：根据上述资料，编制银行存款余额调节表。

习题二

（一）目的：练习财产物资清查结果的核算。

（二）资料：大成工厂某年12月份进行财产清查，其结果如下：

1. 甲材料盘盈100千克，每千克50元，计5 000元，原因待查。

2. 乙材料盘亏50千克，每千克20元，计1 000元，原因待查。

3. 经查明，上述盘盈的甲材料是由于收发计量上的错误所致，予以转账。

4. 经查明，上述盘亏的乙材料属于定额内的自然损耗，经批准转作管理费用。

5. A产品盘亏10件，单位实际成本50元，计500元，经查明是由于保管不善被盗，应由过失人赔偿。

6. B产品盘亏50件，每件实际成本30元，计1 500元，经查明是非常事故造成的损失。

7. 基本生产车间盘盈磨床一台，重置价值4 500元。

8. 基本生产车间盘亏铣床一台，其原始价值80 000元，已提折旧50 000元，经批准列作营业外支出处理。

（三）要求：根据上述资料，编制会计分录。

CHAPTER

10 第十章 会计核算组织形式

学习目标

本章将前面几章的会计核算方法有机地结合起来，介绍会计核算组织程序的意义、要求及种类，并阐述几种会计核算组织形式的基本内容和方法。通过学习，要求学生了解每种会计核算组织形式的内容，并能熟练操作运用。重点和难点是记账凭证汇总表、汇总记账凭证核算形式。

第一节　会计核算组织形式的概述

一、会计核算组织形式的意义

会计核算组织形式也称账务处理程序，是以账簿体系为核心，把会计凭证、会计账簿、记账方法、记账程序和编制会计报表有机结合起来的技术组织方式。即从原始凭证的整理、汇总，记账凭证的填制、汇总，日记账、明细分类账、总分类账的登记，到会计报表的编制的步骤和方法。在会计核算工作中，账簿体系是核心，将不同的凭证填制、账簿组织、记账程序和方法相互结合在一起，就构成了不同的会计核算组织形式。

每个单位在会计核算工作中，应该使用哪些凭证，应该设置哪些账簿；怎样设计凭证和账簿的种类及格式；如何确定各种凭证之间、账簿之间、会计报表之间的相互关系，并使之协调配合；如何根据凭证登记账簿，尤其是登记总分类账；如何确定从填制凭证到登记账簿再到编制会计报表的程序和步骤，这些都是正确组织会计核算工作首先必须解决的重要问题。也就是说，每个会计主体在进行会计核算工作之前，都要根据本单位的业务性质、经营规模和业务繁简以及财会人员的配备等具体情况，建立其适用的会计核算组织形式。

合理地组织会计核算组织形式对于加强会计核算、提高核算水平具有重要意义：

第一，可以保证会计核算各环节有条不紊地进行，有利于分工协作、明确责任、加强岗位责任制、提高会计工作效率。

第二，可以正确、及时地提供会计信息，保证会计工作的质量，更好地发挥会计在经营管理中的作用。

第三，可以简化会计核算手续，节约人力、物力和财力。

二、建立会计核算组织形式的要求

会计核算组织形式的确定，一般应符合以下基本要求：

（1）要适应本单位的经济活动特点。会计核算必须从客观实际出发，根据本单位经济活动的性质、经济管理的要求、规模的大小、业务的繁简、人员的多少、管理水平的高低等，选择适合本单位特点的核算组织形式，以有利于建立岗位责任制。

（2）要满足经济管理的需要。会计是经济管理的重要工具，因此，会计核算必须与经济管理的要求密切配合，贯彻国家的统一规定，符合财政部门制定的会计制度，为国民经济的综合平衡、为本单位的经济管理和国家及其有关部门监督经济活动提供正确、及时和完整的会计资料，以促进单位改进和提高经济管理工作。

（3）要能够提高核算工作质量与效率。账务处理程序的建立，一方面要能如实地反映经济活动情况，提供有用的会计信息；另一方面要在保证会计资料正确、真实和完整的前提下，力求简化核算手续，提高会计工作效率，节约人力物力，使日常会计核算工作得到最佳的协调配合。

（4）要有利于逐步采用现代化的核算工具，适应会计电算化的要求。随着电子计算机在会计领域里的逐步运用，客观上要求会计处理程序与之相适应，以提供快捷有用的信息资料，为企业现代化管理服务。

总之，各企业、机关和事业单位建立会计核算形式时，既要符合国家统一规定，又要符合本单位的实际情况，既有利于简化核算工作，又有利于经济管理。

三、会计核算组织形式的种类

各企业、机关和事业单位的经营规模有大有小，经济业务有繁有简，经营管理的要求不尽相同，在会计核算形式上不应强求一律。因此，各单位可根据本身的具体情况，在上述基本思想的指导下，建立不同的会计核算组织形式，以便取得必需的会计核算资料，并简化不必要的会计核算工作。

目前，我国企业、机关和事业单位采用的会计核算组织形式有：

（1）记账凭证核算组织形式；

（2）记账凭证汇总表核算组织形式；

（3）汇总记账凭证核算组织形式；

（4）日记总账核算组织形式；

（5）多栏式日记账核算组织形式；

（6）通用日记账核算组织形式。

这些核算组织形式，都有各自的特点和内容，但是在实际工作中，同一会计核算组织形式，也会有大同小异之处。各单位采用什么样的会计核算组织形式，总的来说，取决于各单位的具体条件。各单位应从其经营规模及业务性质、业务数量以及会计人员的配备等实际情况出发，采用适当的会计核算组织形式。

第二节 记账凭证核算组织形式

一、记账凭证会计核算组织形式的特点和核算要求

记账凭证会计核算组织形式是会计核算中最基本的一种会计核算组织形式。它的特点是根据记账凭证逐笔登记总分类账，即根据收款凭证、付款凭证和转账凭证，不经过汇总，而直接登记总分类账的一种核算形式。

采用记账凭证会计核算组织形式，一般设置库存现金日记账、银行存款日记账、总分类账和明细分类账。库存现金、银行存款日记账和总分类账一般采用三栏式；明细分类账可根据需要采用三栏式或数量金额式或多栏式；记账凭证可采用通用格式会计凭证，也可采用收款凭证、付款凭证和转账凭证。在这种核算形式下，总分类账一般是按户设页。

二、记账凭证会计核算组织形式的核算步骤

记账凭证会计核算组织形式的核算步骤是：

（1）根据原始凭证或原始凭证汇总表填制记账凭证。

（2）根据收款凭证和付款凭证逐日逐笔登记库存现金日记账和银行存款日记账。

（3）根据各种记账凭证结合其所附原始凭证逐笔登记各种明细分类账。

（4）根据各种记账凭证逐笔登记总分类账。

（5）月末，将库存现金日记账、银行存款日记账和各种明细分类账的余额与总分类账有关账户的余额相互核对。

（6）月末，根据总分类账和明细分类账的资料编制会计报表。

记账凭证核算组织形式如图 10-1 所示。

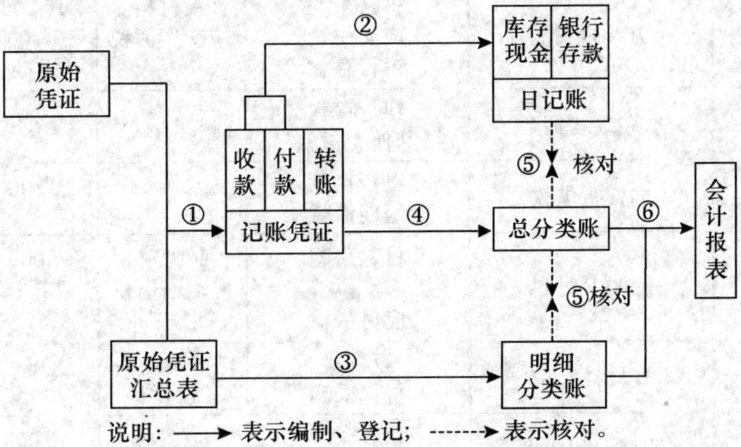

图 10-1 记账凭证核算组织形式

为了便于掌握该种会计核算组织形式的循环过程，现举例说明。

【例 10-1】

假设某制造企业 20××年 6 月份总分类账各账户期初余额如表 10-1 所示。

表 10-1　　总分类账各账户期初余额

账户名称	借方	贷方
库存现金	3 000	
银行存款	250 000	
原材料	54 000	
应收账款	8 900	
库存商品	110 000	
固定资产	320 000	
应付职工薪酬		4 000
应交税费		3 500
短期借款		60 000
累计折旧		46 500
实收资本		594 900
盈余公积		37 000
合计	745 900	745 900

该企业 6 月份发生下列经济业务（以会计分录代替记账凭证），如表 10-2 所示。

表 10-2　　企业 6 月份发生的经济业务

20××年		凭证号数	摘　要	总分类科目	明细科目	借方金额	贷方金额
月	日						
6	1	现付 1	购买办公用品	管理费用 库存现金	办公用品	800	 800
	1	银付 1	购入机器设备（不考虑增值税）	固定资产 银行存款		30 200	 30 200
	2	银付 2	购入 A 材料	材料采购 应交税费 银行存款	A 材料 应交增值税	10 500 1 700	 12 200
	3	银收 1	收包装物押金	银行存款 其他应付款		200	 200
	4	银收 2	向银行借款	银行存款 短期借款		100 000	 100 000
	4	转 1	赊购 B 材料	材料采购 应交税费 应付账款	B 材料 应交增值税 北方厂	3 000 510	 3 510
	4	转 2	B 材料入库	原材料 材料采购	B 材料 B 材料	3 000	 3 000
	5	银付 3	购买专利技术	无形资产 银行存款		40 000	 40 000

续表

20××年		凭证号数	摘　要	总分类项目	明细科目	借方金额	贷方金额
月	日						
	6	银付4	付上月税金	应交税费 银行存款		3 500	 3 500
	6	转3	A材料验收入库	原材料 材料采购	A材料 A材料	10 500	 10 500
	7	银付5	付4日材料款项	应付账款 银行存款	北方厂	3 510	 3 510
	7	转4	领用材料	生产成本 制造费用 管理费用 原材料	甲产品 乙产品 材料费 材料费 A材料 B材料	4 500 7 200 2 800 1 000	 11 500 4 000
	8	现付2	王力出差借款	其他应收款 库存现金	王力	1 400	 1 400
	8	现付3	职工报销交通费	管理费用 库存现金	交通费	23	 23
	9	银付6	报刊费	管理费用 银行存款		900	 900
	10	转5	分配工资	生产成本 制造费用 管理费用 应付职工薪酬	甲产品 乙产品 工资 工资	5 600 4 400 2 100 900	 13 000
	10	银付7	提现	库存现金 银行存款		13 000	 13 000
	10	现付4	发放工资	应付职工薪酬 库存现金		13 000	 13 000
	10	转6	提取职工福利费	生产成本 制造费用 管理费用 应付职工薪酬	甲产品 乙产品 职工福利费 职工福利费	784 616 294 126	 1 820
	11	银收3	收前欠款	银行存款 应收账款	 北方厂	600	 600
	12	银付8	支付罚款	营业外支出 银行存款		1 000	 1 000
	13	银付9	支付电费	生产成本 制造费用 管理费用 银行存款	甲产品 乙产品 电费 电费	1 200 1 000 200 100	 2 500

续表

20××年		凭证号数	摘要	总分类项目	明细科目	借方金额	贷方金额
月	日						
	15	现付 5	王力报销差旅费	管理费用 其他应收款 库存现金	差旅费	1 600	 1 500 100
	16	转 7	提折旧	制造费用 管理费用 累计折旧	折旧费 折旧费	3 000 2 000	 5 000
	19	转 8	计算当期借款利息	财务费用 应付利息	利息费	350	 350
	20	转 9	没收包装物押金	其他应付款 营业外收入		200	 200
	21	现付 6	张强报销探亲路费	应付职工薪酬 库存现金		57	 57
	22	转 10	结转制造费用	生产成本 制造费用	甲产品 乙产品	4 700.64 3 693.36	 8 394
	22	转 11	结转完工产品成本	库存商品 生产成本	甲产品 乙产品 甲产品 乙产品	16 784.64 16 909.36	 16 784.64 16 909.36
	23	现付 7	捐赠支出	营业外支出 库存现金		100	 100
	24	银收 4	销售产品	银行存款 主营业务收入 应交税费	 应交增值税	45 630	 39 000 6 630
	25	银付 10	支付广告费	销售费用 银行存款	广告费	300	 300
	27	转 12	销售产品	应收账款 主营业务收入 应交税费	南方厂 应交增值税	32 760	 28 000 4 760
	28	银收 5	收投资利润	银行存款 投资收益		6 000	 6 000
	29	现收 1	收包装物租金	库存现金 其他业务收入		45	 45
	30	转 13	结转已销产品成本	主营业务成本 库存商品	甲产品 乙产品 甲产品 乙产品	24 000 14 400	 24 000 14 400
	30	转 14	计算应交税费	营业税金及附加 应交税费		335	 335
	30	转 15	本月收入转入“本年利润”	主营业务收入 其他业务收入 投资收益 营业外收入	 本年利润	67 000 45 200 6 000	 73 245

续表

20××年 月	日	凭证号数	摘 要	总分类项目	明细科目	借方金额	贷方金额
	30	转 16	本月费用转入“本年利润”账户	本年利润 销售费用 主营业务成本 营业税金及附加 管理费用 财务费用 所得税费用		47 834	 38 400 300 335 7 349 350 1 100
	30	转 17	计提本月所得税费用	所得税费用 应交税费	 应交所得税费用	6 352.75	 6 352.75
	30	转 18	所得税费用转入“本年利润”账户	本年利润 所得税费用		6 352.75	 6 352.75
	30	转 19	结转可分配利润	本年利润 利润分配		19 085.25	 19 085.25
	30	转 20	提取盈余公积	利润分配 盈余公积	提盈余公积	1 905.83	 1 905.83
	30	转 21	计算应付股利	利润分配 应付股利	应付股利	7 623.3	 7 623.3

根据收款凭证、付款凭证登记库存现金日记账和银行存款日记账，如表 10-3、表 10-4 所示。

表 10-3　　库存现金日记账

20××年 月	日	凭证号数	摘 要	对方账户	借 方	贷 方	余 额
6	1		期初余额				3 000
	1	现付 1	购买办公用品	管理费用		800	2 200
	8	现付 2	职工出差借款	其他应收款		1 400	800
	8	现付 3	报销交通费	管理费用		23	777
	10	银付 7	提现	银行存款	13 000		13 777
	10	现付 4	支付工资	应付职工薪酬		13 000	777
	15	现付 5	报销差旅费	其他应收款		100	677
	21	现付 6	报销探亲路费	应付职工薪酬		57	620
	23	现付 7	捐赠支出	营业外支出		100	520
	29	现收 1	收包装物租金	其他业务收入	45		565
	30		本期发生额及期末余额		13 045	15 480	565

表 10-4　　银行存款日记账

20××年 月	日	凭证号数	摘　要	对方账户	借　方	贷　方	余　额
6	1		期初余额				250 000
	1	银付 1	购买机器设备	固定资产		30 200	219 800
	2	银付 2	购买材料	材料采购 应交税费		12 200	207 600
	3	银收 1	收取押金	其他应付款	200		207 800
	4	银收 2	向银行借款	短期借款	100 000		307 800
	5	银付 3	购买专利技术	无形资产		40 000	267 800
	6	银付 4	支付上月税金	应交税费		3 500	264 300
	7	银付 5	支付材料款	应付账款		3 510	260 790
	9	银付 6	报刊费	管理费用		900	259 890
	10	银付 7	提现金	库存现金		13 000	246 890
	11	银收 3	收前欠货款	应收账款	600		247 490
	12	银付 8	支付罚款	营业外支出		1 000	246 490
	15	银付 9	支付电费	其他应付款		2 500	243 990
	24	银收 4	销售产品	主营业务收入 应交税费	45 630		289 620
	25	银付 10	支付广告费	销售费用		300	289 320
	29	银收 5	收到投资收益	投资收益	6 000		295 320
	30		本期发生额及期末余额		152 430	107 110	295 320

登记明细分类账（只登记原材料、库存商品、应收账款、应付账款明细账，其他从略）如表 10-5～表 10-11 所示。

表 10-5　　原材料明细账

类别：A 材料　　计量单位：千克

20××年		凭证号数	摘　要	收　入			发　出			结　存		
月	日			数量	单价	金额	数量	单价	金额	数量	单价	金额
6	1		期初余额							3 400	10	34 000
	6	转 3	购入	1 050	10	10 500				4 450	10	44 500
	7	转 4	领用				1 150	10	11 500	3 300	10	33 000
	30		本期发生额及期末余额	1 050	10	10 500	1 150	10	11 500	3 300	10	33 000

表 10-6 原材料明细账

类别：B材料　　　　计量单位：千克

20××年		凭证号数	摘要	收入			发出			结存		
月	日			数量	单价	金额	数量	单价	金额	数量	单价	金额
6	1		期初余额							4 000	5	20 000
	4	转2	购入	600	5	3 000				4 600	5	23 000
	7	转4	发出				800	5	4 000	3 800	5	19 000
	30		本期发生额及期末余额	600	5	3 000	800	5	4 000	3 800	5	19 000

表 10-7 库存商品明细账

类别：甲产品　　　　计量单位：件

20××年		凭证号数	摘要	收入			发出			结存		
月	日			数量	单价	金额	数量	单价	金额	数量	单价	金额
6	1		期初余额							925	80	74 000
	22	转11	入库	210	79.94	16 784.64				1 135	79.99	90 784.64
	30	转13	销售				300	80	24 000	835	79.99	66 784.64
	30		本期发生额及期末余额	210	79.94	16 784.64	300	80	24 000	835	79.99	6 6 784.64

表 10-8 库存商品明细账

类别：乙产品　　　　计量单位：件

20××年		凭证号数	摘要	收入			发出			结存		
月	日			数量	单价	金额	数量	单价	金额	数量	单价	金额
6	1		期初余额							1 000	36	36 000.00
	22	转11	入库	470	35.98	16 909.36				1 470	35.99	52 909.36
	30	转13	销售				400	36	14 400	1 070	35.99	38 509.36
	30		本期发生额及期末余额	470	35.98	16 909.36	400	36	14 400	1 070	35.99	38 509.36

表 10-9 应收账款明细账

明细科目：北方厂

20××年		凭证号数	摘要	借方	贷方	借或贷	余额
月	日						
6	1		期初余额			借	600
	11	银收3	收到货款		600	平	
	30		本期发生额及期末余额		600	平	

表 10-10 应收账款明细账

明细科目：南方厂

20××年 月	日	凭证号数	摘要	借方	贷方	借或贷	余额
6	1		期初余额			借	8 300
	27	转 12	赊销产品	32 760			41 060
	30		本期发生额及期末余额	32 760			41 060

表 10-11 应付账款明细账

明细科目：北方厂

20××年 月	日	凭证号数	摘要	借方	贷方	借或贷	余额
6	4	转 1	采购材料款未付		3 510	贷	3 510
	7	银付 5	归还货款	3 510		平	0
	30		本期发生额及期末余额	3 510	3 510	平	0

登记总分类账，如表 10-12～表 10-51 所示。

表 10-12 库存现金

20××年 月	日	凭证号数	摘要	对方账户	借方	贷方	余额
6	1		期初余额				3 000
	1	现付 1	购买办公用品	管理费用		800	2 200
	8	现付 2	职工出差借款	其他应收款		1 400	800
	8	现付 3	报销交通费	管理费用		23	777
	10	银付 7	提现	银行存款	13 000		13 777
	10	现付 4	支付工资	应付职工薪酬		13 000	777
	15	现付 5	报销差旅费	其他应收款		100	677
	21	现付 6	报销探亲路费	应付职工薪酬		57	620
	23	现付 7	捐赠支出	营业外支出		100	520
	29	现收 1	收包装物租金	其他业务收入	45		565
	30		本期发生额及期末余额		13 045	15 480	565

表 10-13　　银行存款

20××年		凭证号数	摘 要	借 方	贷 方	余 额
月	日					
6	1		期初余额			250 000
	1	银付 1	购买固定资产		30 200	219 800
	2	银付 2	购买材料		106 700	207 600
	3	银收 1	收取押金	200		207 800
	4	银收 2	向银行借款	100 000		307 800
	5	银付 3	购买无形资产		40 000	267 800
	6	银付 4	支付上月税金		3 500	264 300
	7	银付 5	支付材料款		3 510	260 790
	9	银付 6	订报刊杂志		900	259 890
	10	银付 7	提库存现金		13 000	246 890
	11	银收 3	收前欠货款	600		247 490
	12	银付 8	支付罚款		1 000	246 490
	15	银付 9	支付电费		2 500	243 990
	24	银收 4	销售产品	45 630		289 620
	25	银付 10	支付广告费		300	289 320
	29	银收 5	收到投资收益	6 000		295 320
	30		本期发生额及期末余额	152 430	107 110	295 320

表 10-14　　应收账款

20××年		凭证号数	摘 要	借 方	贷 方	借或贷	余 额
月	日						
6	1		期初余额			借	8 900
	11	银收 3	收到货款		600	借	8 300
	27	转 12	销售产品	32 760		借	41 060
	30		本期发生额及期末余额	32 760	600		41 060

表 10-15　　其他应收账款

20××年		凭证号数	摘 要	借 方	贷 方	借或贷	余 额
月	日						
6	8	现付 2	预付差旅费	1 400		借	1 400
	15	现付 5	王力报差旅费		1 400	平	0
	30		本期发生额及期末余额	1 400	1 400	平	0

表 10-16 **材料采购**

20××年 月	日	凭证号数	摘要	借方	贷方	借或贷	余额
6	2	银付 2	采购材料付款	10 500		借	10 500
	4	转 1	采购材料未付款	3 000		借	13 500
	4	转 2	4 日购料验收入库		3 000	借	10 500
	6	转 3	2 日购料验收入库		105 000	平	0
	30		本期发生额及期末余额	13 500	13 500	平	0

表 10-17 **原材料**

20××年 月	日	凭证号数	摘要	借方	贷方	借或贷	余额
6	1		期初余额			借	54 000
	4	转 2	结转乙采购成本	3 000		借	57 000
	6	转 3	材料验收入库	10 500		借	67 500
	7	转 4	生产产品领料		15 500	借	52 000
	30		本期发生额及期末余额	13 500	15 500	借	52 000

表 10-18 **库存商品**

20××年 月	日	凭证号数	摘要	借方	贷方	借或贷	余额
6	1		期初余额			借	110 000
	22	转 11	结转完工产品成品	33 694		借	143 694
	30	转 13	结转已销产品成本		38 400	借	105 294
	30		本期发生额及期末余额	33 694	38 400	借	105 294

表 10-19 **累计折旧**

20××年 月	日	凭证号数	摘要	借方	贷方	借或贷	余额
6	1		期初余额			贷	46 500
	16	转 9	计提本月折旧		5 000	贷	51 500
	30		本期发生额及期末余额		5 000	贷	51 500

表 10-20 固定资产

20××年		凭证号数	摘要	借方	贷方	借或贷	余额
月	日						
6	1		期初余额			借	320 000
	1	银付 1	购买机器设备	30 200		借	350 200
	30		本期发生额及期末余额	30 200		借	350 200

表 10-21 短期借款

20××年		凭证号数	摘要	借方	贷方	借或贷	余额
月	日						
6	1		期初余额			贷	60 000
	4	银收 2	向银行借款		100 000	贷	160 000
	30		本期发生额及期末余额		100 000	贷	160 000

表 10-22 应付账款

20××年		凭证号数	摘要	借方	贷方	借或贷	余额
月	日						
6	4	转 1	采购材料款未付			贷	3 510
	7	银付 5	归还货款	3 510	3 510	平	0
	30		本期发生额及期末余额	3 510	3 510	平	0

表 10-23 其他应付款

20××年		凭证号数	摘要	借方	贷方	借或贷	余额
月	日						
6	3	银收 1	收包装物押金		200	贷	200
	20	转 9	没收包装物押金	200		平	0
	30		本期发生额及期末余额	2 700	2 700	平	0

表 10-24 应付职工薪酬

20××年		凭证号数	摘要	借方	贷方	借或贷	余额
月	日						
6	1		期初余额			贷	4 000
	10	转 5	分配工资		13 000	贷	17 000
	10	现付 4	支付工资	13 000		贷	4 000
	10	转 6	提取职工福利费		1 820	贷	5 820
	21	现付 6	报销探亲路费	57		贷	5 763
	30		本期发生额及期末余额	57	1 820	贷	5 763

表 10-25　　应交税费

20××年 月	日	凭证号数	摘　要	借　方	贷　方	借或贷	余　额
6	1		期初余额			贷	3 500.00
	2	银付 2	采购材料付款	1 700.00		贷	1 800.00
	4	转 1	采购材料款未付	510.00		贷	1 290.00
	6	银付 4	付上月税金	3 500.00		借	2 210.00
	24	银收 4	销售产品		6 630.00	贷	4 420.00
	27	转 12	销售产品		4 760.00	贷	9 180.00
	30	转 14	结转本月应交税费		335	贷	9 515.00
	30	转 17	结转应交所得税费用		6 352.75	贷	15 867.75
	30		本期发生额及期末余额	5 710.00	18 077.75	贷	15 867.75

表 10-26　　应付利息

20××年 月	日	凭证号数	摘　要	借　方	贷　方	借或贷	余　额
6	19	转 8	计算当期借款利息		350	贷	350
	30		本期发生额及期末余额		350	贷	350

表 10-27　　利润分配

20××年 月	日	凭证号数	摘　要	借　方	贷　方	借或贷	余　额
6	30	转 19	转入可分配利润		19 058.25	贷	19 058.25
	30	转 20	提取盈余公积	1 905.83		贷	17 152.42
	30	转 21	应付股利	7 623.3		贷	9 529.12
	30		本期发生额及期末余额	9 529.13	19 058.25	贷	9 529.12

表 10-28　　本年利润

20××年 月	日	凭证号数	摘　要	借　方	贷　方	借或贷	余　额
6	30	转 15	本月收入转入“本年利润”		73 245.00	贷	73 245.00
	30	转 16	本月成本费用转入“本年利润”	47 834.00		贷	25 411.00
	30	转 18	所得税费用转入“本年利润”	6 352.75			19 058.25
	30	转 18	“本年利润”转入利润分配	19 058.25		平	0
	30		本期发生额及期末余额	73 245.00	73 245.00	平	0

表 10-29 生产成本

20××年 月	日	凭证号数	摘　要	借　方	贷　方	借或贷	余　额
6	7	转 4	生产产品领料	11 700		借	11 700
	10	转 5	分配工资	10 000		借	22 700
	10	转 5	提取职工福利费	1 400		借	24 100
	13	银付 9	支付电费	2 200		借	26 300
	22	转 10	结转本月制造费用	8 394		借	33 694
	30	转 11	结转完工产品成本		33 694	平	0
	30		本期发生额及期末余额	33 694	33 694	平	0

表 10-30 制造费用

20××年 月	日	凭证号数	摘　要	借　方	贷　方	借或贷	余　额
6	7	转 4	生产产品领料	2 800		借	2 800
	10	转 5	分配工资	2 100		借	4 900
	10	转 6	提取职工福利费	294		借	5 194
	13	转 7	支付水电费	200		借	5 394
	16	转 9	计提固定资产折旧	3 000		借	8 394
	22	转 13	结转本月制造费用		8 394	平	0
	30		本期发生额及期末余额	8 394	8 394	平	0

表 10-31 主营业务收入

20××年 月	日	凭证号数	摘　要	借　方	贷　方	借或贷	余　额
6	24	银收 4	销售产品		39 000	贷	39 000
	27	转 12	销售产品		28 000	贷	67 000
	30	转 15	本月收入转入“本年利润”	67 000		平	0
	30		本期发生额及期末余额	67 000	67 000	平	0

表 10-32 主营业务成本

20××年 月	日	凭证号数	摘　要	借　方	贷　方	借或贷	余　额
6	30	转 13	结转已销售产品成本	38 400		借	38 400
	30	转 16	转入“本年利润”账户		38 400	平	0
	31		本期发生额及期末余额	38 400	38 400	平	0

表 10-33 销售费用

20××年 月	日	凭证号数	摘　要	借　方	贷　方	借或贷	余　额
6	25	银付 10	支付广告费	300		借	300
	30	转 16	转入“本年利润”		300	平	0
	30		本期发生额及期末余额	300	300	平	0

表 10-34 营业税金及附加

20××年		凭证号数	摘　要	借　方	贷　方	借或贷	余　额
月	日						
6	25	银付 10	结转本月应交城建税、教育费附加	335		借	335
	30	转 16	转入“本年利润”		335	平	0
	30		本期发生额及期末余额	335	335	平	0

表 10-35 管理费用

20××年		凭证号数	摘　要	借　方	贷　方	借或贷	余　额
月	日						
6	1	现付 1	购买办公用品	800		借	800
	7	转 4	生产产品领料	1 000		借	1 800
	8	现付 3	支付交通费	23		借	1 823
	9	银付 6	订报刊杂志			借	2 723
	10	转 5	分配工资	900		借	3 623
	10	转 6	提取职工福利费	126		借	3 749
	13	转 7	支付电费	100		借	3 849
	15	转 8	报销差旅费	1 500		借	5 349
	16	转 9	计提固定资产折旧	2 000		借	7 349
	30	转 19	本月管理费用转入“本年利润”		7 349	平	0
	30		本期发生额及期末余额	7 349	7 349	平	0

表 10-36 财务费用

20××年		凭证号数	摘　要	借　方	贷　方	借或贷	余　额
月	日						
6	19	转 8	计算当期借款利息	350		借	350
	30	转 16	转入“本年利润”账户		350	平	0
	30		本期发生额及期末余额	350	350	平	0

表 10-37 投资收益

20××年		凭证号数	摘　要	借　方	贷　方	借或贷	余　额
月	日						
6	29	银收 5	收到投资收益		6 000	贷	6 000
	30	转 15	转入“本年利润”账户	6 000		平	0
	30		本期发生额及期末余额	6 000	6 000	平	0

表 10-38 营业外收入

20××年		凭证号数	摘要	借方	贷方	借或贷	余额
月	日						
6	20	转 9	没收包装物押金		200	贷	200
	30	转 15	转入“本年利润”账户	200		平	0
	30		本期发生额及期末余额	200	200	平	0

表 10-39 所得税费用

20××年		凭证号数	摘要	借方	贷方	借或贷	余额
月	日						
6	30	转 17	计算应交所得税费用	6 352.75		借	6 352.75
	30	转 18	结转“本年利润”账户		6 352.75	平	0
	30		本期发生额及期末余额	6 352.75	6 352.75	平	0

表 10-40 无形资产

20××年		凭证号数	摘要	借方	贷方	借或贷	余额
月	日						
6	5	银付 3	购买专利技术	40 000		借	40 000
	30		本期发生额及期末余额	40 000			40 000

表 10-41 实收资本

20××年		凭证号数	摘要	借方	贷方	借或贷	余额
月	日						
6	1		期初余额			贷	594 900
	30		本期发生额及期末余额			贷	594 900

表 10-42 盈余公积

20××年		凭证号数	摘要	借方	贷方	借或贷	余额
月	日						
6	1		期初余额			贷	37 000.00
	30	转 20	提取盈余公积		1 905.83	贷	38 905.83
	30		本期发生额及期末余额		1 905.83	贷	38 905.83

表 10-43 **营业外支出**

20××年		凭证号数	摘要	借方	贷方	借或贷	余额
月	日						
6	12	银付 8	捐赠支出	1 000			1 000
	23	现付 7	捐赠支出	100		借	1 100
	30	转 19	结转“本年利润”账户		1 100	平	0
	30		本期发生额及期末余额	1 100	1 100	平	0

表 10-44 **其他业务收入**

20××年		凭证号数	摘要	借方	贷方	借或贷	余额
月	日						
6	29	现收 1	收包装物租金		45	贷	45
	30	转 15	结转“本年利润”账户	45		平	0
	30		本期发生额及期末余额	45	45	平	0

表 10-45 **应付股利**

20××年		凭证号数	摘要	借方	贷方	借或贷	余额
月	日						
6	30	转 21	预提应交所得税费用		7 623.3	贷	7 623.3
	30		本期发生额及期末余额		7 623.3	贷	7 623.3

表 10-46 **应付利息**

20××年		凭证号数	摘要	借方	贷方	借或贷	余额
月	日						
6	19	转 8	计算利息		350	贷	350
	30		本期发生额及期末余额		350	贷	350

表 10-47 **总分类账户本期发生额及余额对照表**

账户名称	期初余额		本期发生额		期末余额	
	借方	贷方	借方	贷方	借方	贷方
现金	3 000		13 045.00	15 480.00	565.00	
银行存款	250 000		152 430.00	107 110.00	295 320.00	
应收账款	8 900		32 760.00	600.00	41 060.00	
其他应收款			1 400.00	1 400.00		
材料采购			13 500.00	13 500.00		
原材料	54 000		13 500.00	15 500.00	52 000.00	
库存商品	110 000		33 694.00	38 400.00	105 294.00	

续表

账户名称	期初余额		本期发生额		期末余额	
	借方	贷方	借方	贷方	借方	贷方
累计折旧		46 500		5 000.00		51 500.00
短期借款		60 000		100 000.00		160 000.00
盈余公积		37 000		190 583.00		38 905.83
应付账款			3 510.00	3 510.00		
其他应付款			200.00	200.00		
应付职工薪酬		4 000	13 057.00	148 200.00		5 763.00
应交税费		3 500	5 710.00	18 077.75		15 867.75
固定资产	320 000		30 200.00		350 200.00	
本年利润			73 245.00	73 245.00		
生产成本			33 694.00	33 694.00		
制造费用			8 394.00	8 394.00		
主营业务收入			67 000.00	67 000.00		
主营业务成本			38 400.00	38 400.00		
销售费用			300.00	300.00		
营业税金及附加			335.00	335.00		
管理费用			7 349.00	7 349.00		
财务费用			350.00	350.00		
投资收益			6 000.00	6 000.00		
营业外收入			200.00	200.00		
所得税费用			6 352.75	6 352.75		594 900.00
实收资本		594 900.00				
无形资产			40 000.00		40 000.00	
营业外支出			1 100.00	1 100.00		
其他业务收入			45.00	45.00		
利润分配			9 529.13	19 058.25		9 529.12
应付股利				7 623.30		7 623.30
应付利息				350.00		350.00
合计	745 900	745 900	605 299.88	605 299.88	884 439.00	884 439.00

表 10-48　　原材料明细账本期发生额和余额对照表

明细账户	计量单位	单价	期初余额		本期发生额				期末余额	
					收入		发出			
			数量	金额	数量	金额	数量	金额	数量	金额
A材料	千克	10	3 400	34 000	1 050	10 500	1 150	11 500	3 300	33 000
B材料	千克	5	4 000	20 000	600	3 000	800	4 000	3 800	19 000
合计				54 000		13 500		15 500		52 000

表 10-49 库存商品明细账本期发生额和余额对照表

明细账户	计量单位	单价	期初余额		本期发生额				期末余额	
					收入		发出			
			数量	金额	数量	金额	数量	金额	数量	金额
甲产品	件	80	925	74 000	210	16 784.64	300	24 000	835	66 784.64
乙产品	件	36	1 000	36 000	470	16 909.36	400	14 400	1 070	38 509.36
合计				110 000		33 694.00		38 400		105 294.00

表 10-50 应收账款明细账本期发生额和余额对照表

明细账户	期初余额		本期发生额		期末余额	
	借方	贷方	借方	贷方	借方	贷方
北方厂	600			600		
南方厂	8 300		32 760		41 060	
合计	8 900		32 760	600	41 060	

表 10-51 应付账款明细账本期发生额和余额对照表

明细账户	期初余额		本期发生额		期末余额	
	借方	贷方	借方	贷方	借方	贷方
北方厂			3 510	3 510		
合计			3 510	3 510		

三、记账凭证核算组织形式的优缺点和适用范围

采用记账凭证核算组织形式的优点是层次清楚，简单明了，手续简便，方法易学。由于这种核算组织形式是根据记账凭证直接登记总账，因此，总分类账能够比较详细地反映经济业务的发生情况，便于查账。

采用这种核算形式的缺点是，登记总账的工作量较大，也不便于会计分工，而且有一部分内容与明细分类账基本上是重复的。因此，这种核算组织形式一般只适用于规模较小、经济业务较少、记账凭证数量不多的小型企业或单位。

第三节 记账凭证汇总表核算组织形式

一、记账凭证汇总表核算组织形式的特点和核算要求

记账凭证汇总表核算组织形式又称为科目汇总表核算组织形式，它是在记账凭证核算组织形式基础上发展起来的。它的基本特点是：根据记账凭证定期编制记账凭证汇总表（科目汇总表），然后根据记账凭证汇总表登记总分类账。

在记账凭证汇总表核算组织形式下，对凭证和账簿的要求，基本上和记账凭证会计核

算组织形式相同，但还需要编制记账凭证汇总表，作为登记总分类账的依据。

二、记账凭证汇总表的编制方法

记账凭证汇总表，又称为科目汇总表，是定期（业务量多的单位可每天汇总一次，一般间隔最长不超过 10 天）将一定时间内的记账凭证，按照相同会计科目归类，分别汇总并计算每一会计科目的借方本期发生额和贷方本期发生额，填写到记账凭证汇总表的有关栏内，然后再分别加计全部会计科目的借方本期发生额和贷方本期发生额，填写到“合计”栏内。根据借贷必相等原理，两个合计金额必然相等。记账凭证汇总表的具体格式如表 10-52 和表 11-53 所示。

表 10-52 记账凭证汇总表

年 月 日至 日 第 号

会计科目	总账页次	本期发生额		记账凭证起讫号数
		借方	贷方	

表 10-53 记账凭证汇总表

年 月

会计科目	总账页次	1—10 日		11—20 日		21—31 日		本月合计	
		借方	贷方	借方	贷方	借方	贷方	借方	贷方

三、记账凭证汇总表核算组织形式的核算步骤

记账凭证汇总表核算组织形式的具体核算步骤是：

（1）根据原始凭证或原始凭证汇总表填制记账凭证。

（2）根据收款凭证、付款凭证逐日逐笔登记库存现金日记账和银行存款日记账。

（3）根据收款凭证、付款凭证和转账凭证及其所附原始凭证登记各种明细分类账。

（4）根据记账凭证每日或定期编制记账凭证汇总表。

（5）根据记账凭证汇总表每日或定期登记总分类账。

（6）月末，将库存现金日记账、银行存款日记账和各种明细分类账的余额与总分类账的有关账户余额相互核对。

（7）月末，根据总分类账和明细分类账的有关资料编制会计报表。

记账凭证汇总表核算组织形式如图 10-2 所示。

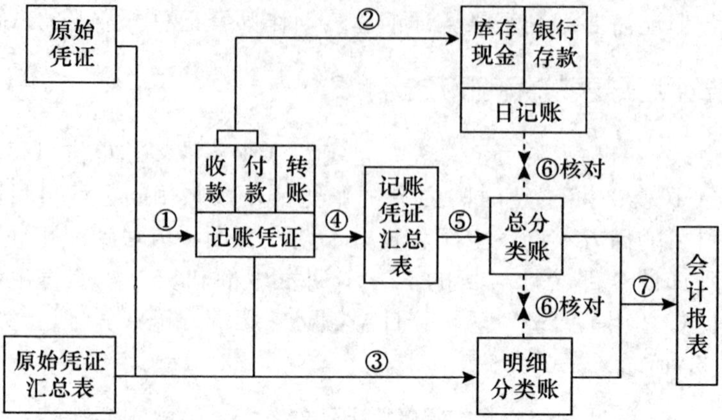

图 10-2　记账凭证汇总表核算组织形式

例 10-2

仍以上一节所列举的某企业 20××年 6 月份的记账凭证为例，编制记账凭证汇总表如下，并据以登记总账（仅以材料采购及原材料账户为例加以说明，其他账户从略），如表 10-54～表 10-58 所示。

表 10-54　　　　记账凭证汇总表

20××年 6 月 1—10 日　　　　第 16 号

会计科目	总账页数	本期发生额		记账凭证起讫号数
		借方	贷方	
材料采购		13 500	13 500	
银行存款		100 200	103 310	
原材料		13 500	15 500	
应付账款		3 510	3 510	
应付职工薪酬		13 000	13 000	
短期借款			100 000	
生产成本		23 100		
制造费用		5 194		
其他应收款		1 400		
应交税费		5 710		
固定资产		30 200		
其他应付款		200		
管理费用		3 749		
库存现金		13 000	15 223	
无形资产		40 000		
合计		266 063	266 063	

表 10-55　　记账凭证汇总表

20××年 6 月 11—20 日　　第 17 号

会计科目	总账页数	本期发生额		记账凭证起讫号数
		借方	贷方	
应付利息			350	
银行存款		600	3 500	
财务费用		350		
营业外支出		1 000		
其他应收款			1 400	
累计折旧			5 000	
应收账款			600	
生产成本		2 200		
制造费用		3 200		
管理费用		3 600		
其他应付款		200		
营业外收入			200	
库存现金			100	
合计		11 150	11 150	

表 10-56　　记账凭证汇总表

20××年 6 月 21—30 日　　第 18 号

会计科目	总账页数	本期发生额		记账凭证起讫号数
		借方	贷方	
应付职工薪酬		57.00		
库存现金		45.00	157.00	
生产成本		8 394.00	33 694.00	
库存商品		33 694.00	38 400.00	
营业外支出		100.00	1 100.00	
营业外收入		200.00		
银行存款		51 630.00	300.00	
财务费用			350.00	
主营业务收入		67 000.00	67 000	
应交税费			18 077.75	
销售费用		300.00	300.00	
制造费用			8 394.00	
管理费用			7 349.00	
应收账款		32 760.00		
投资收益		6 000.00	6 000.00	
其他业务收入		45.00	45.00	

续表

会计科目	总账页数	本期发生额		记账凭证起讫号数
		借方	贷方	
主营业务成本		38 400.00	38 400.00	
主营业务税金及附加		335.00	335.00	
本年利润		73 245.00	73 245.00	
所得税费用		6 352.75	6 352.75	
利润分配		9 529.13	19 058.25	
盈余公积			1 905.83	
应付股利			7 623.3	
合计		328 086.88	328 086.88	

表 10-57 **材料采购**

20××年		凭证号数	摘　要	借　方	贷　方	借或贷	余　额
月	日						
6	10	汇 16	1/6-10/6 汇总表过入	13 500	13 500	平	0
	30		本期发生额及期末余额	13 500	13 500	平	0

表 10-58 **原材料**

20××年		凭证号数	摘　要	借　方	贷　方	借或贷	余　额
月	日						
6	1		期初余额			借	54 000
6	10	汇 16	1/6-10/6 汇总表过入	13 500	15 500	借	52 000
	30		本期发生额及期末余额	13 500	15 500	借	52 000

四、记账凭证汇总表核算组织形式的优缺点和适用范围

记账凭证汇总表核算组织形式的优点是：由于总账是根据记账凭证汇总表进行登记的，所以能够减少登记总分类账的工作量；而且汇总方法简便，易于掌握；同时，还可以根据记账凭证汇总表对全部会计科目的借方发生额、贷方发生额进行试算平衡，能够及时并纠正记账过程中的差错，保证会计记录的质量。

记账凭证汇总表核算组织形式的缺点是：由于记账凭证汇总表和总分类账中不反映科目对应关系和经济业务的来龙去脉，因而不便于分析检查企业的经济活动情况和核对账

目。记账凭证汇总表核算组织形式一般适用于规模较大、业务量较多的单位。

第四节 汇总记账凭证核算组织形式

一、汇总记账凭证核算组织形式的特点和核算要求

汇总记账凭证核算组织形式的基本特点是根据记账凭证编制汇总记账凭证，据以登记总账。

采用这种会计核算组织形式，主要设置库存现金日记账、银行存款日记账、总分类账和明细分类账。库存现金日记账和银行存款日记账采用三栏式；总分类账可以是有“对应科目”专栏的三栏式，也可以是多栏式；明细分类账可采用三栏式、数量金额式或多栏式。汇总记账凭证须分为汇总收款凭证、汇总付款凭证和汇总转账凭证三种，分别根据收款、付款、转账三种记账凭证汇总填制，并要求在这三种汇总记账凭证中反映科目的对应关系。

二、汇总记账凭证的编制方法

汇总记账凭证定期编制，间隔天数视业务量多少而定，一般为每隔 5 天或 10 天，每月汇总编制一张，月终结出合计数，据以登记总分类账。

（1）汇总收款凭证，是根据库存现金、银行存款的收款凭证，分别按库存现金、银行存款科目的借方设置，定期按贷方科目加以归类汇总，月终时结出合计数，并据以登记总账。

（2）汇总付款凭证，是根据库存现金、银行存款的付款凭证，分别按库存现金、银行存款科目的贷方设置，定期按借方科目加以归类汇总，月终时结出合计数，并据以登记总分类账。

（3）汇总转账凭证，一般根据转账凭证的贷方科目设置，并按对应的借方科目归类汇总，定期进行填列，月终时，结出本科目的合计数，并据以登记总账。

应当指出，汇总转账凭证只能是一贷一借或一贷多借，而不能相反。如果在汇总转账凭证中科目对应关系是多借多贷或一借多贷的会计分录，应分解为几个简单会计分录，然后再予以汇总记账。

三、汇总记账凭证核算组织形式的核算步骤

汇总记账凭证核算组织形式的具体核算步骤是：

（1）根据原始凭证或原始凭证汇总表填制记账凭证。

（2）根据收款凭证和应付款凭证逐笔登记库存现金日记账和银行存款日记账。

（3）根据收款凭证、付款凭证和转账凭证及其所附的原始凭证，逐笔登记各种明细分类账。

（4）根据各种记账凭证定期编制汇总记账凭证。

（5）根据汇总记账凭证登记总分类账。

（6）月末，将库存现金日记账、银行存款日记账、明细分类账的余额和总分类账有关账户的余额相互核对。

（7）月末，根据总分类账和明细分类账的资料编制会计报表。

汇总记账凭证核算组织形式如图 10-3 所示。

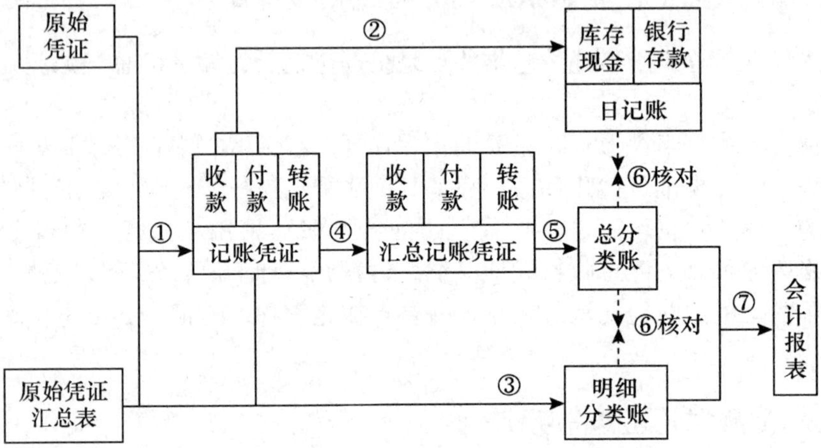

图 10-3　汇总记账凭证核算组织形式

例 10-3

承例 10-1，编制汇总收款凭证、汇总付款凭证和汇总转账凭证并据以登记总分类账，说明汇总记账凭证的编制及其登记总分类账的方法。如表 10-59～表 10-88 所示。

表 10-59　　**汇总收款凭证**

借方科目：银行存款　　20××年 6 月　　汇银收字 1 号

贷方科目	金额				总账页次	
	1—10 日收款凭证	11—20 日收款凭证	21—30 日收款凭证	合计	借方	贷方
应收账款		600		600		
其他应付款	200			800		
短期借款	100 000			100 800		
主营业务收入			39 000	139 800		
应交税费			6 630	146 430		
投资收益			6 000	152 430		
合计	100 200	600	51 630	152 430		

表 10-60 **汇总收款凭证**

借方科目：库存现金　　20××年 6 月　　汇现收字 1 号

贷方科目	金额				总账页次	
	1—10 日 收款凭证	11—20 日 收款凭证	21—30 日 收款凭证	合计	借方	贷方
银行存款	13 000			13 000	略	略
其他业务收入				45		
合计	13 000		45	13 045		

表 10-61 **汇总付款凭证**

贷方科目：银行存款　　20××年 6 月　　汇银付字 1 号

借方科目	金额				总账页次	
	1—10 日 付款凭证	11—20 日 付款凭证	21—30 日 付款凭证	合计	借方	贷方
固定资产	30 200			30 200	略	略
材料采购	10 500			40 700		
应交税费	5 100			45 900		
无形资产	40 000			85 900		
应付账款	3 510			89 410		
管理费用		1 000		90 410		
生产成本		2 200		92 610		
库存现金		13 000		105 610		
制造费用		200		105 810		
营业外支出		1 000		106 810		
销售费用			300	107 110		
合计	89 410	17 400	300	107 110		

表 10-62 **汇总付款凭证**

贷方科目：库存现金　　20××年 6 月　　汇现付字 1 号

借方科目	金额				总账页次	
	1—10 日 付款凭证	11—20 日 付款凭证	21—30 日 付款凭证	合计	借方	贷方
其他应收款		1 400	100	1 500	略	略
应付职工薪酬	13 000		57	14 657		
管理费用	823		15 380			
营业支出			100	15 480		
合计	13 823	1 400	157	15 480		

表 10-63 **汇总转账凭证**

贷方科目：应付账款　　22××年 6 月　　汇转字 1 号

借方科目	金额				总账页次	
	1—10 日 转账凭证	11—20 日 转账凭证	21—30 日 转账凭证	合计	借方	贷方
材料采购	3 000			3 000	略	略
应交税费	510			3 510		
合计	3 510			3 510		

表 10-64 汇总转账凭证

贷方科目：材料采购 20××年 6 月 汇转字 2 号

借方科目	金额				总账页次	
	1—10 日转账凭证	11—20 日转账凭证	21—30 日转账凭证	合 计	借 方	贷 方
原材料	13 500			13 500	略	略
合计	13 500			13 500		

表 10-65 汇总转账凭证

贷方科目：原材料 20××年 6 月 汇转字 3 号

借方科目	金额				总账页次	
	1—10 日转账凭证	11—20 日转账凭证	21—30 日转账凭证	合 计	借 方	贷 方
生产成本	12 700			12 700	略	略
制造费用	2 800			14 500		
管理费用	1 000			15 500		
合计	15 500			15 500		

表 10-66 汇总转账凭证

贷方科目： 20××年 6 月 汇转字 4 号

借方科目	金额				总账页次	
	1—10 日转账凭证	11—20 日转账凭证	21—30 日转账凭证	合 计	借 方	贷 方
生产成本	11 400			11 400	略	略
制造费用	2 394			13 794		
管理费用	1 026			14 820		
合计	14 820			14 820		

表 10-67 汇总转账凭证

贷方科目：其他应付款 20××年 6 月 汇转字 5 号

借方科目	金额				总账页次	
	1—10 日转账凭证	11—20 日转账凭证	21—30 日转账凭证	合 计	借 方	贷 方
银行存款	200			200	略	略
合计	200			200		

表 10-68 汇总转账凭证

贷方科目：其他应收款 20××年 6 月 汇转字 6 号

借方科目	金额				总账页次	
	1—10 日转账凭证	11—20 日转账凭证	21—30 日转账凭证	合 计	借 方	贷 方
管理费用		1 400		1 400	略	略
合计		1 400		1 400		

表 10-69 **汇总转账凭证**

贷方科目：累计折旧 20××年 6 月 汇转字 7 号

借方科目	金 额				总账页次	
	1—10 日转账凭证	11—20 日转账凭证	21—30 日转账凭证	合 计	借 方	贷 方
制造费用		3 000		3 000	略	略
管理费用		2 000		5 000		
合计		5 000		5 000		

表 10-70 **汇总转账凭证**

贷方科目：应付利息 20××年 6 月 汇转字 8 号

借方科目	金 额				总账页次	
	1—10 日转账凭证	11—20 日转账凭证	21—30 日转账凭证	合 计	借 方	贷 方
财务费用		350		350	略	略
合计		350		350		

表 10-71 **汇总转账凭证**

贷方科目：营业外收入 20××年 6 月 汇转字 9 号

借方科目	金 额				总账页次	
	1—10 日转账凭证	11—20 日转账凭证	21—30 日转账凭证	合 计	借 方	贷 方
其他应付款		200		200	略	略
合计		200		200		

表 10-72 **汇总转账凭证**

贷方科目：制造费用 20××年 6 月 汇转字 10 号

借方科目	金 额				总账页次	
	1—10 日转账凭证	11—20 日转账凭证	21—30 日转账凭证	合 计	借 方	贷 方
生产成本			8 394	8 394	略	略
合计			8 394	8 394		

表 10-73 **汇总转账凭证**

贷方科目：生产成本 20××年 6 月 汇转字 11 号

借方科目	金 额				总账页次	
	1—10 日转账凭证	11—20 日转账凭证	21—30 日转账凭证	合 计	借 方	贷 方
库存商品			33 694	33 694	略	略
合计			33 694	33 694		

表 10-74 **汇总转账凭证**

贷方科目：主营业务收入 20××年 6 月 汇转字 12 号

借方科目	金额				总账页次	
	1—10 日转账凭证	11—20 日转账凭证	21—30 日转账凭证	合计	借方	贷方
应收账款			28 000	28 000	略	略
合计			28 000	28 000		

表 10-75 **汇总转账凭证**

贷方科目：应交税费 20××年 6 月 汇转字 13 号

借方科目	金额				总账页次	
	1—10 日转账凭证	11—20 日转账凭证	21—30 日转账凭证	合计	借方	贷方
应收账款			4 760.00	4 760.00	略	略
银行存款	6 630.00			11 390.00		
营业税金及附加			335.00	11 725.00		
所得税费用			6 352.75	18 077.75		
合计	6 630.00		11 477.75	18 077.75		

表 10-76 **汇总转账凭证**

贷方科目：本年利润 20××年 6 月 汇转字 14 号

借方科目	金额				总账页次	
	1—10 日转账凭证	11—20 日转账凭证	21—30 日转账凭证	合计	借方	贷方
主营业务收入			67 000	67 000	略	略
其他业务收入			45	67 045		
营业外收入			200	67 245		
投资收益			6 000	73 245		
合计			73 245	73 245		

表 10-77 **汇总转账凭证**

贷方科目：库存商品 20××年 6 月 汇转字 15 号

借方科目	金额				总账页次	
	1—10 日转账凭证	11—20 日转账凭证	21—30 日转账凭证	合计	借方	贷方
主营业务成本			38 400	38 400	略	略
合计			38 400	38 400		

表 10-78 **汇总转账凭证**

贷方科目：所得税费用 20××年 6 月 汇转字 16 号

借方科目	金额				总账页次	
	1—10 日转账凭证	11—20 日转账凭证	21—30 日转账凭证	合计	借方	贷方
本年利润			6 352.75	6 352.75	略	略
合计			6 352.75	6 352.75		

表 10-79 **汇总转账凭证**

贷方科目：主营业务成本 20××年 6 月 汇转字 17 号

借方科目	金额				总账页次	
	1—10 日转账凭证	11—20 日转账凭证	21—30 日转账凭证	合计	借方	贷方
本年利润			38 400	38 400	略	略
合计			38 400	38 400		

表 10-80 **汇总转账凭证**

贷方科目：销售费用 20××年 6 月 汇转字 18 号

借方科目	金额				总账页次	
	1—10 日转账凭证	11—20 日转账凭证	21—30 日转账凭证	合计	借方	贷方
本年利润			300	300	略	略
合计			300	300		

表 10-81 **汇总转账凭证**

贷方科目：营业税金及附加 20××年 6 月 汇转字 19 号

借方科目	金额				总账页次	
	1—10 日转账凭证	11—20 日转账凭证	21—30 日转账凭证	合计	借方	贷方
本年利润			335	335	略	略
合计			335	335		

表 10-82 **汇总转账凭证**

贷方科目：管理费用 20××年 6 月 汇转字 20 号

借方科目	金额				总账页次	
	1—10 日转账凭证	11—20 日转账凭证	21—30 日转账凭证	合计	借方	贷方
本年利润			7 349	7 349	略	略
合计			7 349	7 349		

表 10-83 **汇总转账凭证**

贷方科目：财务费用 20××年 6 月 汇转字 21 号

借方科目	金额				总账页次	
	1—10 日转账凭证	11—20 日转账凭证	21—30 日转账凭证	合计	借方	贷方
本年利润			350	350	略	略
合计			350	350		

表 10-84 **汇总转账凭证**

贷方科目：营业外支出 20××年 6 月 汇转字 22 号

借方科目	金额				总账页次	
	1—10 日转账凭证	11—20 日转账凭证	21—30 日转账凭证	合计	借方	贷方
本年利润			1 100	1 100	略	略
合计			1 100	1 100		

表 10-85 **汇总转账凭证**

贷方科目：盈余公积 20××年 6 月 汇转字 23 号

借方科目	金额				总账页次	
	1—10 日转账凭证	11—20 日转账凭证	21—30 日转账凭证	合计	借方	贷方
利润分配			1 905.83	1 905.83	略	略
合计			1 905.83	1 905.83		

表 10-86 **汇总转账凭证**

贷方科目：应付股利 20××年 6 月 汇转字 24 号

借方科目	金额				总账页次	
	1—10 日转账凭证	11—20 日转账凭证	21—30 日转账凭证	合计	借方	贷方
利润分配			7 623.3	7 623.3	略	略
合计			7 623.3	7 623.3		

表 10-87 **材料采购**

20××年		凭证号数	摘要	借方	贷方	借或贷	余额
月	日						
6	30	汇银付 1 号		10 500		借	10 500
	30	汇转 1 号		3 000		借	13 500
	30	汇转 2 号			13 500	平	0
	30		本期发生额及期末余额	13 500	13 500	平	0

表 10-88　　原材料

20××年		凭证号数	摘　要	借　方	贷　方	借或贷	余　额
6	1		略			借	54 000
	30	汇转 1 号		13 500		借	52 000
	30	汇转 2 号			15 500	借	52 000
	30		本期发生额及期末余额	13 500	15 500	借	52 000

四、汇总记账凭证核算组织形式的优缺点和适用范围

汇总记账凭证核算组织形式的优点是：由于总分类账是定期根据汇总记账凭证进行登记，因此，减轻了登记总分类账的工作。同时，由于汇总记账凭证是根据记账凭证按照科目对应关系进行编制的，因此，它可以明确地反映科目对应关系，反映经济业务的来龙去脉，便于检查分析，发生差错，也便于查找。

汇总记账凭证核算组织形式的缺点是：由于汇总转账凭证是按照会计科目的贷方设置和编制的，不是按经济业务的性质归类汇总的，因而，不利于对日常核算工作进行合理的分工；而且汇总记账凭证的工作量大，特别是对一借多贷的经济业务，必须分解为几个一借一贷的简单会计分录，不但不能完整地反映一项经济业务的全貌，反而增加了核算工作量。该种核算形式一般适用于企业规模较大、经济业务量较多的单位。

第五节　其他会计核算组织形式

一、多栏式日记账核算组织形式

（一）多栏式日记账核算组织形式的特点和核算要求

多栏式日记账核算组织形式的特点是：根据收款凭证、付款凭证逐日逐笔登记多栏式库存现金日记账和银行存款日记账，然后根据库存现金、银行存款日记账登记总分类账。

多栏式日记账核算组织形式所采用的凭证，与记账凭证核算组织形式相同，可以采用专用凭证，也可以采用通用凭证。会计账簿应设置多栏式库存现金日记账和多栏式银行存款日记账，以及各种明细分类账和总分类账。

多栏式的库存现金和银行存款日记账，具有科目汇总表的作用，月终可根据这些日记账的本月收、付发生额和各对应科目的发生额直接登记总分类账。运用这种程序应注意两点：

（1）库存现金与银行存款之间的相互划转数额，已经包含在有关日记账的收、付合计数里，因此，要避免重复计算。

（2）业务不多的单位不必使用转账凭证科目汇总表，可仍保留转账凭证过账的方法。

（二）多栏式日记账核算组织形式的核算步骤

多栏式日记账核算组织形式的具体核算步骤是：

（1）根据原始凭证或原始凭证汇总表填制记账凭证。

（2）根据收款凭证和付款凭证登记多栏式库存现金日记账和多栏式银行存款日记账。

（3）根据原始凭证或原始凭证汇总表以及记账凭证登记各种明细分类账。

（4）月末，根据多栏式库存现金日记账和多栏式银行存款日记账登记有关总分类账；同时，根据转账凭证或转账凭证科目汇总表登记有关总分类账。

（5）月末，各种明细分类账的余额合计数，应分别与总分类账中有关账户余额核对相符。

（6）月末，根据总分类账和有关明细分类账的记录编制会计报表。

多栏式日记账核算组织形式如图 10-4 所示。

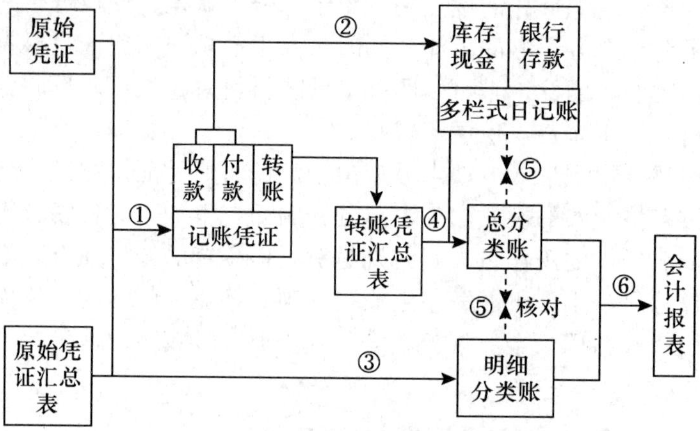

图 10-4 多栏式日记账核算组织形式

下面根据记账凭证核算组织形式所列举的经济业务，编制多栏式库存现金日记账和银行存款日记账，如表 10-89 所示。

表 10-89 库存现金日记账

年		凭证号数	摘要	收入				支出				结余
月	日			其他业务收入	银行存款	…	合计	管理费用	营业外支出	…	合计	

（三）多栏式日记账核算组织形式的优缺点和适用范围

多栏式日记账核算组织形式的优点是：由于收款业务、付款业务都是通过多栏式日记账汇总后登记总分类账的，因此，可以简化登记总分类账的工作。但是，由于多栏式日记账借方、贷方设置的专栏较多，致使账页过长，不便于记账和查账。另外，总分类账的库存现金、银行存款账户根据多栏式日记账的借方、贷方合计数填列，不利于日记账和总账之间相互核对。这种会计核算组织形式一般只适用于规模较大、收付款业务较多的单位。

二、日记总账核算组织形式

(一) 日记总账核算组织形式的特点和核算要求

日记总账核算组织形式，就是设置一本把日记账和总分类账结合起来的联合账簿——日记总账，单位日常发生的各项经济业务都要根据记账凭证直接记入日记总账的一种核算组织形式。

在日记总账核算组织形式下，除应设置一本日记总账用以序时分类地记录单位的全部经济业务外，仍应设置收款凭证、付款凭证和转账凭证等三种记账凭证以及库存现金日记账和银行存款日记账，以便对货币资金的收、付和结存情况加强监督，并应设置一 定种类的明细分类账，进行必要的明细分类核算。

库存现金日记账和银行存款日记账可采用“三栏式”账簿，明细分类账可根据具体情况分别采用三栏式、多栏式或数量金额式账簿。其总分类账采用日记总账，日记总账每月登记一张，其格式如表 10-90 所示。

表 10-90　　　　日记总账

年		凭证号数	摘要	发生额	材料采购		原材料		固定资产		银行存款	
月	日				借方	贷方	借方	贷方	借方	贷方	借方	贷方
			上月（年）结转									
			本月发生额合计									
			本月结余									

在采用日记总账核算组织形式时，关键在于把握日记总账的登记方法。日记总账的登记要注意以下几点：

(1) 根据记账凭证逐笔登记日记总账时，除写明业务的简要内容外，每一笔业务的借方发生额和贷方发生额，应该在同一行的有关科目的借方和贷方栏内分别登记，并将金额记入“发生额”栏。

(2) 对于收款和付款业务，可以根据收款凭证和付款凭证逐日汇总登记。

(3) 月终，应结算各科目的发生额合计数，计算出各科目的月末借方或贷方金额。“发生额”栏所列本月发生额合计数，应该与全部科目本月借方发生额合计、本月贷方发生额合计核对相符；各科目的借方余额合计应该与贷方余额合计核对相符。

(二) 日记总账核算组织形式的核算步骤

日记总账核算组织形式的具体核算步骤是：

(1) 根据原始凭证或原始凭证汇总表填制记账凭证。

(2) 根据收款凭证和付款凭证登记库存现金日记账和银行存款日记账。

(3) 根据原始凭证或原始凭证汇总表以及记账凭证登记各种明细分类账。

(4) 根据收款凭证、付款凭证和转账凭证登记日记总账。

(5) 库存现金日记账、银行存款日记账的余额与日记总账中的库存现金、银行存款科目的余额核对相符，各明细分类账的余额合计与日记总账相应科目的余额核对相符。

（6）月末，根据日记总账和有关明细分类账的记录编制会计报表。

日记总账核算组织形式如图 10-5 所示。

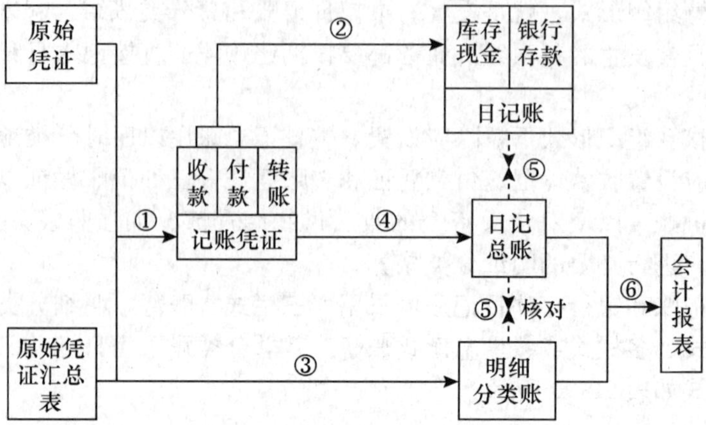

图 10-5 日记总账核算组织形式

（三）日记总账核算组织形式的优缺点和适用范围

日记总账核算组织形式的主要优点是记账凭证不需要汇总，会计凭证的处理比较简化；日记总账采用多栏式格式，按全都科目设置专栏，因而账面上可以全面反映各个账户之间的对应关系，便于了解经济业务的来龙去脉。缺点是采用这种核算形式，会计科目全部集中在一张账页上，不便于分工记账；如果会计科目多，日记总账的账页加大加长，不便于登账也不便于查账，这种核算组织形式一般适用于业务简单，使用会计科目较少，规模较小的单位。

复习思考题

1. 何谓会计核算组织形式？建立会计核算组织形式的基本要求是什么？

2. 在记账凭证核算组织形式下，应设置哪些会计凭证和会计账簿？其会计核算组织形式如何？

3. 记账凭证核算组织形式有哪些优点和缺点？适用于哪些单位？

4. 科目汇总表核算组织形式的特点是什么？其会计核算组织形式如何？

5. 科目汇总表核算组织形式有哪些优点和缺点？适用于哪些单位

6. 汇总记账凭证核算组织形式的特点是什么？其会计核算组织形式如何？

7. 汇总记账凭证核算组织形式有哪些优点和缺点？适用于哪些单位？

8. 试对记账凭证核算组织形式、汇总记账凭证核算组织形式、记账凭证汇总表核算组织形式进行比较和评价。

练习题

一、填空题

1. 会计核算组织形式的核心部分是（　　）。

2. 记账凭证核算组织形式的主要特点是（　　）。

3. 汇总转账凭证一般应按每（　　）分别设置，并按（　　）一一归类，每个（　　）每月编制一张。

4. 科目汇总表核算组织形式适用于（　　）、（　　）的企业单位。

二、单项选择题

1. 经济业务简单、凭证数量较少的小型企业单位适用于（　　）。

A. 科目汇总表核算组织形式　　B. 汇总记账凭证核算组织形式

C. 日记总账核算组织形式　　D. 记账凭证核算组织形式

2. 汇总转账凭证通常是按（　　）。

A. 每一借方科目分别设置　　B. 每一贷方科目分别设置

C. “库存现金”科目为主汇总　　D. “银行存款”科目为主汇总

3. 在科目汇总表核算组织形式下，一般应力求编制（　　）记账凭证。

A. 一借多贷　　B. 一贷多借

C. 一借一贷　　D. 多借多贷

4. 汇总付款凭证是根据“库存现金”、“银行存款”科目的（　　）设置，按借方汇总，定期编制。

A. 借方　　B. 贷方

C. 借方和贷方　　D. 借方或贷方

三、多项选择题

1. 记账凭证不需要汇总，直接登记总账的会计核算组织形式有（　　）。

A. 科目汇总表核算组织形式　　B. 记账凭证核算组织形式

C. 汇总记账凭证核算组织形式　　D. 日记总账核算组织形式

E. 记账凭证汇总表核算组织形式

2. 记账凭证核算组织形式需要设置的凭证有（　　）。

A. 收款凭证　　B. 科目汇总表

C. 付款凭证　　D. 转账凭证

E. 汇总转账凭证

3. 科目汇总表核算组织形式需要设置的账簿有（　　）。

A. 库存现金、银行存款日记账　　B. 日记总账

C. 明细分类账　　D. 总分类账

E. 存货明细账

4. 汇总记账凭证核算形式需设置的凭证有（　　）。

A. 收款凭证、汇总收款凭证　　B. 科目汇总表

C. 付款凭证、汇总付款凭证　　D. 转账凭证、汇总转账凭证

E. 库存现金收款凭证

四、判断改错题

1. 由于各单位的业务规模大小不同，业务性质不一样，管理要求也各不相同，因而其使用的凭证、账簿的格式及记账顺序也有所不同。　　（　　）

2. 记账凭证核算形式一般只适用于经济业务简单、凭证数量较少的中型企业单位。（　）

3. 汇总记账凭证核算形式一般适用于经营规模较大，经济业务较多的大型企业和其他单位。（　）

五、业务核算题

习题一

（一）目的：练习记账凭证核算组织形式。

（二）资料：某工厂20××年5月初账户余额如下：

单位：元

账户名称	借方金额	账户名称	贷方金额
库存现金	800	短期借款	60 000
银行存款	76 000	应付账款	74 000
应收账款	52 000	应交税费	1 800
原材料	109 800	长期借款	80 000
库存商品	43 000	累计折旧	240 000
固定资产	1 500 000	实收资本	1 200 000
其他应收款	1 000	盈余公积	126 000
管理费用	1 400	应付职工薪酬	2 200
合计	1 784 000	合计	1 784 000

其中：原材料 650 公斤　单价 72 元　计 46 800 元
乙材料 700 公斤　单价 90 元　计 63 000 元
应付账款——振兴工厂　50 000 元
——华光工厂　24 000 元
应收账款——益力公司　52 000 元

5 月份发生经济业务如下表（以会计分录代替会计凭证）：

20××年		业务号	凭证种类	会计分录	借方金额	贷方金额
月	日					
5	1	(1)	转 1	材料采购 应交税费 应付账款	1 000 170	 1 170
	2	(2)	银付 1	材料采购 应交税费 银行存款	2 000 340	 2 340
	3	(3)	银付 2	材料采购 应交税费 银行存款	1 500 235	 1 735
	4	(4)	转 2	原材料 材料采购	1 000	 1 000
	5	(5)	转 3	原材料 材料采购	2 000	 2 000

续表

20××年		业务号	凭证种类	会计分录	借方金额	贷方金额
月	日					
	5	(6)	银付 3	应付账款	1 170	
				银行存款		1 170
	5	(7)	银付 4	库存现金	600	
				银行存款		600
	6	(8)	银付 5	管理费用	300	
				银行存款		300
	6	(9)	转 4	原材料	1 500	
				材料采购		1 500
	7	(10)	转 5	应收账款	11 700	
				其他业务收入		10 000
				应交税费		1 700
	8	(11)	银付 6	固定资产	5 210	
				银行存款		5 210
	9	(12)	银收 1	银行存款	8 000	
				投资收益		8 000
	10	(13)	现付 1	营业外支出	300	
				库存现金		300

（三）要求：根据记账凭证登记库存现金日记账、银行存款日记账和总分类账并结出本期发生额及期末余额，编制本期发生额及余额试算平衡表。

习题二

根据以上资料，编制 5 月 1—10 日科目汇总表（按 10 天汇总）并据以登记总分类账。

习题三

根据以上资料，编制汇总收款凭证、汇总付款凭证和汇总转账凭证。

CHAPTER

11 第十一章 财务报告

学习目标

本章主要介绍财务会计报告的基本内容与编制方法。通过本章的学习，要求学生掌握资产负债表和利润表和现金流量表的内容、结构及编制方法，财务报表附注和财务状况说明书的基本内容，财务报表的审核、报送和审批程序，并了解财务报表的分析。

第一节 财务报告概述

财务报告是根据经济组织日常的会计账簿记录和其他核算资料编制的，全面综合地反映会计主体在一定时期的财务状况和经营成果的总括性书面文件，也是企业对外披露会计信息最重要的手段。

定期编制财务报告是会计工作的一项重要内容，是会计核算的专门方法。在会计信息的生成与加工过程中，通常企业将日常发生的经济事项通过记账工作分类地登记在各种会计账簿中，会计信息已初步具有条理化和系统化的特征。但这些反映在会计账簿中的信息，总体来说还比较分散，不能概括地反映企业经济状况和经营成果的全貌，会计信息使用者不能直接有效地利用这些财务信息。因此，按照统一的财务会计制度的要求对账簿系统的信息进行再确认和再提炼，进一步加工、整理和综合，并结合其他日常会计核算资料，按照一定的指标体系，以报告文件的形式集中地反映出来，从而全面、系统、概括地提供会计主体有关财务状况和经营成果的会计信息。对满足会计信息使用者的不同需要，加强企业经济管理，有着十分重要作用和意义。

财务报告（financial report）又称财务会计报告，它与财务报表（financial statements）既有联系又有区别，美国财务会计准则委员会（FASB，Financial Accounting Standards Board）的《财务会计概念公告》（SFAC，Statements of Financial Accounting Concepts）中指出，财务报告不仅包括财务报表，而且包括传递直接或间接地与会计系统所提供的信息有关的各种信息，如企业的经济资源、债务、投资及盈利等方面的信息。因此，财务报告包括主要的财务报表，补充信息，利用财务报告的其他手段所披露的相关信息。财务报表是财务报告的主要部分，而补充信息和其他财务报告是会计信息使用者充分了解财务报告的必要补充。

一、财务报表的概念与种类

（一）财务报表的概念

在市场经济社会中，企业的投资人和债权人、企业内部管理人员、税收和证券监督等政府管理部门，需要利用会计信息进行决策和控制。虽然，在日常会计工作中，通过编制会计凭证和登记账簿，对企业的经济业务已经进行了连续、系统的记录，但会计凭证与账簿还不能高度概括会计信息。为了取得总括的会计信息，以便集中反映企业的资产、负债和所有者权益情况及一定期间的经营成果和现金流量信息，会计人员必须提供满足多类使用者需求的财务报告，即所谓财务报表。

财务报表是会计核算的最终成果，它是以会计账簿为主要依据，以货币为计量单位，全面、总括反映会计实体在一定时期内财务状况、经营成果和现金流量的报告文件。它是会计实体对经济活动进行预测、决策、控制和检查、分析的重要依据。

（二）财务报表的种类

财务报表可按不同的标准进行多层次、多角度的分类。目前，主要的分类方法有：

（1）财务报表按其反映的经济内容不同，分为资产负债表、所有者权益变动表、利润表、现金流量表及其必要的附表。资产负债表是用来反映企业在某一特定时日财务状况的财务报表。所有者权益变动表是用来反映构成所有者权益的各组成部分当期的增减变动情况。利润表是用来反映企业在一段时期内经营成果的财务报表。现金流量表是用来反映企业在一定时期内现金流入和流出情况的财务报表。财务报表附表是对财务报表内某一项目或某些项目的经济内容做进一步解释说明的报表，如利润分配表和主营业务收支明细表等。

（2）财务报表根据编制单位性质不同，分为企业单位财务报表和事业单位财务报表。企业单位财务报表一般包括资产负债表、利润表和现金流量表；事业单位财务报表包括资金活动情况表、经费支出明细表、拨入经费增减情况表以及经费支出决算表等。

（3）财务报表根据编制的时间不同，分为中期财务报表和年度财务报表。中期，是指短于一个完整的会计年度的报告期间，包括月度、季度和半年度。中期财务报表至少应当包括资产负债表、利润表、现金流量表和附注。年度财务报表于每年年度终了时编报，至少应当包括资产负债表、利润表、现金流量表、所有者权益变动表和附注。根据我国现行规定，月报应于月份终了后的 6 日内报出，季报应于每季度终了后的 15 日内报出，半年报应在年度中期结束后的 60 日内报出，年报应在年度终了后 4 个月内报出。

（4）按财务报表编报主体不同，分为个别财务报表和合并财务报表。个别财务报表是指由母公司或子公司单独编制的，仅反映母公司或子公司自身财务状况、经营成果和现金流量等相关信息的报表，它反映的对象是单个企业法人。合并财务报表是指由母公司编制的，将母子公司形成的企业集团作为一个会计主体，综合反映企业集团整体财务状况、经营成果和现金流量等相关信息的报表，它反映的对象是由若干个法人组成的会计主体，是经济意义上的会计主体，而不是法律意义上的主体。合并财务报表以个别财务报表为基础编制，它是以纳入合并范围的企业个别财务报表为基础，根据其他有关资料，抵销有关会计事项，对个别财务报表的影响编制的，它并不需要在现行会计核算方法体系之外，单独设置一套账簿体系。

（5）财务报表按编制用途不同，分为外部报表和内部报表两类。外部报表是为了满足投资者和债权人、财政、税收、银行和证券监督等部门的需要，由财政部统一制定，单位编制报送的会计报表；内部报表是为了满足企业内部管理，进行会计预测、决策、控制和加强财务管理的需要，由单位会计部门统一制定，职能部门、车间和班组填报的会计报表。

在财务报表的几种主要分类方法之中，按反映的经济内容分类是最基本的，其他分类方法都是在此基础上延伸、派生出来的，是辅助性的分类方法。

二、财务报告的作用

（一）财务报告有利于投资人、债权人等财务信息使用者了解企业的财务状况和经营成果

在市场经济条件下企业的投资者虽然其财产投入到企业，并且是享有企业财产的终极所有者，但他们中的大多数人在一般情况下并不参与企业的实际经营管理，而是委托专门的经理人员对企业进行经营管理。而财务报告的编制和披露则为现有投资者（股东）了解企业财务状况和资金使用效果等信息提供了方便，使他们可以利用财务报告对企业盈利能力的增长潜力作出适当评估，并决定是抛售还是继续持有该公司的股票，作为潜在的投资者，其投资时主要考虑的是投资风险和报酬问题。为了降低投资风险，并使未来预期报酬有保证，潜在投资者需要借助财务报告所提供的信息，对企业的经营业绩、盈利能力、股利政策和企业未来发展前景等作出自己的判断，这是他们进行合理投资决策的重要前提和保证。

债权人也是企业经营资金的提供者。其所提供的资金也会因企业严重经营亏损或财务失败而无法按期收回。因此，为了降低这种风险，债权人需要借助财务报告了解企业的偿债能力，评价贷款的风险和收益以作出合理的信贷方案和信贷决策。

（二）财务报告有利于评价企业管理当局经营业绩，加强内部管理，提高经济效益

企业管理当局可以利用财务报告，全面了解自身一定时期的财务状况和经营成果，了解其资产、负债、所有者权益的结构及其合理性，了解其资金、成本、利润各项主要经济指标计划完成情况，了解企业的财务风险大小和资金的运用能力等。同时，通过财务报告，还可以检查内部经营管理责任制的落实情况，据以考核、评价内部各责任部门的工作业绩，并总结经验，挖掘企业内部潜力，进一步提高经济效益。

（三）财务报告有利于财税部门了解企业对国家财经纪律的执行情况

国家的财经法纪是为了保护国家经济利益不受侵害，维护正常的经济秩序而制定的。但由于国家的财税部门并不参与企业的日常经营活动，对其执行国家财税法纪的情况无法直接了解，而财务报告的编制和报送，有助于财税部门检查企业对国家财税法纪的执行情况。如通过财务报告，可以检查企业是否及时、足额地缴纳了税金和相关费用，可以发现企业是否遵守了有关的法律制度等。

（四）财务报告有利于国家制定和施行正确的宏观经济调控政策

国家宏观经济调控的实现需要依赖各种经济信息，其中财务报告所揭示的会计信息是其重要内容之一。各企业的财务报告经过逐级汇总后，可以使政府经济管理部门了解国有资产的使用、变动情况，了解各部门、各地区的经济发展情况，据以对国民经济的运动状态和未来走势作出准确的判断和决策，从而加强宏观经济管理，提高调控的成效，保证国民经济能正常地运行。

三、财务报告体系的组成

财务报告是企业对外揭示并传递财务信息的手段，它不仅包括会计报表，而且包括与会计信息有关的其他财务报告。根据现有的会计准则和惯例，有些财务信息只能通过财务报表披露，而另外一些财务信息则要通过财务报表的附注或其他财务报告披露。

财务报表是根据公认会计准则或制度编制，以表格形式概括反映企业财务状况和现金流动情况及经营业绩的书面文件。一般来说，全套财务报表包括资产负债表、利润表（利润表）、现金流量表以及作为财务报表必要组成部分的附注和附表。

其他财务报告是披露与会计信息系统有关的但财务报表又无法包含在内的重要事项的一些报告。根据现行国际惯例，其他财务报告主要包括：管理当局的分析与讨论、预测报告、比较报表、物价变动影响报告、分部信息报告、职工报告、社会责任报告（环境报告）、财务比率报告等。

在财务报告体系中，财务报表和其他财务报告虽同属财务报告的组成内容，但两者具有不同的地位和作用。通常财务报表是中心，而其他财务报告是补充，最有用的信息应当由财务报表来提供。

财务报表和其他财务报告除了在地位和作用方面有主次之别外，在两者的编报依据、所反映信息的特性等方面也有所不同。如表 11-1 所示。

表 11-1　　财务报表与其他财务报告的区别

项目	财务报表	其他财务报告
1. 是否遵守会计准则或制度	是	否
2. 是否以历史信息为基础	是	否
3. 是否以定量信息为主	是	否
4. 是否必须由 CPA 审计	是	否
5. 是否定期编制	是	否
6. 是否以价值信息为主	是	否

四、财务报表的编制要求

（一）编制财务报表的准备工作

财务报表的资料来源主要是账簿记录。为了如实地反映会计主体的财务状况和经营成果，在编制财务报表之前应做好以下准备工作。

1. 检查本期发生的经济业务是否全部登记入账

为了保证财务报表反映内容的完整性，只有在本期的经济业务全部记账的基础上，才可以着手编制财务报表。不能为了赶编报表而提前结账，不得任意估计数字，更不能弄虚作假，篡改数字；当然，也不能推迟结账，把不属于本期的经济业务编入本期的财务报表之中。

2. 进行账项调整

按照权责发生制的要求，对收入和费用项目要进行调整，以便使收入和费用进行恰当的配比。

3. 进行财产清查

在编制财务报表尤其是年度财务报表前，企业对各种存货、固定资产和货币资产要进行清查盘点，做到账物相符、账款相符。如有不符，应查明原因，按规定调整账目。

4. 清理核对账目

结账前，对于企业同其他单位之间的往来款项，企业内部的应收、暂付等往来款项，应进行清理核对，发现问题要及时查明原因，给予处理。对所发现的坏账，应按规定转销。

5. 按时结账，进行试算平衡

在全部经济业务已经入账并且有关账项调整结束之后，企业应该按时结账，进行试算平衡，之后即可编制财务报表。

(二) 编制财务报表的要求

企业对外报送、公布的财务报表，是一种具有法律责任的报告文件。因此，对其编制应按照严格的要求进行。

1. 会计资料真实性

财务报表中的各项数字，必须以调整、核实相符后的账簿记录为依据，不能改变、增删应列入报表而且已经核算的信息资料，不能使用估计数字或推算数字，更不能捏造事实或数字。否则，虚假的信息不仅无助于投资者、债权人等使用者的决策，而且可能导致其做出错误的判断与评价，以致决策失误。

2. 会计信息准确性

财务报表中的各项数字，主要来源于日常的账簿记录。但是，这并不是从账簿到报表数字的简单转化，财务报表中的有些项目金额是需要将有关账户的期末余额进行分析、计算整理后才能填列的，而且报表项目之间存在着一定的数字勾稽关系。各种报表之间，各个项目之间，凡有对应关系的指标，应该相互一致，指标之间应该衔接的必须衔接。

3. 会计事项完整性

财务报表必须按照规定的种类、格式和内容来编制，不得漏编、漏报财务报表，也不得漏填、漏列报表项目。对于报表中需要进一步解释和说明的项目，应在报表的附注中加以说明，以便报表使用者理解和利用，对于需要编制合并报表的，也要完整编报。

4. 编报报表及时性

企业财务报表所提供的资料，具有很强的时效性。只有及时编制和报送财务报表，才能为使用者提供决策所需的信息。否则，即使财务报表的编制非常真实可靠、全面完整，但由于编报不及时，也可能失去其应有的价值。随着市场经济和信息技术的迅速发展，财务报表的及时性要求将变得日益重要。

第二节　资产负债表

一、资产负债表的概念

资产负债表又称资金平衡表（balance sheet）是反映企业某一特定日期财务状况的财务报表，亦称财务状况表。该表按月编制，对外报送，年度终了还应编报年度资产负债表。

资产负债表编制的理论依据是“资产＝负债＋所有者权益”的会计恒等式。其编制原理是把企业特定日期（通常是期末）的资产、负债和所有者权益项目按一定的分类标准和排列次序予以排列而形成的一定格式的报表。

从性质上讲，资产负债表是一个静态报表，它是以相对静止的方式来反映企业的资产、负债和所有者权益的总量及构成。换言之，报表中所反映的财务状况只是某一时点（编报日）的状态，过了这一时点，企业的财务状况就会变化。因此，资产负债表只有对编报日来说才具有意义。从经济内容上分析，资产负债表实际上是用来反映企业从哪里取得资金，又将这些资金投放到哪些方面去了。前者可以理解为是一种筹资活动，后者可以认为是广义的投资活动。而筹资和投资通常是企业财务活动的主要内容，所以资产负债表又称为财务状况表。

二、资产负债表的作用

资产负债表是企业编制的重要报表之一。它可以向报表使用者提供多方面的会计信息。

（一）反映企业的资源总量及构成状况，有助于了解企业资产使用的效率

企业拥有和支配一定规模的资产是其维持正常的经营活动和完成产销计划的物质基础。然而，并非资产规模越大就越好，如果企业的产品生产与销售规模基本稳定，那么资产规模的扩大只能意味着资产使用效率的降低。因此，联系企业的销售规模，可以通过资产负债表来分析、评价资产使用效率的高低。

企业的资产由固定资产和流动资产组成。对某些特定行业来说，二者之间应维持一个合理的比例，如制造行业的固定资产占用较大，而服务行业的固定资产占用则相对较小。因此，联系到企业的行为特点，可以借助资产负债表来分析其资产分布结构是否与行业的整体特征相一致，可以了解企业对资产使用的合理性。

（二）反映资本结构情况，有助于分析和预测财务风险

企业的资本主要来自所有者的投入和债权人的借入。前者称自有资本，后者称借入资本。自有资本和借入资本具有不同的特征，其中最基本的特征是借入资本的使用具有时限性，而且企业要定期支付利息费用。财务风险是指企业因不能偿还到期的债务而招致破产的可能性。显然，通过资产负债表所反映的负债与所有者权益之间的结构比例，即资本结构，可以预测企业财务风险的高低。如果借入资本所占比例过大，则企业面临的财务风险也较大，反之则较小。

（三）反映流动资产和流动负债的对应关系，有助于分析和评价企业的短期偿债能力

企业的长期偿债能力主要取决于企业获利能力和企业的资本结构。利用资产负债表进行长期偿债能力分析具有一定的局限性。而短期偿债能力主要体现为企业的资产和负债的流动性。资产的流动性反映资产的变现能力，即资产转换为现金的能力；负债的流动性则反映债务到期日的迫近性和程度。通过资产负债表中的数据，可分析、判断企业有多少流动资产对应着流动负债，企业是否有足够的资产及时转化成现金以清偿到期的债务。这对债权人来说是至关重要的信息。

三、资产负债表的格式

报表格式是指其内容的表现形式。一般来说，资产负债表分为基本部分和补充资料两部分。该表的主体是基本部分，分为表头和表体两部分。表头部分列示报表的编制单位、编制日期、货币计量单位等。表体则列示一定时点上企业的资产、负债和所有者权益。附注部分（补充资料）主要用于进一步详细说明报表中的某些主要项目和编制基础。由于表头和附注的格式较为简单，故一般所说的资产负债表格式即资产、负债和所有者权益的分类和排列形式。

根据资产负债表主体部分排列方式的不同，资产负债表的格式主要有账户式、报告式及近几年才出现的财务状况式。

（一）账户式

账户式资产负债表直接根据“资产＝负债＋所有者权益”的等式，采用左右对称排列的结构列示财务信息，具体表式（简式）如表 11-2 所示。

表 11-2 **资产负债表**

编制单位： 年 月 日 货币单位：

项目	金额	项目	金额
流动资产		流动负债	
⋮		⋮	
非流动资产		非流动负债	
⋮		⋮	
		所有者权益	
		⋮	
资产总计		负债及所有者权益总计	

这种表式较好地将资产负债表的形式和内容统一起来，揭示了各项目之间内在的勾稽关系，能够让使用者一目了然地了解企业所控制经济资源的来源，也便于对资产负债表进行结构分析。所以，这种表式为世界大多数国家所采用。我国的会计准则也规定资产负债表采用这种格式。

（二）报告式

报告式资产负债表将资产、负债和所有者权益项目按纵向顺序排列，其排列方式有两种：

第一种格式，按“资产＝负债＋所有者权益”等式纵向顺序排列，如表 11-3 所示。

表 11-3　　　　　　　　　　　　资产负债表

编制单位：　　　　　　　　　　　　年　月　日　　　　　　　　　　　　货币单位：

项目	金额
资产	
⋮	
资产总计	
负债	
⋮	
负债合计	
所有者权益	
⋮	
所有者权益合计	
负债及所有者权益总计	

第二种格式，按“资产－负债＝所有者权益”这一变形的等式纵向顺序排列，如表 11-4 所示。

表 11-4　　　　　　　　　　　　资产负债表

编制单位：　　　　　　　　　　　　年　月　日　　　　　　　　　　　　货币单位：

项目	金额
资产	
⋮	
资产总计	
减：负债	
⋮	
负债合计	
资产减负债	
所有者权益	
⋮	
所有者权益合计	

上述两种格式的资产负债表在实务中均有采用。

（三）财务状况式

近几年发展起来的财务状况式资产负债表特别强调“营运资金”项目，由于营运资金是衡量企业短期偿债能力的重要尺度，所以这种格式能使报表使用者大致了解企业的支付能力。

财务状况式资产负债表依据“流动资产－流动负债＝营运资本”、“营运资金＋非流动资产－非流动负债＝所有者权益”两个等式编制。其格式如表 11-5 所示。

表 11-5 **资产负债表**

编制单位： 年 月 日 货币单位：

项目	金额
流动资产	
减：流动负债	
营运资金	
加：非流动资产	
减：非流动负债	
所有者权益	

在编制基础上，账户式资产负债表与报告式资产负债表基本相同，两者各有利弊。账户式资产负债表左右两边平衡、对称，而且有某种对应关系，因此比较直观，但不足之处是表页过宽。报告式资产负债表采用上下编排，虽然不会出现表页过宽之弊，但如果账户较多时会使报表过长，影响传递与使用。

四、资产负债表项目的分类

在编制资产负债表时，无论采用什么格式，都应依照编制会计报表的目的，把所有资产、负债和所有者权益项目按照一定的分类标准和一定的次序加以适当排列。目前，国际上有两种排列方式：

（一）按流动性分类排列

按流动性分类是指对企业的资产、负债按其流动性大小划分，分别列示在资产负债表上。依此分类标准，资产分为流动资产与非流动资产；负债分为流动负债与非流动负债；所有者权益分为实收资本和留存收益。具体排列次序上，流动性强的资产排列在前，流动性弱的排列在后；偿还期短的负债排列在前，偿还期长的负债排列在后；而所有者权益项目按其永久性程度的高低排列，永久性程度高的项目排在前，永久性程度低的项目排在后。

在会计实务中，绝大多数企业采用按流动性分类与排列的方法。我国的资产负债表也采用这种分类、排列方法。前述资产负债表的格式即是按这种方法分类和排列的。

（二）按货币性与非货币性分类排列

按货币性与非货币性分类时，要将资产、负债的所有项目分为货币性项目和非货币性项目两大类。在货币性项目下，再分为货币性资产与货币性负债，然后，进一步细分为货币性流动资产、货币性非流动资产、货币性流动负债、货币性非流动负债四项。将非货币性项目也分为非货币性流动资产、非货币性流动负债、非货币性非流动负债、非货币性非流动资产四项。在物价不稳定、货币价值波动剧烈的情况下，这种分类法的作用比较明显。因此，在编制“按一般物价水准调整的财务报表”时，必须按这种分类方法编制资产负债表。而在一般情况下，并不采用这种分类和排列方法。

五、资产负债表的编制方法

企业会计报表的编制，主要是通过对日常会计核算记录的数据加以归集、整理，使之成为有用的财务信息。资产负债表是一种静态报表，它反映特定时日企业的财务状况，编表的资料主要来源于反映特定时日的财务状况的账户余额。我国企业资产负债表各项目数据的来源，主要通过以下几种方式取得：

（1）根据总账期末余额填列。其中有些项目可根据总账期末余额直接填列，如交易性金融资产、固定资产清理、递延所得税资产、短期借款、应付票据、应付职工薪酬、应交税费、应付利息、应付股利、其他应付款、递延所得税负债、实收资本、资本公积、盈余公积、未分配利润等。有些项目则根据几个总账期末余额计算填列，如“货币资金”项目，需根据“库存现金”、“银行存款”、“其他货币资金”三个总账的期末余额的合计数填列。

（2）根据有关明细账期末余额填列。如“应付账款”项目，需要根据“应付账款”和“预付账款”两个科目所属的相关明细科目的期末贷方余额计算填列；“应收账款”项目，需要根据“应收账款”和“预收账款”两个科目所属的相关明细科目的期末借方余额计算填列。

（3）根据总账和明细账期末余额分析计算填列。长期应收款、持有至到期投资、长期待摊费用（其将于一年内到期或摊销完毕的部分在资产负债表的“一年内到期的非流动资产”项目中反映）；长期应付款、长期借款、应付债券、预计负债（其将于一年内到期的部分在资产负债表的“一年内到期的非流动负债”项目中反映）。如“长期借款”项目，根据“长期借款”总账科目余额扣除“长期借款”科目所属的明细科目中反映的将于一年内到期的长期借款部分分析计算填列。

（4）根据有关账户余额减去其备抵科目余额后的净额填列。如“应收账款”项目应根据“应收账款”期末余额减去“坏账准备”期末余额后的净额填列；“长期股权投资”、“可供出售金融资产”、“持有至到期投资”、“在建工程”、“工程物资”、“商誉”项目，应根据其账面余额减去相应的“减值准备”期末余额后的净额填列；“固定资产”项目应根据“固定资产”期末余额减去“累计折旧”、“固定资产减值准备”期末余额后的净额填列；“无形资产”项目应根据“无形资产”期末余额减去“累计摊销”、“无形资产减值准备”期末余额后的净额填列；

（5）综合运用上述填列方法分析填列。如“存货”项目，需要根据“原材料”、“委托加工物资”、“周转材料”、“材料采购”、“在途物资”、“发出商品”、“材料成本差异”等总账期末余额的分析汇总，再减去“存货跌价准备”期末余额的净额填列。

（6）根据备查登记簿记录。会计报表附注中的有些资料，需要按照备查登记簿中的记录编制。

在我国，资产负债表的“年初数”栏各项目数字，应根据上年末资产负债表“期末数”栏内所列数字填列。如果本年度资产负债表规定的各个项目的名称和内容同上年度不相一致，应对上年年末资产负债表各项目的名称和数字按照本年度的规定进行调整，填入报表中的“年初数”栏内。资产负债表的“期末数”栏各项目主要是根据有关科目记录编制的。

六、资产负债表编制实例

【例 11-1】

中信实业股份有限公司 20××年年初及年末账户余额，如表 11-6 所示。

表 11-6　　公司年初及年末账户余额

科目名称	期初借方余额	期末借方余额	科目名称	期初贷方余额	期末贷方余额
库存现金	40 000	60 000	短期借款	600 000	780 000
银行存款	200 000	500 000	交易性金融负债	63 000	86 000
交易性金融资产	500 000	800 000	应付票据	350 000	400 000
应收票据	360 000	365 000	应付账款	520 000	780 000
应收股利	80 000	150 000	预收账款	32 000	475 000
应收利息	24 000	68 000	应付职工薪酬	850 000	940 000
应收账款	1 600 000	2 400 000	应交税费	56 000	200 000
坏账准备	−32 000	−48 000	应付利息	75 000	64 000
其他应收款	20 000	30 000	应付股利	35 000	40 000
预付账款	350 000	500 000	其他应付款	18 000	24 000
其他流动资产	60 000	36 000	长期借款	1 000 000	1 500 000
材料采购	32 000	48 000	一年内到期的长期负债	200 000	500 000
原材料	50 000	150 000	应付债券	800 000	800 000
库存商品	400 000	450 000	实收资本(或股本)	6 000 000	6 000 000
可供出售的金融资产	75 000	40 000	资本公积	4 000 000	5 000 000
长期股权投资	650 000	850 000	盈余公积	500 000	600 000
持有至到期的投资	1 800 000	1 800 000	利润分配		
固定资产	6 500 000	7 600 000	未分配利润	1 200 000	2 600 000
累计折旧	−500 000	−600 000			
工程物资	680 000	450 000			
在建工程	1 800 000	2 800 000			
无形资产	1 250 000	2 100 000			
长期待摊费用	360 000	240 000			
合计	16 299 000	20 789 000	合计	16 299 000	20 789 000

根据上述余额编制该公司年度资产负债表如表 11-7 所示。

表 11-7　　资产负债表

编制单位：中信实业股份有限公司　　20××年 12 月 31 日　　单位：元

资产	期末余额	年初余额	负债及所有者权益	期末余额	年初余额
流动资产			流动负债		
货币资金	560 000	240 000	短期借款	780 000	600 000
交易性金融资产	800 000	500 000	交易性金融负债	86 000	63 000

续表

资产	期末余额	年初余额	负债及所有者权益	期末余额	年初余额
应收票据	365 000	360 000	应付票据	400 000	350 000
应收账款	2 352 000	1 568 000	应付账款	780 000	520 000
预付账款	500 000	350 000	预收账款	475 000	32 000
应收利息	68 000	24 000	应付职工薪酬	940 000	850 000
应收股利	150 000	80 000	应交税费	200 000	56 000
其他应收款	30 000	20 000	应付利息	64 000	75 000
存货	648 000	482 000	应付股利	40 000	35 000
一年内到期的非流动资产			其他应付款	24 000	18 000
其他流动资产	36 000	60 000	一年内到期的非流动负债	500 000	200 000
流动资产合计：	5 509 000	3 684 000	其他流动负债		
非流动资产			流动负债合计	4 289 000	2 799 000
可供出售金融资产	40 000	75 000	非流动负债		
持有至到期投资	1 800 000	1 800 000	长期借款	1 500 000	1 000 000
长期应收款			应付债券	800 000	800 000
长期股权投资	850 000	650 000	长期应付款		
投资性房地产			专项应付款		
固定资产	7 000 000	6 000 000	预计负债		
在建工程	2 800 000	1 800 000	递延所得税负债		
工程物资	450 000	680 000	其他非流动负债		
固定资产清理			非流动负债合计	2 300 000	1 800 000
生产性生物资产			负债合计	6 589 000	4 599 000
油气资产			所有者权益		
(或股东权益)					
无形资产	2 100 000	1 250 000	实收资本（或股本）	6 000 000	6 000 000
开发支出			资本公积	5 000 000	4 000 000
商誉			减：库存股		
长期待摊费用	240 000	360 000	盈余公积	600 000	500 000
递延所得税资产			未分配利润	2 600 000	1 200 000
其他非流动资产			所有者权益（或股东权益）合计	14 200 000	11 700 000
非流动资产合计	15 280 000	12 615 000			
资产总计	20 789 000	16 299 000	负债及所有者权益总计	20 789 000	16 299 000

补充资料（略）

第三节　利润表

一、利润表的概念

利润表（profit statement），也称作收益表（income statement）、损益表（profit and loss statement），利润表是反映企业在一定时期内（月份、季度或年度）经营成果的财务报表。企业在一定期间的经营成果，一般是指企业在一定期间内实现的利润。在内容上，利润是收入和费用相互比较的结果，前者是经营活动中的经济利益的流入，后者是经营活动中发生的耗费和支出，两者相抵后的差额即是利润或亏损。由于收入和费用是企业在一定的时间长度内发生的，因此，利润表在性质上属于动态报表的范畴，反映的是企业的资金运动取得的成果。

利润表所报告的财务信息对会计报表的使用者具有十分重要的作用，已逐渐成为人们关注的重点报表之一。结合国内外学者实证研究表明：在企业财务报告所提供的众多指标中，重要等级居前三位的指标分别是每股收益（EPS）、每股净资产及权益收益率（ROE），三者均为获利能力指标。在我国，与利润相关的财务指标同样备受信息使用者关注，中国证监会历次关于上市公司配股条件的控制参数设定、中国权威证券报刊与券商每年进行的“中国上市公司经营业绩排行榜”的评选、投资者和证券分析师们用于评价上市公司获利能力和企业成长所运用的指标均来源于利润表。公司利润表是会计信息使用者进行决策的重要依据。

二、利润表的作用

利润的多少及其发展趋势，是企业生存和发展的关键，也是投资者和债权人关注的焦点。因此，利润表的编制和披露对信息使用者是至关重要的。

（一）有助于分析和预测企业的获利能力

获利能力是指企业运用一定的资产获取利润的能力。获利能力直接关系到投资者的回报多少。如果企业的获利能力强，则未来实现的利润就会多，企业可供分配的利润也会多，一般情况下投资者可以分得较多的红利；反之，若获利能力低，则企业分配红利就缺乏足够的物质基础。因此，投资者可利用利润表披露的信息，对企业的盈利能力作出分析与评价，从而决定是否对企业投资。

（二）有助于分析与预测企业的长期偿债能力

企业的长期偿债能力主要取决于企业的资本结构和盈利能力。在资本结构确定的情况下，获利能力对企业的长期偿债能力有着至关重要的影响。如果企业的获利能力不强，企业资产的流动性和资本结构可能逐步趋于恶化，其最终必将危及企业的偿债能力，陷入资不抵债的困境。因此，管理人员和债权人可以利用利润表的信息，尤其是通过各期利润的比较与分析，对企业的长期偿债能力作出评价和预测，以便决定与企业信贷关系的规模。

（三）有助于考核管理当局的经营业绩

管理当局的业绩可以体现在很多方面，但最主要的是反映在利润的多少上。可以说，利润多少是企业管理工作是否成功的最重要的标准。通过利润变动的分析，企业可以对有关职能部门的工作成效作出评估，以便作出机构增减变动及有关人员奖惩任免的决定。

（四）有助于合理地分配经营成果

投资者及其他利益相关者之所以参与企业的投资与经营活动，根本目的是为了分取利润。但企业的利润分配应有一个合理的尺度，如果分配过多，会影响企业未来的持续发展；但若不分配或者少分配，又会影响投资者等相关人员的积极性。因此，企业必须制定合理的利润分配政策和利润分配方案。而利润表所反映的利润方面的信息，则可以为这一决策提供依据。

三、利润表的内容和结构

（一）利润表的内容

利润表既然是反映一个企业特定期间经营成果的财务报表，它的内容就必须包括影响企业该会计期间的所有损益的内容。也就是说，利润表既要包括来自在生产经营单位已实现的各项收入，以及与该收入相配比的各项成本、费用，也要包括来自其他方面的业务收支，如投资净收益，还要包括与生产经营活动无关的各项营业外收入和支出。

我国的会计准则规定利润表内容具体包括主营业务收入、主营业务成本、主营业务税金及附加、销售费用、管理费用、财务费用、投资净收益、营业外收入、营业外支出、所得税等。

（二）利润表的结构

利润表通常包括表首和表体两部分。

（1）表首。表首应列示编表单位的名称、报表名称、提供信息的时间、所用货币的名称和货币单位等，这些体现了会计基本假设的要求。

（2）表体。根据利润表的构成因素，按收益计算过程排列表中项目。利润表在项目排列方式上有两种格式：一种单步式排列，用该方式排列的利润表称单步式利润表；另一种为多步式排列，与其相应的利润表称多步式利润表。

单步式利润表在列表时，首先列示所有的收入项目，然后再列示所有的费用项目。两者相减，收入与费用的差额部分即为净收益；若收入小于费用，差额即亏损额。对上市公司而言，在利润表最后还应列示“每股收益”项目。单步式利润表的基本格式如表 11-8 所示。

表 11-8　　利润表（单步式）

编制单位：　　××年度　　货币单位：

收入		
销售收入净额	×××	
其他收入	×××	×××
费用与成本	×××	
销售成本	×××	
销售费用	×××	
管理费用	×××	
财务费用	×××	
其他费用	×××	
所得税费用	×××	×××
净收益		×××
普通股每股净收益		×××

单步式利润表的优点是简明易懂，但所提供信息较少，不便于分析收益的构成等情况。

多步式利润表将不同的收入与费用项目加以归类，按企业损益构成的内容列示，分步反映净收益的计算过程。

基本格式如表 11-11 所示。

多步式利润表将经营活动和非经营活动分开列示，不同的收入与相应的成本和费用进行分别配比，得出一些中间利润指标。其反映的重点不仅在于企业最终的利润，还在于企业利润形成的过程。这既有利于计算有关比率，又有利于使用者对企业经营业绩进行分析、评价和预测。但多步式利润表也存在一些不足，如编制较烦琐，也较难理解。目前，各个国家基本上都采用多步式的利润表，我国会计制度规定按多步式结构编制利润表。

四、利润表的编制方法

利润表是反映企业在一段时期内的财务成果，是动态性质的报表。资料主要来源于当期损益类账户的发生额。在编制利润表时，月度报表应同时填报“本月数”和“本年累计数”。“本月数”栏内反映各项目本月份的实际发生数，“本年累计数”栏内反映各项目自年初起至本月止的累计发生数。年度报表应填列“上年数”和“本年数”。利润表各项目的具体填列方法如下：

（1）“营业收入”项目，应根据“主营业务收入”和“其他业务收入”账户的发生额填列。

（2）“营业成本”项目，应根据“主营业务成本”和“其他业务成本”账户的发生额填列。

（3）“营业税金及附加”项目，应根据“营业税金及附加”账户的发生额填列。

（4）“销售费用”项目，应根据“销售费用”账户发生额填列。

（5）“管理费用”项目，应根据“管理费用”账户的发生额填列。

（6）“财务费用”项目，应根据“财务费用”账户的发生额填列。

（7）“资产减值损失”项目，应根据“资产减值损失”账户的发生额计算填列。

（8）“公允价值变动损益”项目，应根据“公允价值变动损益”账户的发生额计算填列。

（9）“投资收益”项目，应根据“投资收益”账户的发生额分析填列。

（10）“营业利润”项目，应根据“营业收入”、“营业成本”、“营业税金及附加”及其他期间费用项目计算填列。

（11）“营业外收入”项目，应根据“营业外收入”账户的发生额填列。

（12）“营业外支出”项目，应根据“营业外支出”账户的发生额填列。

（13）“利润总额”项目，应根据“营业利润”、“投资收益”、“营业外收入”、“营业外支出”等项目计算填列。

（14）“所得税费用”项目，应根据“所得税费用”账户的发生额填列。

（15）“净利润”项目，应根据“利润总额”、“所得税费用”项目计算填列。

（16）“每股收益”项目，应根据净利润和公司发行在外普通股股份计算填列。

五、利润表编制方法举例

【例 11-2】

中信实业公司 20××年度损益类科目本年累计发生额资料如表 11-9 所示。

表 11-9　　公司损益类科目本年度资料

账户名称	借方发生额	贷方发生额
主营业务收入		20 000 000
其他业务收入		8 000 000
营业外收入		350 000
投资收益		230 000
主营业务成本	19 000 000	
营业税金及附加	300 000	
管理费用	2 384 000	
销售费用	1 120 000	
财务费用	146 000	
资产减值损失	160 000	
其他业务成本	600 000	
营业外支出	200 000	
所得税费用	1 240 000	
未分配利润		
合 计	25 150 000	28 580 000

根据上述资料，编制利润表如表 11-10 所示。

表 11-10　　利润表

编制单位：　　20××年 12 月　　单位：元

项目	本期金额	上期金额
一、营业收入	28 000 000	
减：营业成本	19 600 000	
营业税金及附加	300 000	
销售费用	1 120 000	
管理费用	2 384 000	
财务费用	146 000	
资产减值损失	160 000	
加：公允价值变动收益（损失以“一”号填列）	0	
投资收益（损失以“一”号填列）	230 000	
其中：对联营企业和合营企业的投资收益		
二、营业利润（损失以“一”号填列）	4 290 000	
加：营业外收入	350 000	

续表

项目	本期金额	上期金额
减：营业外支出	200 000	
其中：非流动资产处置损失		
三、利润总额（损失以“—”号填列）	4 440 000	
减：所得税费用	1 240 000	
四、净利润（损失以“—”号填列）	3 200 000	
五、每股收益：		
（一）基本每股收益（公司发行在外普通股 5 000 万股）	0.064 0	
（二）稀释每股收益（公司发行在外普通股 5 000 万股）	0.064 0	

第四节　现金流量表

一、现金流量表的性质

现金流量表（statement of cash flows）是反映企业会计期间内经营活动、投资活动和筹资活动使现金及现金等价物流入流出状况的财务报表。该表的编制是以现金、现金等价物和现金流量等概念为基础的。

现金是指企业的库存现金以及可以随时支付的存款。这和会计核算中的“现金”概念不同。因为在会计核算中，现金仅包括库存现金，不包括“银行存款”和“其他货币资金”的内容。

现金等价物是指企业持有的期限短、流动性强、易于转换为已知金额现金、价值变动风险很小的投资。现金等价物虽然不是现金，但其支付能力和流动性与现金差不多，可视为现金。在会计实务中，企业购买的在证券市场上流通的 3 个月内到期的短期债券投资，可作为现金等价物处理。

应该注意的是，如果银行存款和其他货币资金已有特定用途，不能随时进行支付，就不应作为现金，而是应看作投资。

现金流量是指某一段时期内企业现金流入和流出的数量。

在性质上，现金流量表是属于动态报表。因为现金的流入和流出都必须在一定的时空中进行。现金流量表所反映的内容，其实就是现金这种特殊资金的增减变化及其原因。

二、现金流量表的作用

（一）有利于分析、评价和预测企业未来产生现金流量的能力

投资者、债权人和其他利益相关者主要关注的焦点之一，就是企业现金流量的增长能

力，因为这是企业分派红利和按期偿还债务的基础。而现金流量表可以揭示过去现金流入与流出及现金流量净额变动的原因，从而有助于信息使用者分析经营活动的净利益和现金流量之间、投资和融资活动与现金流量之间的关系，预测企业未来现金流入量增长的潜力。

（二）有利于对企业的财务状况作出合理的评价

在市场经济条件下，竞争异常激烈，企业要想生存和发展，不但要想方设法扩大销售，更重要的是要及时地收回货款，以便后期的经营活动能顺利进行。除了经营活动之外，企业所进行的投资和融资活动也同样影响着现金流量，从而影响财务状况。因此，通过现金流量表所提供的现金净流量及其结构变化的信息，可以比较准确地评价、预测企业财务状况的现实情况及未来状况。

（三）有利于分析和评价企业经济活动的有效性

现金流量表可以揭示企业的经营活动、投资活动和筹资活动对企业现金流量的影响。通过这些信息，可以较全面地评价各项活动的成效，了解企业的资产、负债为什么会增加或减少，为什么亏损企业现金会增加，而盈利企业现金却紧张等。通过这些分析，可以找出差距，尤其是财务管理方面的差距，以便制定更加有效的计划，控制现金流动，实现企业资源的最优配置和利用。

三、现金流量及其分类

（一）现金流量

现金是指现金的流动量，可分为现金流入量和现金流出量。前者将导致企业现金总量的增加，后者将导致企业现金总量的减少。对一个企业来说，某一时期的现金变动净额正是两者相抵后的差额。现金流量表在分项目显示现金流量变化时，既平行地揭示现金流入量和流出量，又反映两者之间的差额。这样，通过现金流量表，不仅可以看出企业现金流量变动的结果，而且可以了解其变动的过程和原因。

企业现金流动增减变化的原因，可以从多种角度进行分类与分析。如果从会计要素之间相互转化方面来分析，现金流入量（增加额）是非现金资产减少、负债增加和所有者权益增加所致。这一关系可用下式表示：

现金增加额＝负债带来的现金增加额＋所有者权益导致的现金增加额
＋非现金性资产转化而带来的现金增加额

现金流出量是资产（除现金之外）增加和负债、所有者权益减少带来的结果。

其关系可表示为：

现金减少额＝负债减少带来的现金减少额＋所有者权益减少而导致的现金减少额
＋非现金性资产增加而引起的现金减少额

应当指出，企业现金形式的转换不会产生现金流入和流出量，如企业从银行提取现金。这是一种现金形式之间的转化，并不构成现金流量。

现金流量还可以按交易的性质进行分类。按此标准，可将现金流量分为：经营活动的现金流量、投资活动的现金流量和筹资活动的现金流量，这种分类是现金流量表的主要分类方法。现金流量表的结构就是按这种分类法进行设计的。

（二）现金流量的分类

现金流量，是指现金和现金等价物的流入和流出，可分为三大类：即经营活动产生的现金流量、投资活动产生的现金流量和筹资活动产生的现金流量。

1. 经营活动产生的现金流量

经营活动，是指企业投资活动和筹资活动以外的所有交易和事项，包括销售商品或提供劳务、购买商品或接受劳务、收到的税费返还、支付职工薪酬、支付各项税费、支付广告费用等。通过经营活动产生的现金流量，可以说明企业的经营活动对现金流入和流出的影响程度，判断企业在不动用对外筹得资金的情况下，是否足以维持生产经营、偿还债务、支付股利、对外投资等。

与一般企业相比，金融企业的经营活动性质不同，对经营活动产生的现金流量项目认定存在一定差异。在编制现金流量表时，应当根据本企业的实际情况，对经营活动产生的现金流量项目进行合理归类。

2. 投资活动产生的现金流量

投资活动，是指企业长期资产的购建和不包括在现金等价物范围内的投资及其处置活动。编制现金流量表所指的“投资”既包括对外投资、又包括长期资产的购建与处置。投资活动包括取得和收回投资、购建和处置固定资产、购买和处置无形资产等。通过投资活动产生的现金流量，可以判断投资活动对企业现金流量净额的影响程度。

3. 筹资活动产生的现金流量

筹资活动，是指导致企业资本及债务规模和构成发生变化的活动。筹资活动包括发行股票或接受投入资本、分派现金股利、取得和偿还银行借款、发行和偿还公司债券等。通过筹资活动产生的现金流量，可以分析企业通过筹资活动获取现金的能力，判断筹资活动对企业现金流量净额的影响程度。

企业编制现金流量表进行现金流量分类时，对于未特别指明的现金流量，应当按照现金流量的分类方法和重要性原则，判断某项交易或事项所产生的现金流量应当归属的类别或项目，对于重要的现金流入或流出项目应当单独反映。对于自然灾害损失、保险索赔等特殊项目，应当根据其性质，分别归并到经营活动、投资活动和筹资活动现金流量类别中单独列报。

四、现金流量表的编制方法

（一）现金流量表的填列项目

1. 经营活动产生的现金流量

有关经营活动现金流量的信息，可以通过企业的会计记录取得，也可以通过对利润表中的营业收入、营业成本以及其他项目进行调整后取得，如当期存货及经营性应收和应付项目的变动，固定资产折旧、无形资产摊销、计提资产差值准备等其他非现金项目，属于投资活动或筹资活动现金流量的其他非现金项目。

（1）“销售商品、提供劳务收到的现金”项目。该项目反映企业销售商品、提供劳务实际收到的现金（包括应向购买者收取的增值税销项额），包括本期销售商品、提供劳务收到的现金，以及前期销售商品、提供劳务本期收到的现金和本期预收的款项，减去本期退回本期销售的商品和前期销售本期退回的商品支付的现金。企业销售材料和代购代销业务收到的现金，也在本项目反映。本项目可以根据“库存现金”、“银行存款”、“应收账款”、“应收票据”、“预收账款”、“主营业务收入”、“其他业务收入”等科目的记录分析填列。

（2）“收到的税费返还”项目。该项目反映企业收到返还的各种税费，包括收到返还的增值税、消费税、营业税、关税、所得税、教育费附加等。本项目可以根据“库存现金”、“银行存款”、“营业外收入”、“其他应收款”等科目的记录分析填列。

（3）“收到的其他与经营活动有关的现金”项目。该项目反映企业除上述各项目外，所收到的其他与经营活动有关的现金，如罚款、流动资产损失中由个人赔偿的现金、经营租赁租金等。若某项其他与经营活动有关的现金流入金额较大，应单列项目反映。本项目可以根据“库存现金”、“银行存款”、“营业外收入”等科目的记录分析填列。

（4）“购买商品、接受劳务支付的现金”项目。该项目反映企业购买商品、接受劳务实际支付的现金（包括增值税进项税额），包括本期购入材料、商品、接受劳务支付的现金，以及本期支付前期购入商品、接受劳务的未付款项和本期预付款项，减去本期发生的购货退回收到的现金。企业代购代销业务支付的现金也在本项目反映。

（5）“支付给职工以及为职工支付的现金”项目。该项目反映企业实际支付给职工，以及为职工支付的现金，包括本期实际支付给职工的工资、奖金、各种津贴和补贴等，以及为职工支付的其他费用。企业代扣代缴的职工个人所得税也在本项目反映。不包括支付的离退休人员的各项费用和支付给在建工程人员的工资及其他费用。

（6）“支付的各项税费”项目。该项目反映企业按规定支付的各种税费，包括企业本期发生并支付的税费，以及本期支付以前各期发生的税费和本期预交的税费，包括所得税、增值税、营业税、消费税、印花税、房产税、土地增值税、车船税、教育费附加、矿产资源补偿费等，但不包括计入固定资产价值、实际支付的耕地占用税，也不包括本期退回的增值税、所得税。本期退回的增值税、所得税在“收到的税费返还”项目反映。

（7）“支付的其他与经营活动有关的现金”项目。该项目反映企业除上述各项目外所支付的其他与经营活动有关的现金流出。如经营租赁支付的租金、罚款、差旅费、业务招待费、保险费等。

2. 投资活动产生的现金流量

（1）“收回投资所收到的现金”项目。该项目反映企业出售、转让或到期收回除现金等价物以外的对其他企业的权益工具、债务工具和合营中的权益等投资收到的现金。收回债务工具实现的投资收益、处置子公司及其他营业单位收到的现金净额不包括在本项目内。

（2）“取得投资收益所收到的现金”项目。该项目反映企业除现金等价物以外的对其他企业的权益工具、债务工具及合营中的权益投资分回的现金股利和利息等，不包括股票股利。

（3）“处置固定资产、无形资产和其他长期资产所收回的现金净额”项目。该项目反映企业出售、报废固定资产、无形资产和其他长期资产收到的现金（包括因资产毁损收到的保险赔偿款)，减去为处置这些资产而支付的有关费用后的净额。如所收回的现金净额为负数，则应在“支付其他与投资活动有关的现金”项目反映。

(4)“处置子公司及其他营业单位收到的现金净额”。该项目反映企业处置子公司及其他营业单位所取得的现金，减去相关处置费用以及子公司及其他营业单位持有的现金及现金等价物后的净额。

(5)“收到的其他与投资活动有关的现金”项目。该项目反映企业除上述各项以外，收到的其他与投资活动有关的现金。其他现金流入如价值较大的，应单列项目反映。

(6)“购建固定资产、无形资产和其他长期资产所支付的现金”项目。该项目反映企业购买、建造固定资产，取得无形资产和其他长期资产实际支付的现金，以及用现金支付的应由在建工程和无形资产负担的职工薪酬，不包括为购建固定资产而发生的借款利息资本化部分，以及融资租入固定资产支付的租赁费。

(7)“投资所支付的现金”项目。该项目反映企业取得除现金等价物以外的对其他企业的权益工具、债务工具和合营中的权益投资所支付的现金，以及支付的佣金、手续费等交易费用，但取得子公司及其他营业单位支付的现金净额除外。

(8)“取得子公司及其他营业单位支付的现金净额”。该项目反映企业购买子公司及其他营业单位购买出价中以现金部分，减去子公司及其他营业单位持有的现金和现金等价物后的净额。

(9)“支付的其他与投资活动有关的现金”项目。该项目反映企业除上述各项以外所支付的其他与投资活动有关的现金流出。

3. 筹资活动产生的现金流量

(1)“吸收投资所收到的现金”项目。该项目反映企业以发行股票、债券等方式筹集资金实际收到的款项，减去直接支付的佣金、手续费、宣传费、咨询费、印刷费等发行费用后的净额。

(2)“取得借款收到的现金”项目。该项目反映企业举借各种短期、长期借款所收到的现金。

(3)“收到的其他与筹资活动有关的现金”项目。该项目反映企业除上述各项目外所收到的其他与筹资活动有关的现金流入，如接受现金捐赠等。

(4)“偿还债务所支付的现金”项目。该项目反映企业以现金偿还债务本金所支付的现金，包括偿还金融企业的借款本金、偿还债券本金等。

(5)“分配股利、利润或偿还利息所支付的现金”项目。该项目反映企业实际支付的现金股利，支付给其他投资单位的利润或用现金支付的借款利息、债券利息等。

(6)“支付的其他与筹资活动有关的现金”项目。该项目反映企业除上述各项外所支付的其他以筹资活动有关的现金流出，如捐赠现金支出、融资租入固定资产支付的租赁费等。

(7)“汇率变动对现金的影响”项目。该项目反映企业外币现金流量及境外子公司的现金流量折算为人民币时，所采用的现金流量发生日的汇率或平均汇率折算的人民币金额与“现金及现金等价物净增加额”中外币现金净增加额按期末汇率折算的人民币金额之间的差额。

（二）关于经营活动现金流量的列报方法

编制现金流量表时，经营活动现金流量的列报方法有两种：一是直接法，二是间接法。这两种方法通常也称为现金流量表的编制方法。直接法是通过现金收入和支出的主要类别反映来自企业经营活动的现金流量。一般是以利润表中的营业收入为起算点，调整与经营活动有关的项目增减变动，然后计算出经营活动的现金流量。间接法是以本期净利润为起算点，调整不涉及现金的收入、费用、营业外收支以及有关项目的增减变动，据此计算出经营活动的现金流量。

直接法的优点是直观，经营活动产生现金的来源及使用情况一目了然。美国财务会计准则委员会（FASB）鼓励使用直接法，我国《企业会计准则第 31 号——现金流量表》规定必须采用直接法。同时要求在现金流量表附注披露将净利润调节为经营活动现金流量的信息，也就是用间接法来计算经营活动的现金流量。现金流量表示例如表 11-11 所示。

表 11-11　　现金流量表

编制单位：中信实业公司　　20××年度　　单位：元

项目	行次	金额
一、经营活动产生的现金流量	1	
销售商品、提供劳务收到的现金	2	2 340 000
收到的税费返还	3	23 500
收到的其他与经营活动有关的现金	4	363 000
经营活动现金流入小计	5	2 726 500
购买商品、接受劳务支付的现金	6	1 170 000
支付给职工以及为职工支付的现金	7	680 000
支付的各项税费	8	76 000
支付的其他与经营活动有关的现金	9	168 000
经营活动现金流出小计	10	2 094 000
经营活动产生的现金流量净额	11	632 500
二、投资活动产生的现金流量	12	
收回投资收到的现金	13	1 250 000
取得投资收益所收到的现金	14	270 000
处置固定资产、无形资产和其他长期资产所收回的现金净额	15	600 000
处置子公司及其他营业单位收到的现金净额	16	0
收到的其他与投资活动有关的现金	17	76 000
投资活动现金流入小计	18	2 196 000
购置固定资产、无形资产和其他长期资产所支付的现金	19	1 600 000
投资所支付的现金	20	880 000
取得子公司及其他营业单位支付的现金净额	21	0
支付其他与投资活动有关的现金	22	45 000
投资活动现金流出小计	23	2 525 000
投资活动产生的现金流量净额	24	−329 000
三、筹资活动产生的现金流量	25	
吸收投资收到的现金	26	950 000
取得借款收到的现金	27	420 000

续表

项目	行次	金额
收到的其他与筹资活动有关的现金	28	63 000
筹资活动现金流入小计	29	1 433 000
偿还债务支付的现金	30	780 000
分配股利、利润或偿付利息所支付的现金	31	150 000
支付其他与筹资活动有关的现金	32	500 000
筹资活动现金流出小计	33	1 430 000
筹资活动产生现金流量净额	34	3 000
四、汇率变动对现金及现金等价物的影响	35	0
五、现金及现金等价物净增加额	36	306 500
加：期初现金及现金等价物余额	37	152 500
六、期末现金及现金等价物余额	38	459 000
现金流量表补充资料		
补充材料		
1. 将净利润调节为经营活动现金流量	1	
净利润	2	240 000
加：资产减值准备	3	80 000
固定资产折旧、油气资产折耗、生产性生物资产折旧	4	0
无形资产摊销	5	26 000
长期待摊费用摊销	6	25 000
处置固定资产、无形资产和其他长期资产的损失（收益以“—”号填列）	9	—20 000
固定资产报废损失（收益以“—”号填列）	10	40 000
公允价值变动损失（收益以“—”号填列）	11	0
财务费用（收益以“—”号填列）	12	48 000
投资损失（收益以“—”号填列）	13	—80 000
递延所得税资产减少（增加以“—”号填列）	14	—15 000
递延所得税负债增加（减少以“—”号填列）	15	16 000
存货的减少（增加以“—”号填列）	16	150 000
经营性应收项目的减少（增加以“—”号填列）	17	70 000
经营性应付项目的增加（减少以“—”号填列）	18	52 500
其他	19	0
经营活动产生的现金流量净额	20	632 500
2. 不涉及现金收支的重大投资和筹资活动：	21	
债务转为资本	22	0
一年内到期的可转换公司债券	23	0
融资租入固定资产	24	0
3. 现金和现金等价物的净变动情况	25	
现金的期末余额	26	459 000
减：现金的期初余额	27	152 500
加：现金等价物的期末余额	28	0
减：现金等价物的期初余额	29	0
现金和现金等价物的净增加额	30	306 500

第五节 财务报表附注

一、编制财务报表附注的意义

财务报表附注是为了帮助报表使用者理解财务报表的内容而对报表的有关项目所作的解释。企业编制财务报表附注，可以使报表使用者（包括现在和潜在的投资者、债权人以及政府有关部门等）对企业的财务状况、经营成果和现金流动情况获得更加充分的了解，从而作出正确的决策。

（一）提高会计信息的有效性

财务报表是依据会计准则和相关的会计制度编制而成的，而会计准则和会计制度在某些方面提供了多种会计处理方法供企业选择使用。这就造成了不同行业或同一行业的不同企业之间所提供的会计信息的差异。此外，在某些情况下，企业所采用的会计政策也可能发生某些变动或调整，从而使企业不同时期的会计信息缺乏可比的基础。而报表附注的编制，可以使报表阅读者了解企业会计政策的选择、会计政策调整的原因，以及会计政策调整对有关指标的影响等，从而提高会计信息的有效性。

（二）提高会计信息的可理解性

报表附注将对财务报表中的有关重要数据作出解释或说明，或对相关数据所反映的重要事项和交易作进一步的解释，将比较抽象的数据具体化，有助于报表阅读者正确地理解财务报表，合理地利用所需的会计信息。

（三）促使会计信息充分披露

报表附注是财务报告的组成部分。有些信息由于其属性方面的特殊性无法或不适宜在财务报表内反映。而财务报表附注的编制，则可以用文字说明的方式，充分披露财务报表所提供的信息，以及财务报表以外与报表使用者的决策有关的重要信息，从而有利于投资者、债权人等全面地了解企业的财务状况和经营成果，以便作出合理的判断和决策。

二、财务报表附注的主要内容

财务报表附注包括所有在会计报表内未提供的、与企业财务状况和经营成果及现金流动相关的、有助于报表使用者更好地了解财务报表的重要信息。具体来说，财务报表附注一般应包括企业简介、主要会计政策、财务报表项目注释、分部情况和重要事项揭示等。下面仅就会计政策、分部报告和重要事项揭示等方面的内容说明如下。

根据企业会计准则（制度）的要求，企业的年度会计报表附注至少应披露以下内容，法律、行政法规和国家统一的会计制度另有规定的，从其规定。

（一）企业的基本情况

（1）企业注册地，组织形式和总部地址。

（2）企业业务性质和主要经营活动。

(3) 母公司以及集团最终母公司的名称。

(4) 财务报告的批准报出者和财务报告批准报出日。

(二) 财务报表的编制基础

(三) 遵循企业会计准则的声明

企业应当声明编制的财务报表符合企业会计准则的要求，真实、完整地反映了企业的财务状况、经营成果和现金流量等有关信息。

(四) 重要会计政策和会计估计

企业应当披露采用的重要会计政策和会计估计，不重要的会计政策和会计估计可以不披露。在披露重要会计政策和会计估计时，应当披露重要会计政策的确定依据和财务报表项目的计量基础，以及会计估计中所采用的关键假设和不确定因素。主要包括以下事项：

(1) 会计政策变更的内容和理由；

(2) 会计政策变更的影响数；

(3) 累积影响数不能合理确定的理由；

(4) 会计估计变更的内容和理由；

(5) 会计估计变更的影响数；

(6) 会计估计变更的影响数不能合理确定的理由；

(7) 重大会计差错的内容；

(8) 重大会计差错的更正金额。

(五) 会计政策和会计估计变更以及差错更正的说明

企业应当按照《企业会计准则第 28 号——会计政策、会计估计变更和差错更正》及其应用指南的规定，披露会计政策和会计估计变更以及差错更正的有关情况。

(六) 报表重要项目的说明

企业对报表重要项目的说明，应当按照资产负债表、利润表、现金流量表、所有者权益变动表及其项目列示的顺序，采用文字和数字描述相结合的方式进行披露。报表重要项目的明细金额合计，应当与报表项目金额相衔接。

(七) 或有事项

企业应当按照《企业会计准则第 13 号——或有事项》第十四条和第十五条的相关规定进行披露。

(八) 资产负债表日后事项

所谓资产负债表日后的非调整事项，是指在资产负债表日后才发生或存在，因其不影响资产负债表日的存在状况而无须对报表进行调整的事项。但这些事项中，有些影响大，如不加以说明，会影响报表使用者对财务报表的理解。因此，应在报表附注中加以说明。例如，应说明股票和债券的发行、对一个企业的巨额投资、自然灾害导致的资产损失以及外汇汇率发生较大变动、董事会决定发放股票股利等非调整事项的内容，估计对财务状况、经营成果的影响；如无法作出估计，应说明其原因。

(九) 关联方关系及交易

1. 在存在控制关系的情况下，关联方如为企业，不论它们之间有无交易，都应说明如下事项：

（1）企业经济性质或类型、名称、法定代表人、注册地、注册资本及其变化；

（2）企业的主营业务；

（3）所持股份或权益及其变化

2. 在企业与关联方发生交易的情况下，企业应说明关联方关系的性质、交易类型及其交易要素，这些要素一般包括：

（1）交易的金额或相应比例；

（2）未结算项目的金额或相应比例；

（3）定价政策（包括没有金额或只有象征性金额的交易）。

3. 关联方交易应分别关联方以及交易类型予以说明，类型相同的关联方交易，在不影响会计报表使用者正确理解的情况下可以合并说明。

4. 对关联方交易价格的确定如果高于或低于一般交易价格的，应说明其价格的公允性。

（十）合并会计报表的说明

说明合并范围的确定原则；本年度合并报表范围如发生变更，企业应说明变更的内容、理由。

（十一）有助于理解和分析会计报表需要说明的其他事项

第六节　财务报表信息的初步分析运用

一、财务报表信息分析的内容

（一）财务报表分析的概念

财务报表分析是指以财务报表和其他资料为依据和起点，采用专门方法，系统分析和评价企业的过去和现在的经营成果、财务状况及其变动的一种分析方法。其目的是了解过去、评价现在、预测未来，帮助利益关系集团改善决策。财务分析的最基本功能是将大量的报表数据转换为对特定决策有用的信息，减少决策的不确定性。

财务报表分析的起点是财务报表，分析使用的数据大部分来源于公开发布的财务报表。因此，财务分析的前提是正确理解财务报表。

财务报表分析的结果是对企业的偿债能力、盈利能力和抵抗风险能力做出评价，或找出存在的问题。

财务报表分析是认识过程，通常只能发现问题而不能提供解决问题的现成答案，只能做出评价而不能改善企业的状况。例如，某企业资产收益率低，通过分析知道原因是资产周转率低，进一步分析知道资产周转率低的原因是存货过高，再进一步分析知道存货过高主要是产成品积压。如何处理积压产品？财务分析不能回答。财务报表分析是检查的手段，如同医疗上的检测设备和程序，能检查一个人的身体状况但不能治病。财务报表分析能检查企业偿债、获利和抵抗风险的能力，分析越深入越容易对症治疗，但诊断不能代替治疗。财务报表分析不能提供最终的解决问题的办法。它能指明需要详细调查和研究的项目。这些调查研究会涉及经济、行业、本企业的其他补充信息。

（二）财务报表分析的意义

企业进行财务报表分析的原因在于：财务报表只能提供总量指标，概括地反映企业的资产、负债规模及经营成果的大小，但并不能以比率（或比例）的形式揭示企业所具有的偿债能力与盈利能力。此外，财务报表是一种专业性较强的报表，有些专业术语并非广大使用者所能轻易理解与接受，并且，众多财务信息排列在一起，也容易使人分不清主次、轻重，以致产生认识上的混乱和误解。因此，由会计人员或其他专业人士对财务报表进行分析，撰写分析报告，将有助于提高财务报表的有用性。对财务报表分析的意义，可以概括为如下三个方面。

1. 通过财务报表分析，可以揭示企业的偿债能力

偿债能力是指企业以其资产偿付债务的能力，这是债权人最为关心的问题。财务报表虽然公布了某一时点上企业的资产和负债规模，但这些资料本身并不能说明企业对债权人的保障程度。而通过财务报表分析，则可以计算出各类资产同负债的比例关系，从不同角度揭示和评价企业的偿债能力。例如，如果企业总负债与总资产的比例为 1∶3，说明每 1 元的负债有 3 元的资产作支持，即使企业破产清算，其资产的清算变现价值也足以偿付债务。相反，如果企业总负债同总资产的比例为 4∶5，则说明投资者的资本严重不足，企业的经营风险主要由债权人承担，一旦企业破产清算，债权人将很难收回自己的资金。

2. 通过财务报表分析，可以揭示企业的盈利能力

在企业的财务报表体系中，单独依靠某一张报表无法了解企业的盈利能力，而只有将利润表和资产负债表结合起来，才能计算出反映获利能力的指标。因此，报表分析是企业揭示盈利能力的必要步骤和工作。

3. 通过财务报表分析，可以加强企业管理当局的管理责任

财务报表集中、概括地反映了企业某一时期的财务状况和经营成果。某种程度上讲，企业管理中存在的问题和不足也会在其中有所体现。因此，通过财务报表分析，可以发现企业管理中存在的种种不足和薄弱环节，有利于找出原因，不断改进企业的经营管理工作，提高管理水平。

（三）财务报表分析的内容

财务报表分析是由不同的使用者进行的，他们各自有不同的分析重点，也有共同的要求。财务分析的基本内容，主要包括以下几个方面：

第一，分析企业的偿债能力，分析企业资产的结构，估量所有者权益对债务资金的利用程度，制定企业筹资策略。

第二，评价企业资产的营运能力，分析企业资产的分布情况和周转使用情况，测算企业未来的资金需用量。

第三，评价企业的盈利能力，分析企业利润目标的完成情况和不同年度盈利水平的变化情况，预测企业盈利前景。

以上各项分析内容互相联系、互相补充，可综合地描述出企业的财务状况和经营成

果，以满足不同使用者对财务信息的需要。

(四) 财务分析的基本步骤

财务分析的内容十分广泛，不同的分析者、不同的分析目的、不同的数据范围，采用不同的分析程序和方法。换言之，财务分析的具体步骤和程序，需要根据分析的目的，由分析人员自己设计。

财务分析的一般步骤如下：

1. 明确分析的目的，制定分析工作计划

在进行具体的会计分析之前，首先要明确进行会计分析的目的，以及分析者站在什么立场进行分析，分析者所服务的对象是谁，分析的结果是用作什么决策；然后再制定详细的分析工作计划，以保证会计分析目的的实现。

2. 收集有关的信息资料

会计分析所依据的主要资料是财务报告，此外还应该从同业公告、各咨询机构、政府机关或代理机构、新闻媒介等其他渠道收集相关的信息资料。

3. 科学深入地分析、比较所收集的资料

这是财务分析中重要的一环，先要计算各种财务比率，以求得对企业财务情况的静态认识；然后，用本企业的本期情况与前期情况，以求得对企业财务情况的动态认识；再用本企业的实际情况与预算，本企业与同行业规模相近的其他企业及同行业的平均水平等进行比较，以求得对企业财务情况的比较认识。

4. 做出分析结论，提出分析报告

在完成会计分析的基础上，分析者应对企业财务状况与经营状况做出一定结论。结论必须切合当初进行分析的目的。如果资料不足，可以暂缓做出结论，再进一步搜集信息。在结论中也必须指明所依赖的假设前提，以及这些假设前提若有变动时对结论的影响程度。做结论的人一定要负有关于结论的责任，以促使分析工作能严肃认真地进行。

二、财务报表信息分析的基本方法

(一) 比较分析法

比较分析法是指把报表中的有关项目或同一项目不同时期的数值加以比较分析，从而揭示出项目的结构或变化趋势的一种分析方法。在比较分析中常用的指标评价标准有：

1. 行业标准

行业标准是反映某行业水平的指标评价标准。在比较分析时，既可以用本企业财务指标与同行业平均水平指标对比，也可以用本企业财务指标与同行业先进水平指标对比，还可以用本企业财务指标与同行业公认标准指标对比。通过行业标准指标比较，有利于揭示本企业在同行业中所处的地位及存在的差距。

2. 历史标准

历史标准是反映本企业历史水平的指标评价标准。在财务分析中，运用历史标准的具体方法有三种，即：期末与期初对比、本期与历史同期对比以及本期与历史最好水平对比。财务分析中采用历史标准，有利于揭示企业财务状况和经营成果的变化趋势及存在的差距。

3. 目标标准，常采用预算标准

目标标准是反映本企业目标水平的指标评价标准。当企业的实际财务指标达不到目标标准时，应进一步分析原因，以便改进财务管理工作。

（二）趋势分析法

趋势分析法是利用财务报表等提供的数据资料，将各期实际指标与历史指标进行定基对比和环比对比，揭示企业财务状况和经营成果变化趋势的一种分析方法。采用这种方法，可以分析识别引起变化的主要原因、变动的性质，并预测企业未来的发展前景。

采用趋势分析法通常要编制比较财务报表（将本期和前一期或前几期的会计资料汇编在一起的会计报表），具体做法有两种：

一种是编制绝对数比较财务报表，即将一般财务报表的"金额栏"划分为若干期的金额，以便进行比较分析；

另一种是编制相对数比较财务报表，即将财务报表上的某一关键项目的金额当作100%，再计算出其他项目对关键项目的百分比，以显示各项目的相对地位，然后把连续若干期按相对数编制的财务报表合并为一张比较财务报表，以反映各项目结构上的变化。

（三）比率分析法

比率分析法是以同一期财务报表上若干重要项目的相关数据相互比较，求出比率，用以分析和评价公司的经营活动以及公司目前和历史状况的一种方法，是财务分析最基本的工具。

由于进行财务分析的目的不同，因而各种分析者包括债权人、管理当局，政府机构等所采取的侧重点也不同。作为投资者，主要是掌握和运用四类比率，即反映公司的获利能力比率、偿债能力比率、成长能力比率、周转能力比率这四大类财务比率。

比率分析法的优点是计算简便，而且可以使某些指标在不同规模的企业之间进行比较，甚至也能在一定程度上超越行业间的差别进行比较。但也有局限性，突出表现在：比率分析属于静态分析，对于预测未来并非绝对合理可靠。比率分析所使用的数据为账面价值，难以反映物价水准的影响。

应用比率分析法应注意的问题：第一，所分析的项目要具有可比性、相关性，将不相关的项目进行对比是没有意义的；第二，对比口径的一致性，即比率的分子项与分母项必须在时间、范围等方面保持口径一致；第三，选择比较的标准要具有科学性，要注意行业因素、生产经营情况差异性等因素；第四，要注意将各种比率有机联系起来进行全面分析，不可孤立地看某种或某类比率，同时要结合其他分析方法，这样才能对企业的历史、现状和将来有一个详尽的分析和了解，达到财务分析的目的。

（四）因素分析法

企业是一个有机整体，每个财务指标都会受到其他因素的影响。从数量上测定各因素的影响程度，可以帮助人们抓住主要矛盾，更有说服力地评价经营状况。财务报表分析的核心问题是不断追溯产生差异的原因。因素分析法提供了定量解释差异成因的工具。因素分析法是指确定影响综合性指标的各个因素，然后按照一定的顺序逐个用实际数替换因素的基数，借以计算各项因素影响的一种方法，亦称连环替换分析法。

采用这种分析方法的出发点在于，当有若干因素对分析对象发生影响作用时，假定其他因素都无变化，依次确定每一个因素单独变化对综合财务指标所产生的影响。

这种分析方法的要点在于：在有两个以上因素存在相互联系，相互制约的作用，对于一个财务指标发生影响时，为了确定各个因素的影响程度，首先要以基期指标为基础，把各个因素的基期指标按照一定的顺序（数量因素先于质量因素）依次地以实际数来代替，每次代替一个，就得出一个新的结果，已代替的下一次按实际数，未代替的仍按基期数。每次代替后与代替前的指标相比较，两者的差额就是某一因素的影响程度，将各因素的影响数值相加，就是实际指标与基期指标之间的总差异。

三、基本的财务指标分析

（一）企业偿债能力分析

1. 短期偿债能力

（1）流动比率。流动比率是流动资产除以流动负债的比值，是衡量企业资产流动性大小、判断企业短期偿债能力最通用的比率，其计算公式为：

流动比率＝流动资产÷流动负债

根据前面资产负债表（表 11-7）的数据，该公司 20××年末的流动比率为：

流动比率＝5 509 000÷4 289 000＝1.28

流动比率可以反映企业的短期偿债能力。企业能否偿还短期债务，主要决定于有多少流动负债以及有多少可以变现的流动资产。流动资产越多，短期债务越少，则表明企业的短期偿债能力越强。

依照传统的观点，认为流动比率为 2 较好。之所以如此，是因为流动资产中变现能力最差的是存货，其金额一般约占流动资产总额的一半，因此，剩下的流动性较大的流动资产至少要等于流动负债，企业的短期偿债能力才会有保证。

但是，流动比率作为衡量短期偿债能力的指标还存在一些不足。过高的流动比率，也许是存货超储积压、存在大量应收账款的结果。有时，尽管企业现金流量出现赤字，但是仍然可能有一个较高的流动比率。此外，较高的流动比率可能反映了企业拥有过分充裕的现金，不能将这部分多余的现金充分利用于效益更好的方面，有可能降低企业的获利能力。

（2）速动比率。流动比率虽然可以用来评价流动资产总体的变现能力，但人们（尤其是短期债权人）还希望有一个比流动比率更能反映即时偿债能力的比率指标。这个指标被称为速动比率，也称为酸性测试比率。其计算公式为：

速动比率＝(流动资产－存货)÷流动负债

根据前面资产负债表(表 11-7）的数据，该公司 20××年末的速动比率为：

速动比率＝(5 509 000－648 000)÷4 289 000＝1.13

从公式中可以看出，在计算速动比率时，要把存货从流动资产中剔除。其原因有：①在流动资产中存货的变现速度最慢；②由于某些原因，部分存货可能已损失报废还没作处理；③部分存货已经抵押给债权人，不能用于偿还债务；④由于存货计价的原因，存货可能存在着成本与合理市价相差悬殊的问题。因此，将存货从流动资产总额中扣除而计算的变现能力指标，更加令人信服。

通常认为正常的速动比率为1，低于1的速动比率被认为短期偿债能力偏低。不过，由于行业性质不同，企业的速动比率也会差别很大。对大量采用现金销售的商店来说，低于1的速动比率也是很正常的。相反，对大量进行赊销的企业来说，即使速动比率大于1也未必正常。因此，在采用速动比率评价企业的短期偿债能力时，应考虑企业的行业特性和企业的信用政策等方面的因素，不能以速动比率这一单个指标轻易下结论。

（3）现金比率。现金比率是指企业现金与流动负债的比率。这里所说的现金，是指现金及现金等价物。这项比率可显示企业立即偿还到期债务的能力。其计算公式为：

现金比率＝（货币资金＋交易性金融资产）÷流动负债

根据前面资产负债表(表11-7）的数据，则可计算该公司年初、年末的现金比率如下：

年初现金比率＝(240 000＋500 000)÷2 799 000＝0.187

年末现金比率＝(560 000＋800 000)÷4 289 000＝0.317

现金比率是最严格、最稳健的衡量短期偿债能力的指标，表明每单位流动负债有多少现金资产作为偿还保障。

一般来说，现金比率越高，说明资产的流动性越强，短期偿债能力越强，但同时表明企业持有大量不能产生收益的现金，可能会使企业获利能力降低；现金比率越低，说明资产的流动性越差，短期偿债能力越弱。

2. 长期偿债能力

（1）资产负债率。资产负债率是负债总额除以资产总额的百分比，也就是负债总额与资产总额的比例关系。资产负债率反映在总资产中有多大比例是通过负债来筹资的，也可以衡量企业在清算时保护债权人利益的程度。计算公式如下：

资产负债率＝（负债总额÷资产总额）×100%

公式中的负债总额不仅包括长期负债，还包括短期负债。这是因为，短期负债作为一个整体，企业总是长期占用着，可以视同长期性资本来源的一部分。

根据前面资产负债表（表11-7）的数据可计算20××年末资产负债率为：

资产负债率＝(6 589 000÷20 789 000)×100%＝31.69%

从债权人的立场看，他们最关心的是贷给企业的款项的安全程度，也就是能否按期收回本金和利息。他们希望债务比例越低越好，债务比例越低，企业偿债越有保证，贷款就不会有太大的风险。从股东的立场看，由于企业通过举债筹措的资金与股东提供的资金在经营中发挥同样的作用，所以，股东所关心的是全部资本利润率，即借入资本的代价。因此，在全部资本利润率大于借款利息率时，负债比例越大越好，反之，则越小越好。从经营者的立场看，如果企业不举债，或负债比例很小，说明企业畏缩不前，对前途信心不足，利用债权人资本进行经营活动的能力很差；相反，企业举债比率越大（当然不是盲目地借款），越是显得企业有活力。

（2）产权比率。产权比率也是衡量长期偿债能力的指标之一。这个指标是负债总额与股东权益总额之比率，也叫做债务股权比率。其计算公式如下：

产权比率＝(负债总额÷股东权益)×100%

根据前面资产负债表（表 11-7）的数据可计算 20××年末产权比率为：

产权比率＝(6 589 000÷14 200 000)×100%＝45.94%

该项指标表明每单位股东权益借入的债务数额，反映由债权人提供的资本与股东提供的资本的相对关系，揭示了企业基本财务结构的稳定性。一般来说，股东资本大于借入资本较好，但也不能一概而论。从股东来看，在通货膨胀加剧时期，企业多借债可以把损失和风险转嫁给债权人；在经济繁荣时期，多借债可以获得额外的利润；在经济萎缩时期，少借债可以减少利息负担和财务风险。产权比率高，是高风险、高报酬的财务结构；产权比率低，是低风险、低报酬的财务结构。该指标同时也表明债权人投入的资本受到股东权益保障的程度，或者说是企业清算时对债权人利益的保障程度。

（3）已获利息倍数。已获利息倍数指标是指企业经营业务收益与利息费用的比率，用以衡量偿付借款利息的能力，也叫利息保障倍数。其计算公式如下：

已获利息倍数＝息税前利润÷利息费用

公式中的“息税前利润”是指利润表中未扣除利息费用和所得税之前的利润。它可以用“利润总额加利息费用”来测算。由于我国现行利润表“利息费用”没有单列，而是混在“财务费用”之中，外部报表使用人只好用“利润总额加财务费用”来估计。

公式中的分母“利息费用”是指本期发生的全部应付利息，不仅包括财务费用中的利息费用，还应包括计入固定资产成本的资本化利息。资本化利息虽然为在利润表中扣除，但仍然是要偿还的。利息保障倍数的重点是衡量企业支付利息的能力，没有足够大的息税前利润，利息的支付就会发生困难。

根据前面利润表（表 11-10）的数据，该公司 20××年已获利息倍数为：

已获利息倍数＝(3 200 000＋146 000＋1 240 000)÷146 000＝31.41

长期债务不需要每年偿还本金，却需要每年支付利息。已获利息倍数指标表明每单位债务利息有多少倍的息税前利润作保障，它可以反映债务政策的风险大小。只要已获利息倍数足够大，企业就有充足的能力偿付利息，否则相反。如何合理确定企业的已获利息倍数？这需要将该企业的这一指标与其他企业，特别是本行业平均水平进行比较，来分析决定本企业的指标水平。从谨慎性的角度出发，最好比较企业连续几年的数据，并选择最低的年度数据作为比较标准。因为不管企业的经营情况好坏，都需要支付与同量债务对应的利息。

（二）企业盈利能力分析

1. 销售净利率

销售净利率是净利润与销售收入的百分比，其计算公式为：

销售净利率=(净利润÷销售收入)×100%

公式中的“销售收入”即利润表中的“营业收入”（下同）。

销售净利率反映每一元销售收入带来的净利润，表示销售收入的收益水平。从销售净利率的指标关系看，净利润与销售净利率呈正比关系，而销售收入额与净利率呈反比关系。企业在增加销售收入额的同时，必须相应地获得更多的净利润，才能使销售净利率保持不变或有所提高。通过销售净利率的升降变动，可以促使企业在扩大销售的同时，注意改进经营管理，提高盈利水平。对于该指标，应结合不同行业的具体情况进行评价。通常，资本密集型的企业，其销售利润率较高；劳动密集型的企业，其销售利润率较低。

根据利润表（表 11-10）的数据，计算 20××年的销售净利率为：

销售净利率=(3 200 000÷28 000 000)×100%=11.43%

2. 销售毛利率

销售毛利率是销售毛利占销售收入的百分比，其中毛利是销售收入与销售成本的差额。其计算公式如下：

销售毛利率=[(销售收入-销售成本)÷销售收入]×100%

公式中的“销售成本”即利润表中的“营业成本”（下同）。

销售毛利率表示每一元销售收入扣除销售成本后，有多少钱可以补偿各项期间费用和形成盈利。销售毛利率是企业销售净利率的基础，没有足够大的毛利率便不能盈利。

根据利润表（表 11-10）的数据，计算 20××年的销售毛利率为：

销售毛利率=[(28 000 000-19 600 000)÷28 000 000]×100%=30%

3. 资产净利率

资产净利率是企业净利润与平均资产总额的百分比。其计算公式为：

资产净利率=(净利润÷平均资产总额)×100%

公式中“净利润”是缴纳了所得税之后的税后利润，该数据从利润表中取得；“平均资产总额”是指资产负债表中资产总计的“期初数”与“期末数”的平均数。

资产净利率表明资产占用额与盈利数额的关系，该指标的数值越高，表明资产的利用效果越好，企业在增加收入和节约资金使用等方面取得的效果也就越好；否则相反。

资产净利率是一个综合指标，企业的资产是由投资人投入或举债形成的。净利的多少与企业资产的多少、资产的结构、经营管理水平有着密切的关系。为了正确评价企业经济效益的高低、挖掘提高利润水平的潜力，可以用该指标与本企业前期、计划、本行业平均水平和本行业内先进企业进行对比，分析形成差异的原因。影响资产净利率高低的因素主要有：产品的价格、单位成本的高低、产品的产量和销售的数量、资金占用量的大小等。

根据资产负债表（表 11-7）和利润表（表 11-10）的数据，计算 20××年的资产净利率为：

资产净利率＝(3 200 000÷18 544 000) ×100%＝17.26%

（三）企业资本营运能力分析

1. 应收账款周转情况分析

(1) 应收账款周转次数。应收账款周转次数是销售收入与应收账款平均余额之比。应收账款周转一次指的是从应收账款发生到收回的全过程，计算公式为：

应收账款周转次数＝销售收入÷应收账款平均余额

应收账款平均余额＝(期初应收账款＋期末应收账款)÷2

应收账款周转次数计算公式中的分子，从理论上说应为赊销收入（因为应收账款是由于赊销引起的），但赊销收入只有企业内部的相关工作人员才能知道，企业外部的信息使用者在分析应收账款周转情况时，无法取得赊销收入的数据，只能直接使用销售（营业）收入来代替赊销收入。这相当于假设现金销售时收现时间等于零的应收账款。

根据资产负债表（表 11-7）和利润表（表 11-10）的数据，计算 20××年的应收账款周转次数为：

应收账款周转次数＝28 000 000÷[(2 352 000＋1 568 000)÷2]＝14.29（次）

(2) 应收账款周转天数。应收账款周转天数是反映应收账款周转情况的另一个重要指标，又称应收账款平均收现期，它是 360 天与应收账款周转次数之比，其计算公式为：

应收账款周转天数＝360÷应收账款周转次数

＝应收账款平均余额×360÷销售收入

根据以上资料，计算 20××年的应收账款周转天数为：

应收账款周转天数＝360÷14.29＝25.19（天）

一般来说，应收账款周转次数越多，应收账款周转天数越短，说明应收账款回收得越快，应收账款的流动性越强，同时应收账款发生坏账的可能性也就越小。但是，如果一个企业的应收账款周转次数过多，应收账款周转天数过短，则可能是由于企业的信用政策过于苛刻所致，这样又可能会限制企业销售规模的扩大，影响企业长远的盈利能力。

2. 存货周转情况分析

(1) 存货周转次数。

存货周转次数是一定时期内企业销货或营业成本与存货平均余额之比。它是反映企业销售能力和存货周转速度的一个指标，也是衡量企业生产经营各环节中存货运营率的一个综合指标，其计算公式为：

存货周转次数＝销售成本÷存货平均余额

在计算存货周转次数时，采用“销售收入”还是“销售成本”作为周转额，要看分析的目的。在短期偿债能力分析中，为了评估资产的变现能力需要计量存货转化为现金的时间和数量，应采用“销售收入”；如果是为了评估存货管理的业绩，应当使用“销售成本”计算存货周转次数，使其分子和分母保持口径一致。实际上，两种周转次数的差额是毛利引起的，用哪一个计算都能达到最终的分析目的。

根据以上资料，计算20××年的存货周转次数为：

存货周转次数＝19 600 000÷[(648 000＋482 000)÷2]＝17.35（次）

(2) 存货周转天数。存货周转天数是反映存货周转情况的另一重要指标，它是360天与存货周转次数之比，其计算公式为：

存货周转天数＝360÷存货周转次数＝存货平均余额×360÷销售成本

根据以上资料，计算20××年的存货周转天数为：

存货周转天数＝360÷17.35＝20.75（天）

一般来说，存货周转次数越多，存货周转天数越短，说明存货周转得越快，存货的流动性越强。如果一个企业的存货周转次数过多或存货周转天数过短，则有可能是由于企业的存货水平太低所致，存货水平太低有可能是由于企业的采购量批量太小，采购过于频繁，这样可能会增加企业的采购成本，并且存货水平太低可能会导致缺货，影响企业的正常生产。

3. 流动资产周转情况分析

流动资产周转次数是反映流动资产总体周转情况的重要指标，一般情况下，选择以一定期间内取得的销售（营业）收入作为流动资产周转额的替代指标，其计算公式为：

流动资产周转次数＝销售收入÷流动资产平均余额

其中，

流动资产平均余额＝(流动资产期初余额＋流动资产期末余额)÷2

反映流动资产总体周转情况的另外一个重要指标是流动资产周转天数，其计算公式为：

流动资产周转天数＝360÷流动资产周转次数＝流动资产平均余额×360÷销售收入

根据以上资料，计算20××年的流动资产周转次数和流动资产周转天数为：

流动资产周转次数＝28 000 000÷[(5 509 000＋3 648 000)÷2]＝6.12（次）

流动资产周转天数＝360÷6.12＝58.82（天）

一般来说，流动资产周转次数越多，流动资产周转天数越短，说明流动资产周转得越快，利用效果越好。通常，流动资产中应收账款和存货所占比例较大，它们的周转状况对流动资产周转具有决定性的影响，所以，对流动资产总体周转情况的分析要应结合存货和应收账款等具体流动资产的周转情况进行。

4. 非流动资产周转情况分析

非流动资产周转次数和非流动资产周转天数是反映非流动资产周转快慢的两个重要指

标，计算公式为：

非流动资产周转次数＝销售收入÷非流动资产平均余额

非流动资产平均余额＝（非流动资产期初余额＋非流动资产期末余额）÷2

非流动资产周转天数＝360÷非流动资产周转次数

＝非流动资产平均余额×360÷销售收入

根据以上资料，计算20××年的非流动资产周转次数和非流动资产周转天数为：

非流动资产周转次数＝28 000 000÷[（15 280 000＋12 615 000）÷2]＝2.01（次）

非流动资产周转天数＝360÷2.01＝179.1（天）

一般来说，非流动资产周转次数越多，非流动资产周转天数短，说明非流动资产周转越快，利用效率越高；反之，说明非流动资产周转慢，利用效率低。

5. 总资产周转情况分析

总资产周转次数和总资产周转天数是反映企业所有资产周转情况的两个重要指标，计算公式为：

总资产周转次数＝销售收入÷平均资产总额

平均资产总额＝（期初资产总额＋期末资产总额）÷2

总资产周转天数＝360÷总资产周转次数

＝总资产平均余额×360÷销售收入

根据以上资料，计算20××年的总资产周转次数和总资产周转天数为：

总资产周转次数＝28 000 000÷[（20 789 000＋16 299 000）÷2]＝1.51（次）

总资产周转天数＝360÷1.51＝238.41（天）

一般来说，总资产周转率越高，总资产周转天数越短，说明企业所有资产周转得越快，同样的资产取得的收入越多，因而资产的管理水平越高。

复习思考题

1. 财务会计报告与财务报表的关系是什么？财务报告有何重要作用？
2. 什么是资产负债表？资产负债表的作用是什么？
3. 资产负债表各项目应采用哪些填列方法？
4. 什么是利润表？利润表的作用是什么？
5. 利润表的格式和具体填列方法有哪些？
6. 什么是现金流量表？现金流量按交易性质可以分为哪三类？
7. 什么是财务报表附注？其他财务报告包括哪些？
8. 什么是财务报表分析？财务报表分析的方法有哪些？
9. 在财务报表分析中，主要反映企业偿债能力、盈利能力和资本营运能力的指标分别有哪些？各指标的含义是什么？

练习题

一、填空题

1. 按报表反映的经济内容的不同，可分为反映（　　）的报表和反映（　　）的报表。

2. 反映财务状况的报表主要包括反映静态财务状况的（　　）和反映动态财务状况的（　　）。

3. 资产负债表的结构由（　　）、（　　）和（　　）组成。

4. 资产负债表的格式有（　　）和（　　），我国一般采用（　　）。

5. 编制财务报表应做到数字（　　），计算（　　），内容（　　），报送（　　）。

6. 利润表的基本结构是以（　　）这一会计平衡公式作为理论基础的，其具体格式有（　　）和（　　）两种。

二、单项选择题

1. 财务报表中项目数字的直接来源是（　　）。

A. 原始凭证　　B. 记账凭证

C. 日记账　　D. 账簿记录

2.（　　）是反映企业在一定时期内经营成果的财务报表。

A. 资产负债表　　B. 利润表

C. 所有者权益变动表　　D. 现金流量表

3. 财务报表四张主表为（　　）。

A. 资产负债表、利润表、现金流量表、利润分配表

B. 资产负债表、利润表、现金流量表、所有者权益变动表

C. 资产负债表、利润表、成本表、收入明细表

D. 成本表、利润表、现金流量表、利润分配表

4. 资产负债表中，“应收账款”项目应根据（　　）填列。

A. “应收账款”总分类账户

B. “应收账款”总分类账户所属各明细分类账的期末余额

C. “应收账款”和“应付账款”总分类账户所属各明细分类账的期末借方余额合计

D. “应收账款”和“预收账款”总分类账户所属各明细分类账的期末借方余额合计

5. 利润表是反映企业（　　）经营成果的报表。

A. 一定时期内　　B. 特定时期

C. 相邻期间内　　D. 相邻时期

6. 下列报表中属于静态报表的是（　　）。

A. 资产负债表　　B. 利润表

C. 现金流量表　　D. 所有者权益变动表

7. 利润表是根据（　　）填列。

A. 利润表账户的期末余额　　B. 利润表账户的期初余额

C. 利润表账户的本期发生额　　D. 利润表账户的借方发生额

8. 资产负债表中，未分配利润项目是根据（　　）填列。

A. 企业所实现的利润
B. 企业的利润分配数
C. “本年利润”账户期末余额
D. “本年利润”和“利润分配”账户期末余额抵减后的差额
9. 现金流量表的编制基础是（　　）。
A. 现金　B. 货币资金　C. 流动资金　D. 现金流量

三、多项选择题

1. 财务报表的使用者包括（　　）。
A. 投资者　B. 债权人
C. 政府及其机构　D. 潜在的投资者和债权人
2. 财务报表的编制必须做到（　　）。
A. 数字真实　B. 计算准确
C. 内容完整　D. 编报及时
3. 按财务报表编制的单位分，有（　　）。
A. 单位报表　B. 汇总报表
C. 合并报表　D. 内部报表
4. 资产负债表的格式有（　　）。
A. 单步式　B. 报告式
C. 多步式　D. 账户式
5. 利润表表体列示方法有（　　）。
A. 单步式　B. 报告式
C. 多步式　D. 账户式
6. 资产负债表中“预收账款”项目，应根据（　　）之和来填列。
A. “预收账款”明细科目的借方余额
B. “预收账款”明细科目的贷方余额
C. “应收账款”明细科目的借方余额
D. “应收账款”明细科目的贷方余额

四、判断改错题

1. 利润表是反映企业在一定期间的经营成果的报表。（　　）
2. 资产负债表中，资产的排列顺序是根据重要性原则确定的。（　　）
3. 企业年度利润表中“利润总额”项目应该和年末年初净资产的差额相等。（　　）
4. 作为利润表编制基础的平衡公式是“收入－费用＝利润”。（　　）
5. 资产负债表中“期末数”栏内各项目金额指的是总账账户的期末余额。（　　）
6. 利润表根据各账户的期末余额填列。（　　）

五、业务核算题

习题一

（一）目的：练习财务报表的编制方法。
（二）资料：伟仕企业 2010 年 12 月 31 日相关总分类账及有关明细账余额如下：

会计科目	总分类科目		明细分类科目	
	借方余额	贷方余额	借方余额	贷方余额
库存现金	36 000			
银行存款	850 000			
应收账款	400 000			
——A公司			720 000	
——B公司				320 000
预付账款	20 000			
——C公司			50 000	
——D公司				30 000
坏账准备		1 600		
交易性金融资产	24 000			
库存商品	360 000			
原材料	420 000			
低值易耗品	30 000			
长期股权投资	360 000			
长期债权投资	200 000			
固定资产	1 200 000			
累计折旧		80 000		
在建工程	340 000			
无形资产	40 000			
长期待摊费用	10 000			
应付账款		684 000		
——甲公司				670 000
——乙公司				14 000
预收账款		42 000		
——丙公司				42 000
短期借款		600 000		
应付职工薪酬		206 000		
应交税费		39 000		
应付股利		32 400		
应付利息		5 000		
长期借款		600 000		
股本		2 000 000		
盈余公积		320 000		
利润分配		480 000		
——未分配利润				480 000

（三）要求：根据上述资料编制该企业期末资产负债表。

习题二

（一）目的：练习财务报表的编制方法。

（二）资料：科锐公司为增值税一般纳税人，有关资料如下：

1. 2011 年 6 月 1 日有关账户的余额如下表所示：

科目	借方余额	贷方余额	科目	借方余额	贷方余额
银行存款	20 000		短期借款		80 000
应收票据	25 000		应付账款		68 000
应收账款——A 公司	80 000		应交税费	1 400	
坏账准备		400	长期借款		200 000
原材料	150 000		实收资本		400 000
材料成本差异		3 000	资本公积		100 000
库存商品	100 000		盈余公积		50 000
持有至到期投资	85 000		利润分配——未分配利润		40 000
固定资产	550 000				
累计折旧		70 000			
合计	1 010 000	73 400	合计	1 400	938 000

注："应交税费"借方余额为尚未抵扣的增值税进项税额。

2. 假定该企业 2011 年 6 月份发生如下经济业务：

（1）购进原材料一批，增值税专用发票上注明价款 70 000 元，增值税额 11 900 元，另对方代垫运杂费 1 000 元，款项尚未支付。该企业原材料收发按计划成本计价核算。

（2）上述材料验收入库，计划成本 72 000 元。

（3）一张面值为 9 000 元的商业汇票到期，款项已收存银行。

（4）售出产品一批，产品价款 140 000 元，应交增值税 23 800 元，收到购货方提交的银行汇票，并已办妥入账持续。售出产品的成本为 75 000 元。

（5）计算并缴纳本月应交增值税。

（6）计算本月应缴纳的城市维护建设税（税率 7%）和教育费附加（比例 3%）。

（7）计提购建固定资产的长期借款利息 6 000 元，其中购建过程中发生的、应予资本化的利息 4 000 元，工程达到预定可使用状态后发生的利息 2 000 元。

（8）收到 B 单位预付的购货款 50 000 元存入银行（因预收货款的业务不多，该企业不设"预收账款"科目）。

（9）盘盈八成新不需安装设备一台，同类资产市场价格为 4 000 元。

（10）计提购入某公司的长期债券的利息 3 500 元（该债券到期一次还本付息）。

（11）计提本月固定资产折旧 5 050 元，其中管理部门 3 600 元，专设销售机构 1 450元。

（12）报经批准结转盘盈固定资产的净收益。

（13）用银行存款支付税收滞纳金 2 100 元。

（14）按 25%的税率计算本月应缴纳的所得税。

（15）月末结转损益类科目的余额。

（16）月末按净利润的10%计提盈余公积。

（三）要求：

（1）根据上述经济业务编制会计分录。

（2）编制该企业2011年6月30日的资产负债表。

（3）编制该企业2011年6月份的利润表。

CHAPTER

12 第十二章 会计工作组织

学习目标

本章阐述会计工作组织的主要内容，明确组织会计工作的意义和要求。介绍会计机构的设置和会计人员应具备的素质和基本条件；会计法规、制度；会计职业道德规范；会计档案管理；以及会计电算化等内容。通过本章的学习，要求了解会计工作组织的意义，会计机构的设置，会计人员的基本职责和权限以及会计职业道德等；掌握会计规范体系的构成；理解会计假设的内容及会计原则。

第一节 会计工作组织概述

一、会计工作组织的意义和要求

（一）会计工作组织的意义

正确、合理地组织会计工作，是搞好会计工作的前提。对会计机构的设置、会计人员的配备、会计制度的制定与执行等各项工作所作的统筹安排是组织会计工作的首要任务。根据会计法规，正确地组织会计工作，对充分发挥会计的管理作用，具有十分重要的意义。

(1) 正确、合理地组织会计工作，使会计工作按照事先规定的处理程序有条不紊地进行，可以防止错漏或及时纠正发生的问题，提高会计工作的质量和效果。

(2) 正确、合理地组织会计工作，可以使会计工作同其他管理工作更好地分工协作，相互配合，确保与其他管理工作协调一致，共同完成经济管理的任务。

(3) 正确、合理地组织会计工作，可以使会计单位内部各部门更好地履行自己的经济责任，管好和用好资金，厉行节约，增产增收，提高管理水平，讲求最佳经济效益。

（二）正确组织会计工作的要求

会计工作的组织必须符合下列要求：

1. 遵守国家的统一规定，是组织和处理会计工作首要要求

为了充分发挥会计的作用，国家对会计工作的重要方面都做了统一的规定，各单位必须贯彻执行《中华人民共和国会计法》（以下简称《会计法》），遵照《企业会计准则》的要求和会计制度的规定，制定本单位的会计制度，进行会计核算，实行会计监督。各单位要按照国家统一的会计法规，设置会计科目，登记账簿和编制会计报告，及时向决策层提供正确、全面、系统的会计信息。只有按照统一要求组织会计工作，才能发挥会计在加强经济管理，提高经济效益中的重要作用。

2. 根据各单位生产经营管理的特点组织会计工作

组织会计工作时，既要严格按照国家规定的统一要求，又要根据各单位经济活动的不同情况和经济管理的不同需要，作不同的具体安排。在组织会计工作时，对会计机构的设置，会计人员的配备，都应根据各单位的行业特点，规模大小，经营特色，作出切合实际的安排和制定具体的实施办法。总之，组织会计工作必须根据各单位自身经营的特点，决定会计机构的规模，会计人员的数量，会计账务处理的程序等，以满足会计工作的要求，发挥其应有的作用。

3. 按会计的内在规律组织会计工作，以保证会计工作质量，并贯彻精简节约原则

会计工作和其他事务一样，也有其自身的规律。例如，高素质的会计人员，健全的会计机构，先进的核算方法必然产生高质量的会计信息。否则，将会使会计信息失真甚至出现错乱现象。此外，组织会计工作在保证工作质量的前提下，应贯彻精简节约的原则，在机构设置，人员配备等方面，不要贪大求全；对账务处理程序的确定和手续制度的规定，应切合实际，避免烦琐。通过科学、合理地组织会计工作，力求以尽量少的人力、物力耗费，取得最大的工作效果。

二、会计工作组织的内容

会计工作是指运用一整套的会计专门方法，对会计事项进行处理的活动。会计工作是一项综合性、政策性较强的管理工作，也是一项严密细致的工作，它是经济管理工作的重要组成部分。为了完成会计工作的任务，更好地发挥会计在经济管理中的作用，就必须组织好会计工作。会计工作组织的好坏，直接影响着企业生产经营的好坏，也关系到会计政策、法令、法规的贯彻执行。因此，为了规范会计工作，正确处理各方面的经济关系以及协调会计工作内部各环节之间的关系，就要合理、科学地组织会计工作，以便具体实施对会计工作的有效管理，提高会计工作的质量和效率。

会计工作组织是一项系统工程，它包括以下几方面的内容：

（1）配备一定数量具有专业素质的会计人员。

（2）设置符合本单位实际的会计机构。

（3）依据国家的会计法规，制定本单位的会计制度、办法，并监督其执行。

（4）确定适合本单位特点的账务处理程序。

（5）科学组织本单位的会计电算化工作。

（6）切实管理好会计档案。

第二节　会计人员与会计机构

一、会计人员

会计人员是指公司、企业、事业单位和其他组织所设置的会计机构中，或者在国家机关、社会团体中从事会计工作的人员。配备一定数量和素质的具备从业资格的会计人员，是各单位会计工作得以正常开展的重要条件。各单位应根据规模大小，业务需要及会计机构岗位设置的要求，配备适当的会计人员。

（一）会计人员的职责与权限

1. 会计人员的主要职责

为充分发挥会计人员的工作积极性，更好地完成会计任务，应当明确会计人员的职责，以便会计人员的工作有明确的方向和办事准则。新颁布的《会计法》对会计人员的基本职责做了明确的规定，会计人员的主要职责是：

（1）进行会计核算。会计人员要以实际发生的经济业务为依据，按照会计制度的规定，记账、算账、报账，做到手续完备，内容真实，数字准确，账目清楚，按期报账。进行会计核算提供满足有关部门需要的会计信息，是会计人员最基本的职责。

（2）实行会计监督。会计人员应按照国家的有关规定，对本单位的经济活动进行监督。会计人员应对不真实、不合法的原始凭证，不予受理；对记载不准确，内容不完整的原始凭证，予以退回；对违法的收支，不予办理；对于与账簿记录不相符的实物、款项，按有关规定作出处理或报请领导处理。同时，还要积极配合有关机构如财政、审计、税务机关的监督等。

（3）拟定本单位办理会计事务的具体办法。会计人员要依据国家制定的统一会计制度，结合本单位的特点和管理需要，拟定出本单位会计工作所必须遵守的具体要求和对经济业务的具体处理办法，如制定内部牵制制度、审核制度、定额管理制度、计量验收制度、财产清查制度、财务收支审批制度、成本核算制度等。

（4）参与拟定经济计划，考核分析预算、财务计划的执行情况。会计人员参与拟定经济计划，不仅有利于编制切实可行的财务计划，而且可以发挥会计人员联系面广泛，经济信息灵通的优势。会计人员根据会计核算的资料，可以考核、分析预算、财务计划的执行情况，以便总结经验，发现问题，并提出改进的建议和措施。

（5）办理其他会计事务。会计人员除上述四项职责外，还有其他一些职责，如参与市场调查、拟定产品价格、落实内部经济责任制等。随着市场经济的发展，会计人员的工作职责也不断向广度和深度发展。

2. 会计人员的权限

为了保障会计人员能够切实地履行职责，国家对他们赋予了必要的工作权限。会计人员的权限主要有以下几方面：

（1）会计人员有权要求本单位有关部门、人员认真遵守国家的财经纪律和财务制度。

如有违反，会计人员有权拒绝付款、报销或执行，并向本单位领导人报告。对弄虚作假、营私舞弊、欺骗上级等违法乱纪行为，会计人员必须坚决拒绝执行，并向本单位领导人或上级机关、财政部门报告。

(2) 会计人员有权参与本单位编制计划、制定定额、签订经济合同等工作，并参加有关的生产、经营管理的会议。有权提出有关财务开支和经济效益方面的问题和意见。

(3) 会计人员有权监督、检查本单位有关部门的财务收支、资金使用和财产保管、收发、计量等情况。

各级领导和有关人员要支持会计人员行使工作权限。如果有人对会计人员坚持原则、如实反映情况进行阻挠或打击报复，上级机关要查明情况，严肃处理，情况严重的，还要给以法律制裁。

(二) 会计人员的职业道德

会计人员职业道德规范是会计人员从事会计工作应当遵循的道德标准。会计人员作为特殊从业人员，既要有良好的业务素质，也要有较强的政策观念和职业道德水平。目前，我国会计人员业务素质普遍较低，而且法制观念也不强。在这种情况下，会计人员丧失原则、有意隐瞒事实真相，甚至为违纪违法活动出谋划策的行为时有发生，严重违背了作为一个会计人员应当具备的基本标准。因此，必须加强会计人员的职业道德教育，提高会计人员的政治和业务素质。

会计人员职业道德规范是会计人员从事会计工作应遵循的基本行为准则。建立会计人员职业道德规范，既是对会计人员强化道德约束，防止和杜绝会计人员在工作中出现不道德行为，又是会计工作应对社会所承担的责任与义务。会计人员职业道德规范是根据会计这一职业特点，对会计人员在社会生活中的行为所提出的道德要求。这种要求是会计人员在长期工作实践中形成的，并通过一定的传统习惯方式固定下来，为大家所共同遵守。我国过去没有成文的、统一的会计人员职业道德规范，只是在一些文件中体现了对会计人员职业道德的要求。为了适应新形势，规范会计工作，财政部对《会计人员工作规则》进行了修订，在此基础上颁布了《会计基础工作规范》，第一次以条文的形式，专门对会计人员职业道德提出了具体要求。

按照财政部 1996 年发布的《会计基础工作规范》，会计职业道德主要包括以下几个方面的内容：

(1) 爱岗敬业。会计人员热爱本职工作，是做好一切工作的出发点。只有建立了这个出发点，才会勤奋、努力钻研业务技术、使自己的知识和技能适应具体从事的会计工作的要求。

(2) 熟悉法规。会计工作不只是单纯的记账、算账、报账工作，会计工作时时、事事、处处涉及执法守规方面的问题。会计人员应当熟悉财经法律、法规和国家统一的会计制度，做到自己在处理各项经济业务时知法依法、知章循章，依法把关守口，同时还要进行法规的宣传，提高法制观念。

(3) 依法办事。按照《会计法》要求保证会计信息真实、完整的规定，会计人员必须依法办事，树立自己的职业形象和人格尊严，敢于抵制歪风邪气，同一切违法乱纪的行为作斗争。

(4) 客观公正。会计人员在办理会计事务中，应当实事求是、客观公正。这是一种工作态度，也是会计人员追求的一种境界。做好会计工作，不仅要有过硬的技术本领，也同样需要实事求是的精神和客观公正的态度。否则，就会把知识和技能用错了地方，甚至参与弄虚作假或者串通作弊。

(5) 搞好服务。会计工作的特点，决定了会计人员应当熟悉本单位的生产经营和业务管理情况。因此，会计人员应当积极运用所掌握的会计信息和会计方法，为改善单位的内部管理、提高经济效益服务。

(6) 保守秘密。会计人员由于会计工作性质的原因，有机会了解本单位的财务情况和生产经营情况，有可能了解或者掌握重要商业秘密，因此，必须严守秘密。泄密是一种不道德行为，会计人员应当确立以泄漏商业秘密为大忌的观念，对于自己知悉的内部机密，在任何时候、任何情况下都严格保守，不能随意向外界泄漏。

会计人员的职业道德最基本的应该是"实事求是、廉洁奉公"。"实事求是"，是保证会计信息真实、完整的需要；"廉洁奉公"，是保证会计执法的需要。这两条，应该作为每一个会计人员的座右铭。

建立会计人员职业道德规范的工作，在我国还刚刚开始，实践不多，经验也有待积累。因此，有必要加强对会计人员职业道德的监督和检查工作。根据《会计基础工作规范》的规定，财政部门、业务主管部门和各单位是会计人员遵守职业道德情况的检查管理部门。监督和检查，主要是督促和教育，帮助会计人员提高职业道德水平。同时通过正反典型案例的宣传，逐步树立会计人员遵守职业道德的良好风尚。

(三) 会计人员应具备的素质和基本条件

会计人员在实际工作中负有双重责任，一方面要做好本单位的会计工作，维护本单位的合法权益，促进单位加强经济管理，提高经济效益；另一方面又要严格执行国家的财经方针政策，维护国家的整体利益，对本单位的经济活动、财务收支实行会计监督，抵制各种违反财经纪律的行为。因此，会计人员既要求具有较高的政治素质，又要求具有较强的业务素质。会计人员应具备的基本素质和条件是：

1. *必须取得会计从业资格证书*

《会计法》规定："从事会计工作的人员，必须取得会计从业资格证书。"会计资格从业证书，是具备会计从业资格的证明文件。凡是从事会计工作的会计人员，必须取得会计从业资格证书，才能从事会计工作。这是进入会计岗位的"准入证"，是从事会计工作的必经之路。会计从业资格证书是证明能够从事会计工作的唯一凭证，它将记载本人的各种信息，一经取得，在全国范围内有效。

会计从业资格证书的管理体制，主要实行属地原则，由县以上财政部门会计管理机构按照属地原则进行所辖范围内的会计人员从业资格管理。

《会计从业资格管理办法》对取得会计从业资格的条件作了具体的规定：

取得会计从业资格的基本条件，包括坚持原则，具有良好的道德品质；遵守国家法律、法规；具备一定的会计专业知识和技能；热爱会计工作，秉公办事。基本条件是每一位会计人员必须具备、缺一不可的。

具备规定学历的，可直接获取会计从业资格。具备中专及中专以上会计类学历的，同时符合基本条件的，可直接申请获得会计从业资格。

不具备规定学历的，应通过考试取得会计从业资格。对于不具备中专及中专以上会计类学历的人员，要从事会计工作，必须通过考试取得会计从业资格。考试实行全国统一考试科目、考试大纲。考试的科目主要包括：财经法规、会计基础知识、会计实务、初级会计电算化或珠算。

对于符合条件取得会计从业资格的由各级会计从业管理部门发放《会计从业资格证书》。

为了加强对会计从业资格证书的有效管理，督促会计人员持证上岗，树立会计从业资格证书的权威性，对会计从业资格证书实行注册登记制度和年检制度。

注册登记制度即会计人员因离退休、解聘、停薪留职、辞职等原因离开单位的，应由本人或所在单位在30日内向原发证机关申请备案。离岗后又重新从事会计工作的，应由本人或所在单位立即到单位所在地财政部门或主管部门进行注册登记，接受管理。

年检制度即年度检查验证制度。原则上每两年进行一次。年检时间、年检范围和年检内容，主要由省级会计从业资格管理部门具体安排。对于不参加年检，又无正当理由的，将给予一定的处分，直至取消会计从业资格，吊销其会计从业资格证书。

为了督促会计人员持证上岗和依法履行职责，必须加强对会计从业资格情况的监管。监管工作由会计从业资格部门组织实施。检查和监督的形式，实行全面检查和重点抽查相结合，政府检查与社会监督相结合，发现违法违纪行为，要严肃查处。

持证上岗的制度，既是对会计人员的要求，也是作为一个会计人员应具备的基本条件，同时也是对用人单位利益的保护，因为用人单位一般难以对聘用的会计人员进行专业素质考核，取得会计证的人员就表明他具备相应的会计专业素质；对持证人员来说，这一制度也保护了他们的工作权利；对希望从事会计工作但不具备条件的人员来说，这又为他们确立了努力的方向。

2. 按照规定参加会计业务培训，接受继续教育

为了便于会计人员及时更新知识、不断提高自身素质、适应工作需要，对从事会计工作并已取得会计从业资格的会计人员进行继续教育培训。会计人员继续教育是会计管理工作的一个组成部分，是会计队伍建设的重要内容。会计人员继续教育应坚持理论联系实际、讲求实效、学以致用的原则，其主要内容包括：会计理论与实务；财务、会计法规制度；会计职业道德规范；其他相关知识和法规制度。会计人员继续教育包括接受培训和自学两种形式。

根据规定，会计人员继续教育的对象为在职会计人员。会计人员继续教育分为高级、中级、初级三个级别，即高级会计人员继续教育、中级会计人员继续教育和初级会计人员继续教育。高、中级会计人员继续教育的时间每年累计不少于68小时，其中接受培训时间，每年累计不少于20小时，自学时间每年累计不少于48小时。初级会计人员继续教育的时间每年累计不少于24小时，自学时间每年累计不少于48小时。对于自学小时的折算方法，由省级会计人员继续教育管理部门自行决定。

会计人员继续教育实行统一规划、分级管理的原则。财政部负责全国会计人员继续教育的管理工作。各级地方财政厅负责本地区会计人员继续教育的组织工作。会计人员

继续教育实行定期检查制度，原则上两年一次。根据规定，每一位会计人员每年必须完成规定学时的继续教育。如果未按照规定完成必要的学时，又无正当理由的，会计人员继续教育主管部门将督促其接受继续教育。对年度内未接受继续教育和未按规定完成继续教育学时的会计人员，无正当理由的，予以警告；持续两年未接受继续教育和连续两年未完成规定学时的，不予办理会计从业资格证书的年检，不得参加上一档次会计专业技术资格考试，不得参加先进会计工作者的评选，财政部门不予颁发荣誉证书。连续三年没有参加继续教育和未完成规定学时的，其会计从业资格证书自行失效，按《会计法》规定，需五年后重新取得会计从业资格，同时吊销其会计专业技术资格，也不允许参加高级会计师评审。

（四）会计人员专业技术职务

为了充分调动会计人员的积极性，鼓励他们积极钻研业务，不断提高业务技术水平，国家规定按会计人员的政治表现、学识水平、业务能力以及国家组织的会计人员技术资格统一考试的成绩，评聘相应的技术职称。《会计专业职务实行条例》将会计人员专业技术职称定为：高级会计师、会计师、助理会计师和会计员，其中高级会计师属高级职称，会计师属中级职称，助理会计师和会计员属初级职称。

根据《会计专业职务试行条例》及有关规定，会计专业职务的任职条件分别为：

1. 会计员

会计员的基本条件是：初步掌握财务会计知识和技能，熟悉并能遵照执行有关会计法规和财务会计制度，能担负一个岗位的财务会计工作，大学专科或中等专业学校毕业，在财务会计工作岗位上见习一年期满，并通过会计专业技术资格考试。会计员的基本职责是：负责具体审核和办理财务收支，编制记账凭证，登记会计账簿，编制会计报表和办理其他会计事务。

2. 助理会计师

助理会计师的基本条件是：掌握一般的财务会计基本理论和专业知识，熟悉并能正确执行有关的财经方针、政策和财务会计法规、制度，能担负一个方面或某个重要岗位工作，取得硕士学位或取得第二学士学位，或研究生班结业证书，具备履行助理会计员职责的能力；或大学本科毕业，在财务会计工作岗位上见习一年期满；或大学专科毕业并担任会计员两年以上；或中等专业学校毕业并担任会计员职务四年以上，并通过助理会计师专业技术资格考试。助理会计师的基本职责是：负责草拟一般的财务会计制度、规定、办法，解释财务会计法规、制度中的一般规定；分析检查某一方面或某些项目的财务收支和预算的执行情况。

3. 会计师

会计师的基本条件是：较系统地掌握财务会计基础理论和专业知识，掌握并能正确执行有关的财经方针、政策和财务会计法规、制度，具有一定的财务会计工作经验，能担负一个单位或管理一个地区、一个部门、一个系统某个方面的财务会计工作，取得博士学位，并具有履行会计师职责的能力；取得硕士学位并担任助理会计师职务两年左右；取得第二学位或研究生班结业证书，并担任助理会计师职务两到三年；大学本科或大学专科毕业并担任助理会计师职务四年以上，掌握一门外语，并通过会计师专业技术资格考试。会计师的基本职责是：负责草拟较重要的财务会计制度、规定、办法；解释、解答财务会计法规、制度中的重要问题；分析检查财务收支和预算的执行情况；培养初级会计人才。

4. 高级会计师

高级会计师的基本条件是：较系统地掌握经济、财务会计理论和专业知识；具备较高的政策水平和丰富的财务会计工作经验，能担负一个地区、一个部门或一个系统的财务会计管理工作，取得博士学位，并担任会计师职务两到三年；取得硕士学位、第二学士学位或研究生班结业证书、或大学本科毕业并担任会计师职务五年以上，较熟练地掌握一门外语。高级会计师的基本职责是：负责草拟和解释、解答一个地区、一个部门、一个系统或在全国施行的财务会计法规、制度、办法；组织和指导一个地区或一个部门、一个系统的经济核算和财务会计工作；培养中级会计人才。

会计是一项技术性较强并需在实践中积累经验的工作，一定的学历说明其具有专业知识水平的程度，一定的工作年限则说明具有一定的实践经验，因此，在确定专业职务时，对学历和从事工作年限都有相应的要求。但对确有真才实学，成绩显著，贡献突出，符合任职条件的，在确定相应专业职务时，可以不受学历和工作年限的限制。

（五）会计机构负责人与总会计师

1. 会计机构负责人的任职资格

会计机构负责人（会计主管人员），是在一个单位内具体负责会计工作的中层领导人员。在单位负责人的领导下，会计机构负责人（会计主管人员）负有组织、管理本单位所有会计工作的责任，其工作水平的高低、质量的好坏直接关系到整个单位会计工作的水平和质量。如果会计机构负责人（会计主管人员）的政治素质好，业务水平高，具有较强的组织领导能力，不仅对于领导和组织本单位的会计工作十分有利，而且，对于加强经营管理也十分有利。相反，如果对会计机构负责人（会计主管人员）任用不当，其政策水平、业务水平和组织领导能力不能适应工作要求，不仅会影响本单位会计工作的开展，甚至会给单位带来经济上的损失。可以说会计机构负责人（会计主管人员）任用是否得当，对一个单位会计工作的好坏关系重大，对能否保证国家的财经政策等在一个单位正确得到贯彻执行关系重大，对能否有效地维护广大投资者、债权人等的合法权益关系重大。1996 年财政部制定发布的《会计基础工作规范》，对会计机构负责人（会计主管人员）应当具备的基本条件做了规定。概括起来，会计机构负责人（会计主管人员）的任职资格和条件应当包括政治素质和专业技术资格条件两个方面。

（1）政治素质。政治素质是指能遵纪守法，坚持原则，廉洁奉公，具备良好的职业道德。财务会计工作是经济工作的基础，国家的许多法律、法规，尤其是财经方面的法律、法规的贯彻执行，都要通过会计工作来体现，会计人员，特别是会计机构负责人如不能遵纪守法，必将给国家造成经济损失。会计工作直接处理经济业务，经济上的问题会在会计处理中反映出来，不能坚持原则，就不可能大胆的去维护国家的财经纪律，不可能大胆的坚持单位的规章制度，就不会去纠止违反财经纪律和财务会计制度的行为。

（2）专业技术资格条件。会计工作具有很强的专业技术，要求会计人员必须具备必要的专业知识和专业技能。对会计机构负责人或会计主管人员来讲要全面组织和负责一个单位的会计工作，对其专业技术方面的要求也就更加必要。目前我国主要是通过设置会计专业职务和会计专业技术资格考试来进行考核和确认：首先，会计机构负责人必须取得会计从业资格证书，并应当具备会计师以上专业技术职务资格或者从事会计工作三年以上经历；其次，会计人员必须熟悉国家财经法律、法规、规章制度，掌握财务会计理论及本行业务的管理知识。会计工作是技术性很强的工作，随着我国市场经济制度的建立，经济改革和对外开放不断深入，经济生活中提出了许多新问题，会计也面临着许多全新的课题，会计理论、会计知识都以前所未有的速度更新。作为一个单位会计机构负责人（会计主管人员），如果没有过硬的会计理论知识和专业业务水平，将很难适应会计工作发展的需要并做好本职工作。

（3）组织能力。作为会计机构的负责人（会计主管人员），不仅要求自己是会计工作的行家里手，更重要的是要领导和组织好本单位的会计工作，因此要求其必须具备一定的领导才能和组织能力，包括协调能力、综合分析能力等。

（4）身体条件。会计工作劳动强度大、技术难度高，作为会计机构负责人（会计主管人员）必须有较好的身体状况，以适应和胜任本职工作。

上述这些条件，是对会计机构负责人（会计主管人员）素质的全面要求。各单位在选配会计机构负责人（会计主管人员）时，应根据各自的具体情况掌握这些条件和标准。

2. 总会计师的设置

（1）我国总会计师制度的建立。总会计师是在单位负责人领导下，主管经济核算和财务会计工作的负责人。早在新中国成立之初，我国就借鉴苏联的经验，在一些大、中型国有企业实行总会计师制度，目的是加强经济核算和会计管理。为了进一步推动这一制度的建立和不断完善，1963 年 10 月，国务院批转了国家经委、财政部《关于国营工交、交通企业设置总会计师的几项规定（草案）》，规定国营工交、交通企业设置总会计师，并对总会计师的地位、任职条件、任免办法及总会计师的职责和权限等问题作了具体规定。1978 年 9 月，国务院颁发的《会计人员职权条例》中，专设一章规定总会计师制度问题，并把设置总会计师扩大到所有企业。1984 年 10 月，党的十二届三中全会通过的《中共中央关于经济体制改革的决定》，再次肯定了总会计师制度，提出“一厂三总师”（厂长和总工程师、总经济师、总会计师）和党委书记是单位领导班子成员。1985 年颁布实施的《会计法》，首次以法律的形式明确了设置总会计师的要求，充分肯定了总会计师制度，从而大大推动了我国总会计师制度的发展。1990 年 12 月，国务院发布了《总会计师条例》，对总会计师的地位、职责、权限、任免与奖惩作了完整、全面、系统、具体的规定，使我国总会计师制度进入了一个全新的发展时期。1993 年修改的《会计法》再次明确规定：“大、中型企业，事业单位和业务主管部门可以设置总会计师。总会计师由具有会计师以上专业技术任职资格的人员担任。”1999 年底修订的《会计法》对设置总会计师的范围又有了新的规定，即“国有的和国有资产占控股地位或者主导地位的大、中型企业必须设置总会计师。”

（2）总会计师的设置范围。

第一，国有大、中型企业必须设置总会计师。1999 年底修订后的《会计法》适应国有企业改革的要求并吸收了国有企业改革的成功经验，将“可以设置总会计师”改为“必须设置总会计师”，将设置范围界定在“国有的和国有资产占控股地位或者主导地位的大、中型企业”。同时规定“总会计师的任职资格、任免程序、职责权限由国务院规定”，为适时修订《总会计师条例》提供了法律依据。

第二，不限制其他单位根据需要设置总会计师。修订后的《会计法》规定国有大、中型企业必须设置总会计师，并没有限制除国有大、中型企业以外的其他单位设置总会计师的范围。其他单位完全可以根据业务需要，视情况自行决定是否设置总会计师。从实际情况看，许多外商投资企业、民营企业也都设有总会计师。

3. 总会计师的地位和任职条件

(1) 总会计师的地位。明确总会计师的地位，有利于总会计师依法行使职权，发挥总会计师的应有作用。根据《总会计师条例》，总会计师是单位领导成员，协助单位负责人工作，直接对单位负责人负责。总会计师作为单位财务会计的主要负责人，全面负责本单位的财务会计管理和经济核算，参与本单位的重大经营决策活动，是单位负责人的参谋和助手。为了保障总会计师的职权，《总会计师条例》还规定，凡设置总会计师的单位不能再设置与总会计师职责重叠的副职领导。

(2) 总会计师的任职条件。按照《总会计师条例》的规定，担任总会计师，应当具备以下条件：一是坚持社会主义方向，积极为社会主义市场经济建设和改革开放服务；二是坚持原则、廉洁奉公；三是取得会计师专业技术资格后，主管一个单位或者单位内部一个重要方面的财务会计工作的时间不少于三年；四是要有较高的理论政策水平，熟悉国家财经纪律、法规、方针和政策，掌握现代化管理的有关知识；五是具备本行业的基本业务知识，熟悉行业情况，有较强的组织领导能力；六是身体健康、胜任本职工作。

4. 总会计师的职责和权限

(1) 总会计师的职责。根据《总会计师条例》的规定，总会计师的职责主要包括两个方面：一是由总会计师负责组织的工作。包括组织编制和执行预算、财务收支计划、信贷计划，拟定资金筹措和使用方案，开辟财源，有效地使用资金；建立、健全经济核算制度，强化成本管理，进行经济活动分析，精打细算，提高经济效益；负责本单位财务会计机构的设置和会计人员的配备，组织对会计人员进行业务培训和考核；支持会计人员依法行使职权等。二是由总会计师协助、参与的工作。主要有：协助单位负责人对本单位的生产经营和业务管理等问题作出决策；参与新产品开发、技术改造、科学研究、商品（劳务）价格和工资、奖金方案的制定；参与重大经济合同和经济协议的研究、审查。

(2) 总会计师的权限。根据《总会计师条例》的规定，总会计师有以下权限：一是对违法违纪问题的制止和纠正权。即对违反国家财经纪律、法规、方针、政策、制度和有可能在经济上造成损失、浪费的行为，有权制止和纠正；制止或者纠正无效时，提请单位负责人处理。二是建立、健全单位经济核算的组织指挥权。三是对单位财务收支具有审批签署权。四是对本单位会计人员的管理权，包括本单位会计机构设置、会计人员配备、继续教育、考核、奖惩等。

二、会计机构

会计机构是各单位办理会计事务的职能机构，建立健全会计机构，是各单位做好会计工作，充分发挥会计职能作用的重要保证。

(一) 会计机构的设置

1. 根据业务需要设置会计机构

根据《会计法》规定，各单位可以根据本单位的会计业务繁简情况决定是否设置会计机构。为了科学、合理地组织开展会计工作，保证本单位正常的经济核算，实行企业化管理的事业单位，大、中型企业（包括集团公司、股份有限公司、有限责任公司等），应当设置会计机构；业务较多的行政单位、社会团体和其他组织也应设置会计机构。而对那些规模很小的企业、业务和人员都不多的行政单位等，可以不单独设置会计机构，将业务并入其他职能部门，或者进行代理记账。

2. 不设置会计机构的应设置会计人员并指定会计主管人员

根据《会计法》的规定，不能单独设置会计机构的单位，应当在有关机构中设置会计人员并指定会计主管人员。这是提高工作效率，明确岗位责任的内在要求，同时也是由会计工作专业性、政策性强等特点所决定的。"会计主管人员"是《会计法》的一个特指概念，不同于通常所说的"会计主管"、"主管会计"、"主办会计"等，而是指负责组织管理会计事务、行使会计机构负责人职权的负责人。在现实中，凡是设置会计机构的单位，都应配备会计机构负责人，但是，对于没有设置会计机构、只在其他机构中配备一定数量专职和兼职会计人员的单位，应在会计人员中指定会计主管人员，目的是强化责任制度，防止出现会计工作无人负责的局面。会计主管人员作为中层管理人员，行使会计机构负责人的职权，按照规定的程序任免。

3. 可以实行代理记账

《会计法》规定，不具备设置会计机构和会计主管人员条件的单位，应当委托经批准设立从事会计代理记账业务的中介机构代理记账。从事代理记账业务的中介机构，是我国近年来发展起来的新的社会性的服务机构。随着我国经济的迅速发展，经济组织形式发生了很大的变化，民营经济、个体经济得到大力发展。这些经济组织的经营规模较小，人员不多，不可能也没有必要设置专门的会计机构或者配备专职的会计人员，受托从事代理记账业务的中介机构应运而生。针对这一情况，《会计法》以法律形式肯定了代埋记账业务及从事这项业务的中介机构的应有地位，对规范和保证代理记账业务的发展，起到了重要作用。为了贯彻《会计法》的规定，财政部发布了《代理记账管理暂行办法》，对代理记账机构设置的条件、代理记账的业务范围、代理记账机构与委托人的关系、代理记账人员应遵循的道德规则等作了具体的规定。

(1) 代理记账机构具备的条件。根据规定，在我国从事代理记账业务的机构，应具备的条件是：至少有三名持有会计从业资格证书的专职人员，同时聘用一定数量相同条件的兼职从业人员；主管代理记账业务的负责人必须具有会计师以上专业技术资格；代理记账机构要有健全的代理记账业务规范和财务会计管理制度；机构的设立依法经过工商行政管理部门或者其他管理部门核准登记。申请成立代理记账机构，必须经过县级以上财政部门审查批准，并领取由财政部统一印制的《代理记账许可证书》，才能从事代理记账业务。

(2) 代理记账机构业务范围。代理记账机构可以根据委托人的委托，办理下列业务：根据委托人提供的原始凭证和其他资料，按照国家统一会计制度的规定，进行会计核算，包括审核原始凭证、填制记账凭证、登记会计账簿、编制财务会计报告；定期向政府有关部门和其他财务会计报告使用者提供财务会计报告；定期向税务机构提供税务资料；委托人委托的相关经济业务。

(3) 代理记账机构与委托人的关系。委托人与代理记账机构应当签订合同，明确双方的权利和义务，合同应载明以下内容：委托人、代理记账机构对会计资料真实性、完整性承担责任；明确会计凭证传递程序和签收手续；编制和提供财务会计报告的要求；会计档案保管的要求；双方中止合同应办理的会计交接事宜。委托人应当履行以下义务：对本单位发生的经济业务事项，必须填制或者取得符合国家统一的会计制度规定的原始凭证；应当配备专人负责日常货币收支和保管；及时向代理记账机构提供真实、完整的凭证和其他相关资料；对于代理记账机构退回的要求按照国家统一的会计制度规定进行更正、补充的原始凭证，应当及时予以更正、补充。

(4) 代理记账从业人员应遵守的规则。根据规定，从事代理记账人员应遵守以下规则：遵守会计法律、法规和国家统一的会计制度，依法履行职责；对在执行业务中知悉的商业秘密，负有保密义务；对委托人示意要求作出的会计处理，提供不实会计资料，以及其他不符合法律、法规规定要求的，应当拒绝；对委托人提出的有关会计处理原则问题负有解释的责任等。

(二) 会计工作的组织形式

会计工作的组织形式是指独立设置会计机构的单位内部组织和管理会计工作的具体形式，一般可分为集中核算和非集中核算两种。

1. 集中核算

集中核算就是把整个企业的主要会计工作集中在企业财务会计部门，企业内部的其他部门和下属单位只对其发生的经济业务填制原始凭证，定期将原始凭证和原始凭证汇总表送交会计部门，由会计部门审核，然后据以填制记账凭证，登记总分类账和明细分类账，编制会计报表。实行集中核算形式的优点是：会计部门可以集中掌握有关资料，便于了解企业的全面经济活动情况，减少核算层次，精简会计人员，有利于推动会计电算化。其不足在于：不便于各部门和下属单位及时了解本部门本单位的财务会计信息，不便于实行责任会计。

2. 非集中核算

非集中核算又称分散核算，是相对于集中核算而言的。单位内部会计部门以外的其他部门和下属单位，可以在会计部门的指导下，对其所发生的经济业务填制原始凭证或原始凭证汇总表，登记明细分类账，进行明细核算，而由会计部门进行总分类核算和一部分明细分类核算，并编制对外会计报表。这种核算工作形式的优点是：可以使各职能部门随时了解本部门的经济活动情况，便于进行日常考核和分析，便于实行责任会计。其不足在于：增加了核算层次，必然增大核算工作量，就必须多配备会计人员，会计工作成本亦相应增大。

一个单位是采用集中核算还是非集中核算，主要取决于企业内部经营管理上的需要和企业内部是否实行分级管理、分级核算。同时还取决于企业规模大小、生产特点、所属单位独立的程度、会计人员的数量和质量等因素。集中核算与非集中核算是相对的，在一个企业内部，可以根据管理上的需要对其各个业务部门分别采用集中核算或非集中核算两种形式，集中核算或非集中核算的具体内容和方法也不一定相同。但是无论采取哪种形式，企业对外现金收付、银行存款收付、物资供销、应收和应付款项的结算等，都应集中在会计部门进行。

（三）会计机构岗位责任制

1. 建立会计工作岗位责任制的意义

会计工作岗位责任制是指在会计机构中明确每个会计人员的工作岗位并规定其权限和责任的制度。为了搞好会计工作，在独立设置的会计机构内部，应当按照工作内容，将单位全部会计工作划分为若干岗位，规定每个岗位的职责和权限，建立相应的责任制度。建立会计工作岗位责任制，有利于会计工作的程序化和规范化，做到职责清楚，纪律严明，有条不紊，提高效率。同时，这也是配备数量适当的会计人员的客观依据之一。

2. 设置会计工作岗位的原则

在会计机构内部和会计人员中建立岗位责任是正确组织会计工作，加强会计人员的责任感与纪律性，提高工作效率，保证工作质量的前提条件。《会计基础工作规范》规定了设置会计工作岗位的基本原则与示范性要求。

(1) 设置会计工作岗位应根据本单位会计工作的需要。各单位所属行业性质、自身的规模、业务内容和数量以及会计核算与管理的需求都会有所不同，设置会计工作岗位，一定要适合本单位的实际情况。

(2) 设置会计工作岗位必须符合内部牵制制度的要求。内部牵制制度，也称钱账分管制度，是内部控制制度的重要组成部分。内部牵制制度是指凡是涉及款项和财物收付、结算及登记的任何一项工作，必须由两人或两人以上分工办理，以起到相互制约作用的一种工作制度。如现金和银行存款的支付，应由会计主管人员或其授权的代理人审核、批准，出纳人员付款，记账人员记账。不能由一个人同时办理付款和记账。同样，单位购入材料物资，应由采购人员办理采购、报账手续，仓库人员验收入库，记账人员登记入账。发出材料时，应经使用单位领导批准，经办人员领用，仓库人员发料，记账人员记账。再如单位发放工资，应由工资核算人员编制工资单，出纳人员向银行提取现金和分发工资，记账人员记账，等等。上述业务，均不得一人兼办。实行内部牵制制度，主要是为了加强会计人员之间相互制约、相互监督、相互核对，提高会计核算工作质量，防止会计事务处理中发生失误和差错以及营私舞弊等行为。

(3) 设置会计工作岗位要有利于建立岗位责任制。为了不断提高会计人员的业务素质，尽可能培养熟悉各方面业务工作的多面手，会计人员的工作岗位应当有计划地进行轮换、交流。但每个会计工作岗位的职责要分明，做到分工协作，分工的目的是为了更进一步搞好会计工作。因此，会计工作岗位的设置一般不应出现职责交叉的现象，否则，不利于建立职责明确的岗位责任制。

3. 主要会计工作岗位的设置

各单位一般可设置会计机构负责人和会计主管人员岗位、出纳员岗位、财产物资核算岗位、工资核算岗位、成本费用核算岗位、资金核算岗位、债权债务核算岗位、总账与报表岗位、稽核岗位和档案管理岗位等。这些岗位，可以一人一岗，也可以一人多岗和多人一岗，会计负责人应根据各岗位工作量与工作要求，根据会计人员的配备情况，合理调配、安排，使整个会计工作井然有序、忙而不乱。

第三节　会计法规

一、会计法规体系概述

会计法规是指组织会计工作，处理会计事务应遵循的有关法律、制度、规章的总称，会计法规以一定的会计理论为基础，根据国家的财经方针、政策，将会计工作所应遵循的各项原则和方法用法规的形式肯定下来。会计法规是以会计为对象的约定俗成和明文规定的标准、法式，它既是人们对长期会计工作实践评价会计质量标准的历史总结，又是对当前会计工作进行约束和检验的现行标准，也是未来会计法规不断完善的基础。建立和完善适应市场经济需要的会计法规体系，对于充分发挥会计的应有职能，保证其按照一定的目标进行组织核算，更好地完成会计工作的任务，推动市场经济的发展等都具有十分重要的意义。

会计法规体系的制定，既要从我国社会、政治、经济、文化的实际情况出发，又要适应我国社会、经济不断发展的状况，以便充分发挥会计工作对经济发展的促进作用，也要考虑国际交流的需要，还要关注当前国际经济全球化、一体化的趋势。我国会计法规体系都是由政府或会计主管部门颁布实施的。经过近 20 年的努力，已经有一套比较健全的法律、法规、制度。我国现行的会计法规体系包括会计法、会计准则和会计制度三个层次。会计法是从事会计工作的根本大法，是各单位会计行为的最高准则，它统驭会计准则和会计制度；会计准则是科学会计工作的规范，是处理会计事务的准绳，它是根据会计法制定的，包括基本准则和具体准则两部分，而基本准则又对具体准则起指导作用；会计制度是根据会计准则制定的，实际是会计准则实施的具体规定。

二、会计法

（一）我国会计法的形成和发展

我国是文明古国，会计发展源远流长，会计法的发展轨迹也同样深远。我国最早的一部完整的封建法典——战国时期的《法经》，即对会计问题作出相关规定；之后的秦律、唐代的《唐律疏议》、明代的《大明律》、清代的《大清律》等都对会计问题作出了具体规定。北洋政府于 1921 年起先后两次拟就《会计法草案》；1913 年 3 月公布《会计法条例》，同年 10 月 2 日重新修订改称《会计法》，共 9 章 37 条。这是中国独立进行会计立法的首次尝试。1925 年 8 月 14 日，国民政府重新发布了《会计法》共 10 章 127 条。我国台湾省现行的会计法有两部，一部是 1935 年 8 月 14 日公布的《会计法》，适用于预算单位，共 6 章 127 条；另一部是 1948 年 1 月 7 日公布的《商业会计法》，适用于以营利为目的的商业单位，共 8 章 70 条。

我国社会主义会计立法起步于新中国成立之后，主要以国家统一的会计制度为起点，逐步建立起以规范会计秩序为主要内容的会计法规体系。1985 年 1 月 21 日，第六届全国人民代表大会常务委员会第九次会议通过了《中华人民共和国会计法》这是新中国第一部会计法，是我国会计立法取得的重大成果。标志着我国会计工作进入了法制化的新时期。1993 年 12 月 29 日，第八届全国人民代表大会常务委员会第五次会议通过了《关于修改〈中华人民共和国会计法〉的决定》，自公布之日起施行。1999 年 10 月 31 日，第九届全国人民代表大会常务委员会第十二次会议再次对《会计法》进行了修订，国家主席江泽民发布第二十四号主席令予以公布，自 2000 年 7 月 1 日起施行。再次修订《会计法》，是我国会计法制建设的一件大事，这对于规范会计行为，保证会计资料真实、完整，充分发挥会计工作在加强经济管理和财务管理、提高经济效益、维护市场经济秩序中的作用，具有十分重要的意义。

（二）会计法的主要内容

现行《会计法》的内容包括总则、会计核算、公司企业会计核算的特别规定、会计监督、会计机构和会计人员、法律责任、附则等共 7 章 52 条。

1. 总则

总则是一部法律的总纲，或基本规定。总则的规定对全部法律起统驭作用。这一章主要规定了七个方面的问题：《会计法》的立法宗旨；《会计法》的适用范围；依法设账的基本要求；单位负责人的会计责任；会计机构、会计人员的基本职责；对会计人员的法律保护；会计工作管理体制。

2. 会计核算

会计核算是会计的基本职能之一。会计核算的基本内涵是以货币为计量单位，运用专门的会计方法，对生产经营活动进行连续、系统、全面地记录、计算、分析，定期编制并提供财务会计报告和其他一系列内部管理所需的会计资料，为作出经营决策和宏观经济管理提供依据的一项会计活动。会计核算往往渗透到生产经营和业务活动的全过程，包括对经济业务事项的事前预测、事中控制和事后核算。《会计法》所规范的会计核算，主要限于事后核算方面的内容，即对基本的会计核算方法和程序作出规定，而没有过多的涉及事前预测、事中控制等管理会计的内容，目的是增强法律规定的适应性。

3. 公司、企业会计核算的特别规定

公司、企业会计核算是整个会计核算体系中最重要的组成部分。公司、企业会计核算工作做得好不好，直接影响到整个国家的会计信息质量。当前我国会计秩序混乱、会计资料失真等问题，在一些公司、企业表现得尤为突出。为此，《会计法》专门对公司、企业的会计核算作出特别规定，主要规定了两个方面的问题：(1) 公司、企业确认、计量、记录会计要素的基本要求；(2) 公司、企业会计核算的禁止性规定。

4. 会计监督

会计监督是会计的基本职责之一，是我国经济监督体系的重要组成部分。市场经济是法制经济，必须加强会计监督。灵活而有序的市场经济，要求各单位的经济活动在法律、法规、制度允许的范围内进行。任何违法活动，都是市场经济所不允许的。为了促进有序竞争和有效配置资源，必须实行有效的会计监督，规范会计工作，打击违法行为，保证会计资料质量，为投资者、债权人、社会公众以及政府宏观调控部门提供真实、准确的会计资料，为维护社会经济秩序服务。

执法必严，违法必究，是会计监督的关键。监督会计工作，不单是权力，更重要的是责任。《会计法》对会计监督规定了五个方面的问题：

（1）单位内部会计监督制度；

（2）相关人员在单位内部会计监督中的职责；

（3）对违法会计行为的检举；

（4）会计工作的社会监督；

（5）会计工作的国家监督。

5. 会计机构

会计机构是各单位办理会计事务的职能机构，会计人员是直接从事会计工作的人员。建立健全会计机构，配备数量和质量都相当的、具备从业资格的会计人员，是各单位做好会计工作，充分发挥会计职能作用的重要保证。因此，《会计法》对会计工作与会计人员主要规定了七个方面的问题：

（1）会计机构的设置；

（2）总会计师的设置；

（3）会计机构内部稽核制度和内部牵制制度；

（4）会计人员从业资格；

（5）会计负责人的任职资格；

（6）会计人员业务培训与教育；

（7）会计人员工作交接。

6. 法律责任

法律责任，是指违反法律规定的行为应当承担的法律后果，也就是对违法者的制裁。它是一种通过对违法行为进行惩罚来实现法律规则的要求。规定法律责任的目的在于保障法律的遵守与执行，强制当事人的行为与法律所要求的标准统一起来，符合已经确立的秩序。一个法律制度，如果没有可强制实施的惩罚手段，就会被证明无力限制非合法的、反社会的和犯罪等因素，从而就难以实现其在社会中维持秩序与正义的基本职能。从这个意义上说，法律责任关系到法律的功效，是法律制度的一个必要组成部分。从我国实际看，实行依法治国的方略，基本的要求就是保证法律的施行，就是要做到有法必依，执法必严，违法必究。所谓违法必究，就是追究违法者的法律责任，对有违法行为的给予制裁。所以，法律责任是我国法律制度的一项重要内容，我国现行法律中多数都有法律责任的规定。

为了保证《会计法》规范的有效实施，惩治会计违法行为，《会计法》在法律责任的规定上主要具有以下特点：一是对各种违法行为作了明确具体的界定，便于在实际执行时认定违法行为，并对违法行为及时加以惩处。二是扩大了惩治对象的范围，主要是对一些新的规定增加了相应的法律责任，使相关规定更加严密，更加完善。三是加重了所规定的各种违法行为的责任，特别是加大了对伪造、变造会计凭证、会计账簿，编制虚假财务会计报告，以及隐匿、销毁应当保存的会计凭证、会计账簿、财务会计报告及其他会计资料等行为的打击力度，重点突出，有利于保证会计信息的真实、完整。四是加重了单位负责人的法律责任，他们不管是作为直接责任人员还是直接负责的主管人员，都需要受到相应的制裁。

《会计法》的法律责任主要规定了两种责任形式：

(1) 行政责任；

(2) 刑事责任。

7. 附则

附则规定了《会计法》一些用语的含义和施行时间。

三、会计准则

(一) 基本会计准则

会计准则是整个会计工作的规范，是人们合理的处理会计信息系统中各种经济业务事项的准绳。会计准则是根据《会计法》制定的，它是从属于会计法的各项规定。会计准则包括基本会计准则和具体会计准则两部分。

基本准则规定了会计核算的一般原则、会计要素、各主要项目的核算原则以及财务会计报告的基本要求。基本准则是制定会计核算制度的依据，也是制定具体原则的依据。我国的会计准则，是由国务院授权财政部于 1992 年 11 月 30 日颁布，从 1993 年 7 月 1 日起执行的原《企业会计准则》，2006 年 2 月 15 日财政部又颁布了修订后的新《企业会计准则》，新的企业会计准则体系由 1 项基本准则、38 项具体准则和相关应用指南构成，新会计准则于 2007 年 1 月 1 日起首先在上市公司执行，其他行业将逐步执行，同时废止现行《企业会计准则》、《企业会计制度》、《金融企业会计制度》、各项专业核算办法和问题解答。此次颁布的企业会计准则体系强化了为投资者和社会公众提供决策有用会计信息的新理念，实现了国际惯例的趋同，首次构建了比较完整的有机统一体系，并为改进国际财务报告准则提供了有益借鉴，实现了我国会计准则建设新的跨越和突破。

新《企业会计准则》基本准则共十一章 50 条，其制定吸收了当代财务会计理论研究的最新成果，反映了当前会计实务发展的内在需求，体现了国际上财务会计概念框架的发展动态，它规范的核心内容主要包括以下几个方面：

1. 总则

总则明确了会计准则制定的目的与依据，规定了会计准则的适用范围，会计核算的基本前提和基础工作，以及记账方法和记账文字。

2. 会计信息质量要求

基本准则建立了企业会计信息质量要求体系，规定了会计信息的质量要求以及会计处理的若干原则，具体包括：真实性原则、相关性原则、明晰性原则、可比性原则、一致性原则、实质重于形式原则、配比原则、重要性原则、谨慎性原则、及时性原则。

3. 会计要素原则

会计要素准则将企业会计要素划分为资产、负债、所有者权益、收入、费用、利润等六大要素；规定了对各项要素进行确认、计量、记录和报告时应当遵守的原则和基本要求。

4. 会计计量原则

会计计量原则要求企业对会计要素进行计量时一般应当采用历史成本，采用重置成本、可变现净值、现值、公允价值计量的应当保证所确定的会计要素金额能够取得并可靠计量。

5. 财务报告原则

财务报告原则对财务报告的基本概念、目标、应当包括的主要内容和应反映的信息进行了规范和明确。对资产负债表、利润表、现金流量表及会计报表附注的编报方法作了说明。

6. 附则

附则规定了该准则的解释权限和施行时间。

（二）具体会计准则

具体会计准则是根据基本会计准则制定的，主要是为规范企业的会计确认、计量和报告行为，保证会计信息质量而作出的规定，新颁布的具体会计准则制定了《企业会计准则第 1 号——存货》等 38 项具体准则。

四、会计制度

目前由财政部统一制定的企业会计制度主要有《小企业会计制度》。

为了规范小企业的会计核算，提高会计信息质量，根据《中华人民共和国会计法》、《企业财务会计报告条例》及其他有关法律和法规，财政部特别制定了该制度。

《小企业会计制度》适用于中华人民共和国境内设立的不对个筹集资金、经营规模较小的企业。该制度由总说明、会计科目及编号、会计报表格式、会计报表编制说明等四个部分构成。

第四节　会计档案

一、会计档案概述

（一）会计档案的种类

会计档案是指会计凭证、会计账簿和财务报告等会计核算专业资料，是记录和反映单位经济业务的重要史料和证据。具体内容包括：

（1）会计凭证类：包括原始凭证、记账凭证、汇总凭证、其他会计凭证。

（2）会计账簿类：包括总账、明细账、日记账、固定资产卡片、辅助账簿和其他会计账簿。

（3）财务报告类：包括月度、季度、年度财务报告，具体有会计报表、附表、附注及文字说明、其他财务报告。

（4）其他类：包括银行存款余额调节表、银行对账单、其他应当保存的会计核算专业资料、会计档案移交清册、会计档案销毁清册。

（二）会计档案的意义

会计档案是国家档案的重要组成部分，也是各单位的重要档案之一。会计档案是在会计工作中形成的，它是经济活动的客观表现。会计档案具有史料和查证作用，其意义表现在以下几个方面：

（1）会计档案是一个单位经济活动的历史记录，它综合反映了单位的经济业务的发展变化，因此，充分利用会计档案，便于以后总结经济工作经验，指导生产经营管理。

（2）利用会计档案，可以对经济活动进行分析、预测、从而作出正确的决策。

（3）会计档案是落实政策、打击经济领域犯罪、清理债权债务、解决经济纠纷以及检查各种责任事故的重要依据，是进行财务审计的重要资料。

（4）会计档案在研究经济活动的发展规律，制定经济发展的方针、政策等方面，具有重要的史料价值。

二、会计档案的管理要求

为了加强我国会计档案的科学管理，统一全国会计档案工作制度，《会计法》和《会计基础工作规范》都对会计档案管理作出了明确规定，但会计档案管理的具体要求应当依据《会计档案管理办法》。会计档案工作由各级财政机关和各级档案业务管理机构共同负责，进行业务指导、监督与检查。各单位应当按照规定，加强对会计档案的管理。如果不按规定管理会计档案，致使会计档案毁损、灭失的，就是违法行为，应当承担法律责任。

《会计档案管理办法》规定，大、中型企业必须建立档案室，小型企业应有会计档案柜并指定专人负责。要求各单位对单位档案必须做到科学管理、妥善保管、存放有序、查找方便，并严格执行安全和保密制度，具体要求如下：

（一）立卷和归档

在一定会计期间终了后，会计人员要对当期的会计档案进行审核，确保其完整、准确，符合会计制度的规定，在此基础上，按规定的立卷、归档制度形成会计档案资料。

会计凭证在登记入账后，应该按照编号顺序将记账凭证连同原始凭证或者原始凭证汇总表装订成册，一般每月至少装订一次。装订成册的会计凭证应当加具封面，注明单位名称、凭证的所属时间、种类、张数和起止号数等。然后在装订处粘贴封签，由会计主管人员及装订人员盖章。对于数量过多的原始凭证，可以单独装订保管，在封面上注明记账凭证日期、编号、种类，同时在记账凭证上注明“附件另订”和原始凭证名称及编号。

年度终了，应将已更换的各种活页账簿、卡片账簿及必要的备查账簿编号装订成册，加具封面，注明单位名称、所属时期、共计页数以及记账人员签名，与订本账簿一起归档保管。

会计报表编制完毕后，应当依次编定页码，加具封面，装订成册，加盖公章。封面注明单位名称、地址、报表所属年度、季度、月度、送出日期等，并由单位负责人、总会计师和会计主管人员签名或盖章。

除了上述会计凭证、会计账簿和会计报表必须归入会计档案外，凡是各种重要的会计检查报告、会计分析报告以及会计移交清册、会计档案保管、销毁清册也应归入会计档案。

为了便于会计档案管理，财务部门在立卷时，应将尚未了结的债权债务单据、涉及外事经济业务的资料、工资名册等会计材料从会计凭证中抽出，另行组卷保管。

每年的会计凭证、会计账簿、会计报表都应由财会部门按照归档的要求，负责整理立卷或装订成册；当年的会计档案在会计年度终了后，可暂由本单位财会部门保管一年。期满后，原则上应由财会部门编造清册移交本单位的档案管理部门保管。

（二）归类和整理

档案部门接到会计档案原则上应当保持原卷册的封装，如果确实需要重新整理的，应报经领导批准，会同财会部门共同拆装整理。重新整理装订后，双方应加盖公章。

会计档案是重要的经济档案材料，各单位对会计档案必须进行科学整理。配备与档案数量相适应的柜、架、箱等装具，注意防潮、防虫、防鼠、防火等，做到存放有序、查找方便、严格执行安全和保密制度。

对于电算化会计档案，还要注意做好防磁、防尘等工作。重要会计档案应准备两份，存放在两个不同的地点。采用磁性介质保存会计档案，要定期进行检查，定期进行复制，防止由于磁性介质损坏而使会计档案丢失。

（三）制定使用和借阅手续

本单位和外单位人员因工作需要，调阅会计档案必须办理一定的手续。

本单位人员调阅会计档案要经过财会负责人同意；外单位人员调阅会计档案，要凭正式的单位介绍信，并经总会计师或单位负责人批准。对批准借阅的会计档案，要详细登记借阅的档案名称、借阅日期、借阅人的姓名和工作单位、借阅理由、归还日期等。借阅的档案应当在档案管理部门指定或同意的地点阅卷，不得带出单位。

查阅会计档案时，不准在案卷上添加或做任何记录，不得抽换或删改、涂写和拆卷，未经档案所有单位的批准，阅卷不得摘录档案内容。

会计档案原件一律不得外借，调阅单位如有特殊需要，应报档案所在单位领导批准，并在专设的登记簿上登记，由档案管理人员和阅卷人员共同签章后方可复制。

（四）严格遵守保管期限和销毁手续

不同的会计档案发挥作用的时期是不一样的，因此，各类会计档案的保管期限也不相同。一般地说，作为经济活动最原始的记录，发挥作用的时间要长一些，由原始资料加工整理的资料，发挥作用的时间要短一些。各类会计档案的保管期限分为永久、定期两类。定期保管期限又分为 3 年、5 年、10 年、15 年、25 年五种。保管期限从会计年度终了后的第一天算起。会计档案保管期限由财政部和国家档案局规定。

保管期满的会计档案，可以按照以下程序销毁：

（1）由本单位档案机构会同会计机构提出销毁意见，编制会计档案销毁清册，列明销毁会计档案的名称、卷号、册数、起止年度和档案编号、应保管期限、已保管期限、销毁时间等内容。

（2）单位负责人在会计档案销毁清册上签署意见。

（3）销毁会计档案时应当由档案机构和会计机构共同派员监督，国家机关销毁会计档案时，应当由同级财政部门、审计部门派员监督。财政部门销毁会计档案时，应当由同级审计部门派员参加监督。

（4）监销人在销毁会计档案前，应当按照会计档案销毁清册所列内容清点核对所要销毁的会计档案；销毁后，应当在会计档案销毁清册上签名盖章，并将监销情况报告本单位负责人。

会计档案保管期限如表 12-1 所示。

表 12-1 企业和其他组织会计档案保管期限表

序号	档案名称	保管期限	备注
一	会计凭证类		
1	原始凭证	15 年	
2	记账凭证	15 年	
3	汇总凭证	15 年	
二	会计账簿类		
4	总账	15 年	包括日记总账
5	明细账	15 年	
6	日记账	15 年	现金和银行存款日记账保管 25 年
7	固定资产卡片		固定资产报废清理后保管 5 年
8	辅助账簿	15 年	
三	财务报告类		包括各级主管部门汇总财务报告
9	月、季度财务报告	3 年	包括文字分析
10	年度财务报告（决算）	永久	包括文字分析
四	其他类		
11	会计移交清册	15 年	
12	会计档案保管清册	永久	
13	会计档案销毁清册	永久	
14	银行余额调节表	5 年	
15	银行对账单	5 年	

第五节 会计电算化

一、会计电算化的概念及意义

会计电算化，是电子计算机在会计工作中应用的简称，就是把以电子计算机为代表的现代化数据处理工具和以信息论、系统论、控制论、数据库以及计算机网络等新兴理论和技术应用于会计核算和财务管理工作中，以提高财会管理水平和经济效益，进而实现会计工作的现代化。

会计电算化改变了会计核算方式、数据储存形式、数据处理程序和方法，扩大了会计数据领域，提高了会计信息质量，改变了会计内部控制与审计的方法和技术，因而推动了会计理论与会计技术的进一步发展完善，促进了会计管理制度的改革，是整个会计理论研究与会计实务的一次根本性变革。从表面上来看，会计电算化只不过是将电子计算机应用于会计核算工作中，减轻会计人员的劳动强度，提高会计核算的速度和精度，以计算机替代人工记账。会计电算化绝不仅仅是核算工具和核算方法的改进，它必然会引起会计工作组织和人员分工的改变，促进会计人员素质和知识结构的提高，提高会计工作效率和质量，解放会计人员的时间和精力，促进会计工作职能的转变，推动会计理论和会计技术的进步，提高整个会计工作水平，大幅度增加企业的经济效益，使会计理论和实务的方方面面都将发生前所未有的深刻变化。

会计电算化是一项系统工程。一方面，国家、地区和行业主管部门要制定一系列会计电算化管理制度、发展规划、技术标准和工作规范并颁布实施，要调动各方面的积极性组织开发各行业适用的、具有多层次和类型的系列会计软件、审计软件，并对其合法性、正确可靠性进行评审，同时还要进行其他大量而艰巨的会计电算化宏观管理工作。另一方面，各基层单位要进行大量而复杂的会计电算化的配套管理工作，主要是提高企业领导及其他管理人员的现代化管理意识，在整个企业管理现代化总体规划的指导下，做好会计电算化的长期、近期发展规划和计划，并认真组织实施，重新调整会计及整个企业的机构设置、岗位分工，建立一系列现代企业管理制度，提高企业管理水平。

会计电算化是会计史上的一次革命，与手工会计系统相比，不仅仅是处理工具的变化，在会计数据处理流程、处理方式、内部控制方式等方面与手工处理有许多不同之处，它的产生将对会计理论与实务产生重大影响，对于提高会计核算质量、促进会计职能转变、提高经济效益和加强国民经济宏观管理，都有十分重要的意义。具体表现在：

（一）减轻劳动强度，提高工作效率

在手工会计系统中，会计数据处理全部或主要是靠手工操作，因此，会计数据处理的效率底、错误多、工作量大。实行会计电算化后，只要把会计数据按规定的格式要求输入计算机，计算机便自动、高速、准确地完成数据的校验、加工、传递、存储、检索和输出工作。这样，不仅可以把广大会计人员从繁重的记账、算账、报账工作中解脱出来，而且由于计算机对数据处理的速度大大高于手工，因而，大大提高了会计工作的效率，使会计信息的提供更加及时。

（二）全面、及时、准确地提供会计信息

在手工操作情况下，企业会计核算工作无论在信息的系统性、及时性还是准确性方面都难以适应经济管理的需要。实现会计电算化后，大量的会计信息可以得到及时、准确的输出，即可以根据管理需要，按年、季、月提供丰富的核算信息和分析信息，按日、时、分提供实时核算信息和分析信息。随着互联网的建立，会计信息系统中的数据可以迅速传递到企业的管理部门，使企业经营者能及时掌握自身的经济活动的最新情况和存在的问题，并采取相应的措施。

（三）提高会计人员素质，促进会计工作规范化

实现会计电算化后，原有会计人员一方面有更多的时间学习各种经营管理知识，参与企业管理；另一方面，还可以通过学习计算机有关知识，使得知识结构得以更新，素质不断提高。较好的会计基础和业务处理规范是实现会计电算化的前提条件，会计电算化的实施，在很大程度上促进了手工操作中不规范、易出错等问题的解决。因此，会计实现电算化的过程，也是促进会计工作标准化、制度化、规范化的过程。

（四）促进会计职能的转变

实行会计电算化后，使得财会人员能抽出更多的时间，从过去单纯的“写写算算”过渡到积极参与财务分析和管理，从而真正开辟了会计由核算型向管理型的转变。

（五）促进会计理论和技术的发展，推进会计管理体制的改革

计算机在会计实务中的应用，不仅仅是核算工具的变革，而且也必然会对会计核算的方法、内容、程序、对象等会计理论和技术产生影响，从而推动会计理论的研究和发展。

（六）推动企业管理现代化

在现代社会中，企业不仅需要提高生产技术水平，而且还需要实现企业管理的现代化，以提高企业经济效益，使企业在国内外的竞争中立于不败之地。会计工作是企业管理工作的重要组成部分，据统计，会计信息约占企业管理信息的60%～70%，而且多是综合性的信息，实现会计电算化就为企业管理手段现代化奠定了重要基础，就可以带动或加速企业管理现代化的实现。

二、会计电算化的内容

（一）国外会计电算化的发展现状及内容

国外会计电算化的发展经历了四个阶段：

（1）单项会计核算业务电算化；

（2）会计综合数据处理的全部电算化；

（3）建立网络化的、以管理为重心的会计信息系统或企业管理信息系统；

（4）建立会计或企业管理决策支持系统和专家系统。

决策支持系统是以计算机存储的信息和决策模型为基础，协助管理者解决具有多样化和不确定性问题，以进行管理控制、计划和分析并制定高层管理决策和策略。据统计，1983年，美国55%的新程序是用于管理控制、计划和分析，用于核算的仅占45%，这说明国外已进入了决策支持系统的开发和应用阶段。

国外的会计软件主要是面向市场的销售分析和预测系统、供货发票系统；面向生产的成本计算和分析系统、存货控制系统、应收账款管理系统；面向人事管理的雇员居住系统、工资系统、劳动力资源会计系统；面向现金管理的现金收支系统、支票核对系统；面向采购管理的采购与验收系统、应付账款系统、固定资产核算系统；面向财务管理的财务报表系统、年度财务计划系统和预算控制系统等。

（二）我国会计电算化的发展现状及内容

我国的会计电算化工作从20世纪70年代末期开始，至今已20多年，基本上经历了两个发展阶段，即70年代末至80年代末的“缓慢的自发发展阶段”和80年代末至今的“有组织的稳步发展阶段”。

目前我国已初步形成了会计软件产业，通过国家级评审的会计软件已达30多个，通过省级评审的会计软件也有200多个，据1992年年底财政部调查，开展会计电算化工作的单位约占被调查单位的20%左右，但地区、部门、行业之间发展很不平衡，有的地区和部门已达50%以上，可有的才刚刚开始会计电算化工作。在已开展会计电算化的单位中，大部分单位开发和应用的是部分会计核算子系统，其中尤以工资、账务、报表子系统为主，单机应用为主，只有很少的单位全部会计核算工作实现电算化，并彻底甩掉手工记账。

我国会计电算化的总体发展趋势经历了三个大的发展阶段：即会计核算电算化—财会

管理或企业管理计算机化—决策支持计算机化。

1. 会计核算电算化

我国原来的会计工作基本处于手工和半手工状态，会计人员绝大部分时间和精力被束缚在会计核算等事务性工作上，财务管理工作则没有时间或很少去做。因此会计只能提供事后核算资料且简单粗糙，管理水平低下，不能适应现代市场经济的要求。面对市场经济和繁重的核算工作双重压力，企业领导和会计人员迫切要求开展会计电算化工作。由于我们有基本现成的会计核算模式，而财务或企业管理工作则比较复杂且没有成型的模式，会计核算的输入/输出数据比较规范且容易组织，已形成一套固定的会计核算过程和方法，所以设计并实现电算化会计核算系统比较容易，因此只能先搞核算电算化。

但核算电算化基本是模仿手工操作，所提供的会计信息范围、数据和质量并未发生根本性的改变，因此对满足企业现代化管理要求并迅速提高企业经济效益并不能起到决定性的作用。同时，核算电算化所节省的人工成本、提高会计信息的质量所产生的效益并不足以抵消建立并使用该系统的投入。因此，核算电算化只是整个会计电算化工作的准备阶段，其好处是为建立以管理为重心的、网络化的、完整的会计或企业管理信息系统打下了坚实的基础。主要是：①系统中存储了管理所需的会计核算基础数据；②解放了会计人员的时间和精力，使他们有条件逐步实现工作重心的战略性转移；③积累了宝贵的会计电算化工作经验；④使会计电算化人才迅速地成长起来。

2. 会计管理电算化

财务和企业管理计算机化是会计电算化最有意义的战略阶段，建立并实际运行以管理为重心的、网络化的、完整的会计或企业管理信息系统将显著提高企业财会管理水平，会计电算化长期的、隐含着的经济效益和社会效益将大量地迸发出来，在这个阶段将实现财会和企业管理现代化。此时会计电算化已融入到整个企业管理现代化的洪流之中，可称其为会计及企业管理信息化、计算机化等。

建立并实际运行该系统的难度是可想而知的，其关键是：①会计和企业管理信息系统系列软件的开发完善；②会计和企业管理基础工作的迅速提高，建立成型的管理模式；③企业领导等管理人员的现代管理观念的建立和巩固；④做好会计电算化和企业管理现代化的配套改革工作；⑤建立现代企业管理制度，等等。

这个阶段的系统必然是网络化的。会计核算的众多子系统已经使单台计算机功能发挥到了极限，并且只能使用在较小的单位。而以管理为重心的会计信息系统或企业管理信息系统其数据收集和信息使用不可能在同一地点和同一部门，该系统数据处理的及时性、复杂性要求必须使用计算机网络、必须在最大范围内实现最大限度的数据共享和数据的综合利用。这不仅包括企业内部各单位和部门，也应该包括其开户银行、税务局以及指定的会计师或审计师事务所。

这个阶段的系统必须是以管理为重心的。这绝不仅仅是会计账簿和报表数据的总括分析，而其管理和分析的原始数据必须直接来源于生产经营的各基本环节，如材料仓库、每道生产工序和每个销售人员，因而是最明细和详尽的。因此，完整的、以管理为重心的会计信息系统必须与整个企业管理信息系统共同规划、统筹设计。这样的系统与以往开发的核算系统不是并列的，而是以其核算功能为内核、以管理功能为重心；该系统不是以会计职能而是以业务类型来划分其子系统的。

3. 会计决策电算化

会计电算化的高级发展阶段是建立并实际运行会计或企业决策支持系统，这个阶段是以管理为重心的会计信息系统或企业管理信息系统的自然进化或更高级的发展阶段，像国外那样用它来辅助解决那些数据不规范、变化因素多、具有不确定性的高级会计或企业管理决策问题。

从单机应用向计算机网络系统发展，提高计算机应用的档次，便于数据传输汇总，为进一步开发和使用网络化的会计和企业管理信息系统做好准备；并为将来联成更大的计算机网络打下基础，便于国家宏观经济管理，以发挥会计电算化的总体效益、社会效益。

开发以管理为重心的会计信息系统或企业管理信息系统软件，进而使我国的会计电算化工作从核算系统向管理信息系统发展，进行我国会计电算化工作的战略决战。会计核算电算化后，摆在企业管理者面前的迫切问题是如何加强经济活动的事前计划、预测和决策、事中管理控制、事后分析评价，切实将企业财会管理水平从手工状态提高到电算化方向上来。

三、会计电算化的实施

企业会计电算化的实施，也就是企业建立会计电算化的整个过程，是一项复杂的系统工程。在整个系统的实施过程中，包括会计电算化工作的规划，会计信息的建立与管理，人员的分工与培训，各种制度的建立与实施等众多内容，都必须采用系统工程的方法与原理去安排组织，这样才能使企业会计电算化工作顺利正确地进行。

（一）会计电算化工作的规划

根据企业发展的总目标和管理信息系统的总目标，明确会计电算化的总目标；并根据企业实际情况确定会计信息系统的总体结构，划分各子系统，并确认它们之间的联系；确定会计电算化工作目标实现的阶段和步骤，以及建立各子系统的先后顺序；确定会计电算化管理体制及组织机构方案，以及资金来源与预算等项内容。

1. 会计电算化信息系统的建立

包括实施人员组织、会计软件的取得、硬件及环境的购置安装、系统软件的配置、新旧系统内容的转换等内容。

2. 会计电算化信息系统的管理

包括人员管理、使用操作管理、维护管理、档案管理等。

3. 会计决策支持系统。这是会计信息系统的延伸

由上可以看出，会计电算化内容非常丰富，它不仅是一项复杂的系统工程，还是一个人机系统，忽略任何一方面的内容，都是对会计电算化的片面认识，都会给会计电算化的实施带来不利的因素。

（二）会计电算化的目标

会计电算化的目标，也就是会计电算化工作所要完成的任务，即通过现代化的手段，提高会计工作的地位，提高会计工作的效率和质量，促进管理的现代化，提高经济效益。

具体包括如下内容：

1. 减轻财会人员劳动强度，提高财会工作效率

利用计算机技术的特点，把繁杂的记账、结账、报账工作交给高速的计算机处理，以减轻财会人员的劳动强度，并且由于计算机的精确性和确定性，可以避免手工操作难免产生的误差，以达到提高财会工作效率的目的。

2. 促进会计职能的转变

手工条件下，广大财会人员被繁重的手工核算工作所包围，没有时间和精力来更好地发挥会计参与管理、决策的职能；通过电算化，使财会人员解脱了繁重的手工操作，有时间和精力，也就有条件参与企业管理与决策，为提高企业现代化管理水平和提高经济效益服务。

3. 准确、及时地提供会计信息

手工条件下，由于大量会计信息需要进行记录、加工、整理，使需要信息者不可能及时得到财会信息，这不利于企业经营者掌握经济活动的最新情况和存在的问题；而电算化后，大量的信息都可以及时记录、汇总、分析、传送，保证向企业管理者准确、及时地提供会计信息。

4. 提高人员素质，促进会计工作规范化

会计电算化，给会计工作增添了新内容，从各方面要求会计人员提高自身素质，更新知识结构，一方面为了参与企业管理，要更多地学习经营管理知识，另一方面还必须掌握电子计算机的有关知识，较好的会计基础工作和规范的业务处理程序，是实现会计电算化的前提条件，所以会计电算化也要求促进会计工作的规范化，实现企业管理现代化。

会计电算化是企业管理信息电算化的重要组成部分，企业管理信息电算化的目标及任务，就是要以现代化的方法去管理企业。因而，会计电算化不仅要使会计工作本身现代化，最终目标是要使企业管理现代化，提高企业的经济效益。

（三）企业实施会计电算化的原则

企业实施会计电算化不是随心所欲的，它必须考虑会计工作的特点和企业的现状，以及有关法律制度，遵循一定的原则，才能使企业实施会计电算化达到其最终目标。一般地，应考虑如下几项基本原则：

1. 合法性原则

合法性原则即企业实施会计电算化的各项工作，都必须以有关法律制度为原则。实施会计电算化，必须遵循我国的会计制度、财务制度及有关法律。必须遵循财政、审计部门会计电算化管理制度。还要遵循本企业的财务制度，以保证机构设置的合法性，岗位分工和人员职责的合法性，操作使用的合法性，输入、输出及内部处理的合法性，输入数据的合法性及输出信息及格式的合法性。

2. 效益性原则

提高经济效益，是会计电算化的最终目的。提高经济效益，也要从两方面考虑，一是直接经济效益，即直接投入直接产出的效益，二是间接经济效益，即由于会计电算化而使企业管理实现现代化，产生的非直接经济效益，即间接经济效益。通过会计电算化提高企业经济效益应特别注意以下几个方面的问题：

（1）在系统实施前，应从经济效益，技术力量，管理水平，各种约束条件进行全面分

析，先进行整个系统的可行性分析，以确定是否具备条件进行会计电算化工作。

(2) 可行性研究要围绕企业的最终经济效益来开展。一般来说，评价电算化系统的经济效益，要从会计电算化能否节约企业的流动资金占用量，能否准确、及时和全面地提供必须的信息，能否提高企业管理工作的效率和质量，以及决策水平等方面着眼。也就是说，要从计算机是现代化管理的辅助工具这个角度来评估它的效益。

(3) 在系统设计过程中，也应坚持效益性原则，力求降低设计开发成本，提高会计信息系统的质量。

3. 系统性原则

系统性原则也就是以包括整体观点、关联观点、发展观点、最优观点在内的系统观点来进行会计电算化实施工作。主要包括以下两点：

(1) 内部与外部相联系。会计部门作为企业管理中的一个重要部门，与其他职能部门是密切联系的，因此，实施会计电算化时，应考虑包括各职能部门在内的企业整个管理工作的电算化工作，把会计信息系统作为企业管理信息系统中的一个子系统，既要分清各子系统的界面，又要留好各子系统之间的接口，并在数据结构设计上做到信息共享，减少数据冗余。

(2) 局部目标与整体目标相结合。电算化会计信息系统仍可分许多子系统，实施会计电算化，不可能一次全部完成各子系统，必须分阶段进行。这样，在进行部分子系统设计实施时，必须有全局的观点，考虑到与其他子系统的联接性，使逐个实施的子系统全部完工后能组成高质量的整个会计信息系统，而不能只考虑局部的优化，以至影响整个系统的完美组合和高质量性。

4. 规范性原则

规范性原则包括系统设计的规范性，管理制度的规范性，数据信息的规范性等。这些规范性的要求，可以使系统实施避免二义性，避免由于人的主观因素而造成的系统实施的偏差，从而避免会计电算化工作失败的可能性。

5. 可靠性原则

可靠性是会计电算化系统能否实际使用的前提。影响系统可靠性的因素很多，主要考虑以下三个方面：

(1) 准确性，即输入数据及操作的准确性，在易出现错误和失误的地方，建立尽可能完善的检错和纠错系统，进行重点防护，保证输入数据及操作的准确性。

(2) 安全性，要求有一套完善的管理制度和技术方法，防止系统被非法使用，数据丢失及非法改动，此外还应有系统破坏后的恢复功能等。

(3) 易扩充性，即整个系统在运行周期内，由于环境条件的变化，从而要求系统随之进行改变的难易程度，易扩充性要求对系统的修改和扩充能够非常容易地进行。

6. 易用性原则

易用性也就是易操作性。会计信息系统的使用者是会计人员，因此系统必须尽可能地方便用户，要具有友好的界面，准确简明的操作提示，简单方便的操作过程，并要求尽可能地使用会计术语，使会计人员一学即会。

(四) 企业实施会计电算化的条件

会计电算化是一项复杂的系统工程，会计信息系统是一个人机系统，因此企业实施会计电算化，必须有先决条件，企业具备了这些条件，就可以很好地开展会计电算化工作。这些条件主要是：

1. 企业的客观需要

企业的客观需要是指企业对开展会计电算化工作的迫切程度。企业对会计电算化的客观需要，决定了企业会计电算化的目标、任务，是当前开展会计电算化工作的前提。其实，在开发电算化会计信息系统之前，企业会计信息系统也存在，是否要开发新的电算化会计信息系统，取决于原信息系统能否满足企业的需要。对多数企业来说，原来的手工会计信息系统越来越不适应市场经济的新情况，迫切需要进行会计电算化，但是也有一部分小企业，由于其业务量不大，手工系统亦能很好地满足企业的需求，因此也就没有必要强迫它实施电算化会计信息系统，否则既浪费了人财物，对企业的经济效益也不会有什么提高。

2. 领导的重视

企业实施会计电算化，几乎涉及企业的所有部门和人员，同时还涉及管理机构及管理体制的变动，这都需要企业领导出面组织和协调。没有领导的重视与支持，企业实施会计电算化所遇到的问题，如人员配置，资金问题，部门间的合作与协调，配套改革等，将很难得到解决。因此，在会计电算化工作中，企业财务部门负责人应领导该项工作，有条件时还可吸收有关部门领导组成电算化领导小组，领导整个企业的会计电算化工作。

3. 良好的管理基础工作，尤其是会计基础工作

管理基础主要指有一套比较全面、规范的管理制度和方法，以及较完整的规范化的数据；会计基础工作主要指会计制度是否健全，核算程序是否规范，基础数据是否准确、完整等，这是搞好电算化工作的重要保证。这是因为计算机处理会计业务，必须是事先设置好的处理方法，因而要求会计数据输入、业务处理及有关制度都必须规范化、标准化，才能使电算化会计信息系统顺利进行。没有很好的基础工作，电算化会计信息系统无法处理无规律、不规范的会计数据，电算化工作的开展将遇到重重困难。对于基础较差的企业，应不急于开展会计电算化工作，应首先提高管理水平，规范会计、财务制度，改善基础工作，为开展会计电算化工作积极创造条件。

4. 专业人员的合理配置

实施会计电算化，将改变原手工会计信息系统的岗位分工与职能，单纯的财会人员，已不能满足会计电算化后的工作需要，必须另外配置与电算化工作有关的专业人员，以负责会计电算化工作的管理以及项目开发和系统运行、维护等。专业人员的配置应包括：

（1）配备会计电算化工作的管理人员，负责会计电算化工作的规划、项目开发、计划、组织和运行管理，这是会计电算化工作顺利进行的保证；

（2）配备硬件维护员，负责整个电算化系统硬件的维护、维修工作，考虑到有些企业电算化工作范围较小等特点，硬件维护员可以是兼职的；

（3）无论是自己开发，还是购买软件，都需要配备既懂计算机又熟悉财会业务的专门人才，他们可以参与系统设计开发，又负责系统运行的一些维护工作，使电算化会计信息系统的一般维护工作能够由企业自己处理，保证会计电算化工作的顺利进行。

5. 经费保证

实施会计电算化工作需要专门人才，也需要软件及硬件设备，这些都需要有一定的投

资，为了保证会计电算化工作的顺利开展，所需经费必须要有来源，所需数额也必须控制确定。会计电算化所需的费用分初期投资费用和日常费用两种。初期投资费用包括：购买硬件及系统软件所需费用，应用软件取得所需费用，基建费用，人员培训费用等。日常费用主要包括所需消耗品费用和日常维护费用。会计电算化所需费用，根据电算化会计信息系统的建立方法和规模不同，数额也不相同，甚至相差很大，要具体情况具体分析，使所需经费必须确有保证，并且又不浪费。

（五）会计电算化管理体制与组织机构设置

实施会计电算化必然会对会计工作及其组织机构产生一定的影响，为了适应电算化的要求，必须设置与之相适应的机构。主要有以下几种管理方式：

1. 集中管理方式

这种形式把会计电算化工作，包括管理、开发和使用维护等都放在企业计算中心，财务部不设数据处理部门，也不安装计算机设备。财务部门定期按规定向计算中心提供核算和管理所需的数据，由计算中心负责会计电算化的日常运行。在这种情况下，财务部门的组织机构一般不作大的变动，除了一些业务由计算机处理外，许多工作仍由手工来完成。这种方式有利于充分发挥计算机作用，提高数据共享程度，避免重复开发，也有利于企业统一领导、规划和组织。但是，集中管理也有很大的缺点。第一，计算中心人员和财务人员不能很好地协作，各自不了解对方的知识和业务特点，各自偏重本单位情况，往往导致系统质量低，实用性较差等情况。第二，各部门极易产生依赖思想，认为开展电算化工作是计算中心的事，从而不能很好地配合和支持系统的实施和运行，影响会计电算化工作的正常进行。

2. 分散管理方式

在这种方式下，企业财会部门单独配备计算机等设备，并配备一定的专业人员，会计电算化工作的实施，完全由财会部门负责进行，计算中心将不再参与。分散管理的优点是，第一，能调动财会部门的积极性；第二，能根据财会部门的实际需要，分期分批解决急需电算化的项目，并且实用性强、投资少、见效快。其缺点也是明显的：一是缺乏整体考虑，各部门都可能从各自的目标出发，不考虑相互之间的联系，数据不能共享，系统效益不高；二是各业务部门都需要配置计算机专门人员，否则影响系统实施，平时遇到的简单问题及维护工作，都不能及时处理。这种方式一般不可取。

3. 集中管理下的分散组织形式

在这种形式下，企业设立专门的机构，统一负责全厂计算机应用规划工作。规划工作包括企业电算化的总体规划，管理信息系统总体设计及子系统划分，统一编码，对所用机型等做出统一安排，指导各业务部门开展电算化工作，若企业已设立计算中心，专门机构的设置就可以以计算中心为主体设置。这种方式，既照顾了各业务部门的特点，又能统一管理组织，是目前一种较理想的组织形式。在这种方式下，实施会计电算化后，就需要调整财务部门的内部组织机构，岗位与职能都可能发生变化。

管理、开发、维护人员负责会计电算化工作的规划，参与系统开发工作（如果自选开发的话），并负责日后的维护工作；数据准备人员和数据处理人员负责电算化会计信息系统的运行工作、包括输入、运行、输出等工作；财务管理组负责一些财务日常管理工作

（这些工作一般计算机难以直接处理），并参与企业的管理工作。

（六）商品化会计软件选择

购买商品化会计软件是会计电算化的发展趋势之一。一般地，不仅是会计业务较少、处理简单的单位使用商品化软件，就是会计业务处理较复杂的大中型企业，也可以购买商品化软件，而对于本单位特殊的需求，再进行二次开发，丰富商品化软件的功能，这样既省时，又省费用，是各单位实现会计电算化的有效途径。

商品化会计软件，版本众多，各具特点，在选择软件时，应从以下几方面进行考虑：

1．软件的性能特点

（1）合法性。合法性是指软件应符合现代化管理所需的财会信息。一方面，要求核算工作中体现现行会计制度及其他财经法规的要求，另一方面要求核算软件能够提供准确可靠的会计信息，满足管理的要求。对商品化会计软件的合法性来说，主要应满足财政部颁布的《会计核算软件管理的几项规定（试行）》（简称《规定》）中对会计软件的十条基本要求。即：

第一，软件提供的数据输入项目，满足财政部或财政部审核批准的现行会计制度的规定。

第二，软件提供用户的会计科目编码方案符合财政部或财政部审核批准的会计制度中有关会计科目编码方案的规定。

第三，软件具有必要的防范会计数据输入差错的功能。

第四，软件的计算和结账功能符合财政部或财政部审核批准的现行会计核算制度的规定。

第五，经计算机登账处理的系统内会计凭证及据以登记的相应账簿，软件只能提供留有痕迹的更正功能。

第六，软件具有按规定打印输出各种账本以及必要的查询功能，打印输出的账页连续编号。

第七，对计算机根据已输入的会计凭证和据以登记的相应账本生成的各种报表数据，软件无修改功能。

第八，软件具有防止非指定人员擅自使用和对指定操作人员实现使用权限控制的功能。

第九，对存储在磁性介质或在其他介质上的程序文件和相应的数据文件，软件有必要的保护措施。

第十，软件具有在计算机发生故障或由于其他原因引起内外存会计数据破坏的情况下，使用原有数据恢复到最近状态的功能。

此外，商品化会计软件还应满足《规定》中其他有关规定，比如设置的功能应保证日记账每日打印等。

（2）安全可靠性。安全性指软件防止会计信息被泄漏和破坏的能力；可靠性是指商品化软件防错，查错，纠错的能力，防止产生不正确的会计信息的能力。评价商品化会计软件的安全可靠性，主要是考察把软件提供的各种可靠性保证措施结合起来，是否能有效地防止差错的发生，在发生时能否及时查出并能进行修改；安全性保证措施是否能有效地防止会计信息的泄漏和破坏。

为了达到安全可靠性指标，系统本身都设有多种控制措施，如权限设置，复核功能设置，各种校验功能设置，处理顺序控制，采用信息加密技术和存取控制技术，设立备份和恢复功能等，可以有效地保证软件的安全可靠性，但由于购买软件时，不可能得到详细的源程序代码等技术文档，对安全可靠性审查主要通过测试软件来进行。

(3) 易使用性。易使用性主要指软件系统易学易用易懂的性能。可以考察如下几方面：

第一，界面的友好性。会计软件的界面是否简洁明了，提示是否清楚丰富，所用语言是否符合财会人员的习惯，输入输出的格式是否规范，这些构成了界面友好性的主要内容。

第二，厂家提供资料的质量如何，特别是培训资料，其内容是否完整，内容是否易学易懂，各种叙述是否清楚明了，手册中的范例是否恰当实用。

第三，软件是否便于操作，包括如下方面：操作是否简单；各种自定义功能及控制措施的使用是否简洁实用；自动化程度是否很高；辅助功能及服务功能是否丰富实用等。

(4) 易适应性。易适应性指软件能很好地适应企业财务处理的具体情况，并在企业财务工作内容发生变化时，软件也能方便地适应这些变化的程度。比如，科目的变化，报表格式及内容的变化，各种比率的变化，以及核算内容的变化等，软件能否方便地适应这些变化。另外，像可维护性，可审计性，可移植性等亦需加以考虑。

(5) 软件运行平台。当前由于大型、集成性的需要，软件的运行环境，如网络环境、数据库环境也成为选择商品化软件的重要因素。

2. 软件的功能

(1) 主处理功能。要完成会计业务的一般工作，正确处理会计业务流程，进行填制会计凭证，登记会计账簿，输出财会信息等工作。一般商品化软件，主处理功能都比较齐全，不管是账务子系统还是其他子系统，都不可缺少地拥有输入功能，处理功能和输出功能，但格式和处理方法各有不同。

(2) 辅助功能。这是为主处理功能服务的，提供各种功能，以方便主处理功能的圆满完成。没有这些功能，主处理功能也照样能完成，但有了这些辅助功能，使系统使用起来更加方便。辅助功能包括提示功能、帮助功能、引导操作功能、全屏编辑功能、辅助计算器等一切有利于用户使用软件系统的所有功能。

(3) 服务功能。这是 AIS 系统有别于其他系统的特殊功能之一，它担负着会计信息系统的后勤保障任务，从而保证会计信息系统的正常运行。它包括：重建索引文件，以恢复被破坏的数据秩序，复制会计数据档案，以防其丢失，恢复会计信息系统以及其已失或已被破坏的数据，清理存储空间等功能。

(4) 控制功能。它完成内部控制在会计信息系统中的任务，制约会计信息系统按规范的、正确的会计工作流程进行处理，并防止非法的和错误的输入、输出以及操作处理。它包括：输入数据的正确性控制（包括性质、长度、范围等），输出内容使用的控制，正确处理顺序和方式的控制，使用权限的控制等系统控制功能。虽然控制功能不像其他功能可以直接从界面上看出，但它们确实存在于整个系统中，而且是必不可少的，控制功能越丰富，系统安全性越高，系统正常运行就越有保证。

3. 厂家售后服务

购买商品化会计软件，售后服务至关重要。一般厂家都为用户提供售后服务，然而各厂家所提供售后服务的方式和内容都不尽相同，因此在考察厂家售后服务时，应注意以下几个方面：

(1) 售后服务的内容：一般应包括用户培训、日常维护、系统初始化、二次开发、版本升级等。

(2) 厂家维护能力：厂家维护能力取决于维护人员的数量和质量，以及软件厂家商品化软件的销售量。

(3) 维护费用：维护费用的交付方式及数量，也是重点需要考虑的内容之一。

(4) 维护方式：即售后服务的具体办法。包括：是否终身维护、是否上门维护、是由总公司维护还是由本地维护点维护，维护是否及时等。

4. 本单位财会业务的特点

(1) 行业特点。每个行业的会计工作都有其特殊性，财政部在制定会计制度时，也是分行业分别制定的，从而决定了各单位购买财会软件时，必须考虑各行业的特点。比如工业企业与商品流通企业的会计工作，在具体核算上，其内容和标准也不尽相同，其他各行业也是如此。当然，通用商品化软件的某些功能是可以在某几个行业甚至各行业中通用，但购买软件，在满足财会工作的共性时，更要满足其特殊性，这样才能真正发挥其作用。

(2) 本单位会计核算的特点。企业规模的大小，会计业务需要处理的数据量的多少，会计核算精确度的高低，以及是否是分级核算，这都将决定购买软件的性质和功能。具体需要考虑如下内容：

第一，企业日（或月）处理凭证的总数；

第二，企业会计科目的分级与长度；

第三，会计数据的最大值与最小值；

第四，每月所要保存的会计数据量；

第五，企业的规模及会计工作的分工。

另外还需考虑本企业发展速度对上述各项的影响，以及企业的资金效益等情况。

(七) 电算化会计信息系统的使用

电算化会计信息系统替代手工核算后，大部分会计核算工作就由计算机完成。在这一阶段，会计人员的主要工作有：

(1) 按软件要求在计算机上完成各种账、表的月、季、年初始化工作；

(2) 记账凭证编制及审核工作；

(3) 输入日常核算数据，包括记账凭证、成本核算数据、职工考勤、新增固定资产卡片等并复核；

(4) 操作计算机完成各项核算业务；

(5) 查询和打印输出有关会计账簿、凭证、报表及其他有关会计数据；

(6) 保管好会计档案资料；

(7) 做好软件、硬件日常维护工作；

（8）系统运行过程中，必须严格按照操作管理制度、维护管理制度、会计档案管理制度和操作规程的规定要求，不得有半点马虎。

（八）实行会计电算化的主要管理制度

1. 岗位责任制

实行会计电算化的单位，一般可以设置如下的岗位：

（1）总会计师。全面负责会计业务工作。

（2）会计主管。负责管理会计日常工作。

（3）凭证编制人员。负责原始凭证的审查和记账凭证的编制工作，保证凭证编制的正确性、完整性。

（4）凭证审核人员。负责对原始凭证和记账凭证进行合法性、正确性和完整性的审核工作，保证凭证的真实性、正确性和完整性。

（5）出纳员。负责银行存款与现金的收、支核算以及与银行对账的工作。

（6）系统管理员。负责系统软、硬件的正常运行，负责系统运行环境的设置，系统的安全与保密，系统的升级换代以及其他有关系统的管理工作。

（7）系统维护员。负责硬件设备和软件设备的维护工作，协助系统管理员保证系统的正确运行。

（8）会计档案保管员。负责会计档案和磁性介质上（软盘）的会计档案的保管工作，凭证、账簿、报表等会计档案的分送工作以及会计档案的调阅工作。

2. 操作管理制度

（1）未经培训合格者不能上机操作。

（2）规定操作人员使用权限，由系统管理员或者会计主管给每个操作人员设置使用权限密码。

（3）操作人员必须按照规定的操作规程进行工作。

（4）操作人员必须进行上机登记，填写上机时间、使用情况、机器状况以及故障处理办法等内容。

（5）操作人员不能擅自修改凭证的错误，发现错误应立即报告会计主管或凭证编制人员。

（6）操作人员应及时做好数据备份工作。

（7）所有软盘使用前必须首先进行病毒检测，确保无病毒后方能使用。

（8）操作人员不得任意改变系统工作环境。

3. 系统维护制度

（1）机房内硬件必须指定专人负责。

（2）机房内硬件由系统维护员定期全面检查，并作好检查记录，发现问题的硬件应及时修理或更换。

（3）软件维护由专人负责，非指定软件维护人员不得从事软件维护工作。

（4）重大软件维护项目应事先报请会计主管和系统管理员批准经同意后才能进行维护。

（5）作好详细维护记录。

(6) 系统参数，包括系统运行环境、系统账套数、会计科目、使用权限等不得随意变动，若确需变动、应事先报请会计主管和系统管理员批准。

4. 机房管理制度

(1) 未经许可，非机房工作人员不得随意进入机房。

(2) 保持机房清洁，经常打扫各种设备上的尘埃。

(3) 未经许可，不得在财会专用机上运行其他软件。

(4) 如遇停电或者离开机房，关掉一切电器电源。

(5) 不得随意带软盘进入机房。

5. 会计档案管理制度

(1) 会计档案包括以书面形式存放的会计凭证、会计账簿和会计报表、存储在磁性介质上的会计数据以及与会计软件系统有关的文档、结构图、流程图和源程序等。

(2) 及时收集各种会计档案，并作好收集记录。

(3) 严格执行会计档案的调阅规定，调阅会计档案必须经过会计主管和系统管理员批准。调阅人不得擅自复制会计档案。

(4) 妥善管理磁性介质上的会计数据，注意防热、防磁、防霉、防潮。

(5) 会计档案销毁按国家有关制度进行。

复习思考题

1. 什么是会计工作组织？正确组织会计工作有何意义？
2. 什么是会计机构？会计机构有哪些种类？
3. 会计人员的职责和权限分别是什么？
4. 会计人员应具备哪些职业道德？
5.《会计法》规定的基本内容有哪些？
6. 什么是会计准则？简述我国会计准则的结构层次。
7. 简述会计档案的保管期限。
8. 什么是会计电算化？会计电算化有何意义？
9. 电算化会计信息系统由哪几部分组成？
10. 在选择商品化会计软件时应考虑哪些因素？

练习题

一、填空题

1. 会计核算的工作组织形式，一般有（　　）、（　　）两种形式。

2. 会计人员的专业技术职称由高至低有（　　）、（　　）、（　　）和（　　）。

3. 会计制度按制定单位和制约范围不同可分为（　　）（　　）两类。

4. 会计人员职业道德包含以下几个方面：（　　）、（　　）、（　　）、（　　）（　　）、（　　）。

5.《中华人民共和国会计法》于（　　）年（　　）月（　　）日实施。

6.《企业会计准则》于（　　）颁布，并于（　　）实施。新《企业会计准则》于（　　）颁布，新《企业会计准则》包括（　　）、（　　）和（　　）。

7. 会计档案根据其特点在保管期限上可分为（　　）（　　）两种，定期保管期限分为（　　）（　　）（　　）。

8. 我国会计电算化发展的三个阶段是（　　）、（　　）、（　　）。

9. 企业实施会计电算化的条件是（　　）、（　　）、（　　）、（　　）、（　　）。

10. 选择商品化会计软件应考虑的因素有（　　）、（　　）、（　　）、（　　）、（　　）等五个方面。

二、单项选择题

1. 最新的《中华人民共和国会计法》于（　　）起实施。

A. 2000 年 7 月 1 日　　B. 1985 年 5 月 1 日

C. 1993 年 12 月 29 日　　D. 1986 年 1 月 21 日

2.《中华人民共和国会计法》共修订（　　）次。

A. 2　　B. 3

C. 4　　D. 5

3.《中华人民共和国会计法》明确规定管理全国的会计工作的机构是（　　）。

A. 财政部　　B. 国务院

C. 注册会计师协会　　D. 全国人大

4. 会计准则大致可以分为（　　）。

A. 资产、负债、所有者权益　　B. 会计主体

C. 会计要素准则　　D. 基本准则和具体准则

5.《会计法》在会计法规体系中属于（　　）。

A. 会计行政法规　　B. 会计综合法规

C. 会计分析法规　　D. 会计核算法规

6. 集中核算和非集中核算，在一个企业（　　）。

A. 可同时采用　　B. 不能同时采用

C. 可分别采用　　D. 既可以同时采用，又可以分别采用

7. 会计人员的主要职责中不包括（　　）。

A. 进行会计核算

B. 实行会计监督

C. 制定经济计划、业务计划

D. 编制预算、财务计划并考核、分析其执行情况

8. 实行会计监督，会计人员对不真实、不合法的原始凭证（　　）。

A. 不予办理　　B. 先办理后更正

C. 代为办理　　D. 先受理，然后向单位领导人报告

9.《企业会计准则》中没有包括（　　）。

A. 会计要素准则　　B. 财务报告体系

C. 会计核算的前提条件　　D. 基本业务准则

10.《企业会计准则》规定了（　　）。

A. 账簿组织体系　　B. 会计核算的一般原则

C. 会计科目和记账方法　　D. 填制凭证的要求

三、多项选择题

1. 会计人员因职务不同，分为（　　）。

A. 会计员　　B. 助理会计师

C. 中级会计师　　D. 高级会计师

E. 注册会计师

2. 会计工作组织形式主要有（　　）。

A. 独立核算　　B. 非独立核算

C. 集中核算　　D. 非集中核算

E. 总核算

3. 会计法规按其层次和内容不同可以分为（　　）。

A. 基本法　　B. 会计准则

C. 会计制度　　D. 会计法

4. 会计法是调整会计关系的（　　）。

A. 准则　　B. 根本大法

C. 法律规范　　D. 会计制度

5. 为管理全国会计工作，国务院财政部门（　　）。

A. 设有会计事务管理专职机构

B. 根据《会计法》制定全国统一的会计制度

C. 管理报批外国会计公司在我国设立常驻代表机构

D. 会同有关部门制定并实施会计干部专业技术职务制度

E. 组织会计人员的业务培训

6. 会计工作的组织包括（　　）。

A. 制定会计法规制度　　B. 设置会计机构

C. 配备会计人员　　D. 会计档案保管

E. 审计工作

7. 采用集中核算组织形式，由厂级会计部门集中进行（　　）。

A. 经济业务的明细核算　　B. 总分类核算

C. 原始记录和原始凭证的填制　　D. 会计报表的编制和分析

E. 对外现金往来、债权债务结算

8. 为了充分调动会计人员的积极性和创造性，国家在企业和行政、事业单位的会计人员中实行专业技术职务制度。会计专业技术职务分别定为（　　）。

A. 总会计师　　B. 高级会计师

C. 会计师　　D. 助理会计师

E. 会计员

9. 会计人员的主要职责有（　　）。

A. 进行会计核算
B. 实行会计监督
C. 拟定本单位办理会计事务的具体办法
D. 制定经济计划、业务计划、编制预算和财务计划并考核、分析其执行情况
E. 办理其他会计事项

10. 我国会计核算法规体系由以下哪三个层次构成（　　）。
A. 基本法即会计法
B. 会计准则，包括基本准则和具体准则及应用指南
C. 行业会计制度
D. 企业会计制度
E. 会计制度

11. 下列会计档案中保管期限为 15 年的有（　　）。
A. 现金和银行存款日记账　　B. 日记账
C. 总账和明细账　　D. 年度会计报表（决算）
E. 原始凭证、记账凭证和汇总凭证

12. 会计档案是记录和反映经济业务的重要史料和证据，是指（　　）。
A. 会计凭证　　B. 会计账簿
C. 会计准则　　D. 会计制度
E. 会计报表

13. 科学、合理地组织会计工作，可以（　　）。
A. 提高会计工作的质量和效率
B. 确保其与其他经济管理工作协调一致
C. 加强内部经济责任制
D. 在会计工作中，不丧失原则
E. 维护财经法纪

四、判断改错题

1. 不具备会计机构设置条件的单位，可以委托会计师代理记账。（　　）
2. 工作岗位制要求一人一岗，以符合内部控制制度的要求。（　　）
3. 会计档案保管期满后，会计人员便可销毁会计档案。（　　）
4. 会计人员专业技术职称分为以下几种：总会计师、高级会计师、会计师、注册会计师、助理会计师和会计员。（　　）
5. 随着会计的发展，会计核算将由核算型向管理型转换。（　　）